LIFE ADRIFT

표류하는 삶

KB173253

이 저서는 2018년 대한민국 교육부와 한국연구재단의 지원을 받아 수행된 연구임
(NRF-2018S1A6A3A03043497)

IHI26
obility
umanities
terconnect

L I F E   A D R I F T

| 기후변화와 인간 이주 담론 |

표류하는 삶

앤드류 볼드윈 · 조반니 베티니 **편저**

최지연 **옮김**

앨피

모빌리티인문학 Mobility Humanities

모빌리티인문학은 기차, 자동차, 비행기, 인터넷, 모바일 기기 등 모빌리티 테크놀로지의 발전에 따른 인간, 사물, 관계의 실재적·가상적 이동을 인간과 테크놀로지의 공-진화co-evolution라는 관점에서 사유하고, 모빌리티가 고도화됨에 따라 발생하는 현재와 미래의 문제들에 대한 해법을 인문학적 관점에서 제안함으로써 생명, 사유, 문화가 생동하는 인문-모빌리티 사회 형성에 기여하는 학문이다.

모빌리티는 기차, 자동차, 비행기, 인터넷, 모바일 기기 같은 모빌리티 테크놀로지에 기초한 사람, 사물, 정보의 이동과 이를 가능하게 하는 테크놀로지를 의미한다. 그리고 이에 수반하는 것으로서 공간(도시) 구성과 인구 배치의 변화, 노동과 자본의 변형, 권력 또는 통치성의 변용 등을 통칭하는 사회적 관계의 이동까지도 포함한다.

오늘날 모빌리티 테크놀로지는 인간, 사물, 관계의 이동에 시간적·공간적 제약을 거의 남겨 두지 않을 정도로 발전해 왔다. 개별 국가와 지역을 연결하는 항공로와 무선통신망의 구축은 사람, 물류, 데이터의 무제약적 이동 가능성을 증명하는 물질적 지표들이다. 특히 전 세계에 무료 인터넷을 보급하겠다는 구글Google의 프로젝트 룬Project Loon이 현실화되고 우주 유영과 화성 식민지 건설이 본격화될 경우 모빌리티는 지구라는 행성의 경계까지도 초월하게 될 것이다. 이 점에서 오늘날은 모빌리티 테크놀로지가 인간의 삶을 위한 단순한 조건이나 수단이 아닌 인간의 또 다른 본성이 된 시대, 즉 고-모빌리티high-mobilities 시대라고 말할 수 있다. 말하자면, 인간과 테크놀로지의 상호보완적·상호구성적 공-진화가 고도화된 시대인 것이다.

고-모빌리티 시대를 사유하기 위해서는 우선 과거 '영토'와 '정주' 중심 사유의 극복이 필요하다. 지난 시기 글로컬화, 탈중심화, 혼종화, 탈영토화, 액체화에 대한 주장은 글로벌과 로컬, 중심과 주변, 동질성과 이질성, 질서와 혼돈 같은 이분법에 기초한 영토주의 또는 정주주의 패러다임을 극복하려는 중요한 시도였다. 하지만 그 역시 모빌리티 테크놀로지의 의의를 적극적으로 사유하지 못했다는 점에서, 그와 동시에 모빌리티 테크놀로지를 단순한 수단으로 간주했다는 점에서 고-모빌리티 시대를 사유하는 데 한계를 지니고 있었다. 말하자면, 글로컬화, 탈중심화, 혼종화, 탈영토화, 액체화를 추동하는 실재적·물질적 행위자agency로서의 모빌리티 테크놀로지를 인문학적 사유의 대상으로서 충분히 고려하지 못했던 것이다. 게다가 첨단 웨어러블 기기에 의한 인간의 능력 향상과 인간과 기계의 경계 소멸을 추구하는 포스트-휴먼 프로젝트, 또한 사물인터넷과 사이버 물리 시스템 같은 첨단 모빌리티 테크놀로지에 기초한 스마트시티 건설은 오늘날 모빌리티 테크놀로지를 인간과 사회, 심지어는 자연의 본질적 요소로 만들고 있다. 이를 사유하기 위해서는 인문학 패러다임의 근본적 전환이 필요하다.

이에 건국대학교 모빌리티인문학 연구원은 '모빌리티' 개념으로 '영토'와 '정주'를 대체하는 동시에, 인간과 모빌리티 테크놀로지의 공-진화라는 관점에서 미래 세계를 설계할 사유 패러다임을 정립하려고 한다.

제2부

인류세: 인간 모빌리티의 황혼기에 대하여

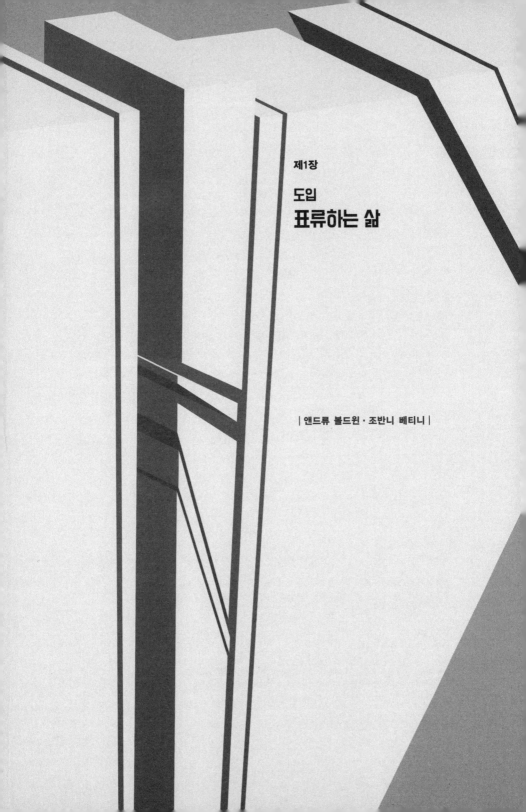

제1장

도입
표류하는 삶

| 앤드류 볼드윈 · 조반니 베티니 |

이주는 현대의 정치적 삶에 결정적 요인 중 하나이다. 시민·국가·정착민과 각각 대척점에 위치한 이주민은 오늘날 가장 중요한 정치적 신분을 구성하고 있다. 정치적 편의에 따라 주목받든 낙인찍히든, 이주민은 타자의 표지를 지닌다. 근면하고, 바람직하고, 잘나간다고 재현되는 순간에도, 이주민은 인종적·성적·인간적으로 타자화된다. 이주가 지금처럼 앞으로도 계속해서 21세기 세계질서를 형성할 것이라는 예측은 오늘날 계속해서 증가하는 이주민 숫자와 이주에 대한 본격적인 정치적 반감을 고려할 때 오히려 진부할 정도이다. 그리고 이주와 더불어 지구적인 기후변화가 세계를 형성하는 또 다른 현상으로 도래했다. 오늘날 글로벌 정치경제에서 기후변화가 이주 위기 그 자체를 형성하고 있다는 주장은 이제는 흔한 말이다.

기후변화가 점점 더 뚜렷해지면서, 지구의 많은 지역이 사람들이 거주할 수 없는, 일부 학자들이 주장하는 '죽은 지역dead zones'(이 책의 골드버그와 콜브룩 편 참고)이 될 것이라고들 한다. 그러면 이 죽은 지역의 거주민들은 어떻게 되는가? 기후변화에 대한 책임이 거의 없음에도 기후변화의 공격을 정면으로 받아야 하는 사람들에겐 어떤 운명이 기다리고 있는가?

전례 없는 규모의 해수면 상승, 극단적 기후 사건이나 가뭄 형태와 같은 기후변화의 영향이 이주·퇴거·재정착을 포함해 인간 모빌리티의 복잡한 패턴을 '이끌어 낼' 것이라는 견해가 있다. 그러한 모빌리티는 실제로든 가상으로든 다양한 정치적 목적에 동원된다. 일부 학자들은 환경으로 인한 이주를 기후변화가 일으킨 가장 심각한 부정의injustice 중 하나로 특정한다. 여기서 '기후난민climate refugee'이라는 일반적이지만 매우 난처한 형상이 지구의 운명을 점칠 시금석이 될 수 있다. 기후난민은 지구의 운명과 관련하여 채택되는 윤리적 입장에 따라 심판받는 인간이다.

어떤 사람들에게, 기후변화로 인한 모빌리티는 통제할 수 없는 가능성, 즉 위험한 현상이다. 이 지점에서, 기후변화는 사람들을 전 세계에 급진적으로 재배치하는 것을 전제한다. 이동할 수밖에 없는 사람들은 세계경제, 정치체제와 정체성을 차례대로 와해시킬 수 있는 신화에 가까운 능력을 부여받은 자들로 규정된다. 기후변화는 과도한 온실가스 배출 문제뿐만 아니라 기후변화로 터져 나올 사람들의 '흐름'을 예상하고 통제하는 새로운 메커니즘을 요구하는 문제로 극화되었다. 이주민과 난민의 모습이 유럽 통합을 해치는 요인으로 동원되고 (트럼프의 연설처럼) 증오에 찬 정치 연설에서 중심을 차지하는 이 시점에, 우리가 기후변화와 이주의 관계에 접근하는 방식은 중요할 수밖에 없다.

이 책은 기후변화와 인간 이주가 교차할 때 그리고 기후변화가 이주 문제를 구성할 때 생기는 문제 공간에 개입한다. 이 책에 공헌한 학자들은 인문학과 해석학적 사회과학, 즉 정치이론과 문화이론, 문학비평, 언어학, 이주 연구, 철학, 지리, 미디어 연구 등의 다양한 혼합을 보여 준다. 이 책에 실린 논문들 또한 광범위한 내용을 제공한다. 우리가 바라는 것은 기후변화와 인간 이주의 관계를 새롭게 설정하고 고찰할 수 있는 통찰력을 제공하는 것이다.

이 책에 실린 논문들의 공통점은 기후변화가 세계의 많은 인구에게, 특히 이미 자본주의의 사각지대에 살고 있는 사람들에게 잠재적으로 무시무시한 결과를 초래할 수 있는 실제적이고 물리적인 환경이라는 믿음이다. 논문들을 모으면서, 우리는 이 문제를 사소하게 취급하지 않으려 했다. 제국주의, 식민주의, 경제적 내핍, 인종 살상, 가부장제를 포함한 수많은 다른 형태의 폭력들처럼, 기후변화의 폭력은 앞으로 올 세대에 반향될 것이다. 심지어 장기간에 걸쳐 인간 생존을 위협할 수도 있다. 그러나 이 장에서는 이러한 직관에 반대되는 다른 견해를 취할 것이다.

우리가 주장하는 **기후변화와 인간 이주의 관계**는 곧 드러날 엄연한 사실 또는 경험적으로 관측되는 현상이 아니라 권력관계로 파악되어야 한다. 기후변화는 동시대 정치경제의 진정한 위기를 나타내지만, 그 이주 효과는 매 순간 모든 종류의 사회적·문화적·정치적 심지어 지질학적 관계로 매개된다(지질학에 관해서는 이 책의 클라크 편 참고). 결과적으로 우리는 기후변화를 이주 문제로 생각하는 (또는 말하고 상상하는) 바로 그 행위가 매우 정치적이라고 주장한다. 그러한 사고는 우리의 세계관을 조정함으로써 사회적 태도를 지배하는 강력한 수단이 된다. 바로 이것이 기후변화와 인간 이주가 권력

관계라고 말할 때 의미하는 바이다. 더 헤게모니적으로 표현하자면, 이 사고는 대중이 기후이주민 또는 난민의 특별한 지위를 강화하는 방식으로 기후변화에 반응하도록 유도한다.

이러한 사고로 우리는 이주민과 난민을 '타자the other'로 간주한다. 타자는 보통 걱정은 되어도 '정상적인' 지정학적이고 기후적인 조건들의 결합으로 상상되는 어떤 것을 구성하는, 그것의 외부 혹은 잉여이다. 그러한 사고는 우리의 관점에서 볼 때 잘못된 믿음을 강화한다. 그 잘못된 믿음은 현대 국가에서 누리는 삶은 정착하는 삶, 정주하는 삶이며, 국경을 넘어 존재한다고 가정되는 노동·자본·기술의 다국적 유입이 어느 정도 제거된 삶이라고 말한다. 더 추상적으로 표현하자면, 이 사고는 이동과 변화를 사회질서의 기초를 이루는 지속적인 조건이라기보다는 해로운 조건으로 구축하는 권력관계이다(Nail, 2015). (이후에는 이 권력관계를 미래를 재상상하는 데에 어떻게 사용할지 논의하고자 한다.)

권력 시스템으로서 '기후변화와 인간 이주' 담론은 기후변화가 이주·퇴거·재정착 문제로 구성된 표상적 도식임을 의미함으로써, 기후변화를 이주의 주된 '요인', '결정인자', '유발요인'으로 우선시하면서 구성된다. 이 효과 중 하나는 이주민들이 고향을 떠나거나 도망치게 만드는 역사적인 환경을 불분명하게 하는 것이다. 이러한 의미에서, 이 논의는 기후과학 환경문화 이론가인 마이클 흄Michale Hulme(2011)이 '기후환원주의climate reductionism'라고 부른 것에 의존하는 권력 형태 혹은 담론 체제이다. 기후환원주의는 "우선 물리적 세계에서 인간의 삶을 형성하는 상호의존적 요인들의 그물로부터 기후를 따로 떼어 내어 그다음에는 지배적 예측 변수의 역할로 승격시키는 형태의 분석 및 예측이다"[p.247]. 한 마디로, 기후변화를 모델링함으로써 미래 사회의 삶을 예견할 수 있다는 믿음이다.

흄[2011]은 세계를 창조적으로 재상상할 수 있는 공간, 민주정치를 위한 공간으로서 미래 사회를 배제한다는 것이 이러한 추론의 내재적 위험이라고 보았다. 또한, 기후환원주의는 기후난민 담론 조직의 핵심적 논리다. 기후정의climate justice 활동가, 군 장성이나 과학자들이 기후변화 때문에 수백만 명의 사람들이 고향을 떠나 피난처를 찾게 될 것이라고 선언할 때, 그들은 모두 기후환원주의 이데올로기를 동원한다. 그러나 그런 주장들은 이주를 설명하는 무수하고 다양한 대항역사를 흐리게 한다. 자발적 행위로 이해되든 비자발적 행위로 이해되든, 이주를 설명하는 거시적 역사(통화가치 하락, 구조적 불균형, 내전, 토지개혁 등)와 미시적 역사(일상의 친밀한 관계 등) 말이다. 따라서 기후변화와 이주 담론은 모빌리티를 기후로 환원함으로써 기후변화의 우월성을 선호하고, 이러한 대항역사들을 대체하는 데에서 힘을 얻는다.

기후환원주의가 기후변화와 이주 담론의 일반적인 수사라면, 역설적으로 그에 대한 거부도 그렇다. 사실 기후환원적 추론에 대한 거부도 이제 기후와 인간 이주에 대한 주류적 설명에서 흔한 대세가 되었다. 그 기본적 전제는 이주의 원인은 다양하기 때문에 기후변화로 환원될 수 없다는 것이다. 이러한 거부의 저명한 예들로 영국 미래예측프로젝트의 〈이주와 지구적 환경 변화〉 보고서(2011), 기후변화에 관한 정부간 협의체IPCC 제5차 평가보고서(2014), 국제이주기구IOM의 보고서 등이 있다. 이러한 거부를 전제로 하는 수없이 많은 다른 연구들도 인용할 수 있다.

어떤 의미에서, 환원주의에서 벗어나는 것은 반가운 일이다. 대중매체, 정치적 수사 그리고 '기후난민'과 같은 개념의 무심하고 일상적인 용법에 공통되게 나타나는 환원적 논리를 대신할 신선한 대안을 제공하기 때문이다. 그러나 이것도 모호하다. 기후변화와 이주에 대한 수많은 담론이 기후환원주의에 대한 거부에 기반하기는 해도, **기후**는 여전히 이주의 동등한 여러 동인 중 첫 번째 동인으로 고정된다. 이주가 진정으로 기후로 환원되지 않는다면, 왜 단순히 '이주'만 언급하지 않는가? 왜 '기후' 또는 '환경'을 부각하는가?

기후와 이주의 상호작용을 이해하고자 하는 이들이 흔히 기후에 대한 설명적 가치를 경시하더라도, 기후와 이주를 하나의 단일한 현상으로 이야기하려는 충동은 여전히 강력하다. 기후로 환원하는 논리를 거부하는 동시에 기후의 설명적 가치를 강화하는 행위는 기후변화와 인간 이주 담론의 독특한 특징이다. 사회적인 것, 역사적인 것, 정치적인 것을 기후에 종속된 위치로 포함시키는 것이야말로 이러한 담론을 자명하게 만들고 이 담론의 힘을 감추는 것이다.

그래서 우리는 흄의 기후환원주의 비판에 동의하고 인간의 모빌리티는 복잡하므로 기후변화로 환원될 수 없다는 자명한 이치를 고수하지만, 기후환원주의 비판이 기후변화와 인간 이주에 관한 광범위한 담론 내에서 오용되어 흄의 의도와는 다른 일련의 목적에 이용되는 것에도 회의적이다. 우리의 회의주의는 추가적인 두 개의 관찰로 강화된다.

첫째, 이주의 특정 사례를 기후 변이와 문화적·경제적·정치적 변수가 혼합된 결과로 설명하는 연구자들은 그들이 생산하는 지식이 재현하고자 하는 현상을 정확히 반영한다고 전제하고, 이와 관련하여 그러한 실재론적 재현에는 가치 판단이 배제된다고 전제한다(예컨대 McLeman, 2014). 그러나 그러한 실증주의적 전제는 현대 사회과학의 또 다른 자명한 전제, 즉 '사실'과 '가치'가 상호분리된 사고 영역이 아니라 상호중첩하는 사고 영역이라는 전제와 충돌한다(다음을 참조. Latour, 2004, Harvey, 1974). 이와 배치되는 전제는 한 마디로 어떤 요소를 담론에 기입하는 행위에 내재하는 규범적 성분을 가리는 것이다. 우리가 이 지식을 완전히 역사화하면 그러한 경험주의의 권력 효과가 드러나기 시작한다.

허리케인 카트리나 사례는 이를 잘 보여 준다. 허리케인 카트리나를 **기후변화가** 이주에 직접적인 영향을 준 사건으로 구성한다면, 그러한 추론은 4백 년에 달하는 미국 역사에서 구조적인 인종주의가 이 퇴거 사건에 미친 중요성을 과소평가하는 것이다. 더 구체적으로 말하자면, 그러한 추론은 이 퇴거를 설명할 때 미국의 인종주의와 대비하여 허리케인에 부여되는 상대적 가치와 관련하여 어떤 판단을 내리는 것이다. 우리가 회의적으로 보는 것은, 허리케인이라는 부인할 수 없는 엄청난 사건을 활용하여 기후변화가 이주 문제라는 믿음을 뒷받침하는 방식이다. 허리케인 카트리나의 퇴거 효과를 미국 인종주의의 위기로 규정하는 것도 똑같이 정당화될 수 있기 때문이다. 우리가 이런 현상을 어떻게 이해하는지가 매우 중요하다.

이것은 우리의 두 번째 관찰로 이어진다. 그 관찰은 기후변화와 인간 이주 담론을 관통하는 경험주의적 견해는 지식과 권력의 연루를 생각할 여지를 주지 않는다는 점이다. 이러한 연루를 추적하기 위해, 기후변화와 인간 이주의 관계가 과도하게 어떤 기술적이고 전문적인 해법을 요구하는 위기로 재현되는 방식을 살펴볼 수 있다. 이러한 형태의 재현은 모든 정책 영역에서 발견된다. 국제이주기구IOM, 유엔난민기구UNHCR, 아시아개발은행ADB 같은 국제적 조직, 유럽위원회the European Commission와 아프리카 연합the African Union 같은 지역적 기관, 그리고 영국 미래예측프로젝트UK Foresight 같은 국가기관에 걸쳐 있다. 유엔기후변화협약UNFCCC에도 뿌리내리고 있다.

예를 들면, 2010년 칸쿤 적응 체계Cancun Adaptaion Framework(2010)는 국가 정부기관들에 "기후변화가 야기하는 퇴거, 이주, 계획적 재배치와 관련해 이해, 조율, 협력을 강화해 달라"고 요청했다. 최근에는 파리 기후 정상회담(2015)의 협상가들이 판돈을 올렸다. '기후변화의 역효과로 인한 퇴거의 방지, 최소화, 대책' 마련을 위해 전문가로 구성된 대책팀을 꾸리기로 한 것이다. 이것들 각각의 고유한 권력/지식 배치를 면밀히 조사할 수도 있다. 그러나 이러한 예들이 모두 가리키는 바는 전문가와 연구자로 이루어진 어떤 인식공동체가 형성되고 있다는 것인데, 이 공동체를 결합하는 것은 기후변화의 맥락에서 인간 모빌리티의 본성과 관련한 여러 전제를 공유한다는 점이다. 이 전제들 중에서 가장 중요한 것은, 기후의 이주 효과를 적절하게 관리하려면 이 관계에 대한 전문 지식이 필요하다는 것이다.

노엘 카스트리Noel Castree(2014)는 "인식공동체가 고유성과 자기 정체성을 얻는 것은 가치 집합, 존재론적 신념, 관심 있는 질문, 관심 대상/영역, 조사 방법, 가치 있는 아이디어, 지식 또는 정보 결정에 선호되는 기준, 선택한 커뮤니케이션 장르의 혼합을 통해서"(p. 42)라고 말한다. 인식공동체는 여러 가지 이유로 중요하지만, 가장 중요한 것은 지식의 특정 영역에 대해 말할 수 있는 것과 말할 수 없는 것에 대한 경계를 설정하고 때로는 공식적으로 때로는 암묵적으로 합법적인 발언의 매개변수를 구별하는 방식이다.

이 중요성은 앞에서 언급한 허리케인 카트리나의 예와 관련하여 평가될 수 있다. 이 사건이 기후 및 이주에 관한 일련의 사실들을 공고히 하는 데에 이용될 수 있다는 점은 상당히 중요한 의미가 있다. 특히 인종과 인종주의 정치학을 대체하는 경우가 그러한 예에 해당된다. 예를 들어, 논평가들이 기후변화가 극단적인 기후 사건을 일으키고 그 결과로 더 높은 단계의 인간 이주를 일으킨다고 주장할 때, 미국 인종주의 정치는 기후변화 정치의 하위에 위치한다. 이것이 인종과 인종주의에 대한 의미 있는 논의에서 기후변화 담론을 정제해 내는 것이라면 사소한 문제가 아니다.

기후와 인간 모빌리티에 관해서 인식공동체는 더 전반적으로 중요한 의미가 있다. 왜냐하면 인식공동체가 기후변화의 맥락에서 이주를 예외적인, 전문적 관리를 필요로 하는 개념으로 형성한다면, 이주가 예외적인 요소가 **아니라** 인간존재의 다양성의 중심이라는 더 근본적인 관념을 무효화시키기 때문이다. 이는 더 근본적인 질문을 막는 결과를 가져올 것이다. 예를 들면, 이주가 기후변화의 맥락에서 무엇을 의미하고, 민주적이고 대중적 삶과 어떤 관계가 있는지, 그리고 오늘날 인간다움에 대해서 무엇을 말할 수 있는지에 대한 질문들이다.

이 모든 것이 거의 전례가 없다. 기후와 이주 담론이 이 근본적인, 정치적인 질문을 대체하는 메커니즘이 환경 담론에서 반복되는 특징이다. 수없이 많은 비판적 개입들(예를 들면, Swyngedouw, 2010, Žižek, 2010, Harvey, 2011)은 암울하고 어두운 시나리오, 사실을 (다소 환원주의적 변인들로) 인용하고, 기술 관리 커뮤니티에 행동을 위임하는 것은 탈정치화의 도구가 된다고 주장했다. 그러므로 비판적 연구에서 우선순위는 기후와 이주에 대한 주류 담론이 다루지 않고 남겨 둔 정치적 질문을 표면화하는 것이다.

이 책은 그러한 목적, 즉 기후와 이주 담론에서 표층 아래의 정치적인 것을 드러낼 목적으로 쓰였다. 이는 기후변화와 이주의 인식공동체 전반에 증식하는 인식론적이고 존재론적인 전제에 역행하는 일련의 방법들을 제공한다. 그러나 그 목적은 기후변화와 이주의 관계를 부인하거나 평가하는 것이 아니라 기후변화, 인류세, 신자유주의적 합리성, 변동하는 지정학적 역학 등 중첩되고 변화하는 맥락에서 이주와 삶을 정치화하는 데에 사용할 수 있는 일련의 새로 운 개념과 방식 그리고 질문들을 제공하는 것이다. 그러한 자원들 을 개발하는 것이 새로운 존재 방식을 일으키는 필수적인 전조라고 주장한다. 그리고 끊임없이 변화하는 정치사회적 삶-세계의 거주 조건인 공유하는 삶이라는 발전적인 방식에 필수적인 전조가 되길 희망한다(Berlant, 2016).

그렇다고 해서 회복력이 핵심이라는 말은 아니다. 회복력 자체의 내재된 보수주의는 우리가 만들려는 사전에서 중요한 역할을 하지 않는다(Reid and Evans, 2014). 대신에, 우리가 고무되고 기대하는 생각은 "최소한의 가능성이 있기 때문에—진짜 그럴 것 같지는 않지만—인 간의 창조성, 상상력, 독창성은 오늘날 존재하는 것보다 미래에 지 금과는 급진적으로 다른 사회, 문화, 정치 세계를 만들어 낼 것이기 때문에, 미래 기후변화 중요성에 대한 분석에서 이러한 가능성을 재 현하기 위해 더 많은 노력을 기울여야 한다"는 것이다(Hulme, 2011 p. 266).

표층 아래의 정치적인 것을 향하여

1974년에 지리학자 데이비드 하비David Harvey는 지금 마르크스주 의 지리학의 고전이 된 논문〈인구, 자원 그리고 과학 이데올로기 Population, Resources and the Ideology of Science〉를 썼다. 하비는 신맬서스주의에 대한 강력한 방법론적 비판을 전개했다.[1] 신맬서스주의는 그 시점에 형성되고 있던 인구과잉과 자원 사용에 관한 대중적인 환경 서사였다. 하비는 과학의 윤리적 중립성, 더 구체적으로는 맬서스의 논리경험주의에 반발하는데, 그의 기본적인 주장은 방법과 결과가 "본질적으로 관련되어 있다"는 것이다(p. 270).

누군가가 자원 부족을 자연법칙에 따라 설명한다면, 희소성은 사회관계에서 발생하는 것이고, 이것은 필수불가결하게 인구를 어떻게 읽어야 하는지를 채색한다. 즉, 인구는 언제나 부족한 자원을 초과한다. 그러나 하비의 주장은 정치적인 측면에서도 똑같이 중요하다. 예를 들어, 하비는 맬서스의 1798년 〈인구론Essay on the Principle of Population〉이 고드윈과 콩도르세의 유토피아적 사회주의 무정부주의에 대한 정치적 반박으로, 프랑스혁명이 일으킨 사회발전에 대한 희망을 버리도록 쓰여졌다(p. 258)는 점을 상기시킨다. 그리고 이후에 과잉인구가 엘리트들에 의해서 "계급, 인종, 또는 (신)식민지 억압을 정당화하는 정교한 변명의 일부"로 손쉽게 동원되었다고 주장한다(p. 274). 하비는 자신이 맬서스주의의 부활로 간주한 것의 중심에서, 그리고 그에 **반대해서 자신의** 중요한 논문을 썼다.

---

[1] [역주] 신맬서스주의Neo-Malthusianism는 19세기 말에 프랑스에서 대두된 경제 이데올로기다. 폴 로뱅을 비롯한 무정부주의 사상가들이 구상하여 옥타브 미르보에 의해 대중화된 신맬서스주의는 한정된 자원에 비추어 인구 억제의 필요성을 주장한다는 점에서 기본적으로 토머스 맬서스의 논리를 계승한다. 그러나 맬서스가 악덕으로 보았던 피임법을 중요한 정책 수단으로 채택하고, 식량의 한계에 기초하여 전개되었던 맬서스의 논의와 달리 식량을 포함한 자원 일반의 한계를 주장한다는 점에서 차이를 보인다.

맬서스주의의 부활은 서구의 혼란스런 시점에 발생했는데, 그 시점은 시민권리운동을 포함하여 다양한 사회 변형이 고유한 자기결정, 탈식민지화 그리고 학생운동을 불러일으킨 때였고, 이 모든 것이 엘리트의 지배를 위협하던 때였다. 그러한 맥락에서, 하비의 주장은 자원 부족에 대한 주장이 가난한 이들을 비난하는 수단으로 표면에 다시 떠올랐다는 것이다. 가난의 진짜 주범인 자본주의 착취는 외면하고 가난한 이들 탓이라고 비난한 것이다.

우리가 하비의 논문을 전경화하는 이유는, 이 논문이 40년 전 처음 쓰였을 시점과 오늘날이 여전히 관련이 있기 때문이다. 기후변화와 이주 담론의 많은 부분이 정치적 동기에서는 아니더라도 맬서스와 유사한 어조를 띤다. 기후변화와 이주의 관계에 대한 실로 수많은 설명에서 통제할 수 없는 가난에 대한 엘리트들의 걱정과 염려를 발견할 수 있다. 통제할 수 없는 가난은 생태학적 위기와 경제적 위기가 뒤섞여 있는 상황에 직면하여 엘리트의 권력을 위협한다.

인기를 끌었던 다큐멘터리영화 〈기후난민Climate Refugees〉(2010)을 예로 들어 보자. 이 영화에 주목해야 하는 이유는 이 영화의 암묵적인 인종주의 때문이다[Baldwin, 2013]. 이 다큐멘터리에서 한 저명한 정치적 활동가가 맬서스를 직접적으로 언급하며, 기후전쟁이라는 대중적 개념이 자원과 인구과잉에 대한 맬서스의 독창적 논제에서 유래했다고 말한다. 영화에 등장하는 많은 다른 사람들이 맬서스를 암묵적으로 가리킨다. 맬서스에 대한 유사한 호소가 로버트 캐플런Robert Kaplan의 인기 있는 1994년 글 〈다가오는 무질서The Coming

Anarchy〉에서도 개진되었다. 이 글에서 아프리카는 가난, 부패, 유혈의 수사로 오리엔탈리즘적으로 변형된다. 캐플런의 글이 기반하는 맬서스적 토대는 그 이후로도 수없이 많은 비판의 주제가 되었다는 사실에도 불구하고, 캐플런 이론의 무비판적 수용은 기후와 이주 담론에서 여전히 흔한 일이다(Dalby, 2002, 1996).

하비의 분석은 그러므로 여전히 제공할 거리가 많다.

첫째, 맬서스주의가 "엘리트가 지배하는 사회를 장악하게 되면, 그다음 순서로 비엘리트가 반드시 일정한 형태의 정치·경제·사회 억압을 경험한다"는 것이다(p. 273). 하비의 예들은 '나폴레옹 전쟁 직후의 영국', '세기전환기 미국의 보수운동', 히틀러의 독일과 '대영제국의 황혼'(p. 273)을 포함한다. 이것들이 모두 대등한 사건은 아니다. 그러나 그 각각에서 맬서스의 과잉인구 개념이 엘리트 권위의 기반을 마련하고 사회 억압을 정당화하는 데에 사용되었다. 우리는 기후변화와 이주 담론이 맬서스 개념과 몇 가지 중요한 면에서 유사하다고 주장한다. 인식공동체가 기후변화를 도피이주의 원인으로 설정한다면, 세계 인구의 상당 부분, 특히 가난한 이들에게는 잠정적 기후이주민 또는 기후난민이라는 꼬리표가 붙고 엘리트들은 꼬리표가 붙은 이들에게 권력을 행사하는 수단을 얻게 된다. 다른 논문에서 볼드윈(2013, 2012)은 이러한 식으로 가난한 이들을 시간화하는 것은 그들의 역사를 강탈함으로써 특정 형태의 인종적 폭력이 된다고 주장한다.

둘째, 하비가 상기시키는 것은 맥락의 중요성이다. 기후변화와 이주 담론을 이해하려면 그 의미가 도출된 더 큰 정치적·경제적·문화적 맥락을 설명해야 한다. 기후와 이주 담론의 장구한 역사에도 불구하고(Saunders, 2000), 이 담론의 최근 인기가 2008년 전 세계 경제에 불어 닥친 금융위기와 뒤이은 불확실성과 정확히 일치한다는 대목이 중요하다. 이 담론이 2010년 유엔기후변화협약UNFCCC에서 처음으로 언급된 것을 생각해 보자. 중국의 경제성장 속도를 고려할 때, 2000년대 서구 전역에서 지정학적 위기가 엄청나게 증가하고 있다는 느낌은 누구나 지적할 수 있다. 기후변화는 그 자체로 엘리트 권위를 위협하고 약화시키는 엄청난 위기를 대표한다. 이러한 맥락에서 '기후이주민' 또는 '기후난민'의 흐름을 통제할 수 있다는 약속은 엘리트 권위의 약화를 방지할 방법을 제공한다. 기후이주가 노동 관리 전략이고 그래서 기후변화 조건 아래에서 자본축적의 전략이라는 로맹 펠리Romain Felli(2013)의 주장은 이러한 점에서 본보기가 된다.

마지막으로, 하비는 마르크스를 인용하면서 맬서스주의의 특징인 논리적 경험주의에 대항할 중요한 방법으로 변증법적 유물론을 위치시킨다. 이 방법의 한 측면이면서 해석학적 사회과학의 또 다른 진부한 문구는 사물의 관계적 '본성'에 관련된다. 마르크스는 '사물'은 다른 것들과의 관계를 떠나서 독립적으로 이해하거나 언급할 수 없다고 말한다(Harvey, 1974, p. 265). 그래서, 기후변화와 이주 같은 지식 체계는 그것을 만들고 이루는 것들(제도, 인식공동체, 권력 등) 때문에 존재한다. 이런 의미에서 기후변화와 이주는 하나의 관계로 인식되어야 한다. 관계로 해석한다면 우리는 많은 것을 알게 될 것이다. 그러나 하비가 우리에게 상기시키는 더 중요한 것은, 사회변혁의 한 방법으로 변증법적 유물론은 이미 순환하고 있는 범주들로 시작해서 다음에는 그 범주들을 변형하고, 결과적으로 내부에서부터 그 사회적 관계를 변형시킨다는 점이다. 이것이 바로 우리가 이 책에 거는 기대이다.

표층 아래의 정치적인 것: 노동, 국경, 인종

이 서론의 나머지 부분에서, 접근하기에 유용한 세 개의 분석 범주를 확인하고 기후변화와 이주의 권력관계를 변형하고자 한다. 세 개의 범주는 노동, 국경, 인종이다. 어느 것도 다른 두 개와 분리되었다고 볼 수 없다. 세 개는 모두 상호 의존적이다. 세 개가 완전한 목록이라고 가정하는 것은 아니다. 이 목록은 모든 종류의 범주, 가령 젠더, 성, 정동affect, 배치, 공간, 장소, 지층, 물질성 등 10여 개의 다른 개념들을 포함하면서 쉽게 확장할 수 있다. 이 책에 실린 논문들이 모두 세 개의 범주와 관련된 것도 아니다. 다만, 우리가 생각하기에 주류 담론의 탈정치화된 용어로 거의 환원되지 않고, 그 결과로 매우 격렬하게 틀 밖으로 밀려났다고 생각되는 주제들을 선택했다.

노동
노동은 기후변화와 이주에 관한 동시대의 논의에서 거의 중시되지 않는 주제이다. 앞에서 언급한 로맹 펠리의 논문만이 주목할 만한 예외이다(2013). 환원주의 · 경험주의 · 자연주의가 공모하여 기후와 이주의 관계를 행성적 자본주의 하 노동의 (재)생산 · 동원 · 규율과의 연관으로부터 정제해 낸다. 이러한 노동의 소거는 **충격적**이고 **걱정스럽다**. 충격적인 이유는 노동의 소거는 자본주의 아래에서 결정적인 사회관계 중 하나를 억압하기 때문이고, 아룬 살다나Arun Saldanha가 논문에서 상기한 것처럼 인류세의 전 지구적 위기는 **또한** 자본주의의 위기이기 때문이다. 걱정스러운 이유는 노동 분석이 부재하다면, 노동이 이러한 행성적 변형 가운데에서 자본의 팽창과 생존의 조건으로 재정의되고 동원되고 통제되는 방식이 모호해지기 때문이다. 분명히, 모빌리티는 지구 기후위기라는 줄거리와 심지어 인류세라는 줄거리와 종종 엮여 있다.

많은 이들이 이 행성적 변형 중에서 가장 화두가 되고 우려되는 징후 중 하나로 인구이동을 꼽는다. 인류세에 대한 대부분의 논의는 기후난민, 환경적 이유로 퇴거당한 사람들, 생태적 유목민이라는 형상의 몇 가지 판본을 포함한다. 이 모든 것은 급진적인 변형과 방해를 가시적으로 극화시킨다(Hamilton et al., 2015, Ghosh, 2016, Nail, 2015: 이 책의 Clark, Colebrook, Dalby도 참조). 이 인류세 개념이 인간 모빌리티와 정착이 변화하고 있는 방식을 드러내고 있음에도, 비평가들은 이런 사항들을 **노동** 문제와 관련지어서 거의 질문하지 않는다. 이러한 생략은 심각한 문제로, 인류세와 기후변화에 관한 주류 논변이 공유하는 경향을 배경으로 독해할 수 있다.

이런 경향은 비평가들이 서술하는 행성적 변형을 탈역사화시켜 이것이 자본(주의)과 본질적으로 얽혀 있다는 점을 간과하게 한다(다음을 참조. Malm and Hornborg, 2014, Haraway, 2015, Moore, 2015). 인류세와 기후변화는 지금 지구가 겪고 있는 위기의 전례 없는 규모와 깊이를 드러낸다. 둘 다 자본의 행성성planetarity,[2] 수평적(즉, 영토) 그리고 수직적 공간 (즉, 지질학적 깊이)의 새로운 생산물, 그리고 자본 관계가 인간과 비인간의 삶의 층위로 더 깊이 확장될 때 열리는 새로운 정치적 영역을 가시화한다. 자본의 이야기이기도 한 행성적 변형의 이야기 안으로 노동과 계급관계의 재구성을 포함시키지 못하는 실패는 걱정거리가 된다. 이 실패는 기후변화와 이주에 대한 현재의 담론이 위생 처리되고 있다는 징후일 뿐 아니라, 정치 자체의 재구성이 다소 암울하게 진행되고 있음을 암시한다.

이 책의 첫 번째 논문에서, 웬디 브라운은 기후변화/인류세, 신자유주의 합리성과 슬럼가와 난민캠프의 확산이 가져온 휴머니즘의 위기가 우리 시대의 민주주의의 전복에서 가장 직접적으로 드러난다고 주장한다. 브라운의 주장은 기후변화와 이주 담론에서 노동을

---

[2] [역주] '행성성', '전 지구성', '행성 차원의 문제'라고 번역되기도 한다. 함께 비교되는 '지구성 Globality'과 비교하자면 'Globality'는 서양 vs 동양, 주류 백인 사회 vs 이민 사회 등의 경계와 차별을 넘어서고자 하는 의도로 세계가 하나의 공간이라고 보는 인식, 'Global citizen'으로서의 인식 강조한다면, 'Planetarity'는 인간(관계)에 대한 관심에 집중된 'Globalization'에서 더 나아가 그냥 추상적 개념으로서의 지구나 일종의 공간으로서의 지구에 그치는 것이 아니라 환경까지 포함한다. 즉, 'planet earth'에 존재하는 모든 타자까지 생각하는 태도와 관련된다. 이것은 우주 속 여러 행성 중 'planet earth'의 특수성을 인식하고 관찰하는 태도라고 할 수 있다.

'억압'으로 여기는 우리의 관점과 강하게 공명한다. 브라운은 민주주의가 '인민에 의한 지배'를 의미한다고 상기시킨다. 그러나 기후–이주 관계에서는 인민에 의한 지배가 아니라, 노동(즉, 인민)을 신자유주의 합리성으로 규율하는 새로운 인구 관리 형태가 발견된다. 이는 당시 유행한 '적응으로서의 이주' 이론에서 가장 명백하게 드러난다(Foresight, 2011, Black et al., 2011, Warner and Afifi, 2014, Mcleman and Smit, 2006). 이 이론은 '기후난민'과 기후전쟁의 환원적인 맬서스 논리를 피하고 이주민의 행위성을 전경화한 것으로 종종 칭송받으며, 이주가 기후변화에 대한 (적응 실패가 아니라) 적응을 위한 바람직한 수단이 될 수 있다고 주장한다.

처음에 '적응으로서의 이주 명제'는 앞선 맬서스 이론의 대안으로 환영받는 듯했다. 이 명제는 자유로운 이상에 호소했다. 삶의 조건을 보장하고 향상시키는 것과 관련되고, 제약되지 않은 인간의 모빌리티와 노동하는 개인이라는 자유로운 이상에 호소했다. 그러나 몇 가지 예에서 볼 수 있듯이, 이 명제는 신자유주의 합리성이 기후변화 적응 영역 내에 존재하고 있음을 상기시킨다. 취약한 인구가 (기후) 위기를 관리하기 위해서는 이주와 글로벌 송금경제에 참여함으로써 자신의 인적자본을 동원하고 적응을 위한 자금을 융통해야 한다는 것이다. 그와 같이, 이 명제는 소위 '이주–개발' 고리 안에서 수십 년간 순환하고 있는 개발 정책을 재포장한다(Bettini and Gioli, 2016).

이러한 '구식' 담론은 기후변화를 통해 가령 회복력의 논리 및 존재론 등으로 단순히 재구성되며(Baldwin, 2016, Bettini et al., 2016, Methmann and

Oels, 2015) 그 특수한 주체성과 통치 기제를 물려받는다(Chandler and Reid, 2016, Evans and Reid, 2014, Reid, 2012). 특히 이런 명제는 기후변화에서 살아남는다는 것은 기후변화의 영향을 견디기 위해 자신의 자원(즉, 노동력)을 동원할 수 있는 능력에 달려 있음을 암시한다. 이 명제의 신자유주의적 특성은 명백하다. 그것은 과잉노동력을 자기경영 논리에 의거해 송금경제 안으로 끌어들이는데, 이것은 '보험에 가입할 수 없는' 이들에게까지 '보험'을 확장하는 첫 번째 단계이다(Baldwin, 2016). 이런 식으로 자신의 노동을 동원할 수 없는 이들에게 별다른 희망을 제공하지 못하면서 말이다.

'적응으로서의 이주' 이론은 자유 이주 모델이 아니라 오히려 노동과 계급 통제를 자본주의 아래서 훈련시키는 또 다른 예이다. 자율과 민주주의는 '적응으로서의 이주 명제'에 그다지 한 역할이 없다. 이 명제가 겨냥하는 이들(과잉 노동력, 도시와 시골의 빈민)은 민주주의의 정치적 행위자, 시민으로 상상되는 것이 아니라, 자본이 계속되는 위기에 맞서 팽창하고 적응하기 위해 끝없이 요구하는 것들을 제공하는 온순한 노동력으로 상상된다. 이러한 점에서, 이동하는 '기후 노동자'의 흐름을 통치하고 규율하고 제한하는 정책들은 탈식민지화 이후의 '위험한' 인구들을 관리하기 위해 글로벌 사우스 Global South에서 사용한 정책들을 연상시킨다(Duffield, 2007, 2001).

또한, 오래전부터 환경적 압력과 '재난'은 자본축적에 결정적인 노동력 동원(본원적 축적 형태)에 연계되었는데, 마르크스는 이것을 잉여 인구의 출현 및 역할에 연결시켰다(Marx, 1983). 라나비르 사마다르Ranabir Samaddar가 영국 제국주의 지배 하에서 인도의 이주와 기아를 다시 독해한 것이 대표적 사례이다. 그러므로 노동과 노동의 모빌리티가 기후변화(그리고 인류세)에 직면해서 어떻게 재구성되는지 이해하는 것은 분석적인 이유에서나 그 문제가 제기하는 정치적 질문에서나 모두 매우 중요하다.

국경

오늘날 글로벌 정치경제에서 이주에 관한 사유는 반드시(머지않아) 국경의 의미론과 맞닥뜨리게 된다. 이주를 막기 위해 울타리를 치고 장벽을 쌓는 것은 동시대의 모든 우파 포퓰리즘을 대표하는 구호이다. 국경의 '강화'는 자유주의 진영에서도 정치적인 유행과 윤리적 정당성을 누리고 있으며, 그러한 강화가 종종 수반하는 폭력도 마찬가지다(Doty, 2011).

국경의 '강화'는 유럽과 북미 이주 정책의 기준이 되는 요소이다. 최근 에게해의 '흐름 저지'를 위한 나토 함선 배치 결정은 국경통제의 공공연한 군사화와 통제의 인도주의적 개입과의 중첩을 생생하게 보여 준다(Pallister-Wilkins, 2015). 스웨덴의 오레순드 국경 검문소 재설치 결정과 프랑스와 영국이 칼레터널 진입을 막는 벽과 보안 장치를 누가 책임질지를 놓고 벌인 다소 비현실적인 다툼은 국경이 국가 간 통치와 교섭의 공통된 부분이라는 사실을 분명히 보여 준다. 육지와 해양 경계선을 안전하게 지키는 임무를 맡은 군대와 정보기관, 기업 복합체 주변에는 수없이 많은 이해관계가 수렴되는데, 이것은 이주의 비정규화 및 안보화로 정당화된다(Andersson, 2015, Jansen et al., 2015). 그 과정에서 행사된 격렬한 폭력과 엄청난 사상자에도 불구하고, 국경의 군사화가 사실상 이주를 감소시킨다는 증거는 부족하다(선도적인 이주 전문가인 더글러스 매시Douglas Massey와 그의 동료들이 미국과 멕시코 국경에 대한 장기간에 걸친 연구(2016)를 통해 내린 결론 참조). 또한, 국경은 이주민을 지지하고 외국인혐오에 반대하는 투쟁의 중요한 상징이 되었으며, "국경 반대"는 (긴축과 불안정화 반대 투쟁과 더불어) 급진적 반정부 운동의 주요 기치가 되었다(Mezzadra, Burridge, 2014).

따라서 국경은 그 자체가 중요한 연구 대상이다. 국경은 여러 차원에서 중요하지만, 울타리와 철조망과 '야만인'이 주요 시각적 기표가 되는 기후변화와 이주의 맥락에서도 중요하다. 국경 강화는 풍족한 북반구에 사는 사람들이 주로 제기한다. 북반구에 사는 사람들은 기후로 인한 대규모 이주민이 글로벌 사우스에서 유입될까 봐 불안하다(Schwartz and Randall, 2003). 우리 책에 실린 캐서린 루소의 오스트레일리아 대중 담론 연구는 초국적 흐름과 '기후난민'의 형상으로 이용된 정동affect, 그리고 기후난민 형상이 다소 분명하게 일으킨 국경화 충동을 추적한다. 당연히 그 국경은 수없이 많은 국제관계와 안보화 연구에서 기후변화 및 모빌리티와 관련지어 연구되고 있다(e. g. Boas, 2015, Rothe, 2015, Baldwin et al., 2014, Oels, 2013).

예를 들어, 그레고리 화이트Gregory White(2011)는 북아프리카와 유럽을 연결하는 이주 경로에 초점을 맞추어 기후변화가 국가의 범위를 가로질러 국경 체제에 미치는 영향을 연구해 왔다. 화이트가 보기에, 지구온난화 담론은 유럽과 북아프리카뿐 아니라 이들 국가의 주권 재협상에서도 국경 안보화의 일부가 되었다. 그리고 우리 책에 실린 사이먼 달비의 논문은 기후변화가 일으킬 영토와 정착지 쟁탈과 관련하여 주권(그리고 국경)에 일어날 급진적 변형에 대한 중요한 질문을 제기한다.

이 중요한 연구 외에 또 다른 접근 방법을 강조하고자 한다. 산드로 메자드라Sandro Mezzadra와 브렛 닐슨Brett Neilson(2013)의 연구에서 영감을 받은 이 방법은 노동과 국경이라는 얽히고설킨 주제들을 함께 다루는 비환원주의 설명에 유용한 자료를 제공한다. 메자드라와 닐슨의 출발점은 국경이 단순한 '사물', 즉 영역의 구획하는 한낱 선 이상이라는 것이다. 그들이 보기에, 국경은 **관계**이다. 국경은 (시민권, 노동력의 생산성, 인종 등을 기반으로 신체를 분류함으로써) 선택적 배제와 포함이라는 복잡한 과정을 조직하므로, 국경은 그것에 의해 그것을 통해 권력이 재생산되고 도전받는 핵심적 현장이 된다. 이런 개념화를 시작으로, 메자드라와 닐슨은 동시대 글로벌 자본주의에서 국경과 이주 급증, 노동 (재)생산 및 규율 간의 깊은 상호관계를 추적한다.

환경적 차원을 고려할 때, '방법으로서의 국경'에 접근하면 기후변화와 이주 담론에서 단절된 것처럼 보이는 수많은 현상을 서로 연결할 수 있다. 영토, 주권, 배제, 인구 통치 그리고 자본축적에서 이동 노동의 역할은 모두 '국경'에 응집된다. 지구화된 자본과 행성적 위기에 직면한 주권의 재구성이 협상되는 곳이 바로 '국경'이다(달비의 논문 참고). 예를 들어, 앞서 언급한 적응으로서의 이주 명제에서는 노동의 매끄러운 동원을 확보하려는 자본주의의 시도가 바로 국경에서, 그리고 국경을 통해서 가시화된다. 인종화되고 식민적인 정동의 초국적 흐름이 통로를 얻고 증폭되며, 현 시대의 특징인 불안과 공포의 형태로 대중적 담론에서 표면화되는 것은 다름 아닌 물질적 국경과 상징적 국경을 통해서다. 그러므로 '방법으로서의 국경'의 사용은 무엇보다도 기후이주에 대한 주류 논의에서 지배적인 환원주의와 경험주의에 대응할 수 있는 유망한 분석을 제공한다.

인종

이 책이 기후변화가 이주의 문제라고 이야기할 때 열리는 공간에 개입한다면, 다음과 같은 질문을 던져야 한다. "기후변화의 맥락에서 이주는 누구에게 문제인가?"

이 주제는 그저 훑어보기만 해도 유럽과 서구 대중이 압도적으로 이런 견해를 채택한다는 사실을 알 수 있다. 이러한 점은 기후변화에 신경을 쓰는 서구 독자들이 태평양 저지대 섬들을 바라보는 식민주의적 응시에서 분명히 확인할 수 있다(Farbotko, 2010a, 2010b, Farbotko and Lazrus, 2012). 멀리 떨어져 있음, 작음, 희생자임과 같은 식민주의적 수사는 부분적으로 많은 태평양 섬 주민들이 '기후난민'이라는 꼬리표를 거부하는 이유 중 하나이다(McNamara and Gibson, 2009, Government of Tokelau, 2015). 이 꼬리표는 오세아니아를 구성하는 광대한 '섬들의 바다'에서 정치적이고 문화적인 삶의 특징인 이질성을 탈역사화하고 삭제한다. 그래서 유럽인들이 가장 큰 기후변화 위기에 처했다고 인식한 사람들을 묘사하기 위해, 그 당사자들조차 거부하는 '기후난민'이라는 명칭을 사용하는 것은(이 책, Dalby의 논문 참조) 에펠리 하우오파Epeli Hau'ofa(1994)의 통렬한 비판을 확인시켜 준다(p. 148).

하우오파는 "학자와 컨설턴트 전문가들은 풀뿌리 활동이 사회 및 그 발전의 본성에 대한 우세한 견해에 들어맞지 않는다는 이유로 그런 활동을 간과하거나 잘못 해석한다"고 비판한다. 학자, 활동가, 정책입안자가 아주 선한 의도로 '기후난민'이라는 개념을 사용한다는 것은 의심할 바 없다. 그러나 셰린 라작Sherene Razack(2011)이 쓴 것처럼, "식민주의자는 인종화되는 사람들의 향상에 헌신한다고 항상 주장한다". 기후변화와 이주가 권력 형태로 기능하는 방식에 대한 설명이 이러한 인종적 관심의 비대칭성을 설명할 수 없다면 요점을 놓치는 것이다.

기후변화의 영향이 인종화되어 불균등하게 유색인종에게 떠맡겨질 것이라는 주장은 전적으로 설득력이 있다. 이 주장은 기후정의의 중요한 기둥 중 하나이다. 기후변화가 인종주의적 정치경제가 드러난 현상이라고 주장하는 것 또한 옳다(니제르강 삼각주 석유채굴을 생각해 보자). 기후변화와 이주의 관계를 인종적 권력 체계로 이해해야만, 비로소 유색인이 이동할 때 기후부정의가 발생한다는 환원주의적 주장을 넘어설 수 있다. 우리 책에서 데이비드 테오 골드버그가 쓴 장은 바다에 초점을 맞추어 인종의 문제로 들어가는 설득력 있는 방식을 보여 준다.

그것은 문화적 참조점으로서의 바다, 인종적 의미의 담지자로서의 바다 그리고 물질적인 힘으로서의 바다이다. 자연문화natureculture의 한 형태로서 바다는 역사적 상황성을 지니는 사회적 관계들을 매개한다. 그것은 또한 이질성의 근원이다. 여기에서 이질성은 골드버그의 모든 글을 통해 반복해서 등장하는 인종적 위협이라는 주제이다(Goldberg, 1993, 2014). 대양은 또한 인종적인 특징을 지니고, 이주민의 도착 방식은 이제 출신 국가를 대체하는 인종적 지표가 된다. 배로 도착하는 인종은 위협이 되고, 비행기로 도착하면 유동성과 순환 그리고 자본과 유사한 대접을 받는다. 그러한 인종 지표는 철저히 포스트인종적이다(포스트인종성에 관해서는 골드버그의 2015 논문과 우리 책의 볼드윈 논문을 참조). 기후변화가 현재에 영향을 미치면서 암묵적으로 인종적 침입의 함의를 전달한다.

여기에서 우리는 인종 권력의 또 다른 측면, 즉 노예화되고 인종적으로 예속된 신체가 백인우월주의의 해체 가능성을 재현할 수 있는 방식을 식별한다. 노예제도 폐지는 노예 소유주와 폐지론자 모두에게 위험한 전망이었다. 노예 소유주에게 노예는 항상 반란, 보복 살인 및 강간의 가능성을 상징했다. 노예 소유주에게 노예제 폐지는 재산과 노동력의 손실을 의미했을 뿐만 아니라, 한때 종이었지만 이제는 해방된 노예와의 불가피한 대치를 의미했다(McWhorter, 2009). 인종과의 전쟁을 무릅쓰는 위험보다는 노예제가 계속되는 것이 더 나았다. 반면에 폐지론자에게 갓 해방된 노예는 과도한 자유를 상징했다. 마크 더필드Mark Duffield(2007)는 초기 자유주의자들과 선교사들이 갓 해방된 노예들에게 자치권을 훈련시키는 이유를 이러한 자유의 과잉에서 찾았다. 그렇지 않으면, 자유를 행사하는 데에 익숙하지 않은 사람들이 경솔함과 폭력의 위험에 빠질 수 있다는 것이 그들의 추론이었다. 노예 소유주이자 동시에 노예제 폐지론자인 토머스 제퍼슨이 해방 노예를 미국에서 추방해야 한다고 주장한 것도 바로 이 때문이다(McWhorter, 2009). 제퍼슨이 생각하기에는, 노예제 폐지 이후 불가피하다고 상상한 인종전쟁을 피할 수 있는 신뢰할 만한 유일한 방법이 추방이었다.

피억압자가 언젠가는 억압자에게 복수할 것이라는 공포는 환경 서사에서 일관된 주제이다. 환경역사가 윌리엄 크로논William Cronon(1996)은 이 공포를 "악마적인 타자로서의 자연, 복수하는 천사로서의 자연, 억압받은 자들의 귀환으로서의 자연"(p. 48)이라고 특정한다. 이 서사가 표현하는 것은 인간이 궁극적으로 자연을 완전히 정복할 수 없으며, 자연은 영원히 인간을 초과한다는 모더니스트의 걱정이다. 인종적 측면에서 노예 소유주가 표현하는 것도 바로 이러한 공포이다. 자연화된 타자, 인종적 타자가 돌아와서 가족, 정치체제, 문명과 같은 소중한 대상을 파괴할 것이다. 맨해튼을 장악한 킹콩과 막을 수 없는 좀비는 이 오래되고 끈질긴 수사의 대중문화적 표현이다(Giuliani, 이 책). 기후변화와 이주 이야기는 정확히 이와 동일한 우려를 표현한다. 어떤 식으로든 억제하거나 관리하지 않는다면, 모든 면에서 과잉인 기후변화 이주민이라는 형상은 문명을 파괴할 가능성을 의미한다. 그것은 노예 소유주의 한밤중 걱정과 같은 공포이다.

기후변화와 이주: 지층의 이동정치학

지금까지 우리의 관심사는 기후변화와 이주가 무엇보다도 권력관계임을 보여 주는 것이었다. 노동규율, 국경화, 인종화는 모두 이 권력의 핵심적인(그러나 결코 독점적이지 않은) 특징이다. 이것들 모두 인간 이주 관리가 어떻게, 왜, 누구를 위해 기후변화 거버넌스의 핵심적인 우선순위가 되었는지 생각하게 한다. 기후변화가 일부 사람들에게 심각한 불안정성이나 통제 불가능한 인구이동을 의미한다면, 이 기술에 주목하면 기후위기 관리가 나아가 부분적으로는 특정 관계를 장소에 고정하는 문제, 인구이동이 과도해지지 않도록 보장하는 문제, 변화하는 지구 시스템의 맥락에서 신체의 합법적(및 불법적) 이동을 결정하는 문제임을 이해할 수 있다.

그러나 우리는 기후변화의 맥락에서 인간 이주를 재사유하기 위한 잠정적이지만 매우 다른 윤리의 윤곽을 그리는 것으로 마치고자 한다. 나이젤 클라크Nigel Clark(근간)의 **지층 정치학**과 토머스 네일Thomas Nail(2016)의 **이동정치** 이론을 결합한 윤리이다. 이를 위해 기후와 이주의 관계의 안과 밖을 뒤집은, 이 책에 실린 클레어 콜브룩의 논문에서 출발한다. 변화하는 기후에서 이주는 전통적으로는 안정적인 삶의 예외로 파악되었다면, 콜브룩은 "상대적인 안정은 이동과 이주로부터 형성된다"고 주장한다(p. 117, 이 책). 콜브룩의 주장은 운동, 흐름, 유동이 위치와 안정보다 우선하며, 더 나아가 기후변화의 이주효과에 대해 우리가 품고 있는 불안은 전부 식민주의가 이동하는 세계에 폭력적으로 부과한 안정성의 효과에 불과하다는 것이다. 콜브룩의 통찰은 수십 년, 수백 년 전이 아니라 초기 인류가 출현하기 훨씬 전인 수백만 년 전 심원한 시간과 관련하여 인간 이주를 상상하도록 방향을 전환한다는 점에서 매우 중요하다.[3]

  클라크의 지층 정치학을 살펴보자. 클라크는 지질학과 철학의 교류에 대한 더 광범위한 논쟁을 반영하면서(Grosz, 2008, Yusoff et al., 2012, Deleuze and Guattari, 1987), 지질학적 지층의 문제를 정치적인 지층의 문제로 제기한다. "인류세 명제가 지질학적 지층을 갑작스레 정치적으로 중요하게 끌어올렸다고 단순히 단언하기보다는" "지각의 지층화된 성분과의 상호작용이 사회적·정치적 형성에 오래전부터 구성적인 역할을 해 왔다"고 제안한다(근간, p. 4). 그러나 그의 주장은 결정론적 추론을 재확인하는 것이 결코 아니다. 클라크에게 지층은 정치적·사회적 삶의 세계를 결정하는 요소가 아니다. 지층에 초점을 맞춘 것은 훨씬 더 교란하고 창조하는 더 큰 잠재력을 지닌다.

  지층은 지구의 고정된 층(암석과 퇴적물의 층화)이라기보다는, 지

---

[3] [역주] 초기 인류, 호미니드hominid: 모든 현재 인류와 과거의 사라진 인류의 조상까지 포함한다. 심원한 시간Deep Time: 인간이 지각할 수 있는 범위의 시간을 벗어난 지질학적 시간 개념을 의미한다.

구에 내재하는 변동성, 지구의 충만한 급진적 변형 잠재력을 상기시키는 지질학적 아카이브로 이해되어야 한다. 이러한 의미에서 지층은 아래로부터 끊임없이 만들어지고 재구성되는 동시에 항상 바깥으로 뻗어 나가면서 지속적으로 재구성된다. 비록 당장 명확해보이진 않지만, 클라크의 통찰은 인간 모빌리티와 직접적 관련이 있다. 예를 들어, 우리는 지구 표면에 존재하는 물질과 신체의 분포를 하나의 특정 지층으로 상상할 수 있다. 이 지층은 대서양 횡단 노예무역과 유럽의 식민주의로 구성될 뿐만 아니라 북미 대륙의 로렌타이드 빙상의 느린 후퇴로도 구성된다. 이런 의미에서 인구는 경제적·생태적·역사적 변화가 다양한 속도로 환원 불가능하게 얽혀 있는 복합체이다.

그러나 여기에서 분석을 멈춘다면, 이주가 '복잡하다'는 관념에 내재된 경험주의적이고 탈정치적인 유혹을 확인하는 것에 지나지 않는다. 클라크가 지층을 강조하는 것은 지질학적 지층과 마찬가지로 인구 지층이 공간적으로나 시간적으로 고정되어 있지 않고 항상 재조합과 재분배에 열려 있다는 점을 상기시킨다. 실제로 현재 많은 논평가들이 지적하듯이(Dillon, 2008, Dillon and Lobo-Guerrero, 2008; Cf. Colebrook, 이 책), 예정된 계획 없이 조합하고 재조합하는 이 개체발생적 능력이야말로 정확히 생명 자체의 정의이다. 기후변화의 관점에서, 지층의 개체발생적 형성에 초점을 맞추는 것은 기후변화로 야기된 '지각이동'이 현대에 등장한 모빌리티(및 축적, 주권, 영토) 형태의 해체 및 재구성을 약속한다는 생각을 수용하는 것이다.

이러한 입장은 이주와 기후변화에 대한 주류 담론에 영향을 미치는 (영토, 국민, 주권 및 국가의) 안정성 및 부동성이라는 가정과 극명한 대조를 이룬다. 토머스 네일의 이동정치 이론은 그러한 방향에 추가적인 기여를 한다. 운동이 위치보다 우선한다는 콜브룩의 주장과 마찬가지로, 이동정치는 정치가 기본 조건으로 정체와 부동이 아니라 운동과 흐름에서 비롯된다는 생각이다. 이런 의미에서 권력, 주권, 국경은 이미 존재하는 원래의 '자연스러운' 안정 상태를 보존하기 위해 고안된 제도라기보다는 육체, 암석, 유체 및 에너지의 끝없는 흐름을 활용하기 위해 고안된 기술로 등장한다(Nail, 2015).

기후변화와 인류세가 움직이게 만들 그러한 (에너지, 물질, 영토, 사람의) 흐름은 (오직) 기존의 안정성을(그리고 아직 존재하지 않는) 붕괴시키는 위협 세력이 아니라 바로 그러한 흐름을 활용하는 장치를 재협상하도록 강요하는 힘으로 볼 수 있다. 좀 더 실천적인 말로 표현하자면, 현대사에서 영토의 안정과 경계선 긋기가 갖는 봉쇄의 기능을 생각한다면 기후변화와 인류세가 야기한 불안정성은 영토에 거주하고 영토를 가로질러 이동하는 새로운 방식의 출현 가능성, 그리고 실제로 새로운 형태의 정치공동체와 연대의 출현 가능성을 나타낸다. 영토에 거주하고 영토를 분할하는 근대적 형태가 끝날 가능성이 보이는 이러한 황혼의 상태로부터 무엇이 나올 것인가가 현재 핵심적인 정치적 질문이 될 수 있으며 또 되어야 한다(Colebrook 참조, 이 책). 따라서 표류하는 삶은 어떤 치명적인 조건이 아니다. 표류한다는 것은 잠재력과 생명이 넘쳐나는 것이다.

제1부

정치
변화하는 영토, 국경, 주체성

제2장

기후변화와 민주주의, 인본주의의 위기

| 웬디 브라운 |

이 장을 연구하면서 떨쳐 버릴 수 없던 염려는, 인민이 지배하는 **직접민주주의**Demos-kratia가 포스트휴머니즘 비평에 의해 그 실천과 방향이 수정될 수 있다 할지라도 그 중심에는 논란의 여지가 없는 인본주의적 심장이 있다는 것이다. 오늘날 세계화와 신자유주의 정치로 이미 도전받고 있는 민주주의는 포스트휴머니즘 실행과 약속에 의한 공격도 피하지 못하고 있다. 그러나 가장 심각한 기후변화 완화 전략은, 심지어 기후정의 문제로 윤곽이 잡힌 전략조차도 직간접적으로 민주주의를 우회하려고 한다. 즉, 지구공학에서 탄소배출권 국제협약에 이르기까지, 이 전략은 현재와 미래 세대가 수혜자로 추정되는 경우에도 사람들의 의사와는 무관하다. 민주주의가 전반적으로 위태로운 상황임을 고려할 때, 민주주의를 회피하고 때로는 노골적으로 배척하는 것은 결코 가벼운 문제가 아니다.

우리가 포스트휴먼the posthuman 시대에 살고 있다는 사실은 현대 문화와 사회 이론 및 시리Siri의 유비쿼터스 음성이 강조하는 일상의 삶에서 흔히 확인할 수 있다. 포스트휴머니즘이 의미하는 바는 다양하지만, 많은 학자들에게 포스트휴머니즘은 한편으로 다른 지각 있는 생명체와 다르게 느끼고 생각하고 숙고하고 행동하는 존재로서, 다른 한편으로 우리가 만든 것을 포함한 무생물과 다르게 느끼는 존재로서 인간의 독특성뿐만 아니라 중심성을 교란하는 것으로 수렴된다. 포스트휴머니즘은 젠더, 카스트, 인종, 문화, 문명 같은 역사적 인본주의로 퇴적된 규범에 대한 비판에도 등장한다. 따라서 포스트휴머니즘은 인간의 본성을 고정하거나 규정하고, 인간이 통일된, 자기지배적인 존재이며, 인간을 인간의 생산물, 보철물 및 기타 지각 있는 생명과 근본적으로 구별하는 인간에 대한 존재론과 인식론에 도전한다. 또한, 포스트휴머니즘은 신神을 육체는 없지만 의인화된 존재로, 인간을 신의 축소판이자 각각 작은 주권자로 보는 신학을 전복한다.

포스트휴머니즘과의 씨름이 기후변화보다 더 긴급하지는 않을지도 모른다. 기후변화가 요구하는 바는 우리의 인식이다. 우리가 한때 기이하게 '외부 자연'이라고 불렀던 존재가 단순히 우리가 약탈할 수 있는 자원이 아니며, 우리가 빠르고 극적으로 이 사실에 우리 삶의 방식과 문제 해결을 수용해야 한다는 것을 인식해야 한다. 그러나 세계의 생존을 위해 집단적으로 행동하라는 역사상 유례가 없는 이 요구에는 인본주의의 전복이 아니라 강화가 있는 것이 아닌가? 우리는 지성, 지식, 의지, 제도 및 행동이라는 인간 고유의 역량을 총동원해 인간 종種이 스스로와 지구를 몰아간 절벽 가장자리에서 회복하기 위해 협력할 필요가 있지 않은가? 어떠한 다른 생물이나 무생물 단위가 실행은 고사하고 상상이라도 할 수 있는 희망, 지구의 상태를 고려해서 바로잡을 수 있는 그러한 희망이라도 있는 것인가?

아마도 두 가지 다 할 수는 없겠지만 시도해야 할 의무에 대해서는 의문의 여지가 없다. 기후변화 완화 또는 적응에 대한 모든 가능한 접근 방식 뒤에는 인간의 상상력과 원동력이 분명히 있다. 그 접근 방식은 탄소배출권 거래 시장에서 전 지구적 거버넌스 및 치안 유지까지, 개인 또는 지역 관행에 기반한 미시정치에서 경제 및 정치의 전 지구적 변형에 이르기까지, 계속되는 높은 단계의 화석연료 연소 및 경제성장에 대한 기술 적응을 꿈꾸는 것에서 이러한 관행에서 벗어나서 유턴하는 꿈에 이르기까지 광범위하다. 심지어 시장을 통해 에너지 활용을 완전히 바꾸려는 환경경제학자조차 전례 없는 지구적 인류 설계의 위업을 상상한다. 각자가 내세우는 해결책의 핵심에는 초인적인 인본주의가 자리 잡고 있다.

그러나 이 인본주의 또한 어떤 모순으로 굴절된다. 이 인본주의는 우리가 그 일을 해내지 못할지 모른다는 두려움, 또는 오만과 숙달에 대한 비전보다는 겸손과 한계에 대한 인식이 앞으로 인간다움이라는 프로젝트의 틀이 되어야 한다는 아이러니한 인식에 의해 그늘이 드리워져 있다. 그것은 또한 인본주의를 표현하는 정치적 관행을 중단하거나 약화시킬 수 있는 위협이기도 하다. 그래서 이 장에서는 기후변화의 정치적 지형에서 포스트휴머니즘의 흐름이 인본주의의 흐름과 교차하는 지점을 부분적이나마 소박하게 탐구하려 한다.

◆ ◆ ◆

그러나 이 장에서 고려하는 포스트휴머니즘은 이론가들에게서 비롯된 것이 아니다. 오히려 나의 초점은 인류세의 도래, 신자유주의적 합리성, 전 지구적으로 확산되는 빈민가와 난민 수용소, 내장이 다 드러난 민주주의에 내재된 포스트휴머니즘의 역사적 전개에 있다.[1] 나는 인간이 자신의 존재 의미와 역사 및 세계를 만들어 가고, 인간이 자신의 우주에서 (반드시 배타적이지는 않지만) 근본적인 주체이며, 신보다 인간이 자신의 정치적·문화적 우주의 적절한 중심이라는 유럽 르네상스에서 배양된 근본적인 인본주의 사상에 일어난 이러한 중대한 혼란을 살펴보고자 한다.

이 공식은 끊임없는 합리주의, 도덕적 자율성, 자연의 급진적 독립성, 즉 정신을 자신의 말馬처럼 여기는 인본주의의 드높은 근대적 (데카르트적, 그다음에는 칸트적) 변곡점보다 앞선다. 그러나 이미 근대 초기 인본주의에는 강력한 자유 개념이 자리하고 있었다. 인간을 신에 의해 결정된 존재, 신의 진리를 알거나 따르기 위해 존재하는 존재, 자연주의적 질서(내재적 위계와 함께) 또는 본능(내재된 충동과 함께)에 종속된 존재로 여기는 세계관에 맞서, 인간은 행동하고, 존재에 형태를 부여하며, 의미와 투쟁하도록 운명 지워진 독특한 존재라는 것이 인본주의의 살아 움직이는 자신감이다.

인본주의는 그러므로 언제나 최소한 소박하게나마 비-신론적non-theistic이고 인간중심적이며, 숙고와 의지에 기반한 인간 행동 능력에 묶여 있으며, 삶을 함께 만들고 스스로 역사를 만들어 간다. 대부분의 인본주의는 인간의 이러한 특징을 존재론적이고 선하다고 가정한다. 그러나 일부 인본주의는 또한 공포, 홀로코스트, 장기간의 사

---

[1] James Lovelock(2010)과 같은 일부 학자는 이제 민주주의를 멈출 필요가 있다고 제안한다.

회적·주관적 불행, 그리고 지금은 기후변화를 일으키는 독특하게 인간적인 능력을 비극적 차원으로 가정한다.

이것이 내가 서구 근대성에 활기를 불어넣는 인본주의적 자만심의 대략적인 연결 고리라고 간주하는 것이다. 이제 이 인본주의가 오늘날 실질적으로 도전받는 세 가지 근본적인 방식을 살펴보자.

인류세

인류세 개념에는 인본주의적 자만심을 방해하는 어떤 것도 내재되어 있지 않다. 반대로 자만심을 확인하는데, 이 점이 일부 좌파 생태학자와 활동가들이 이 개념에 반대하는 이유 중 하나이다.[2] **호모사피엔스**가 중요한 지구물리학적인 힘이 된 시대가 우리 시대라고 표시하는 것은 수백만 종의 생명체 가운데 우리 인간만이 행성과 행성에 속한 만물의 삶의 조건을 근본적으로 바꿀 수 있음을 의미한다. 신이 존재한다면 우리는 지금 신과 경쟁하는 것이고, 신이 없다면 신-신화the God-myth의 부정적 유형이 된 것이다. 홉스의 악명 높은 '신이 자연을 만들고 통치하고, 인간은 국가를 만들고 통치한다'는 주장이나, 인간적인 **비르투**Virtu가 자연화된 **포르투나**Fortuna와 씨름한다는 마키아벨리의 우주론, 또는 자연과의 오랜 투쟁이 존재에 대한

---

[2] 이러한 반론에 대한 유용한 검토는 Vansintjan(2015)을 참조.

합리적 집단 통제를 통해 정점에 이른다는 마르크스의 역사학과 달리, 인류세는 어떤 인본주의자가 상상한 것보다 인간의 영향력과 파괴적 잠재력이 더 크다는 것을 상기시킨다.

여기서 우리는 인본주의에 대한 인류세의 첫 번째 역설에 직면한다. 인류 역사상 경제, 군사, 정치, 기술, 재현 등 인간의 힘이 이토록 방대하고 복잡하고 전 세계를 가득 채운 적은 없었다. 그러나 인류가 기후변화만큼 심각한 도전에 직면한 적도 없다. 기후변화는 전 지구적인 협력과 집행이 필요하고, 전 인류의 생활, 사고, 일, 놀이 방식에 영향을 미친다. 이러한 전례 없는 힘을 가진 우리가 그 힘에 휘둘리지 않고 활용할 결정적인 능력이 부족하다면, 그 힘은 결국 진짜 힘일까, 아니면 능력에 불과할까?

신마르크스주의자라면 이 문제를 인간이 만들었으나 인간이 통제할 수 없는, 마르크스가 생산과 계급에 초점을 맞춰 포착한 것보다 더 넓은 존재의 스펙트럼에 걸쳐 파급된 권력의 익숙한 문제라고 표현할 수 있다. 그러나 우리는 마르크스주의자의 품에 안기기도 전에 마르크스의 품에서 버림받는다. 이러한 상황에 대한 마르크스주의적 해결책은 소외에서 자원 고갈, 성차별과 인종차별, 빈곤에 이르기까지 모든 병폐를 변증법, 역사적 진보, 합리성, 세계 문명, 자유에 대한 지칠 줄 모르는 열망, 중앙집권적 정부 없이 협력하고 계획하는 인간의 능력으로 전달되는 공산주의를 통해 해결해야 한다는 것이다. 이 오래 묵은 속임수가 사라진 지금, 옛 선조를 벗어나 인간이 만들어 낸 힘에 대한 도전은 계속되는 반면에 해결의 실마리는 사라지고 있다.

디페시 차크라바르티Dipesh Chakrabarty가 명쾌하게 설명한 것처럼, 우리는 지금 약속을 어긴 것 이상의 문제에 직면에 있다. 오히려 인류세는 인류의 문제를 새로운 방식으로 제기한다. 한편으로 **종**種 자체가 지구에 미치는 전례 없는 영향으로, 다른 한편으로 개인 의식 차원에서는 이 영향을 파악하는 것이 거의 불가능하다는 점으로.

차크라바르티가 보기에, 인류세에서 생존을 위해 고유하게 생산되는 종은 이제 자신의 삶의 방식과 역사를 넘어 세계 전체의 역사를 생산한다. 그런데 집단적이고 비인간적인 **힘**으로 그렇게 한다. 여기에 차크라바르티가 바라보는 인본주의의 의미는 다음과 같다.

하지만 인간이 지구물리학적 힘처럼 행동한다고 하면 어떻게 될까? 그러면 우리는 인간을 인간이 아닌 무생물 기관에 비유하게 된다. 그것이 내가 인위적인 지구온난화 과학이 인간의 형상을 두 배로 늘렸다고 말하는 이유이다. 인간의 두 형상, 즉 인간-인간the human-human과 비인간-인간the nonhuman-human을 동시에 생각해야 한다(Chakrabarty 2012, 11).[3]

아마도 인간의 세 번째 형상이 여기서 등장할지도 모른다. 우리는 이를 **우버휴먼**uberhuman이라고 부른다. 우버휴먼은 우리가 전에 한

---

[3] 차크라바르티가 나중에 말했듯이, "그러나 행성에서 지구물리학적 힘이 되면서 우리는 또한 존재론적 이해가 없는 집단적 존재의 형태를 발전시켰다".

번도 해 본 적 없는 일, 즉 종으로서 노력할 곳을 찾고, 존재를 조직하고, 종의 한계를 설정하는 일을 추구한다. 말하자면, 우버휴먼을 통해 인류는 스스로를 통제할 수 있게 될 것이다.[4]

이러한 이중 또는 삼중의 인간 형상은 서양 역사 서술과 역사의 대부분을 지배하는 개체발생/계통발생 상동론과 이에 기반한 역사적 서사에 종지부를 찍는다. 이 상동성homology에서 종의 조직, 발달 또는 통치는 개인의 조직, 발달 또는 통치에서 복제되는 것으로 상상된다. 상동론은 신빙성을 잃은 19세기 진화론의 전유물이 아니라, 철학적(칸트, 헤겔, 심지어 니체), 정치적(플라톤, 홉스, 벤담, 밀), 정신분석학적(프로이트) 등 다양한 변주를 거쳐 발전해 왔다. 문명의 유년기와 성숙기, 차이와 발전의 틀을 구성하는 데에 필수적이면서도 강력한 식민지적 수사는 수천 년 동안 인간과 그 가능성에 대한 우리의 이해를 조직해 왔다.

그러나 종과 행성을 보존하는 프로젝트가 개별 구성원에게서 찾을 수 없는 능력에 의존할 때, 그 프로젝트가 차크라바르티가 '비인간-인간'이라고 부르가 내가 잠정적으로 **우버휴먼**이라고 부르는 것에 의존할 때, 개체발생 및 계통발생은 무너진다. 전자(개체발생)는 인간/인간의 자리로 남아 있고, 후자(계통발생)는 비인간/인간, 우버휴먼이 되고 싶은 자리로 이동한다. 이것은 중대한 발전이다. 발생반복설ontogeny recapitulates phylogeny 수사는 식민지 담론과 사회적 다윈

---

[4] 이것은 신과 인간이 마침내 세계를 만드는 자로서 재결합하는 것이다.

주의를 촉진했지만, 옹호할 수도 없고 오류투성이인 그 모든 특징에도 불구하고, 그 붕괴는 그 자체로 무시무시한 함의를 내포하고 있다.[5] 우리는 이미 그것을 놓치고 있다.

신자유주의

심각한 기후변화 완화에 대한 기대와 신자유주의가 양립할 수 없다는 점은 너무 명백해서, 나오미 클라인Naomi Klein(2014), 마이크 데이비스Mike Davis(2006a), 아드리안 파르Adrian Parr(2012) 및 기타 비슷한 생각을 가진 비평가들의 주장에 추가할 것이 거의 없다.[6] 규제되지 않는 시장에서는 값싼 자원의 착취와 즉각적인 소비자 욕구가 다른 모든 문제, 특히 장기간에 걸친 문제보다 우선시되어 단기적 이익이 극대화될 수 있다. 민영화란 공공재와 공공 이익이 구체적으로 박탈되고 해체될 뿐만 아니라 이념적으로 폄하된다는 것을 의미한다. 또

---

[5] [역주] 일부 과학자들은 개체발생이 계통발생(ORP)을 반복한다고 주장했다. 이 문구는 유기체의 발달이 진화 역사 또는 계통발생의 각 성체 단계를 거치게 됨을 암시한다.

[6] 규제완화를 선호하고 대규모 금융 이익으로 정책 지배를 촉진하는 경제정책은 시장이 모든 문제를 해결할 수 있다는 신조에 동의하는 경우에만 이러한 이익에 기여할 수 있다. 성장의 절박함, 값싼 상품에 대한 욕구, 화석연료 연소를 전제로 한 250년의 계획되지 않은 개발과 양립할 수 없다. 3만 명의 진보적인 중산층 로스앤젤레스 시민들이 프리우스를 구입하고 지붕에 태양전지판을 설치하게 하는 것과 인구 약 1,800만 명의 대도시 LA 지역을 화석연료가 더 이상 존재 기반이 아니도록 만드는 것은 다른 일이다. 이것은 레닌주의적 또는 민주적 사회주의 국가 계획 하에서는 실행하기 어려울 것이다. 거대 금융 기업들 사이에 규제되지 않은 자유무역이 지배하는 세계에서는 상상할 수 없는 일이다.

한, 사려 깊은 시민의식을 함양하고 공익을 위한 연구를 창출하는 장소로서의 고등교육이 기후변화라는 절대적인 공공의 곤경에 대해 절대적인 공적인 지향성을 요구할 때 이러한 목적을 잃는다는 것을 의미한다. 그리고 국가가 경제에 신자유주의적으로 종속된다는 것은 응집된 재정적 이해관계가 정부와 포스트국가 구성체를 지배하여 다른 종류의 정치적 주장과 선거구를 몰아낸다는 뜻이다.

기후변화와 관련된 이러한 신자유주의적 특징은 잘 알려져 있을 뿐 아니라 자주 논의되고 있다. 그러나 더 민감한 사항들이 있다. 인구가 대체로 신자유주의적 주체 생산의 공식적 제도를 통해 탈정치화되며(심지어 일부는 신자유주의가 생성하는 조건과 문제로 인해 정치화될 수 있다), 이는 행성적 범위의 목적을 위한 동원을 두 배나 어렵게 만든다는 것이다. 신자유주의 불평등에 대한 새로운 정당화는 기후정의에 대한 정치적 무감각과 부유층 사이에 대규모 탄소발자국[7]을 많이 남길 자격이 있다는 의식을 불러일으킨다. 신자유주의는 또한 자유를 이기심과 동일시하고, 가치를 경쟁적 지위와 동일시하여 자기만족과 자기보호 정서를 새로운 차원으로 끌어 올린다. 마지막으로, 신자유주의의 산물인 금융화로 인해 불안정성은 점점 보편화되고 있다. **투기를 근본 원리로 하는 금융화된 세계의 내재된 변동성, 즉 일시적인 시장 폭락과 거품붕괴와 같은 변덕으로부터 안전할 수 없**

---

[7] [역주] carbon footprint 탄소발자국은 개인 또는 단체가 직접·간접적으로 발생시키는 온실가스의 총량을 의미한다.

는 사람은 거의 없다. 이러한 불안정성은 99퍼센트라는 낯선 계급 범주에 어느 정도 진실성을 부여하기 때문에, 때때로 정치적 반란을 일으킬 수 있을지라도, 당연히 더 심한 자기몰입과 약화된 공공의식을 불러일으킨다.

이 중 많은 부분이 친숙한 것이다. 그러나 신자유주의가 공격하는 인본주의의 전제와 관행은 무엇인가? 신자유주의는 어떤 포스트휴머니즘적 곤경에 처해 있는가? 신자유주의의 냉혹한 세속주의, 즉 신과 숨겨진 손을 알고리즘으로 대체함에도 불구하고, 신자유주의 철학과 실천은 인간이 행위자이며, 자유롭고 그 자체로 목적이 되는 존재라는 것에 반대하는 다섯 가지 근본적인 움직임을 보인다.

① 신자유주의는 모든 곳에서 인간을 오직 **호모에코노미쿠스**homo oeonomicus로 환원시킨다. 신자유주의 주체는 모든 사물과 모든 영역에서 시장 행위자이다. 개념적으로, 인간의 가치와 의미를 이렇게 압축한 것은 이전 어떤 **호모에코노미쿠스**의 반복보다 더 총체적이다. 그것은 철저하게 우리 존재와 활동의 모든 틈까지 확장되는 것을 의미한다. 실제로, 신자유주의 질서는 이 존재와 이 세상을 존재하게 하고 있다. 학습에서 데이트, 유치원에서 인권 단체, 국가에서 감옥에 이르기까지 모든 것이 브랜드화, 잠재적 투자자 유치를 위한 자기 투자 그리고 현명한 마케팅으로 강화된 인적자본의 수치에 따라 만들어진다. 전적으로 **호모에코노미쿠스**로 표현된 인간과 약간의 자본으로 표현된 **호모에코노미쿠스**

는 세속주의보다 더 급진적으로 인간 존재 의미와 정의를 변형시킨다. 오늘날 신자유주의는 자기 이해, 행동, 사회적 관계, 가치평가의 측면에서 인간을 축소된 기업으로 만들어 버린다.

② 인간을 **호모에코노미쿠스**로 환원하는 것은 아리스토텔레스가 말한 '좋은 삶' 개념에 담긴 지적·정치적 자유를 이행할 수 있는 고유한 존재, 즉 생존이나 부의 축적에 대한 관심에서 벗어나 사고와 공동 통치라는 인간 고유의 관행을 지향하는 인간에 대한 공식과 근본적으로 결별하는 것이다. **호모에코노미쿠스**는 정의상 '단순한 삶'에 국한된다. 즉, 모든 활동에서 가치 증진을 넘어서는 계산을 하지 않으며, 이 가치표에서 벗어나 자아실현과 자유의 실천으로 이동하지 않는다.

③ **호모에코노미쿠스**는 인간을 근본적으로 행동하는 존재로, 우리를 인센티브를 주거나 그렇지 않으면 행동하게 하는 환경에 의해 형성되고 자극받는 존재로 간주한다. 신자유주의 이성의 관점에서 인간은 자신이나 세계에 형태를 부여하는 존재가 아니며, 시인, 민주주의자, 철학자, 땅을 경작하는 사람, 작가도 아니다. 오히려 내부 충동과 외부 조건 및 자극의 교차점에서 행동이 형성되는 피조물이다.[8] 그렇기 때문에 알코올중독에서 성정체성, 불안에서 불륜, 자유주의에서 보수주의에 이르기까지 모든 것에 대한 우리의 '고정된' 성향을 탐구하는 사회과학 가내수공업이

---

8 이 교차점은 단순하지 않지만 인간적인 특징도 없다.

또 다른 가내수공업, 즉 환경이 정치적·사회적·경제적 행동에 미치는 영향을 테스트하는 모델과 실험들로 보완되고 있는 것이다. 이 각각이 자신과 세계에 창조적 형태를 부여할 수 있는 인간 형상에 도전하며, 이 둘의 결합은 이 피조물을 무덤에 눕힌다.

④ 오늘날 (경제 자체처럼 변화무쌍한 존재인) **호모에코노미쿠스의 형상**은 신용 추구 자산 포트폴리오를 구성하는 인적자본의 형상이다(Feher 2017b). 금융화된 신자유주의 체제에서 우리는 단순히 자본을 소유하는 존재가 아닌 우리 자신이 자신과 타인을 위한 인적자본이다. 따라서 인간은 어떤 영역에서든 자신의 가치(또는 결핍)를 창출하는 기술, 지식 및 자산의 집합체, 예를 들면 직업이나 대학 지원자, 인턴 또는 창업자, 데이트 참여자, 게임이나 경력 네트워킹 웹사이트 참여자로 녹아든다. 금융화는 단순히 인간을 화폐화하거나 기업화하는 것 이상으로 인간을 투자자로 유치하려는 자기 투자 자본의 일부로 만든다. 인본주의의 결과는 노동자의 형상과 인적자본의 형상을 대조하는 것만으로도 분명해진다. 노동자는 생존을 위한 임금을 창출하기 위해 노동을 소외시키는 반면, 자본은 비록 끝없이 분할 가능하고, 활용 가능하며, 변형 가능한 파생물이자 추상물이다. 따라서 마르크스의 착취와 소외의 공식이 적용되지 않고, 칸트의 목적론적 왕국도 적용되지 않는다.

⑤ 신자유주의적 합리성에 담긴 인본주의에 대한 다섯 번째 공격은 시장이 인간의 욕구를 충족시키는 데에 인간보다 우월하고 **그리**

고 적절하게 인간 통제를 초월한다는 원칙에 담겨 있는데, 이 원칙은 신자유주의적 시장 보급으로 인해 반인본주의적 영향이 더 심화되고 있다. 신자유주의는 단순히 모든 것을 시장화하는 것 이상으로 모든 가치와 활동이 시장에 종속되는 질서, 즉 시장의 명령과 변덕, 불안 및 유기를 꿈꾼다. 시장은 정부, 대학, 생태계, 국가 간 관계, 민족 간 관계의 현재와 미래를 조직한다. 따라서 신자유주의는 베버가 합리화의 비극적 차원으로 규정한 역전, 도구 또는 수단으로 개발된 시스템(베버가 주목한 것은 자본주의와 관료제)이 목적이 되어 본래의 목적을 지배하는 것을 규범으로 긍정한다. 신자유주의적 이성은 베버의 분석에서 배제하는 동시에 시장원리를 우월하고 지배할 수 없는 것으로 긍정한다.[9] 물론 우리는 시장 안팎에서 투기하고, 시장을 궁지로 몰아넣고, 조작하고, 자극하고, 달래려고 할 수 있다. 그러나 모든 것을 경제화하려는 신자유주의는 개인적·정치적·신학적 등 모든 것이 주권에서 벗어나는 것을 긍정한다.[10] 슈미트Carl Schmitt에 따르면, 주권이 세속화된 신학적 개념이라면, 그리고 포이어바흐 Ludwig Feuerbach에게는 신이 인간 권력에 대한 신학화된 설명이라면, 신자유주의 이론과 실천이 주권을 무너뜨릴 때, 그들은 같은

---

[9] 푸코에 따르면 (신)자유주의적 통치성의 원리는 경제인과 경제인은 알려지지 않았기 때문에 건드릴 수 없다는 것이다. 즉, '정부는 알 수 없기 때문에 건드릴 수 없다'.

[10] "경제학은 총체가 없는 … 신이 없는 학문"이라고 푸코는 썼다. "이 학문은 … 무의미함뿐만 아니라 주권적 관점의 불가능함도 보여 준다"(Foucault 2008, 282-3).

몸짓으로 인본주의를 무너뜨린다.

⑥ 그렇다면 적어도 이 다섯 가지 측면에서 신자유주의적 합리성(단순히 신자유주의적 경제정책이 아니라)의 승리는 인간의 죽음을 예고한다.

전 지구적 빈민가와 피난민

현재 10억 명이 넘는 사람들(지구상 인구 8명 중 1명)이 대부분 판자촌인 도시/교외 빈민가에 살고 있고, 그 수는 15년 안에 두 배가 될 것으로 예상된다. 사하라 사막 이남 아프리카 도시 인구 절반 이상이 빈민가에 거주하고, 리우데자네이루 빈민가에는 1,100만 명 이상이 거주하며, 멕시코시티 외곽 **시우다드 페르디다**Ciudad Perdida에는 약 500만 명이 거주하고 있다. 빈민가 거주자들 중 일부는 무단거주자와 세입자이며, 대부분은 죽을 때까지 벌어먹고 살아야 하는 이들이다. 많은 사람들이 난민이지만, 또 다른 2천만 명의 사람들이 아시아와 아프리카 전쟁이나 기근에 시달리는 지역에 접해 있을 뿐만 아니라 점점 더 선진국 국경 안쪽에 있는 난민캠프로 몰려들고 있다[Spiegel 2013]. 2015년 UN 추산에 따르면, 매일 3만 명 이상, 연간 1,400만 명의 새로운 난민이 발생한다.[11]

---

[11] 2015년 6월, 시리아에서 대규모 탈출이 일어나기 전 UN 난민 보고서는 "전 지구적으로 122

일부 빈민가와 캠프에는 전기, 상하수도, 어린이를 위한 공교육, 직장, 상점 또는 의료서비스를 이용할 수 있는 대중교통이 있지만, 그런 시설이 갖추어져 있지 않은 곳도 많다. 유모와 가사도우미, 인력거 운전사, 일용직 노동자 등 비정규직부터 마약 및 기타 밀수품 및 인간 장기, 아기 그리고 쓰레기에 이르기까지 거래하는 사람들 등 대부분의 소득이 소위 비공식 경제를 통해 발생한다는 점을 생각하면 고용 수치를 내는 것이 불가능하다. 점점 더 많은 빈민가 거주자들이 쓰레기를 분류하여 재활용업자에게 동전 몇 푼에 파는 쓰레기 수거업에 종사하고 있다. 버려진 인간들이 버려진 쓰레기를 샅샅이 뒤지고 있는 것이다.

왜 빈민가와 난민캠프를 또 다른 인본주의 위기의 현장으로 취급하는가? 21세기에 벌어지는 이 상황을 어떻게 달리 묘사할 수 있을까? 일반적인 요구 사항(비바람으로부터 보호, 적절한 식량, 음용수 및 하수처리)과 발전 조건(검소한 삶, 안정과 보안, 교육에 대한 접근성, 문화, 사회 및 경제로의 통합) 없이 사는 인구의 비율이 급속히 증가하고 있다. 독성이 있거나 위험하거나 둘 다에 해당하는 장소(쓰레기처리장이나 공항에 인접하거나, 범람원, 부서지는 절벽 또는 움푹 패인 곳에 위치)에 자리 잡은 이들은 여러 차례 삶의 터전을 잃었다. 시민적 또

명 중 한 명은 현재 난민이거나 내부 실향민이거나, 망명을 신청하고 있다"고 했다. 다음을 참조. http://www.nytimes.com/interactive/2015/06/21/world/map-flow-desperate-migration-refugee-crisis.html.

는 정치적 소속감의 결여는 지난 세기에 재앙이나 전쟁 같은 예외적인 문제로 간주되었지만, 이제는 우리 시대의 구조적 특징이 되었다.

많은 슬럼가와 캠프에 존재하는 사회적 협력과, 정부와 경제 관행을 폄하하려는 의도가 아니다. 그들 안에 인간애가 없다는 뜻도 아니다. 오히려 헤아릴 수 없이 많은 **호모사피엔스**의 축적이 문명과 그 부속물로 식별되는 인본주의에 초래한 위기를 확인하는 것이다(Davis 2006b). 많은 수용소와 빈민가에서 생존, 동거 및 정치조직의 전략을 높이 평가할 수 있지만(그리고 우리는 이것들이 강제수용소와 감옥의 특징이라는 점을 기억해야 한다), 이것은 객관적으로 꾸준히 증가하는 인구를 보관하는 창고의 역할이나 문명으로부터 그들을 제거하는 역할에 지나지 않는다. 이 상황이 나아질 기미가 보이지 않는 징후는 점점 더 많은 사람들이 전쟁, 정치적 박해, 갱단 통치 또는 기후변화의 영향(홍수, 가뭄, 해수면 상승, 변화하는 농업 조건)으로 추방되고 있기 때문이다(Scheffran et al. 2012).

아렌트Hannah Arendt는 무국적 난민을 "인류 공동의 세계 밖에 있다"고 규정한 것으로 유명하다. 국가적 소속감의 부재는 난민을 정치적 '벌거벗음' 상태로 전락시켰고, 소속감의 인정 없이 살기 때문에 온전한 인간이 아니다. 아렌트는 인본주의가 종족적 소속을 통해서가 아니라, 구성원 제거를 통해 규범적으로 지정된 지위를 획득하는 방식으로 인간성을 확보한다는 점을 상기시킨다. 아렌트는 이러한 지위는 민족국가의 인정과 '권리를 가질 권리'로 인해 근대성에 정치적으로 부여된 것이라고 주장했다(Arendt [1951]/1968; Hayden 2009).

아렌트의 공식화는 서류 미비자들이 소속과 무국적 사이에서 차지하는 그림자 같은 위치와 함께 하위국가적·포스트국가적 형태의 정치적 인정에 대한 인식을 통해 확장될 필요가 있다. 무엇보다도 신자유주의적 가치 평가가 소속감 문제 자체를 어떻게 변화시켰는지에 대한 인식을 업데이트할 필요가 있다. 이를 위해 나는 미셸 페어Michel Feher(2017a)가 소위 "신뢰받지 못한 자들의 처리" 문제라고 명명한 분석을 인용하고자 한다. 이 분석은 우리가 방금 고려한 인본주의의 두 가지 위기, 즉 전 지구적 빈민가 및 수용소와 관련된 위기와 신자유주의적 변형에 수반되는 위기를 연결하는 데에 도움이 될 것이다.

여기서 페어의 주장을 간략히 요약하면, 금융화는 자본(인적자본 포함) 소유자를 즉각적인 이익에 초점을 맞추던 것에서 주주 가치(투자자를 유치할 수 있는 능력의 지표)에 초점을 맞추게 함으로써 자본주의에서 가치의 본질을 근본적으로 변화시켰다는 것이다. 따라서 전 세계적으로 원가 이상의 가격 책정 및 판매를 통한 직접적인 자본축적에 대한 관심에서 신용도 및 신뢰성 제고에 대한 관심으로, 구매자 유치에 대한 관심에서 투자자 유치에 대한 관심으로, 따라서 투자자를 유치하는 순위 및 등급에 대한 관심으로 전환되고 있다. 이것이 바로 금융화가 모든 것의 판도를 바꾸는 이유이다. 분기별 수익이 아닌 주식시장에 따라 생사가 갈리는 법인에서, 옐프Yelp[12]

---

[12] [역주] 샌프란시스코에 본사를 둔 미국 다국적기업이 운영하는 지역 검색 서비스 앱으로, 식

등급에 따라 생사가 바뀌는 소규모 업체들까지, 채권과 신용 및 통화 등급에 따라 살고 죽는 국가 단위, 순위를 놓고 경쟁하고 조작하고 관리하는 교육기관까지, 페이스북의 '좋아요' 및 '즐겨찾기' 트윗에 따라 가치가 변동하는 개인에 이르기까지 이 변화가 미치는 범위는 다양하다.

페어는 금융화가 "기업, 정부 및 개인(임금근로자와 실업자 포함)의 사고방식과 행동이 이윤을 추구하는 기업가의 사유와 추구를 모델로 삼는 세상"이라는 신자유주의의 꿈을 "신용을 추구하는 자산관리자의 사유와 추구를 모델로 삼는 세상"으로 변화시켰다고 주장한다(Feher 2017a, 10). 새로운 의무는, 자신의 신용을 향상시킬 수 있는 일은 하고 신용을 떨어뜨리는 일은 피하는 것이다. 이것이 오늘날 인적자본, 즉 인간이 된다는 의미다. 백인성, 국적, 남성성, 돈 또는 아름다움과 같은 유전적 자산의 배양은 말할 것도 없고, 브랜딩, 자기홍보 및 신중한 투자를 통해 우리 각자는 존재의 전 과정에서 신용을 추구하는 포트폴리오 관리자가 되었다. 모든 기관, 프로젝트, 기업, 프로그램, 학교, 신생 기업 또는 국가도 이러한 방식으로 자기 포트폴리오를 꾸민다. 물론 개인의 신용등급은 그 개인이 속한 가족, 대학, 회사 또는 국가의 신용등급을 향상시킨다.

이것이 난민, 전 지구적 빈민가, 인본주의와 어떤 관련이 있을까? 페어의 주장은 다음과 같다.

당 예약과 음식 주문, 자동차 수리, 홈서비스 등과 리뷰를 제공한다.

신자유주의 정부는 자본시장의 생성과 유지의 지원을 소명으로 삼지만, 계속 확장되는 자산을 보호하고자 그들이 만들어 낸 사회적 협약은 보편적인 보장을 제공하는 협약이 아니다. 오히려 신용 추구 포트폴리오 관리자를 양성하는 데에 전념하는 정치체제의 출현은 그 존재 자체가 부담스러운 신용 없는 개인을 점점 더 많이 양산할 수밖에 없다. 실제로 채권자들을 안심시키고 주주를 위한 가치를 창출하는 것이 공무원과 기업 경영자 모두의 최우선 과제인 상황에서, 가치 자산이 없는 사람들은 돌봄을 받을 수도 없고 그저 스스로 알아서 살아가도록 내버려둘 수도 없다. 한편으로 이들의 신용도를 높이려면 투자자들에게는 그다지 매력적이지 않은 확장적인 재정정책이 필요하다. 다른 한편으로, 그들의 안타까운 운명을 그대로 방치하는 것은 그들이 거주하는 지역의 매력을 그만큼 해칠 것이다. 따라서 아무리 불미스러운 일이 있더라도 신용이 없는 사람들을 보이지 않게 만들거나 실제로 사라지게 처리하는 것은 진정한 신자유주의 기관이 수행해야 할 임무 중 하나이다 (Feher 2017a, 12).

페어는 다음으로 유럽연합 EU가 지난 10년에 걸쳐 신용이 없는 (아주 중요한 점인데, 꼭 난민만은 아니다) 사람들을 거부하거나 사라지게 하거나 폐기한 다양한 방법을 분석한다. 여기에는 이들에 대한 통계 조작, 괴롭힘, 추방에 대한 인센티브, 그리고 무엇보다 가장 중요한 것은 이 목적을 위해 "은행 거래 능력이 없는 것으로 추정되는 사람들의 유입"을 억제하는 것이 포함된다(2017a, 28).

두 가지 통계가 이 노력의 강도를 보여 준다. 첫째, 페어가 지적하듯이, 지난 20년 동안 약 2만 5천 명의 사람들이 지중해를 건너려고 하다가 사망했으며, 그중 일부는 익사로, 다른 일부는 배가 표류하도록 방치되어 사망했다(페어의 논문은 2015~2016 유입 이전에 작성되었으므로 이 숫자는 수천 명이 덜 잡혔다).[13] 둘째, 페어는 1990년대까지 유럽에 망명을 신청한 사람들의 85퍼센트가 허가를 받았지만 오늘날에는 85퍼센트가 거부당한다고 지적한다(Feher 2017a, 28). 북미의 경우도 비슷하다. 지난 20년 동안 멕시코와 미국 간 국경 강화로 밀입국 시도로 인한 사망률이 급격히 증가했다. 지난 10년 동안 2천 명 이상이 사망했다. 이러한 어려움으로 인해 귀국이 어려워지고, 불법입국자의 시민권 취득이 거의 불가능해지면서 대략 1,200만 명이 농업, 건설, 조경 및 가사 노동에 종사하지만 시민권·정치적 권리 또는 국가 서비스, 의료 또는 경찰 보호에 대한 접근성은 부족한 상태이다.

페어의 분석으로 우리는 전 지구적 빈민가와 난민 수용소의 인구 증가, 이주민 사망 증가, 전 지구적으로 약 4천만 명으로 추산되는 '불법 이민자들'이 왜 (아렌트의 예상대로) 인도주의적 위기가 아닌 신용도를 우려하는 국가들의 정책 문제를 야기하는지 이해할 수 있다. 페어는 이따금 칸트를 인용하며 우려와 찬사를 보내면서도, 이

---

[13] 페어는 유럽(논쟁의 여지가 있는)으로 접근을 모색하는 아프리카 이민자들을 유럽인들이 보지 못하고 그들의 상황에 대해 걱정할 필요가 없는 모로코와 리비아에 대한 명백한 방치와 유기 정책을 자세히 설명한다.

문제가 주로 도덕적 · 정치적 평가가 아닌 재정적 평가로 구체화되는 이유를 설명한다. 인간의 가치가 신용 추구 자산의 묶음, 즉 현대적 의미의 인적자본으로 환원되면서 그러한 자산이 없는 이들 역시 금융 좌표(신용, 부채, 채무불이행, 통화 및 채권 등급)를 구성하고 재현하는 문제로 구체화된다.

이는 저명한 경제학자 피터 H. 셕Peter Schuck이 저술한 2015년 6월 《뉴욕타임스New York Times》 특집기사에 절묘하게 표현되었다. 셕(2015)은 2015년 4월 지중해에서 발생한 이주민 선박 참사가 이민과 난민에 대한 EU의 새로운 접근 방법을 요구했다고 주장했다. 그는 모든 EU 국가가 난민 보호를 제공하도록 의무화하되, 국가들이 이 의무를 교환할 수 있는 시장을 통해 이를 조직할 것을 제안했다. 은연중에 난민을 탄소 배출에 비유하면서 셕은 다음과 같이 주장한다.

탄소배출권 거래제가 환경보호를 강화하는 것처럼, 이 시장은 이민자에 대한 국가의 자원, 정치, 지리 및 태도의 차이를 이용하여 보호 대상 난민의 수를 최대화할 것이다. 인종적으로 동질적이거나 외국인을 혐오하는 국가는 난민을 들여오는 대신에 난민친화적인 국가에 높은 비용(현금, 신용, 상품, 정치적 지원, 개발 지원 또는 기타 귀중품)을 기꺼이 지불하고 그 부담을 떠맡을 수 있다.

셕은 이 시장에는 엄청난 착취부터 가기 싫은 곳으로 보내지는 난민에 이르기까지 많은 잠재적 문제가 있음을 지적하면서도, 이러한 부정적인 측면이 아무것도 하지 않는 것보다는 낫다고 말한다. 그 말이 맞을 수도 있다. 하지만 분명한 것은, 환경정책에서 차용한 이 방식이 난민을 전 세계 '문명'의 바람직하지 않은 폐수, 즉 유독성 쓰레기로 만든다는 점이다. 탄소배출권 거래제가 독성 배출을 제거할 수 없는 연료 사용의 문제를 해결한다면, 인간 쓰레기 문제는 더 쉽게 해결될 수 있다는 것이 석의 분석이 지닌 진정한 결점이다. 페어의 제안처럼 인간(쓰레기)들은 정말로 사라질 수 있다.

민주주의의 전복

마지막으로 인본주의의 위기로 고려하고 싶은 장면은 민주주의, 더 정확하게는 오늘날 민주주의의 전복과 파멸에 관한 것이다. 대부분 민주주의국가에서 민주주의의 실현은 항상 자유주의에 의해 제약받았고, 비민주적 세력(자본주의)과 권력 저장소에 의해 훼손되었다. 그러나 세계화와 신자유주의가 제기하는 도전으로 민주주의는 유령으로 전락할 위기에 처해 있다.

세계화는 권력의 흐름, 정체성 구성, 포스트국가적 정치적 도전과 함께 여전히 민주주의의 본질적이며 현대적 형태인 국가 관할권, 정의 및 주권을 약화시키며 민주적 지배의 의미, 매력, 일상적 관행 및 기능주의를 공격하고 있다. 민주주의의 상징인 국민투표조차 오늘날 국가적 문제와 비전에 대한 심의 기반 국민투표 역할을 하는 경우가 드물다. 국민투표는 대중적 이해와 민족국가 범위 모두를 넘어서는 도전에 대한 반응으로 분노와 두려움의 표출이거나 개인에 대한 강렬한 감정 표출인 경우가 더 많다.

신자유주의는 또한 민주적 관행, 제도, 상상을 약화시킨다. 그것은 불평등을 심화시키고, 국가를 거대 자본 이익과 금융화에 종속시키고, 사회 및 시민 차원의 권리를 보장하는 복지 조항을 제거하고, 정치인과 정책을 기업 자금에 더욱 긴밀하게 묶고, 더 일반적으로 공공재, 목적과 공간을 사유화하는 등의 일을 명백하게 수행한다. 신자유주의적 이성은 민주주의와 그 구성 요소의 의미까지도 바꾸어 놓았다.

인간이 전적으로 시장 행위자로 전락할 때, 자치적 인간이라는 개념 자체가 사라진다. 한편으로 **인민**은 문자 그대로 개인 가치와 경쟁적 위치를 강화하는 데에 몰두하는 인적자본으로 분해된다. 따라서 국민주권이라는 개념은 시장에는 존재하지 않는 일관성 없는 개념이 된다. 다른 한편으로 시장으로 축소된 민주적 정치 생활은 고유한 가치와 리듬 및 좌표를 상실한다. 민주적 정치 생활은 더 이상 우리가 어떻게 함께 살아야 하는지 숙고하고, 공동 가치와 목적을 결정하기 위해 권력을 나누고 균등화하는 영역이 아니다. 정치 생활은 (적절하게 규제가 완화된) 경쟁하는 자본 영역으로 형상화된다. 여기서 자유는 정치적 가치를 잃고 인적자본 포트폴리오를 향상시키는 무제한적인 능력에 지나지 않는다. 시장가치가 거의 없는 평등은 이런 식으로 경쟁할 수 있는 동등한 권리로만 남게 된다. 따라서 신자유주의는 자유, 평등, 인격, 국민주권이라는 고유한 정치적 형태와 의미에 의존하는 민주주의라는 개념 자체를 무너뜨린다.

이러한 해체는 신자유주의 법과 경제정책을 통해 구체적으로 이루어진다. 그것은 신자유주의적 이성이 삶의 모든 영역에 전파되는 정치적 상상력의 단계에서 발생한다. 항상 긴장 관계에 있는 민주주의와 시장은 민주주의의 필수 요소가 명시적으로 양육되고 보호될 때에만 간신히 공존할 수 있다. 그러나 민주주의가 시장가치, 조건 및 관행으로 축소되면 살아남을 수 없다. 이러한 축소가 오늘날 신자유주의 반민주적 혁명의 핵심이며, 이는 엄청난 규모와 결과를 낳는 혁명이다.

다시, 이것이 인본주의와 무슨 관련이 있는가? 민주주의는 그 인본주의적 통치 형태이다(무정부주의도 근본적으로 어원적으로 통치에 반대한다는 것만 제외하면 후보가 될 수 있다). 민주주의는 인간이 어떤 일부 또는 외부에 복종하지 않고 하나의 전체로서 스스로를 통치한다는 약속이다. 여기서 말하는 외부 세력은 말하자면, 왕, 폭군, 전제군주, 사제, 귀족이나 부유층, 재산을 가진 자나 소유 계급, 관료, 기술관료, 전문가, 진리(종교적 또는 세속적), 책임 없는 정부 기관 또는 시장에 이른다. 이 모든 것에 맞서 민주주의는 사람들이 스스로 집단적 존재 원칙과 조건을 설정한다는 약속을 내세운다. '민주주의'라는 용어는 방법을 말하지 않는다. 오직 이 정치형태의 고유한 정당성만을 주장할 뿐이다. 민주주의를 포기하는 것, 또는 정당성이 무의미할 정도로 희박해지도록 방치하는 것은 우리 존재를 함께 다스리고자 하는 열망인 인본주의를 정치적 형태로 포기하는 것이다.

결론

이 모든 것을 종합하여 잠정적인 결론을 끌어내겠다. 인본주의에 대한 철학적 · 문화적 · 생태학적 · 페미니즘적 · 퀴어적 · 장애 및 종간interspecies 비평은 비판적 정치, 지적 작업에 없어서는 안 될 필수 요소이다. 인본주의의 규범적 출현과 궤적의 폭력성과 배제는 물론, 다른 생명 종과의 관계에서 인간을 잘못된 위치에 놓는다는 점에서도 논쟁의 여지가 없다. 그러나 이런 종류의 모든 지적 발전과 마찬가지로 포스트휴머니즘 사상과 정치 자체도 물질적 혼란에서 비롯된 것으로, 도나 해러웨이Donna Haraway(2009)는 이 지점에서 매우 예리하다.

디지털 기술혁명과 인류세의 명백한 영향은 이런 점에서 매우 친숙하다. 나는 신자유주의적 합리성이 내재된 현상, 10억 명이 넘는 사람들이 문명으로부터 효과적으로 배제되는 현상, 민주적 제도와 상상의 붕괴로 인한 혼란을 완화시키고자 노력했다. 나는 또한 이러한 포스트휴머니즘적 발전과 평가 질서에 대한 (신)인본주의적 반박에 기후변화 자체와 각 문제를 해결할 수 있는 실질적인 전망의 가능성이 있다고 제안한다. 여기서 우리는 두 가지를 기억해야 한다.

첫째, 그 비판은 거부가 아니라 비판하고 있는 그 대상의 힘에 크게 의존하고 있으며, 종종 실현되지 않거나 실현 중인 이상에 대한 심오한 긍정이라는 점이다. 둘째, 그 '포스트'는 이후에 온 것이지만 끝나지 않는 조건을 나타낸다. 신호를 주고받는 행위나 형성한 것은 사라질 수 있지만 우리는 여전히 그것에 영향을 받는다. 더욱이 나는 이제 인본주의의 종말을 모색하는 시도는 심오한 허무주의, 즉 인간의 가치와 능력에 대한 거의 압도적인 공격과 공모할 위험이 있다고 생각한다. 이러한 압도적인 공격은 기후변화의 도전, 신자유주의적 이성, 전 지구적 빈민가 및 민주주의의 포기에서 이미 너무나 쉽게 확인할 수 있다. 인간을 정치적으로나 사회적으로 평가절하고, 무력화하거나 무시하는 포스트휴머니즘은 비평 이론가들이 그 실체가 드러나기를 기다리는 중이다.

많은 사람들이 주장한 것처럼, 기후변화와 관련된 우리의 역사적 국면은 비상사태에 반응하는 긴급한 정치적 대응이 필요하다. 이 상황에서는 비상 상황 자체를 현존하는 범주의 사고, 분석 및 정치에 사용할 수 없다(이것이 '비판'의 어원인 **위기**krisis의 근본적인 의미다). 인간과 자연과의 관계에 대한 기존의 관념이나 경제 및 정치 관행으로는 이 상황의 범위나 함의에 대한 설득력 있는 설명을 기대할 수 없으며, 실행 가능한 대응을 기대할 수도 없다. 진보, 변증법, 모순, 민주주의의 선과 정의의 등식, 모든 문제에 대한 시장의 해법 등 이제 신학적 주제에 대한 수많은 변형으로 나타나는 낡은 수사에 의존할 수도 없다. 다른 한편으로, 우리는 우리 역사와 우리 자신을 도용하거나 건너뛰는 개념적이고 정치적인 신조어를 경계해야 한다. 여기서 한 가지 우려되는 것은 부적절함이지만, 더 심각한 문제는 그들이 의도치 않게 경쟁하고 있던 지배 형태와 결합될 위험이 존재한다는 것이다.

제3장

'박해받지 않으면' 난민이 될 수 없다

: 영토, 보안, 기후

| 사이먼 달비 |

뉴질랜드가 키리바시인 남성 한 명을 추방했다. 이 남성이 기후변화를 이유로 한 최초의 난민 신분을 얻고자 청구한 소송에서 패소한 직후였다. 39세인 이오네 타이티오타Ioane Teitiota는 고국의 해수면 상승으로 가족의 안전이 위협받는다고 주장했다. 수요일 밤 이루어진 추방은 그가 박해를 받지 않았기 때문에 난민이 될 수 없다는 뉴질랜드 고등법원 결정에 대한 항소가 기각된 직후 이루어졌다.

BBC 뉴스, 2015년 9월 24일

(http://www.bbc.com/news/world-asia-34344513)

최근 과학의 발달로 정치와 과학의 원자론적 관계에 균열이 생겼다면, 그러한 균열이 물리적 세계뿐만 아니라 정치 세계의 근간에 어떤 영향을 미치는지 고려해 볼 가치가 있다. 주권이 자연 상태에 대한 원자론적 개념을 전제로 한다면, 자연에 대한 더 상호연결된 이해는 주권의 기초가 되는 자율성에 대한 기본 가정이 상호 의존 정치로 전환되어야 하는지에 대한 의문을 제기한다.

Chantal Thomas

(Melbourne Inl of Law 2014, p. 57)

영토 및 안보

근대성의 지정학적 질서는 분명히 국가, 고정된 영토 배열, 그리고 국가주권이 합의된 일련의 고정된 경계에 묶여 있는 안정적인 배열 중 하나이다. 다른 모든 것은 이 거버넌스governance[1] 양식에서 나온 것으로 추정되며, 이 국가 체계는 주권적이며 인류의 문제를 질서화하는 가장 중요한 원칙이다. 이것은 보편적 열망과 정치적 특수성을 조화시키는 정치적 난제에 대한 특별히 우아한 해결책이다 (Walker 2010).

우리 모두는 국가의 경계 안에서 현대인이 될 수 있으며, 지리적 측면에서 뚜렷하고 배타적인 영토 국가와 관련된 것으로 이해되는 시민권은 사람들의 가장 기본적인 정치적 정체성이다. 이 우아한 배열, 밥 잭슨Bob Jackson(2000)의 용어로 현대의 '글로벌 계약'에서 정치의 다른 모든 문제가 파생될 수 있다. 안정된 국가는 외부적으로 군사 및 기다 위험에 위협을 받거나 내부적으로 전복, 선동, 항의로 인해 위협받을 수 있지만, 영구 영토국가의 범주는 대부분 의심의 여지가 없다.

영토 고정 규범The territorial fixity norm은 유엔 체제의 상당 부분을 뒷

---

[1] [역주] 거버넌스governance는 일반적으로 '과거의 일방적인 정부주도적 경향에서 벗어나 정부, 기업, 비정부기구 등 다양한 행위자가 공동의 관심사에 대한 네트워크를 구축하여 문제를 해결하는 새로운 국정 운영 방식'을 말한다. 그렇지만 다양한 학문 분야에서 서로 다른 맥락으로 쓰이고 있어, 아직 정의에 대한 명확한 학문적 합의는 이루어지지 않았다고 볼 수 있다.

받침하고 있다. 유엔이 국제 전쟁의 빈도와 심각성을 줄이기 위해 운영되는 한, 유엔에 대한 빈번한 비판에도 불구하고 지속적으로 진행되는 소규모 폭력은 아니더라도 대규모 폭력을 줄이는 데에 중요한 문제였다. 현대 지정학의 이 핵심적인 주제는 국가 경계는 안정적이라는 점과, 사소한 경계는 재조정은 가능해도 주요 경계 변경이나 침략으로 인한 확장은 더 이상 국가 관행에서 허용되지 않는다는 것을 시사한다.

부분적으로 이 영토국가 지도학은 국가states가 민족nations을 대표한다는 주장을 전제로 한다. 문화는 윌슨의 자결 원칙에 따라 지리적인 문제이다. 민족성은 공통된 정체성의 형태로 최소한 대략적으로라도 경계가 있는 영토로 매핑될 수 있는 장소에 근거를 둔다.

이 혼란스러운 〔순수한 인종에 대한〕 상상은 영토적 기반을 가지고 태어나서 서구 제국주의를 통해 실질적으로 전 세계에 퍼졌다. 1648년 베스트팔렌 평화조약이 남긴 영토 개념은 개별적인 '민족nations'이라는 혼란스러운 가상 개념을 통해서 또는 그 가상 개념을 벗어나 생각하는 것을 훨씬 더 어렵게 만든다. 왜냐하면 개별적인 민족은 '그들이 속한' 기관에 따라 비본질(민족nations)인 것들이 본질화되는 방식으로 국가와 일치되기 때문이다(Archer 2007: 120).

따라서 정치는 이제 근본적으로 지리적인 문제이다. 영토가 인간 사의 핵심 구성 원칙으로 느리게 등장한 것만큼이나 범주로서 느리게 부상했을지라도 영토는 정치의 핵심이다(Elden 2013). 다시 말해, 유엔은 깔끔한 윌슨식 지도학에서 민족nations을 영토에 명시적으로 연결하는 것을 꺼려했다. 특정 인종의 구성원이 아니라 해당 영토의 거주자와 관련 있는 민족들peoples이 종종 특정 국경 내에서 주권자로 이해되는 단위가 된다.

여기저기서 어떤 특정 형태의 관할권이 가장 중요한지, 어디에 특정 문화와 민족이 거주하고, 거주 위치 측면에서 관리해야 하는 곳은 어디인지 선을 긋고 공간을 구분해서 파악해야 한다. 한 사람의 지리적 주소는 그 사람의 정체성의 핵심이다. '어디서 왔니?'라는 문장은 세계 여러 곳에서 대화를 시작하는 것 그 이상의 의미를 갖고 있다. 1940년대 유엔 협정은 국가 권리와 의무에 관한 1933년 몬테비데오 협약에서 내정불간섭과 고정된 국가 경계에 대한 잠정적인 국제연맹의 열망을 성문화했다. 제2차 세계대전 이후 인도와 파키스탄, 이스라엘과 팔레스타인의 폭력 사태와 유럽에서 발생한 수많은 실향민의 사례에서 알 수 있듯이, 탈식민지화와 경계선 긋기, 분할, 인구 재배치 등의 관행은 종종 폭력적이었다.

그러나 적어도 이론상으로는, 일단 이러한 혼란이 수용되고 사람들의 서류가 정리되면, 영구적인 영토 고정은 전쟁의 주요 원인을 제거했다(Zacher 2001). 폭력에 의한 영토 회복과 심화된 영토 조정은 금지되었다. 군사개입은 자기방어인 경우와 새로운 영토 질서를 보호하기 위해 유엔의 조치가 지원하는 경우에만 허용되었다. 이 조약은 빈번한 위반으로 오명을 얻었지만, 그럼에도 불구하고 현대의 지정학적 규범이 되었다. 지도상의 선은 그대로 유지되며, 조정이 필요한 경우 이전 행정 조치 및 고정된 영토 관할권에 따라 집행된다. 유럽 식민 열강이 아프리카를 분할한 1880년대 베를린 회의Berlin Congress와 관련하여 자주 언급된 것처럼, 이 지도의 경계선 일부를 구상한 지도 제작자들이 술에 취했거나 무능했거나 아니면 둘 다였을 수 있다는 사실은 많은 경우에 불행하지만 사실이었다. 이 장에서 알 수 있듯이, 이 모든 상황은 이제 지구환경 변화로 인해 더욱 복잡해졌다.

냉전 이후 이러한 국가체제는 주어진 지정학적 배열로서 구체화되었지만, 세계화, 경제주권, 문화적 민족주의에 대한 빈번한 불안에 시달렸다. 존스턴 박사Dr. Johnston의 유명한 표현처럼, 애국심은 실제로 악당의 마지막 피난처일 수 있지만, 민족주의적 불안은 세계화와 테러와의 전쟁에서 군사화 버전, 다양한 종류의 지하드jihadism와 이슬람 위협으로 주도된 지정학적 담론에서 반복되는 부분이었다. 우리와 그들, 내국인과 외국인, 도덕적 관심을 받을 가치가 있는 사람과 책임 범위를 벗어난 사람 사이의 구별은 이 범주의 기초가 되는 영토 고정성 가정이 일반적으로 의문을 제기하지 않을 정도로 이 범주에 의존한다. 오스카 와일드Oscar Wilde가 존스턴 박사를 어둡게 그린 문구에서처럼, 애국심은 사악한 자의 미덕이다. 이러한 관점에서 안보는 문화와 영토 정체성을 발동하는 것이며, 다른 곳에서 온 타자로 지정된 사람들을 제외시키는 주권을 주장하는 방식으로 진행된다. 그리고 그렇게 제외된 사람들에게 어떤 결과가 발생하든 개의치 않는다.

비전통적 안보

그러나 주권과 안보 문제에는 국가체제에 대한 이상적인 유형과 전반적인 관점이 제안하는 것보다 훨씬 더 많은 것이 있다. 이러한 범주가 정치적 담론의 용어를 확립하는 데에 아무리 우아하고 설득력이 있어도 마찬가지다. 냉전 이후에 안보는 국가중심적 형성의 우위라는 관점에서 도전을 받았다. 결국 냉전에서 상호 간 확실한 파괴라는 약속을 전제로 한 국가안보는 매우 위험한 형태의 정치 질서를 제공했다. 핵 문제는 여전히 국제정치를 뒤덮고 있으며, 오판으로 인한 전면전 가능성은 냉전시대보다 훨씬 덜 위험해 보일지라도 계속해서 국제 체제를 괴롭히고 있다.

국가가 자국민을 보호하지 못하고 다양한 지구적 혼란에 대한 사람들의 취약성이 드러나면서 글로벌 위험과 인간 안보 의제의 가능성에 대한 논의가 활발해졌다(Stiglitz and Kaldor 2013). 이후 이러한 공식은 이후 보호 책임에 대한 논의와 비전통적 안보 위협에 대한 더 일반적인 논의로 이어졌다(Hameiri and Jones 2015). 물론 '비전통적 안보'라는 용어는 안보가 협소하게 정의된 국익에만 국한된 것이 아니기 때문에 다소 잘못된 명칭이라고 할 수 있다. 그럼에도 불구하고, 이 용어는 이전 시대의 군사적 경쟁과 국내 전복 위험에 초점을 맞추었던 것보다 훨씬 더 광범위한 의제를 포괄하고 있다. 결정적으로 국제무역과 이에 수반되는 경쟁이 증가함에 따라, 가장 큰 위협이 국내 인구에 한정된 것이더라도 경제 문제는 안정성과 안보 측면에서 논의되어 왔다. 최근 유럽에서, 그리고 1990년대 아시아 위기와 아르헨티나 부도 위기 직전에도, 국제금융협정이 특정 국가 인구 복지에 가장 큰 위협이 되었다.

이렇게 경제 및 정치 문제에 초점을 맞추는 것 외에도 인류가 국가 체계의 맥락을 제공하는 물질적 환경을 얼마나 극적으로 변화시키고 있는지에 대한 인식이 점점 커지고 있다. 지구환경 변화는 이제 영토 안정성 원칙에 도전하고 있으며, 지금까지는 대부분 변방에 머물렀지만 지정학이 전개될 방향에 장기적인 영향을 미치고 있다(Dalby 2013). 지구 생물물리학적 과정에 대한 지구 시스템 이해의 부상으로, 인류는 현재 인류세라고 불리는 시기에 지질학적 규모의 행위자임이 분명해졌다(Vidas, Zalasiewicz 및 Williams 2015). 이는 인간의 드라마, 개발 과정이 전개될 수 있는 안정적인 환경적 맥락을 가진 이미 주어진 지구라는 가정에 직접적으로 도전한다(Dalby 2014).

기후 문제는 이 논의에서 가장 중요한 주제가 된다. 지속 가능한 개발은 최근 회복력, 적응 및 환경 안보 논의로 보완되고 있다. 이 중 상당 부분은 대도시 질서를 위협하는 주변부의 불안과 혼란을 막는 데에 필요한 전략으로서 경제개발의 초기 주제를 재구성한 것이다. 환경 변화가 주변부 지역의 활동보다는 주로 대도시 소비로 주도된다는 사실을 감안할 때 이 점은 특히 아이러니하다(Dauvergne 2008). 그러나 이것이 새로운 패턴은 아니다. 환경 안보는 오랫동안 정치경제의 확장으로 쫓겨난 사람들에 대해 대도시가 오랫동안 품어 온 두려움에 관한 문제이다(Dalby 2002).

그럼에도 불구하고, 대도시가 영속적인 질서를 제공한다는 암묵적인 가정은 현재 기후변화에 대응하는 것으로 알려진 안보 공식의 핵심이다(Boas 2015). 환경파괴가 정치적 불안정을 악화시키거나 최악의 경우 물과 식량 공급 감소로 국가가 폭력적인 분쟁으로 변질되어 '실패한 국가'가 될 수 있다는 위협 승수로서의 기후에 대한 반복적인 초점으로 대표되는 안보 의제는 기후변화의 원인보다는 기후변화의 증상에 초점을 맞출 위험이 남아 있다(CNA 2014). 기후를 변화시키는 것은 대도시의 소비이지만, 대도시의 근본 원인보다 주변 지역의 정치적 증상에 초점을 맞추면서 핵심적인 인과관계가 모호해지고 피해자가 오히려 가해자에 대한 안보 위협으로 묘사된다(Buxton and Hayes 2016).

이러한 모순은 기후난민 논의와 해수면 상승에 직면한 저지대 국가의 운명을 다루는 대목에서 가장 두드러진다. 대규모 이주가 국가안보에 대한 위협으로 묘사되면, 이후에는 군사적 대응 가능성이 높아진다(Smith 2007). 복잡한 안보 문제에 대한 안정적인 국가 배치와 현장의 정치적 해법이라는 현대 지정학적 가정은 새로운 인류세 시대의 환경변화로 직접적인 도전받고 있다(Hommel and Murphy 2013). 마치 영토 고정성 규범이 헤게모니 싸움이 된 것처럼, 기후변화는 UN 일부 회원국의 존립을 직접적으로 위협하고 글로벌 문제에 대한 국가적 해결책의 가정에도 도전한다. 특히 국경을 사이에 두고 경제적 격차가 극심한 지역에서(Jones 2012) 현재 많은 정부가 하고 있는 것처럼 이주를 막기 위해 울타리를 치는 것은 환경변화에 대한 가장 기

본적인 생태적 적응, 즉 종들이 더 적합한 환경을 찾아 이동한다는
가정에 정면으로 반하는 것이다.

사람이든 다른 동물이든, 이러한 이주하는 종의 출처는 종종 실패
한 또는 실패하고 있는 국가의 위험성으로 구체화된다.

이는 한 국가를 실패한 국가로 분류하는 것이 단순한 수사적 표현 이
상이기에 중요하다. 이는 행사할 수 있는 정책 옵션의 허용 범위를 나
타낸다. 따라서 '실패한' 국가라 불리는 국가는 주로 그러한 위기가 서
구의 이익을 위협하는 것으로 인식되는 국가들이다. 반대로, 이러한 국
가 (오)작동의 특징이 받아들여질 뿐만 아니라 거의 권장되다시피 하는
경우도 있다(Boas and Jennings 2007: 483).

여기에는 단어 정의상 질서를 제공할 수 없으며 영토를 효과적으
로 점유하지 못하는 '실패한 국가'에서 주권이 사실상 정지되었다는
암묵적인 가정이 담겨 있다. 여기서 주권은 엘든Elden(2009)의 용어를
빌리자면 우연히 발생하는 것이다. 효과적인 주권의 부재는 질서
제공을 위해 외부의 개입을 불러오고, 국제사회는 이제 '보호할 책
임'을 갖게 된다. 가끔 오해의 소지가 있지만 '실패한 국가'라는 개념
에 내포된 가정은 내부적 원인이 실패로 이어진다는 것이지만, 기후
변화와 해수면 상승으로 인한 국가 소멸이라는 극단적인 사례에서
는 문제를 구성하는 적절한 방법이 아니다. 이 경우, 원인은 거의 전
적으로 외부에 있다. 국가의 실패가 대규모 탈출로 이어진다면, 그

책임을 발생 국가로 쉽게 돌릴 수 없다. 그러나 적어도 지금까지는, '보호할 책임'이라는 원칙이 기후 교란으로 이주한 사람들에게는 적용되지 않고 있다.

침입하는 종과 이주 위협에 대한 담론은 안보 측면에서 영토 고정성 가정을 재생산하는데, 바로 여기가 변화하는 해수면과 기상 패턴에 적응하기 위해 혁신이 필요한 지점이다. 아이러니하게도 인간의 관점에서 볼 때, 고정된 경계라는 우아한 공식은 이제 과거보다 훨씬 더 현대적인 환경 변화라는 단순한 사실에 직접적으로 부딪히고 있다(White 2011). 생계, 건강관리, 고용 및 주거 기회가 필요한 사람들에게 현 질서의 경계와 울타리는 안보와 관련된 문제이다. 이오네타이티오타처럼, 본국이 곧 침수될 위기에 처한 사람들에게 이러한 어려움은 특히 심각하다. 정확하고 고정된 지도학을 전제로 하는 국제 체계는 인위적 기후변화로 고정된 지도학이 한낱 일시적인 것에 불과하다는 사실에 어떻게 대처할 수 있을까? 적어도 지금까지의 대답은 '별로 좋지 않다'이다. 몬테비데오 협약은 업데이트할 필요가 있다!

인류세에서의 주권

영토가 사라지는 상황에서 주권이 무엇을 의미할 수 있는지는 기후 논의에서 쉽지 않은 질문이다. 세계화가 주권 통제의 약화로 이어지면서 아이러니하게도 국가들이 벽을 쌓는 것으로 정확하게 대응하고 있기 때문이다(Brown 2010). 몬테비데오 협약에서 분명히 드러났듯이, 국가 개념에는 영토가 포함된다. 인도, 중국 및 미국은 모두 향후 수십 년 동안 상당한 해안 침수 문제에 직면해 있지만, 국가체제의 즉각적인 소멸 가능성에 직면한 국가들은 산호초 위에 세워진 작은 섬나라들이며, 그들은 이후 기후적응 및 국제법과 관련해 증가하는 문서들의 주된 관심 대상이다(Gerrard and Wannier 2013; Yamamoto and Esteban 2014).

이 섬나라들은 또한 전통적인 평가치인 권력, 재정, 외교 및 군사적 능력 면에서 가장 물질적 능력이 부족한 국가들이다. 그들은 해수면 상승의 침입에서 물리적으로 영토를 지킬 수 없다. 비록 침수에 직면한 사람들이 피해자이자 난민으로 취급되기를 명백히 거부하고, '우리는 익사하는 것이 아니라 싸우고 있다'는 슬로건의 인기가 날로 높아지고 있다 해도 마찬가지다. 국민이라는 집단적 권리를 주장하는 것은 그들의 영토가 파도 아래로 사라지는 상황에서 그들이 어떻게 이해될 수 있는지에 대한 결정적인 문제를 제기한다. 익사하지 않더라도 적어도 이들 중 일부는 마른 육지를 찾아 바다로 나가면서 실제로 '표류하는 삶'을 살게 될 것이다. 향후 수십 년 동안 이러한 국가들이 없어진다면 어떻게 해야 하는가? 어떤 법적 구제책이 적용될 수 있으며, 국가 지속성에 대한 국가 체계 내 암묵적인 가정에 어떤 의미를 부여할 수 있는가?

이러한 질문 중 어느 것도 단순히 국가주권을 주장하는 것으로 대답할 수 없다. 권력과 정치 관행은 항상 국가주권 이론으로 깔끔하게 요약되지 않는 복잡한 패턴으로 작동해 왔다. 즉, 국경을 초월하는 문제의 지리적 특성과 비전통적 위협을 다루는 소위 새로운 안보 의제는 새로운 안보 문제로 식별된 문제를 처리하는 데에 개별 국가의 제한된 역량에 대한 논의가 대부분이지만, 일반적으로 어떤 형태로든 국가성을 호출하는 데에서 시작된다(Hameiri and Jones 2015).

이러한 논의는 글로벌 현상으로 이해하면 금방 이해된다. 요점은, 세계화의 대규모 정치경제가 경제정책이 안보의 핵심임을 강조한다는 것이다(Stiglitz and Kaldor 2013). 그러나 이러한 공식은 일반적으로 이전의 역사적 상황, 특히 19세기 제국주의 식민지 관행에 내포된 이주에 대한 상당한 기억상실을 필요로 한다. 실제로 현재 세계화의 불안을 반영하는 이주 패턴은 '그들'이 '여기'에 오면 어떤 일이 일어날지에 대한 두려움이다. 초대받지 않은 '우리'가 먼저 '그곳'으로 갔을 때 '그들' 사회에 끼친 역사적 결과는 세계화 논의의 일부로 거의 고려되지 않는다.

현대의 경계 또는 이민의 지점에서 누가 어떤 대우를 받아야 하는지에 대한 질문에서, 관할권 문제는 여전히 지역과 시민권 문제에 묶여 있다. 비시민권자에 대한 국가의 권리와 책임이 인권에 대한 유엔 협약과 난민 협약으로 인해 더 복잡해지고 보호해야 할 책임이 더 커졌음에도 말이다. 특히 난민 제도가 처음에 도입된 이유인 노골적인 정치적 박해가 아니더라도 강제이주 문제가 진행 중인 경우에 더욱 그러하다(Mountz 2010). 환경난민 범주가 현재의 변화를 다루는 데에 적절한지에 대한 오랜 논쟁이 있다(White 2011).

종종 자발적 이주와 비자발적 이주 사이에는 뚜렷한 차이가 있는데, 후자는 박해나 임박한 위험의 결과로 불가피한 경우이다. 그러나 이오네 타이티오타가 알게 된 사실은 뉴질랜드 난민협약은 강제이주를 당하긴 했어도 직접적인 박해를 받지 않은 사람들에게는 적용되지 않는다는 것이다. '생존이주'라는 추가 범주가 필요해 보인다(Betts 2010). 그러나 기후변화로 인한 흉작 때문에 강제이주하는 사람과 정치경제 문제로 농촌 경제 실적이 좋지 않아서 이주한 사람 을 명확히 구분하기는 쉽지 않다. 특히 농촌에서 도시지역으로의 이주는 대부분 국가 경계 내에서 발생하더라도 인간 조건의 현대적 변화에서 가장 핵심적인 부분이다. 이는 세계경제의 관행, 농업 변화, 특히 세계 부동산시장의 결과로 변화된 공간에서 펼쳐지고 있다(Parenti 2011).

이 모든 것은 국가 건설 기업이 해수면 상승으로 사람들을 강제로 이주시킬 때 더욱 복잡해진다. 국가 개발은 20세기 후반 대부분의 국가에서 대규모로 건설된 대형 댐의 기반 시설과 자주 연결되었다.

안나 칭Anna Tsing(2005: 223)은 다음과 같이 말한다.

대형 댐은 자연에 대한 인간 지배의 상징이며, 가장 주목받는 국제 개발 패키지 중 하나이다. 20세기 후반에 대형 댐은 국가주권의 기준이 되었다. 모든 국가는 자체 댐을 원했고, 다자개발은행은 모든 국가가 댐을 갖기를 원했다. 1970년대와 1980년대 인도네시아에서는 대형 댐이 국가 발전의 기념비로 여겨졌다. 댐을 반대하는 것 자체가 신경에 거슬리는 일이었다.

이렇게 국가의 노력이 종종 사람들을 이동하게 한다. 따라서 그들을 환경난민으로 이해하는 것은 국가 개발정책과 매우 직접적으로 맞닿아 있다. 이 논쟁의 중심에는 안정적인 지리적 상황에 대한 가정, 즉 사람들이 거주하는 영토에서 생계를 유지할 수 있다고 추정되던 가정이 환경 변화로 인해 (그리고 그 환경 변화의 일부는 발생한 장소가 아닌 외부 지역에서 일어난다) 더 이상 유지될 수 없다는 암묵적인 인식이 있다. 기후변화와 해수면 상승은 개발로 인한 수위 상승이 일으킨, 특별히 국가적인 퇴거에 대한 엉성한 지구적 비유이다. 해수면 상승은 다소 덜 직접적이더라도 또한 '개발'의 결과이다.

인류세 논의에 요약된 현재 일어나는 변형에 관한 더 많은 논문들이 사람은 원래 있던 자리에 있는 것이 가장 좋다라는 현대 국가의 지도학 가정에 도전하고 있다(Dalby 2014). 분명히 종은 더 유익한 생태 조건을 찾기 위해 자율적으로 움직이든지, 정원사와 반려동물 소유자 및 농업 회사에 의해 이동하고 있다. 새로운 방식의 '보존'은 부분적으로 인류세 조건에 맞는 적응을 촉진하기 위해 공간을 '재야생화'하려고 시도하고 있다(Lorimer 2015). 그러나 그러한 이동은 생계유지에 필요한 생태적 틈새가 아니라 국가 영토 관할권의 현대 지정학적 체계인 지도라는 권력에 얽매인 인간에게는 적용되지 않는다. 따라서 멕시코-미국 국경의 모래언덕 패턴 변화에 따라 구조물이 오르락내리락하는 데에 쓰이는 떠다니는 울타리는 말 그대로 경관을 변화시키는 동시에, 사람들과 적어도 일부 다른 육상종들이 국경 횡단하는 것을 막는 명백한 모순을 초래한다.

이 복잡하고 모순적인 지리학이 기후 이동을 논의하는 맥락이다. 안정적인 물질적 환경이나 안정된 제도적 장치를 단순히 가정하는 것은 더 이상 이주 문제를 해결하는 유용한 전제가 될 수 없다. 특히 기후변화가 환경 변화의 결과로 이주민들을 이동시킨다고 말하기에는 많은 어려움이 있지만, 이것이 매우 분명하고 명백하게 일어나고 있는 한 가지 사례가 있다. 해수면 상승으로 국가가 사라질 위기에 처했거나 곧 사라질 위기에 처할 저지대 섬나라의 상황이 바로 그것이다. 살기 위해서는 이들 국가의 시민들은 다른 국가의 관할권으로 이주해서 살아야 한다. 그렇다면 인간사를 조직하는 원칙으로서 주권의 문제는 무엇인가?

임박한 국가 범람 사례의 제한된 숫자를 인정하는 것은 인류세에서 주권에 대한 핵심 질문을 제기한다. 직설적으로 말하면 문제는 단순하다. '국가가 영구적으로 실패한다면 어떻게 될 것인가?' 섬나라 침수의 경우, 그 실패의 원인은 외부 지역에서 온다. 선진 산업국가가 기후변화에 대처하지 못하고 다른 국가 시민을 실제로 보호하지는 않더라도 최소한 해는 끼치지 않아야 한다는 암묵적 책임을 명백히 이행하지 않았기 때문에 실패가 발생한다. 이와 관련하여 국내 실향민의 보상 및 권리 원칙이 주권이 소멸될 때 발생하는 상황에는 어떤 영향을 미치는지에 대한 질문이 있다. 그렇다면 이 모든 것이 포스트 주권 정치에 어떤 의미가 있는 것인가? 지구적 정의 개념이 무자비한 폭력보다 우세하고, 인간 집단 개념이 영토가 침수되더라도 권리가 계속 확장되는 필수 실체로 간주되는 상황이라면 말이다(Nine 2012). 영토국가가 정의한 시민권 관점에서만이 아니라 인간은 그 무엇보다도 가장 우선적인 존재로 간주될 수 있는 것인가?

사라지는 국가, 움직이는 사람들

이 모든 질문은 이 장의 두 번째 인용구에서 제기한 핵심 문제와 관련이 있다. 바로 주권의 과학적 근거와 주권의 자율성이 작동하는 안정적인 맥락에 대해 장기간 지속된 전제에 관한 것이다(Elshtain 2008). 이 전제는 이제 생태학의 상호연결성과 우발성에 대한 새로운 이해와 인류세 논의에서 인간 조건이 재고되면서 가장 큰 규모로 약화되고 있다. 해수면 상승은 안정적인 물리적 상황이라는 가정에 도전한다. 근대성이 갖는 암묵적인 지리학은 더 이상 기후변화 및 기타 인류세 현상에 대한 적응을 뒷받침할 수 없다.

이 장에서는 이러한 문제에 대한 세부적인 법적 논쟁을 다루지는 않는다. 그렇지만 몇 가지 핵심 사항은 주권이 영토국가와 분리될 수 있는지 여부에 대한 핵심적인 문제를 제기하기 때문에 밀접하게 관련되어 있다. 그리고 만약 그것이 키리바시와 투발루의 경우에 일어났다면, 인류세의 새로운 지정학에 대해서 그 밖의 다른 곳에서도 영향을 미칠 수 있다. "국가의 소멸은 더 이상 터무니없는 가설이 아니다. 전체 인구가 이주하고 영토가 완전히 손실되는 국가 소멸의 '이론적' 가능성은 가까운 미래에 실현될 수 있다"(Wong 2014: 44). 그렇다면 주권은 과연 무엇인가?

많은 국가들이 해안 지역의 부분적인 영토 손실에 직면하고 있지만, 완전 침수에 직면한 국가는 명백히 극소수에 불과하다. 작은 섬나라의 사례만이 지리적 변화가 우리에게 다가오고 있고 거버넌스의 기본단위인 안정적인 영토라는 전제가 더 이상 모든 국가 상황에 적용되지 않는다는 핵심 사항을 강조한다(Vidas, Zalasiewicz 및 Williams 2015). 이주는 어떤 이들에게는 생존을 위한 필수 요소이지만, 영토 고정성 측면에서는 주권이 이주해야 하는 사람들을 수용해야 하는 의무를 의미하지는 않는다. 아직 이러한 긴장을 해결할 명확한 방법은 없지만 몇 가지 사려 깊은 제안이 현재 학계에서 제출되고 있다. 그 제안들은 주권 영토가 여전히 주요 통치 체제인 세계에서 실패한 국가의 이주민들이 제기하는 딜레마를 강조한다.

해수면 상승으로 기존 국가들이 침수될 것이라는 전망이 가장 극명하게 제기하는 질문은, 주변 다른 국가들이 법적인 단위 또는 일종의 존재론적 실체로서 소멸 위기에 처한 국가에 대해 의무가 있는지 그리고 이주한 사람들을 수용할 책임이 누구에게 있는지와 관련된다. 이주민들에게 영토가 부여되는 상황이 있었는지 혹은 영토주권 권리를 주장하는 법적 권한의 양도 없이도 이주한 국가에서 재산을 구입할 수 있는지에 관한 것이다. 법적 권한을 양도하는 경우라면, 목적지 국가가 이주민들에게 시민권을 부여한다 해도, 이주민 후손들 사이에서 주권 주장을 영속시키려는 개혁이 이루어지지 않는다면, 이주민들의 특정 정체성과 주권에 대한 주장은 아마도 어느 시점에서 소멸될 것으로 추정된다.

바하Vaha(2015)는 일부 섬나라의 침수 가능성을 고려하면서 국가 개념을 영토 단위체가 아닌 국가 체계의 일부로서 존재 권리를 공식화할 수 있는지, 즉 국가를 영토 단위에서 분리할 수 있는지 숙고한다. 나인Nine(2010)은 국가는 단순한 제도에 불과하며 중요한 것은 정치적 집단성인데, 영토가 없는 상태에서 국가가 지속될 수 있는지 질문한다. 이 생각은 분명히 몬테비데오 협약과 그 이후의 많은 국제법에 대한 재고가 필요하지만, 국가 체계 구성원 관계에서 가장 중요한 핵심은 영토의 영구적 연속성에 의존하지 않는 존재론적 지위임을 시사한다. "혹자는 우리가 개인의 도덕심과 의무감의 발현으로 이주민을 돕는 것처럼, 국제 국가 공동체가 국가 소멸을 방지하거나 대응할 의무가 있는지, 그렇다면 어느 정도까지 할 수 있는지 질문할 수 있다"(Vaha 2015: 207).

이 질문에 대해서는 다음과 같은 조항이 있다. "국제 국가 체계의 구성원을 대표해서 소멸 위기에 처한 국가의 지속적인 존재를 보장하는 조치를 취할 의무가 있을 수 있다. 그러나 이것이 (반드시) 새로운 영토를 제공할 의무에 해당하지는 않는다"(Vaha 2015: 208). 그러나 이를 위해서는 일반적으로 이해되는 영토주권보다는 존재론적 정체성과 국가 정체성 개념을 불러일으킬 필요가 있다. "존재론적 안보 및 국가 정체성 개념에 의존함으로써 이제 국가에 본질적인 것은 단순한 물리적 존재가 아니라, 하나의 단위체로서 존재론적 존재와 국가로서 '자아'에 대한 지속적인 감각"이라고 주장할 수 있다(Vaha 2015:

215-216). 이는 국가가 주권을 포기할 의도가 없다는 점에서 중요하다. "섬나라는 주권을 포기하는 것이 아니라 **이동이 필요하다는 현실을 반영해야 한다**"(Wong 2014: 16; 강조 추가).

웡Wong(2014)은 몬테비데오 협약의 전제에서 출발하여 이 지점에 이른다. 결정적으로 웡은 국가의 소멸이 놀라운 일이 아니며, 이것은 전적으로 예측 가능하고 계획이 필요한 일이라고 주장한다.

> 기후변화는 갑작스러운 현상이 아니고 영토의 상실도 순식간에 일어나지 않을 것이다. 따라서 고려해야 할 두 가지 시기가 있다. 첫 번째는 해수면 상승의 영향으로 사람들이 이주할 때이다. 결정적으로 영토는 남아 있지만 주권 포기 문제가 발생할 수 있다. 두 번째 시기는 영토의 완전한 손실로 시작된다. 여기서 문제는 영토의 완전한 상실 이후 자동적으로 국가 소멸이 뒤따를지의 여부이다(Wong 2014: 6).

웡(2014)이나 바하(2015)가 논의하지 않은 추가 해결책은 곧 침수될 지역 시민을 포괄하는 국가의 확장, 국가 통합인 듯하다. 첫 번째 파도가 마지막 바위를 덮친 후에도 새로운 국가의 침수되지 않은 부분에 어업권과 해저자원 접근권을 부여할 수 있으며, 이는 여전히 다양한 신식민지 체제에서 제국의 유혹과 보호 확대 약속을 제공할 수 있는 문제이다. 그러나 영해와 배타적경제수역에 대한 해양법 규정이 해안 기준선에서 바깥쪽으로 향하는 측량을 전제로 하는 한, 영해 소멸은 침수된 육지 주변 해역이 공해 상태로 돌아간다는 것을 의미하므로 합병에 대한 유혹을 제거할 수 있다. 이를 피할 수 있다면, 이주와 시민권을 대가로 주권을 매각할 가능성이 열려 있다는 제안이 전적으로 가능하다. 이는 이미 치외법권에 기반한 조세피난처와 금융서비스를 제공하는 관행의 연장선상에 있다. 태평양 사례에서 가장 가능성이 높은 대안은, 이주민들 중 상당수가 결국에는 뉴질랜드나 오스트레일리아에서 이주민로 살거나 거주권은 있지만 완전한 시민권은 없는 새로운 신식민지 체제에 살게 되는 것이다. 미국이 관리하는 기존의 태평양 섬의 경우처럼 말이다.

이런 전략이 침수된 국가의 국민을 이주시키거나 영토를 파도 위에 유지할 방법을 찾아낼 수 있는 효과적인 기관을 찾지 못한다면, 손실된 영토에 대한 보상 및 책임 문제가 발생한다. 최소한 대략적으로라도 기후변화에 대한 책임이 특정 국가에 할당될 수 있는데, 이는 역사적으로 연소된 화석연료 양이나 적어도 대기 중 온실가스 축적 결과에 대한 명확한 경고가 널리 유포된 1990년 이후를 기준으로 할당할 수 있다. 특정 국가 때문에 발생한 해수면 상승 비율을 확인할 수 있고, 그러면 단순한 토지 권리를 넘어서는 영토 보상 가능성이 드러난다(Dietrich and Wündisch 2015). 손실 토지에 대한 보상은 손실된 부동산 가치에 근접한 재정적 조치의 관점에서 추정할 수 있다. 이주시킬 수 있는 권리와 이주자들에게 가능한 생계 수단을 제공해야 하는 다른 국가들의 의무는 오염자들의 의무를 다루는 공식일 수 있다. 그러나 영토권, 그리고 그와 함께 자결권 및 인정된 별도의 정치적 정체성을 운영할 수 있는 능력의 문제는 재정적 보상이나 새로운 지역에서 새로운 토지권의 제공 그 이상을 요구한다(Nine 2010).

디트리히와 뷘디슈Dietrich and Wündisch(2015)는 자치 영토 정치로 운영할 수 있는 능력의 특정 부분 손실은 일부 다른 영토에서 해당 능력을 제공받음으로써 보상될 수 있다고 말한다. 분명히 최악의 탄소 오염자들은 그들 행동의 결과로 간접적으로 침수된 영토를 대체할 가장 큰 의무가 있다. 기후정의와 책임에 대한 대부분의 논의에는 현물보상이 포함되지 않는데, 이는 특히 현재 이주민이 이주할 수 있는 소유권 없는 빈 영토가 없다는 점을 고려할 때 쉽지 않은 일이기 때문이다. 따라서 영토는 어떤 식으로든 이전되어야 하며, 디트리히와 뷘디슈(2015)가 제안한 것은 최소한 세 가지 기준, 즉 '문화적 정체성', '적절한 규모' 및 '인구 과반수' 조건을 충족해야 한다. 즉, 보상 영토는 이주 인구가 이전 고향과 유사한 방식으로 계속 살 수 있도록 허용해야 하며, 새로운 영토에서 정치적 소수자가 되는 상황에 직면하지 않도록 해야 한다.

이 모든 것은 나인(2010)의 표현대로 '중첩된nested' 영토 배열을 의미하는데, 이는 상호 배타적 주권 공간에 대한 단순한 지도학의 가정에 도전한다. 이것들이 상실된 영토권의 적절한 회복을 위해 필요한 모든 요건이다. 이것은 또한 광업 또는 댐 건설 및 그로 인한 홍수와 같은 개발 프로젝트의 결과로, 국가 내 재배치와 관련된 일반적인 보상 조치를 넘어선다. 이를 수행할 수 있는 메커니즘은 간단하지 않을 것이다. 디트리히와 뷘디슈(2015)는 커뮤니티, 경매 및 국가 의무에 대한 다양한 아이디어를 제안하는데, 그중 어느 것도 관리하기 쉽지 않으며, 주권을 이전하는 과정에서 명백하고 불공정한 관행을 피하려면 모두 국제적 투명성이 필요하다. 디트리히와 뷘디슈는 일부 영토의 주권을 양도한 국가는 이주한 섬 주민을 이주민으로 받아들일 의무가 없고, 이주민이 영토 권리를 포기해야 하는 상황에 대해 다른 비영토적 보상은 불가능하다고 주장한다.

디트리히와 뷘디슈(2015)는 유책有責 국가들이 자신들의 제안에 긍정적으로 반응할 것으로 기대하지 않지만, 영토권이라는 규범적 주장과 영토 이전을 요구하는 현물보상이 주권과 안보 문제를 기후변화에 대해 재고해야 하는 최전선에 놓이게 한다. 이주 국가에 주권 영토를 재할당하는 것은 국제 관행에서 영토 고정 규범이 이후에 어떻게 조정될지 의구심을 야기한다. 결정적으로, 이주민을 위협으로 언급하는 외국인혐오적 발언은 환경 변화에 직면하여 영토주권 측면에서 안보를 언급하는 것이 모든 것을 악화시킬 가능성이 있음을 시사한다.

지정학을 다시 생각하다

영토 문제로서의 정치는 먼저 정치적 책임과 독립적인 자치 당국으로 활동할 수 있는 국가의 능력에 핵심적인 질문을 제기한다. 요컨대, 영토 보상의 경우와 이와 관련해 필연적으로 발생하는 어려움은 가장 효과적인 정치적 행동 방식으로서 별도의 영토 단위체라는 현대 지정학적 가정에 근본적으로 도전한다. 울리히 벡Ulrich Beck(2008: 78)은 현대의 어려움에 대한 유럽의 반응에 대해 다음과 같이 말한다.

세계는 기후변화, 세계경제 상호 의존성, 이주 이동으로부터 지역 및 세계평화 유지 문제에 이르기까지 다양한 문제에 직면하고 있지만, 국가를 기반으로 한 사고는 이러한 문제를 다룰 수 있는 정치적 능력을 상실했다. 아이러니하게도, 유럽에서 민족주의를 부채질한 모든 문제(다른 국가로 일자리 이전, 난민 유입, 전쟁, 테러리즘)는 국제 문제이다.

주어진 지리적 맥락과 각기 정치적 이유에 대한 가정은 더 이상 학문이나 정책 옹호의 전제로 타당하지 않다. 그러나 보편적 주장과 정치적 특수성의 어려움을 풀 우아한 해결은 아직까지 명백한 대체물이 아니다.

'왜 사람들은 이동하는가?'라는 질문이 이주 논의에서 자주 제기되는 것은 이것이 정상성stationarity 규범에서 벗어난 일탈임을 전제로 한다. 인류 역사는 이동과 적응의 역사이지만, 이것은 경계의 고정성과 특정 장소에 위치하는 국가의 단순한 문화적 지리의 전제를 재확인하는 정치적 행동으로 인해 암묵적으로 부정된다. 이것은 국제정치의 원칙을 제공하지만, 개발 프로젝트 관점에서는 직접적으로 그리고 기후변화로 인해서는 간접적으로 초래되는 사람들의 모빌리티와 급속한 환경 변화와 함께 세계화라는 특정 장소 간의 급속하게 강화된 연결 패턴을 제공한다. 모든 상황이 안정적인 지리적 질서라는 단순한 가정에 반대하는 것으로 작용한다.

엘시테인Elshtain(2008)이 제안한 것처럼 권위가 신에게서 국가로, 이제는 개인으로 이동하는 상황에서, 현재 급변하는 환경조건이 제기하는 질문은 권위와 합법적인 정치 개념이 점점 더 지지하기 어려워지는 지리적 전제와 어떻게 분리되어야 하는가이다. 벡(2008)은 국가 간 조정된 조치가 수행해야 할 작업이라고 제안하는데, 조정이 없으면 국가는 점점 더 비효율적이 되기 때문이다. 서니Cerny(2010)는 효과적인 행동의 원천이 신다원주의적 배열인 수많은 행위자들을 통해 분산되어 있으며, 이 모두가 지리적 용어로 명시될 수는 없다고 말한다. 협력과 일방적인 조치가 많은 국가기관을 재구성하기 시작하면서 기후변화와 이주 같은 문제를 다루려는 시도가 다수 국가의 변화로 귀결될 것은 분명하다(Hameiri and Jones 2015). 또는, 적어도 외부의 위협 세력이라고 추정되는 '이주민'에 대한 민족주의적이고 외국인 혐오적인 반응이 없을 때 그렇게 한다.

이제 피할 수 없는 것은 영토 경계를 존중하지 않는 기후변화로 인해 해수면이 상승함에 따라 영토 관할권의 근거가 되는 지리적 고정성이라는 가정이 문자 그대로 침식되고 있다는 단순한 사실이다. 과학이 지난 수십 년 동안 인류세라는 꼬리표 아래 밝혀낸 복잡하게 상호연결된 전 지구적 지구물리학의 현실은 영토국가, 인간 집단성, 로크의 재산권 개념 및 현대 자율적 주권 주체에 대한 현대적 가정이라는 정치적 존재론이 현대의 변화와 씨름하기에는 점점 더 부적합한 범주라는 점을 강조한다.

따라서 영토 소멸이라는 극단적인 사례는 세계정치가 인류가 아닌 영토와 시민권을 전제로 한다는 점을 강조한다. 현대 국제관계의 핵심 존재론적 전제이자 보호 책임에 따른 개입을 정당화하는 보편적 인간성이라는 전제의 빈번한 호출에도 불구하고(Mitchell 2014), 이동하는 사람들은 그들이 인류라는 종에 속한다는 이유 때문이 아니라 여전히 시민권 관련 서류 작업에 따라 관리되고 접근권 부여 여부가 결정된다. 난민협약은 1950년대에 이 문제를 다루려는 시도였지만, 이오네 타이티오타 사례에서 알 수 있듯이, 이러한 난민 지정과 그에 따른 국가의 수용 의무가 박해받지 않은 난민들에게까지 해당되는 것은 아닌 것 같다.

영토주권을 보호 관점에서 이해하는 안보는 현재 변화하는 환경과 문자 그대로 변화하는 지리에 적응해야 하는 상황에는 적합하지 않다. 많은 주변부 사람들의 안전을 위해서, 그리고 점점 더 많은 사람들에게도 확보할 필요가 있는 것이 적응 능력이다. 이것은 단순히 위험한 상황에서 벗어날 수 있는 능력이다. 그러나 이동 능력의 확보는 영토국가라는 지리적 질서가 현대 거버넌스의 기본 원칙이라고 주장하는 것과는 정반대이다. 따라서 침수에 직면한 섬나라 사람들의 운명이 그들을 취약하게 만든 통제할 수 없는 힘에 의해 미래가 결정된다는 점에서 비극적이며, 과거의 주요 안보 문제 중 하나인 영토 확보를 위한 공격적인 전쟁에 대한 해결책이었던 영토 고정성이 현재는 생존을 위해 이동할 수밖에 없는 사람들에게 안보 문제를 야기한다는 점은 아이러니하다.

다양한 학술 문헌의 주요 출처를 부지런히 추적해서 유용한 연구 지원을 다수 제공해 준 마사야 라바네라스 블랑코Masaya Llavaneras-Blanco에게 감사의 말을 전한다. 또한, 학문적 도움을 제공한 실비아 마키우나스Silvia Maciunas와 파트너십 보조금을 통해 지원을 제공한 캐나다 '사회 과학 및 인문학 연구위원회Borders in Globalization'에도 감사의 말을 전한다.

제4장

바다에서 죽다

| 브래드 에반스 |

이 글은 많은 사람들에게 상당한 빚을 지고 있는데, 그들은 이 논문의 논점을 잡는 데에 도움을 주었다. 특히 NYU, Columbia University, New York, University of California at Irvine, McMaster University, Ontario의 청중들에게 감사 드린다. 그들은 내가 같은 제목으로 진행한 강의에서 날 카롭고 비판적으로 논평해 주었다. 이 글은 현재 작업 중인 인류애 개념과 희생 문제 사이의 연 결을 살펴보는 광범위한 프로젝트의 일부가 될 것이다.

전 지구적 조수

2015년 9월 2일 수요일, 한 어린아이의 시신이 지중해 해안으로 밀려왔다. 아이의 이름은 알란 쿠르디Alyan Kuridi, 세 살배기 어린 난민이었다. 알란의 가족은 갈등과 폭력으로 한때 고향이라고 불렀던 땅에서 도망치고 있었다. 이 충격적인 비극의 참혹한 이미지는 특히 영국과 서유럽 소셜미디어에서 큰 반향을 일으켰다. '표류하는 인류'라는 해시태그가 해안가에 엎드려 있는 아이의 고통스러운 사진에 달렸다.

이런 순간이 미치는 영향의 규모를 측정하는 것은 언제나 어려운 일이만, 수많은 평론가들이 대중의 태도와 광범위한 정치적 담론에서 어떤 변화가 시작되었다는 것을 알아차릴 수 있었다. 알란은 다양한 인도주의적 주장이 뭉쳐지는 강력한 '상징'이 되었고, 그 과정에서 비슷한 운명을 겪으며 바다에서 생을 마친 많은 사람들이 견뎌낸 불필요한 고통에 관심이 집중되었다. 알란은 최근의 역사가 버틴 희생적인 무게를 그 죽음으로 말하는 것 같았다.

물에 흠뻑 젖어 해변에 엎드려 있는 알란의 시체는 인간 지각의 미학적 영역을 방해하는 방식으로 이전에 '참을 수 없는' 것으로 불렸던 것, 즉 우리가 세상을 알고 보는 방식의 근본적인 파열 또는 돌파구와 공명한다(Evans & Henry, 2015). 우리가 자크 랑시에르Jacques Rancière (2004)가 명명한, '감각의 분배'라는 표현을 좋아한다면, 산산조각이라고 표현할 수도 있을 것이다. 그 사진은 진실로 참기 어려운 순간을 포착했다. 그 초상은 감당하기에는 너무 어렵고 그러나 무시할 수는 없는 것이었다. 그것은 한동안 인터넷을 돌아다니던 다른 위기의 이미지만큼 생생하지도 않았다. 아마 그게 포인트였을까?

글로벌 미디어 스펙터클 시대의 삶은 계속해서 일회용품이 되고, 극단적인 행진이 오락거리로 여겨지며, 그래픽이 포르노를 반향하고, 비극적 사건에 대한 강제 목격이 종종 우리의 관심을 끌지만, 찰나의 짧은 반성만 일으킬 뿐이다. 더 넓은 정치적 맥락을 **보지** 못한다면, 보이는 것이 전부다. 이 노골적으로 정치화되고 매개된 설정에서 항상 선정적인 각본을 따르지 않는 '이미지-이벤트'가 더욱 강력해진다는 것은 논쟁할 만하다. 친밀한 묘사가 인간 사이 연결을 조장하기 때문에 오히려 묘사가 불안정하다. 이것은 죽음에 대한 추상적인 질문이 아니다. 존재라는 생생한 현실에 직면하는 것이다.

알란의 사진은 분명 더 암울한 정치적 반성을 촉발하고 위기와 관련된 특정 윤리적 각성을 불러일으켰지만, 그럼에도 여전히 남아 있는 근본적인 질문이 있다. 왜 이 아이의 이미지가 다른 이미지들 사이에서 그토록 눈에 띄는 정치적 · 감정적 영향을 불러일으켰는가? 이 사건은 확실히 위기를 다루는 언론의 접근 방식에 새로운 지평을 열었다. 게티이미지Getty Images의 부사장 휴 피니Hugh Pinney는 다음과 같이 말했다. "우리가 이 사진에 대해 이야기하는 이유는 사진이 찍혔거나 유포되어서가 아니라 주요 언론들이 게시했기 때문이다."[1]

---

[1] Oliver Laurent, "What the Image of Alyan Kurdi Says About the Power of Photography,"

그러면서 다음과 같이 덧붙였다. "우리가 그 사진이 게재된 후에 이 이야기를 하는 이유는 이것이 수십 년 동안 지속된 언론의 금기, 즉 죽은 아이의 사진은 결코 게재하지 않는다는 언론의 황금률을 깼기 때문이다." 피니의 발언은 여기에서 닉 웃Nick Ut이 촬영한 킴 푹Kim Phuc 사진에 대한 기억을 불러일으킨다. 킴 푹의 벌거벗고 불에 탄 사진은 베트남전쟁의 상징이 되었으며, 20세기 가장 오래 지속된 투쟁 이미지 중 하나로 남아 있다.

그러나 알란의 죽음을 둘러싼 이 미디어 사건을 단순히 공감대를 형성했다는 점으로만 설명하기는 어렵다. 마치 이 사진이 어떤 비극의 끔찍하고 우발적인 상황에 우리를 노출시키고, 사진 편집자와 미디어 모두의 감성에 완벽하게 공감을 일으킨 것처럼 말이다. 어떤 이미지도 그러한 보편적 지위를 부여받을 수 없다. 예를 들어 불과 며칠 전, 예술가 칼레드 바라케Khaled Barakeh는 보트가 리비아 해안에서 침몰해서 사망한 시리아와 팔레스타인 어린이의 똑같이 비극적인 사진을 '다문화 무덤Multicultural Graveyard'이라는 슬프고도 파괴적인 시리즈로 발표했다. 이 이미지는 인터넷과 소셜미디어를 통해 확산되었지만, 이번에도 페이스북은 '그래픽 콘텐츠' 게시 규칙을 명백히 위반한 것으로 판단하여 신속하게 해당 이미지를 내렸다.

그러면 알란의 사진이 우연히 우리를 임계점으로 데려간 것인가? 그 이미지가 실제로 검열의 한계와 고통의 미학적 체제의 매개를 드

Time Magazine, 2015에서 인용. 온라인 주소 http://time.com/4022765/aylan-kurdi-photo/

러냈는가? 아니면 구성에 대해 더 공감할 수 있는 무언가가 있는가? 이 사진이 세상의 혼란스러운 이미지에도 불구하고 우리의 평범한 일상의 이미지와 너무 닮았기 때문에 공유된 인간성에 대한 직접적인 공격으로 반향을 일으킨 것인가? 그럼 지중해 해변에서 웃고 춤추고 구르는 아이들을 찍은 관광 사진이 몇 장이나 될까?

국제인권감시기구 휴먼라이츠워치Human Rights Watch 이사인 피터 보카에르트Peter Bouckaert는 다음과 같이 회고했다. "나를 가장 충격에 빠뜨린 점은 그날 아침 알란의 부모가 위험한 여행을 떠나며 옷을 입히고 신겨 준 그 작고 이쁜 운동화였다. … 사진을 보면서 나는 내 아들이 해변에 누워 있다는 상상을 하지 않을 수 없었다."[2] 그는 여기에 비극적 진실을 덧붙인다. "이 아이는 유럽의 아이와 똑같이 생겼다. … 그 전주에 수십 명의 아프리카 어린이들이 리비아 해변으로 밀려와 사진이 찍혔지만 같은 영향을 미치지는 않았다. 확실히 이 사진에 대한 반응에는 어느 정도 자민족 중심주의가 있다."[3] 우리는 이러한 관계성으로 종종 공감을 설명할 수 있다.

미학은 권력관계를 이해하는 데에 매우 중요한 요소이다. 우리가 이미지를 서술하는 방식은 사실, 삶의 의미를 인증하고 자격을 박탈하는 데에 매우 중요하다. 그러나 이미지만으로는 즉각적이거나 지속적인 영향과 변화를 보장할 수 없다. 특정 이미지가 반향을 일으

---

[2] http://news.nationalgeographic.com/2015/09/150903owned-syrian-boy-photo-children-pictures-world/

[3] http://time.com/4022765/ aylan-kurdi-photo/

키는 이유는 복잡하고 경쟁적인 수많은 정치적 · 사회적 · 문화적 · 정서적 · 종교적 요소들이 복합적으로 작용하기 때문에 완벽한 공식으로 설명하거나 청사진을 제시하기 어렵다. 그렇다고 조작이 불가능하다는 말은 아니다. 반대로, 미학으로 생성된 감정적 통용은 일반화할 수 있는 본능적 반응을 생성하기 위해 잘 만들어진 비유와 종종 연결된다. 이미지는 내러티브와 의제를 강화하기 위해 대중의 소비를 받고자 선택된다. 네러티브와 의제는 잘 준비한 공식적 경향과 반복되는 모티프를 드러내는 과정에서 금지된 변화가 규제되고 단속되도록 정치적으로 고안된 방식으로도 기능한다.

예를 들어 알란의 사진을 그 비극적인 죽음 당시 헤드라인을 장식하고 널리 유포된 매우 불안정한 다른 이미지들과 비교해 보자. 바라케의 사진이 발표되기 하루 전 또 다른 난민 이야기가 유럽 대륙의 미디어 환경을 지배했다. 심하게 부패한 시신 70여 구가 동오스트리아 길가에 방치된 밀폐된 냉동 트럭에서 발견되었다. 희생자의 대부분이 어린아이들이었다. 피해자의 신체와 대면하는 관점에서 고통의 이미지는 조금 더 규제되어 노골적이지 않았지만(물론 그런 이미지가 존재하긴 했지만), 슬로바키아 트럭이 실어 오기로 한 상품이 대중에게 판매할 가공육이었다는 점에서[4] 이 사건의 비극적 잠재력은 너무나 분명했다. 이 일회용 보충 화물의 상징성은 뉴스와 미디어 매체의 관심을 끌지 못한 듯하다. 생명정치 이론가들이라면

---

[4] https://www.rt.com/news/313603-migrants-dead-austria-lorry/

명백한 신자유주의적 반향의 관점에서 기꺼이 평가하고 올바르게 비판했을 것이다.

반응을 동원하는 관점에서 이렇게 다른 운명이 이미지의 권력과 진정한 정치적 변화를 가져올 수 있는 이미지의 능력에 관한 근본적인 질문을 제기한다. 알란의 이미지가 그 특이성으로 강력하게 반향을 일으켰다는 점은 기억할 가치가 있다. 보트가 전복되었을 때 사망한 다른 11명은 그 프레임에 나타나지 않았다. 그렇다면 이것을 어떻게 이해해야 하는가? 니콜라스 미르조프Nicholas Mirzoeff는 통찰력 있는 논평에서, 이미지의 정치적 기능과 그 상징적 선례에 대한 이전 분석을 구체적으로 연결시킨다. 미르조프는 터키 경찰의 팔에 안긴 어린아이 묘사를 선호하는 주류 미디어 이미지에 우리의 관심을 다시 집중시킨다. 미르조프가 제안한 것처럼 이 구성이 영향력 있는 이유를 기독교 도상학의 관점으로 설명할 수 있다.

이 사진에 눈을 뜰 수 있는 이유는 우리가 잘 알고 있는 이미지를 떠올리게 하기 때문이다. 상징적 이미지는 신성한 힘을 전달한다. 알란의 시신을 안고 있는 경찰관 메멧 시플락의 자세는 서양 예술의 핵심 아이콘 중 하나를 무의식적으로 반영한다. '연민'을 의미하는 피에타로 알려진 이 주제는 십자가에서 내려온 예수의 시신을 안고 있는 성모 마리아를 묘사한 것으로 자주 탐구되는 모티브이다.[5]

---

[5] https://theconversation.com/dont-look-away-from-aylan-kurdis-image-47069

미디어 시장에서 가장 적절하다고 간주되는 것이 바로 이러한 비극의 재현이라는 점을 기억할 가치가 있다. 이안 잭Ian Jack이 관찰한 바와 같이, 적어도 영국의 상황에서 "뉴스 편집자들은 바다에 머리를 박고 모래 위에 엎드린 채 죽은 아이를 보여 주는 시퀀스에서 앞부분 사진을 생략하여 우리의 고통을 완화하려고 했다. 국내 신문 중《가디언》과〈인디펜던트〉만이 이 이미지를 그대로 게재했다.《미러》,《익스프레스》및《메일》의 웹사이트는 시신을 모자이크 처리했고 또는 (《데일리 스타》의 경우) 머리를 흐릿하게 처리했다.《텔레그래프》와《파이낸셜 타임스》는 BBC와 같은 결정을 내리고 이미지를 생략했다".[6] 잭은 이것이 "더 나은 인간애라는 생각"에 적합하기 때문이라고 설명했다. 왜냐하면 대안은 "죽음은 가장 건강한 아이도 살과 뼈 더미로 환원된다는 조금 불편한 명제를 나타내기 때문이다".

이 참을 수 없는 장면에 직면해서, 비판적 사상가들과 교육자들이 이미지를 재생산하고, 사유하고, 그 존재에 대해 글을 쓴다는 것은 무엇을 의미하는가? 우리 자녀와 사랑하는 사람들과 함께하면서 동시에 그 사건 발생의 무감각함, 파괴적이고 친밀하고 무서운 우연성에 도덕적 민감성을 유지하면서 말이다. 우리는 이 이미지의 부담을 어떻게 처리해야 하는가? 폭력에 기생하지 않고, 그 공포에 잠재

---

[6] http://www.theguardian.com/commentisfree/2015/sep/04/images-aylan-kurdi-syria?CMP=fb_gu

적으로 머무르지 않고, 반복된다고 해서 정상적인 것으로 수용하지 않고, 기껏해야 진부함을 가리키고 최악의 경우 또 다른 폭력의 광경으로 축소시키는 그 무시무시한 내용을 흥미롭게 바라보지 않으면서 말이다. 켄트 브린트날Kent Brintnall은 신체의 고통에 대해 언급하면서 다음과 같이 경고한다.

고통받는 신체의 표현은 그 자체가 역사의 말소로 인해 윤이 난 표면이자 화면으로서 관객과 피해자가 고통, 트라우마, 괴로움에 대해 공유하는 능력을 반영할 수 있다. 물론, 침해당한 신체의 표현이 항상 이런 방식으로 작동하는 것은 아니다. 잔인함, 유머, 관음증, 무관심이 종종 개입한다. 거울은 왜곡된다. 그러나 침해당한 신체의 역사는 신체를 재현하는 또 다른 방식일 뿐이며 또한 실패한다. 설명하려는 욕구는 종종 공포를 설명하고, 정당화하고, 감소시키려는 욕구이다(Brintnall, 2011).

한 가지는 분명하다. 미학은 어떤 학문을 위해 이론화되어서는 안 된다. 또한, 어떤 주권적 시선을 인증하고자 재현 방식에서 정치적인 것을 끌어내리려고 미학에 관여해서도 안 된다. 세계는 이미 세계에 접근할 수 있는 특권을 주장하는 주권적 사상가들로 가득 차 있다. 랑시에르가 주장하듯이, **정치는** 순수한 이성의 성으로 가는 길을 열어 주는 보편적인 청사진을 따르는 것은 아니지만, 사유의 이미지, 즉 세계의 이미지를 창조하는 것과 불가분의 관계에 있다는 점에서 **미학적이라고** 할 수 있다. 조르주 바타유Georges Bataille(1994)가 주목한 것처럼, 미학이 의미를 가지려면 "말에 눈을 뜨게 하는 힘을 주어야 한다. ⋯ 말을 사용하려면 ⋯ 더 이상 지식의 목적이 아니라 시각에 봉사해야 한다. ⋯ 말이 마치 더 이상 알아들을 수 없는 기호가 아니라 외침인 것처럼 말이다". 미학과 시적인 것, 이미지와 담론을 연결하여 참을 수 없는 것을 항상 대면하고 포착하는 것이다.

알란의 사진과 함께 이 위기에서는 수없이 많은 보완적인 심미적 주제가 떠오른다. 이러한 주제는 정치적 구원과 지상의 구원 이야기를 서술하는 측면에서 상징적이고 신학적이다. 예를 들어, 24세의 에리트레아 난민 웨가시 느비아트Wegasi Nebiat를 구하는 장면이 포착된 그리스 육군 병장 안토니스 델리기오르기스Antonis Deligiorgis의 사진을 생각해 보라. 2015년 4월, 이 사진은 다시 입소문을 타고 《뉴욕타임스》를 비롯한 많은 뉴스 매체의 첫 페이지에 실렸다. 이 사진은 약 20명의 난민(이들은 언론의 스포트라이트에서 종종 생략됨)을 구출하는 과정에서 상의를 탈의한 군인 델리기오르기스의 영웅적인 구조담으로 소개되었고, 그는 이후에 명예 훈장을 받았다. 그러나 이 이미지에 내재된 인종적·젠더적 차원은 명백하다. 직접적으로 군인의 용맹함을 드러내며, 또한 많은 논평에서 미묘하고 명시적으로 언급했듯이, 이 영웅적인 장면에서 두 인물에 대한 미화가 두드러진다.

'출애굽'이라는 표제를 단 《타임지Time Magazine》[7]의 위기 관련 특별

---

[7] http://time.com/4022765/aylan-kurdi-photo/

판도 신학적 문제를 떠올리게 한다. 성경 이야기는 박해를 피해서 도피하는 인간의 이야기와 연결되었으며, 정권이나 지도자와 운동가들이 특정 대의명분에 대한 지지를 불러일으키고자 자주 사용한다. 다름 아닌 마틴 루터 킹 주니어Martin Luther King Jr가 죽기 바로 직전인 1968년 4월 3일 테네시주 멤피스에서 한 연설〈나는 산 정상에 올라가 보았습니다I've Been to the Mountaintop〉에서 출애굽 이야기를 미국의 인권 투쟁과 연결시켰다. 킹 목사의 종교성은 잘 확립된 것이나, 여기서 염려되는 것은 그 구절이 미묘하지만 명백하게 세속적으로 각색되었다는 점이다. 여기에는 여전히 정치적·신학적 중요성이 담겨 있다. 실제로 구속과 구원을 인종적이고 성적인 문법에 연결하는 반복적 이미지의 모티브는 벤자민 프랭클린의 논리에서 비롯되었다고 할 수 있는데, 이 논리는 신화적이고 신성한 폭력의 형태이며 복종과 권력관계의 재창조에 대한 요구이다.

우리가 여기서 밝혀내기 시작한 것을 종합하면, 현대적 형태의 폭력과의 만남에 대한 친밀한 초상이다. 이는 고통의 미학적 매개에 대한 인간 희생, 희생자의 정치적 인간화, 군국주의적 용맹 개념에 대해 직접적으로 말하며, 정치적 편의, 문화적·신학적 공명, 미화를 포함한다. 사실 이러한 폭력의 형태는 희생적 폭력과 의미 있는 삶의 인증 사이의 복잡한 관계를 더 구체적으로 지적한다. 여기에서 우리의 우려 사항에 대해 프랑수아 라뤼엘François Laruelle이《피해자 일반 이론Théorie générale des victimes》(2012)에서 지적한 언급은 기억할 만한 중요한 가치가 있다. 그는 역사적 힘의 파국적 무게로 불필요하게 고통받는 사람들에 대해 더 윤리적으로 기민한 관계를 맺을 필요성을 설명한다.

피해자에 대한 과잉 재현은 그 기원, 필요성, 우연성을 망각하는 것이다. 대중매체가 표현하는 용어처럼, 피해자는 확장 단계를 거친 다음 메스꺼움, 상승 및 쇠퇴의 단계를 거친다. 우리가 그것을 파악했을 때에는 이미 너무 늦은 것이다. 그것은 이론적으로 미심쩍고, 미디어에 의해 잠식되고, 보안과 사법제도에 관련된 범죄 증가에 힘입어 떠오른다. 마치 인공적인 무의식을 흉내 내고 날조하듯이, 미디어의 부패는 희생자를 응축과 비등(부글거리는 거품), 이데올로기 갈등의 악화라는 새로운 윤리적 가치관으로 만들었다(Laurelle, 2015).

궁극적으로 지속적인 평화를 위해 전쟁 동원을 촉구하고자 알란의 사진을 재활용하는 것보다 더 분명한 방법은 없어 보인다. 특히 우리가 연루되어 있는 갈등의 역사를 대체하고 이 인간 위기의 새로운 악마적 인물인 인간 밀수업자에 초점을 맞춤으로써 정의를 실현해야 할 필요성과 함께 말이다. 재판을 받아야 할 범죄가 있다면, 그것은 폭력에 대한 지속적인 의존이 아니다. 폭력에 대한 의존은 다양한 기술을 통해 재앙을 격렬하게 악화시키는 것으로 위기를 궁극적으로 통제하고자 모든 측면에서 작동하는 것이다. 재판을 받아야 할 범죄가 있다면, 그것은 궁극적으로 인간 이주라는 은밀한 과정의 일부가 된 사람들이다. 밀수업자의 복잡하고 종종 숨겨진 일대기는 중요하지 않다.

지중해 위기 상황에서 정치적 납치는 예측 가능하고 통탄할 만하다. 현재 많은 난민들이 탈출한 시리아는 그곳 자체가 역사적으로 더 광범위한 정치적 의제(특히 이슬람 조직을 길들이기 위해)에서 유용한 대리 역할을 해 온 아사드 일가의 독재 정권에 대항하는 경쟁적이고 사악하고 다양한 파벌들을 ISISThe Islamic State of Iraq and Syria로 모으고 있다. ISIS는 아프가니스탄과 이라크의 실패한 개입 및 폭격 군사작전과 직접적으로 연결되며, 이 모든 것은 외부 세력에 의해 생산·무장·자금 지원 및 조작되었다.

알란 사건에 대한 언론의 관심이 집중된 데에 이어, 데이비드 캐머런 영국 총리가 의회에서 난민 지원을 약속한 바로 그날, 영국에서 싸우고 있는 영국 태생의 지하디스트에 대한 표적 공격에 처음으로 드론 기술이 사용됐다는 소식도 발표되었다. 난민 문제에 대한 우파 언론의 '방향 전환'은 노골적인 악마화에서 좀 더 공감적인 포옹으로 이동했고, 내러티브에 눈에 띄는 변화가 나타났다. 2015년 9월 6일자 루퍼트 머독 소유의 《더 선The Sun》이 헤드라인에서 요구했듯이, 이제 피해 아동의 이름으로 폭력을 정당화할 수 있게 되었다. 52퍼센트의 영국인들이 '시리아를 지금 폭격하라'고 하는 설문조사 결과와 함께 '알란을 위하여'라는 문구와 동그라미로 표시된 아이의 얼굴 이미지가 실렸다.

이런 식으로 아이의 이미지를 사용하는 것은 빌헬름 라이히Wilhelm Reich(1970)가 이해한 방식대로 보자면 비통하고 파시즘적이다. 중요한 것은, 죽은 아이의 참혹한 사진이 전유되고, 재포장되고, 추가적인 폭력과 파괴를 인가하기 위해 전략적으로 재배치되도록 폭력에 대한 욕망을 조작했다는 것이다. 그래서 몇 가지만 더 언급하자면, 아프가니스탄·이라크·리비아와 마찬가지로, 전쟁의 북소리는 너무 인간적인 위기에 대한 명백한 동정심에서 시작되지만 인류의 폭력과 처분가능성에 대해서는 심각한 정치적·철학적 토론을 불러일으키지 못한 채 결과적으로 애초에 우리가 그들의 이름을 위해서 행동한다고 주장한 사람들을 벌주는 꼴이 된다. 이것이 우리 시대 폭력의 순환적 특성이다. 이는 비판적 가치가 결여된다면, 폭력은 서구 사회가 과실과 책임이 있으며 정치적·윤리적 상상력의 심각한 실패를 계속해서 보여 주는 진행 중인 과정임을 지적할 뿐이다.

새로운 폭력적인 지리학

그렇다면 이러한 폭력과 인간의 처분가능성에 대한 공간적 의미를 어떻게 이해해야 하는가? 그리고 어떻게 이를 우리의 기후 조건에 대한 우려와 연결할 수 있는가? 현대의 정치적 상상력은 물질적 토대주의로 식민화되어 항상 근거 있는 상상력을 낳았고, 간혹 잊혀지는 바다의 현상학에도 풍부한 역사가 있다.

예를 들어, 로마제국은 항상 모든 요소의 정치적 중요성을 이해했다. 이는 초기 그리스 신화 형태에 대한 그들의 정체성과 제국 재작업을 통해 목격되었다. 이러한 작업은 사회질서와 인간 동원 및 인구 통제 형태에 대한 그 관련성을 강조하고자 소환되었다. 특히 바다는 중요한 의미를 띠고 세계관에서 필수적인 것으로 여겨졌다. 문자 그대로 '우리의 바다Mare Nostrum'는 두려움의 대상이면서 동시에 길들여졌다. 바다의 서구화된 지형은 이후 이런저런 방식으로 구현되어 나타났다. 실제로 토머스 홉스Thomas Hobbes의《리바이어던 Leviathan》('leviathan' 자체는 과거에 바다 짐승을 묘사하는 데에 사용된 용어)의 유명한 앞부분을 취하면, 삽화의 맨 오른쪽 모서리에 있는 바다의 존재는 이 작품에서 정치체를 구현하는 주권 왕이 실제로 지구의 바다에서 출현할 수 있음을 시사한다.

카를 슈미트Carl Schmitt(2006) 덕분에 공간을 구체화하여 바다를 육지에서 지도학적 및 현상학적으로 분리시키는 것이 어떻게 세속적인 문제를 정의하게 된 핵심 질서 원칙을 발전시키는 데에 중추적인 역할을 했는지 알게 되었다. 실제로 '해부dissection'와 같은 친숙한 생물학적 용어가 인구가 밀집된 공간에 동일한 힘으로 적용되어 지구의 폭력적인 역사를 쓸 수 있는 것처럼, 지구의 바다도 자신의 폭력과 억압에 대해 이야기한다. 그러나 고통의 상처가 종종 지리적 풍경에 영구적인 자국과 흔적을 남기고 상실, 비극, 분리 및 파멸의 기억에 필수적인 반면에, 바다는 사막의 평야와 마찬가지로 사라질 수 있는 능력을 유지한다. 수세기 동안 선원과 이주자들은 종종 바다에서 길을 잃고 흔적도 없이 사라졌다.

바다에 내맡겨진 신체가 겪는 불필요한 고통에 관한 현대 이야기는 대서양 횡단 노예무역의 비참한 유령을 되살려 낸다. 생명의 상품화는 수백만 아프리카인의 대량 학살을 초래했다. 사실 바다는 인간을 처리할 수 있는 진정한 무덤이다. 바다는 폭력적으로 고향에서 쫓겨난 사람들의 추적할 수 없는 역사에 대해 이야기한다. 소처럼 팔린 노예이든, 아니면 적어도 쫓겨난 것보다는 안전해 보여서 스스로 더 위험한 상황을 자초한 오늘날의 이주민이든지 간에 말이다. 그렇게 함으로써 바다는 폭력의 공간적 계보를 가리키지만, 희생자들에게는 기억의 형태와 전기적 기록을 찾기가 훨씬 더 어렵다.

우리는 여기서 공간(바다)이 정치에 관한 한 항상 구체화된다는 점을 유념해야 한다. 지리적 경계가 아비투스의 정치적 · 철학적 주장으로 보장되지 않는다면 완전히 무의미한 것으로 판명될 것이다. 공간적 통합과 습관적 거주라는 공허한 기표에 특별한 의미를 부여하는 것이 인생이다. 이와 관련하여 공간은 항상 거주자에 대한 추정을 직접적으로 가리키는 특정 의미와 속성으로 채워지고 겹쳐진다. 그러나 그러한 의미는 결코 정적이지 않다. 그 이유는 그것이 새겨진 근거 자체가 항상 생태적 변형 과정에 있기 때문이다.

그러나 훨씬 더 유동적인 용어, 즉 지그문트 바우만Zygmunt Bauman(2000, 2006, 2007)의 용어를 사용한다면, 바다의 특성인 '유동성'은 상상의 세계를 식민화하려는 시도를 지속적으로 거부한다.[8] 우리가 아무리

---

[8] '액체'라는 용어는 Bauman의 후기 작업에서 결정적인 은유가 되었다. 특히 Bauman(2000, 2006, 2007) 참조.

지도화하려고 노력해도 여전히 구식 지도학적 사고로 돌아가지 않고는 바다를 사막 평원처럼 지도를 만들고 고정된 의미를 부여하기가 어렵다. 구글 어스Google Earth를 예로 들어 보자. 이 정교한 디지털 플랫폼은 세계의 생물권에 대한 가장 상세한 여러 층위의 매핑을 제공하지만, 생명 세계 시스템 이미지는 여전히 기본 설계를 따르는 영토를 현저하게 잘 지킨다. 실제로 이 플랫폼은 구글 오션Google Ocean 확장 프로그램으로 보완되었고, 여기서 중요한 것은 해양 지도 제작에서 실질적인 구매를 얻는 수단으로 해저 지도를 만드는 것이다. 그럼에도 불구하고, 구글 어스를 정치적으로 중요하게 만드는 것은 사람들을 장면에 포함시키는 정책이다. 그러나 그것은 단지 틀에 박힌 프로파일링 및 공간 결정론 관행에서 행위자라는 난처한 문제를 제거하는 것보다 자유의 문제에 대한 언급을 덜하는 방식으로 사람들을 비인격화할 뿐이다.

바다와 사막은 가득 차 있다고 가정되는 세계의 마지막 경계이다. 사람들은 말 그대로 **지구 끝까지** 밀려나고 있다. 따라서 요구되는 것은 공간정치의 논리적 반전이다. 인간적인 내용보다 지리적 경계를 계속 우선시하여 인간 조건에 대한 기존 생명정치적 가정을 은폐하는 방식이 아니라, 이 반전은 오히려 새로운 폭력적인 지리에 대한 비판적 통찰력을 신체 자체가 제공하는 방식을 살펴보게 할 것이다. 이 새로운 폭력적 지리는 수세기 동안 지형적 인식을 포기한 지 오래되었다. 이러한 통찰은 항상 정치체를 포함하고 지도화하는 지배의 가면이었으며, 생명정치적으로 결정된 억압과 예속의 구성을 시작했으며, 그 억압과 예속의 표시는 오늘날에도 분명하다. 반전은 봉쇄의 논리를 압도하는 힘에 수반되는 방식으로 주체의 삶을 전면에 내세울 것을 요구한다. 또는 허먼 멜빌Herman Melville이 쓴 것처럼 "지도에 표시되지 않는다. 진정한 장소는 지도에 결코 없다".

오늘날 직면하고 있는 새로운 폭력적인 지리학은 질 들뢰즈Gilles Deleuze와 펠릭스 가타리Félix Guattari가 의도적으로 이론화한 긴장의 역사에 새로운 드라마와 통찰력을 더한다.[9] 들뢰즈와 가타리는 다양한 자료를 바탕으로 현대 인류 역사의 특징이 유목민과 정주 생활 방식이며, 이는 매끄러운 품질 대 줄무늬 품질이라는 특성 측면에서 공간 인식에 대한 특별한 이해를 불러일으킨다고 설명했다. 그들의 주장에 따르면, 근대성은 생산적 필요와 전유를 목적으로 대량 인구를 정착화하는 거대한 운동이었다. 우리는 이 공간 디자인의 역사와 그것이 인간의 인식으로 뒷받침되는 방식의 미묘한 차이를 이해할 수 있다. **지구의 노모스**Nomos of the Earth에 대한 슈미트의 지속적이고 영향력 있는 분석을 상기하면, 세계 통합의 질서 원칙이 원래 세계 해양을 지도화하려는 시도에서 어떻게 고안되었는지 알 수 있다. 그리고 지구와 그 사람들에 대한 후속 매핑이 가능해진 것은 이러한 우회 과정을 따르는 것이다. 우리는 이제 말 그대로 완전한 원을 그렸다. 오사마 빈 라덴의 시신이 괴물과 악당의 은밀한 매장의 특징이었던 표시가 없는 무덤에 묻히지 않고 바다에 던져진 것은 우

---

[9] 특히 Deleuze와 Guattari(2004) 참조.

연이 아니었을 것이다.

그러나 그렇다고 공간 통합에 대한 관심을 줄여야 한다고 말하는 것은 아니다. 이 지점에서 조르조 아감벤Giorgio Agamben의 글로 돌아가 어떻게 '수용소'가 다시 한 번 현재를 규정하는 특징이 되고 있는지 살펴보고 싶은 유혹이 들 것이다. 시리아 난민은 확실히 수용소 폭력에 노출되어 있으며, 수용소는 규모로만 볼 때 의미 있는 정치적·윤리적 대응을 거부하는 듯 보인다. 2011년 3월 분쟁이 시작된 후 공식적으로 등록된 180만 명의 난민 중 약 8만 명이 요르단 사막 한가운데 위치한 자타리 난민캠프에 거주하고 있다. 이들 모두 반경 5마일 이내 임시 막사에 거주하며, 그 장소는 그 지역에서 네 번째로 큰 도시가 되었다.[10] 또한, 최근 자유를 얻을 수 있다는 헛된 희망을 품고 기차를 탔다가 억류된 난민들을 유럽 동부 지역 난민 강제수용소에서 만날 수 있다. 어린아이를 안고 도망치는 난민을 발로 차서 넘어뜨리는 헝가리 카메라우먼 페트라 라즐로Petra László 같은 부끄러운 사진과 국가 폭력의 사악함을 마주하면 20세기 파시즘과의 비교는 쉽게 이루어진다.[11]

'요새화된 유럽Fortress Europe'라는 표현이 흔히 쓰이는데, 이는 폭넓게 말하자면 더 광범위한 '서방 장벽Wall around the West' 개념의 보조 형

---

[10] http://www.huffingtonpost.com/2013/07/18/zaatari-refugee-campphotos_n_3618761.html
http://www.telegraph.co.uk/news/worldnews/middleeast/jordan/11782770/What-is -가장 큰 시리아 난민캠프-Zaatariin-Jordan.html의 실제와 같은 내부.

[11] http://edition.cnn.com/2015/09/09/europe/hungarian-camerawomanmigrant-firing/

태로 볼 수 있다(Huysmans, 2006). 전 지구적 북반구와 남반구를 구분하는 삶의 기회 격차를 더 잘 관리하기 위해 인구는 일상적으로 억제되었다(Duffield, 2007). 물론 이러한 격차는 지리적으로 고정된 것이 아니다. 오히려 통과를 요청하는 사람들의 개별적인 이력으로 결정된다. 이와 관련하여 국경은 항상 구체화되었으며 생명정치적으로 만들어졌다.

1947년 팔레스타인 위기까지 거슬러 올라가는 더 폭넓은 계보가 있지만, 동시대 대규모 이동을 전 지구적 신자유주의적 맥락에서 파악하는 것이 중요하다. 바우만보다 난민들의 곤경을 잘 이해한 사람은 없다. 그가 설명했듯이, 난민의 최근 상태를 정의한 것은 '얼어붙은 일시적인 상태'이며, 선호했던 방식인 난민캠프는 '그들이 어디에도 속하지 않는다'(Bauman, 2002)는 의미다. 그러나 이렇게 담을 둘러쳤다고 해서 단순히 보안 또는 법적 권리 기반 담론에 의존한 것으로 판단해서는 안 된다. 수용소 폭력의 역사를 인식하고, 수용소 주민들이 주체적 능력이 없는 문제 집단으로 전락하면서 사람들 사이에서 형성된 윤리적 거리를 직접 들여다보는 윤리적 비판이 필요하다. 바우만은 다음과 같이 상기시킨다.

현대의 위협, 특히 가장 끔찍한 위협은 일반적으로 멀리 떨어져 있고, 은폐되고, 은밀하며, 직접 목격할 수 있을 만큼 가까이 있는 경우가 드물고, 개별적으로 조사할 수 있는 경우가 거의 없기 때문에 모든 실용적인 목적에도 불구하고 눈에 보이지 않는다. 우리 대부분은 대중매체가 조장하고 부추기는 공포와 전문가가 작성하고 모든 흥분을 정치적·상업적 이익으로 바꾸느라 서두르는 각료와 무역 회사가 신속하게 선택해서 승인하고 강화하는 놀라운 예측이 없었다면 그 위협의 존재를 결코 인지하지 못했을 것이다(Bauman 2013).

그러나 오늘날 난민들이 증거하는 것은 봉쇄의 위기다. 국경의 온전함을 유지하기 위해 지역적 해결책을 모색할 국제적 반응을 기다리는 대신에 전쟁으로 폐허가 된 상황에서 탈출하려는 열망을 의미하든지 아니면 적극적으로 수용소 정책에 저항하든지 결국 상황은 동일하다. 수많은 사람들이 이웃 아랍 국가 수용소에서 피난처를 찾는 대신에 지중해를 건너는 위험한 여행을 선호한다는 사실은 이와 관련하여 많은 것을 시사한다. 시인 워산 샤이어Warsan Shire가 집에 대해 쓴 것처럼, "물이 육지보다 안전하지 않다면 아무도 자녀를 배에 태우지 않는다".

실제로 유럽 본토 사진에서 알 수 있듯이, 일부 정책입안자와 이론가는 이를 경제기회주의 측면에서 설명하지만, 난민은 수용소의 정치적 기능과 난민촌의 인도주의적 귀속이 단지 환상에 불과하다는 것을 잘 알고 있다. 따라서 현재 수용소가 물리적·정치적·윤리적으로 압도당하고 있기 때문에 봉쇄 위기에 처해 있는 것이다.

이것은 전혀 놀라운 일이 아니다. 왜냐하면 다른 곳에서 주장하듯이 오늘날과 같이 급진적으로 상호연결된 세계에서, 수용소는 위협에 대한 지구적 상상으로 정의되고 형성되기 때문에 더 광범위한 권력 논리에 포함된다(Evans, 2013). 이것은 우리가 세계 내부에 살고 있다는 페터 슬로터다이크Peter Sloterdijk의 생각에 깊이를 더한다(슬로터다이크에 대해서는 이 책의 Saldanha 참조). 브라이언 마수미Brian Massumi는 넘쳐나는 재앙에 대해 생각하는 맥락에서 수용소의 중요성을 강력하게 설명했다.

사회적·문화적·경제적·자연적 차원에서 우리가 살고 있는 연동 시스템의 복잡성은 이제 기후변화 및 난민 흐름과 관련하여 특정 임계점에 도달하고 있다. 우리는 안정을 위해 의존해 온 각각의 시스템이 위기로 넘어갈 위기에 처했고, 일종의 연쇄적인 영향이 발생할 위험이 있기 때문에 균형과는 거리가 먼 상황에 있다는 느낌이 든다. 그리고 그것을 외부에서 이를 이해할 만한 유리한 지점은 없다. 우리는 그것에 완전히 몰입되었다(Massumi, 2015).

이러한 몰입 개념은 우리를 기후 조절의 문제로 직접 연결한다. 인간의 삶은 항상 기후의 영향을 받아 왔으며, 기후 원소는 인간 정치를 변화시켰다. 달리 말하면, 아이스킬로스의 《오레스테이아 Oresteia》 이후로 원소들은 항상 사물의 정치적 질서에 대한 은유적·현상학적 의미를 지니고 있었다.[12] 그러나 기후변화를 전쟁이나 폭

---

[12] 예를 들어, 클리타임네스트라가 아가멤논을 죽인 《오레스테이아》에서 서양문학에 등장하는 정치적 희생의 첫 번째 예를 만난다(폭력/복수의 순환에 대한 바로 그 개념을 설정한). 의미 심장하게도 그것은 피의 흐름과 연결되어 있는 바다의 은유를 직접적으로 불러일으킨다. 인

력의 원인과 직접적으로 연관시키는 흔한 환원주의적 경향은 피하고자 한다. 다시 한 번 자기 타당성을 입증하는 도덕적 명령이 비자유적인 생활 방식을 악마화하는 것을 허용하기 때문이다. 슬로터다이크의 말을 따르면, 기후 조건의 조작을 권력을 위한 군사적 도식 안에 위치시키는 것이 더 의미가 있다.

이와 관련하여 기후변화가 사회적 · 정치적 붕괴로 이어지는 것은 아니다. 오히려 환경군국주의 형태를 통해 대기조건의 변화가 현실화되는 방식을 이해하는 것이고, 이는 인종적으로 코드화된 결정론을 우회할 수 있다. 결국 이러한 이론화는 세계 대도시 지역 사람들이 환경 변화에 대응할 수 있는 방식에 거의 적용되지 않는다! 따라서 환경은 단순히 생물권 조건과 관련된 것이 아니라고 이해해야 한다. 환경은 활동적인 생활 공간에 대해 이미 그리고 언제나 정치화된 개념을 가리키기 때문에 **생물**구형적bios-spherical이다. 생명을 유지하는 데에 필요한 것은, 정치적 · 윤리적 상상력(이 상상력은 점차 행성의 관점으로 구성될 필요가 있다)의 실패로 인해 재앙이 어떻게 발생하는지 인식하는 것이다.

용하자면 다음과 같다. "저기 바다가 있는데 누가 그 바다를 마르게 할 수있을까요? 은처럼 귀하고, 고갈되지 않으며, 항상 새로운 바다는 풍족하게 솟아오르며, 그 진홍빛 파도가 우리의 옷을 피처럼 붉게 물들이고 있어요."

피난처 없는 세상

사실상 꽉 찬 세계, 즉 영토를 주장하고 표시하고 경계 지을 공간이 남아 있지 않은 세계에서 시민권이 없는 사람들은 물리적으로 쫓겨난 지구적 무인도에 갇혀 있으면서도 전 지구적으로는 가상의 위협과 위험으로 간주되어 지구적 무법지대에 갇혀 있다[이 책의 Dalby의 논문 참조]. 이러한 도망자의 지위는 후기구조주의자들이 강력하게 이론화한 유목주의와는 다른 세계이다. 사실, 억압은 권리의 부정보다는 도피를 원하는 사람들의 이동에 가해지는 제한과 관련이 있다는 들뢰즈의 주장에서 여전히 많은 것을 배울 수 있지만, 오늘날 정치적 시민권이 없는 사람들이 경험하는 무력감을 다룰 필요가 있다.

난민이 도시 학살과 삶의 터전을 무자비하게 파괴하는 상황을 피해 도망칠 때, 모든 단계마다 그들의 움직임은 권력을 위해 경쟁하는 군사 도표에 통합되고 안보 서사를 통해 공개적으로 서술된다. '공포의 기후'라는 용어는 그 자체로 다양한 기원과 상황적 의미를 갖지만, 전쟁이 초래하고 지속적으로 재생산하는 너무나 현실적인 취약성과 불안감 때문에 피해자 관점에서의 분위기와 공명을 계속해서 불러일으키고 있다.

이쯤 되면 난민이 21세기의 결정적인 정치적 문제 중 하나가 될 것이라고 주장하고 싶은 유혹이 들기도 한다. 난민은 분명 우리의 물리적 · 정치적 · 윤리적 영역을 압도하며 인간과 그들이 '포괄적으로 버림받은' 세계와의 관계를 재고하라고 요구하고 있다. 이는 강경한 군국주의의 즉각적인 재앙을 통해 이해하든, 아니면 환경파괴라는 더딘 재앙으로 이해하든, 환경조건의 변화가 인구이동과 그러한 파괴로부터의 도피를 초래할 가능성이 높다는 사실을 깨닫게 되면서 더욱 절실해졌다. 다시 말하지만, 여기서는 지역 환경조건의 변화가 반드시 미래의 전쟁과 폭력을 야기하는 조건을 생성할 것이라고 주장하는 것은 아니다. 그러한 폭력은 황폐화로부터 도피할 권리를 가진 모든 사람들을 봉쇄하고 인간의 가장 기본적인 자유, 즉 존엄하게 살 권리와 가족이 더 평화로운 거주지를 찾기를 희망하는 권리를 부정하는 등의 대응으로 인해 발생할 가능성이 더 높다. 이는 환경조건의 변화로 인한 미래의 인간 퇴거에 대한 전망과 그 변화의 **반동적** 특성으로 인해 불가피한 현대의 정치적·윤리적 대응의 빈곤을 인식하는 것이다.

그렇다면 이 문제를 더 긍정적인 방식으로 다시 생각하려면 어떻게 해야 할까? 이주민과 난민을 구분하는 정치적 틀과 중요성에 대해 많은 논의가 있었다. 우리 모두는 궁극적으로 인간 이주의 결과물이기 때문에 이주민 그 자체를 문제시해서는 안 된다. 그러나 '난민refugee'이라는 용어는 보호의 형태인 '피난처refuge'를 요구한다는 점에서 의미가 있다. 어원적으로는 궁극적으로 억압에 연루될 수 있는 사람들의 명백한 정치적 거부 행위인 '거부refusal'로 보완된다. 이 단어는 또한 부정 사이에서 오락가락하는 '거부refuse'라는 단어가 제시하는 긴장감을 우리에게 준다. 즉, 버릴 수 있는 가치 없는 것을 생산하는 것에 반대하여 누군가에게 무언가를 '거부'하는 것과 일회용 범주인 쓰레기 그 사이에 의미라고 할 수 있다.

더 노골적인 정치적 합의에도 불구하고, 지난 20년 동안 국제기구와 정부는 '난민'이라는 용어를 영구 거주지가 된 장소에 인구를 수용하는 데에 선호하는 장치로 적극적으로 사용했다. 바우만이 '영구적 시간성'이라고 부르는 공간이다(Bauman, 2002). 요컨대 난민은 인류애를 공유한다는 이유로 우정과 환대에 기반한 윤리적 환대를 요구하는 존재가 아니라 해결해야 할 문제로 등장했다. 따라서 여기서 중요한 것은 담론적 층의에 담긴 윤리이다.

이 지점에서 동시대 난민이 처한 어려움은 여러 가지 시사하는 바가 많다. 위험천만한 바다를 가로지르는 것은 '비결정적 결정'이라고 부를 수 있는 또 다른 예임을 인식하는 것이 중요하다.[13] 폭력적인 상황에 직면했을 때, 그 안에서 유일하게 할 수 있는 내기는 무서운 조우에 대한 경쟁이고, **덜 확실한** 대안에 자신을 넘기는 것 외에는 자유롭게 행동할 수 있는 능력이 완전히 부정된다. 여기에서 유일하게 확실하다고 할 수 있는 것은 '확실한 죽음'뿐이다. 그것은 진정으로 견딜 수 없는 고통에 반응하는 것이다. 그러나 윤리적으로 말하자면, 상황이 아무리 절박하더라도 도피는 사람들의 인간성을 긍정하는 것이라는 개념을 여기서 붙잡는 것이 중요하다.

가족이 작은 조각배를 타고 수많은 생명을 앗아간 바다로 나아

---

[13] 이 개념은 2001년 9월 11일 뉴욕 쌍둥이 빌딩에서 뛰어내려야 했던 사람들을 언급하며 처음 제시되었다. Evans(2013) 참조.

가는 것을 지켜보는 것은 상상할 수 없는 일이다. 우리가 할 수 있는 일은 그러한 곤경에 처한 사람들의 선택권을 전면에 내세우고 윤리적 민감성을 가지고 그 문제에 접근하는 것이다. 일어나는 일에 대해 그들에게 책임을 물어야 한다는 말이 아니다. 결국 어떤 선택이 궁극적으로 이루어질 수 있는 곳은 어디인가? 그것은 바로 희생자들의 인간성과 자유와 존엄에 대한 그들의 열망을 인정하는 것이다. 이를 통해 희생자는 해결해야 할 문제 그 이상의 존재이며, 저항에 대해 다시 생각할 수 있는 지점이라는 라뤼엘의 지적을 어느 정도 이해할 수 있다.

희생 없는 죽음

참을 수 없다는 것의 개념은 이전에는 현대 신자유주의 권력 체제가 가한 고통의 중재를 강조하고 심문하는 방법으로 사용되었다(Evans & Giroux, 2015b). 그 과정에서 ISIS와 같은 집단이 참을 수 없는 것을 파괴적인 정치적 효과에 활용함으로써 그 시대의 허무주의 논리를 모방하는 방식도 주목되었다(Evans & Giroux, 2015a). 실제로 20세기의 폭력이 수백만 명의 학살을 초래한 명확하고 정상화된 형태의 비인간화를 지적했다면, 참수 행위에서 '인간'이 일회용 범주로 부각되면서 우리는 참을 수 없음, 살인 행위, 희생의 윤리적 문제 간의 관계를 더 의도적으로 성찰해야만 했다.

특히 아감벤은 발터 벤야민Walter Benjamin의 작업을 기반으로 고의적이고 계획적이며 조직적인 인간 생명 살상이라는 맥락에서 근본적인 정치적 범주로서 희생 개념에 대한 사고를 발전시켰다. 그가 정치적 · 철학적으로 풍부한 **호모 사케르**Homo Sacer 시리즈를 통해 의도적으로 표현한 것처럼, 비인간화된 주체, 즉 그가 '벌거벗은 생명'이라고 부르는 것은 정확히 '희생 없이 살해당한 삶'을 언급한다. 그는 이러한 생명들이 주권의 조직 원리를 이해하는 데 핵심적인 단서를 제공한다고 주장한다(비록 대부분의 경우 숨겨진 비밀로 남아 있기는 하지만). 따라서 정치란 누가 아군이고 누가 적인지를 구분하는 것이 전부라는 슈미트의 확립된 생각과는 달리, 아감벤에게 주권의 역사란 범죄를 저지르지도 않았는데 살해당할 수 있는 사람들에게 과연 어떤 삶이 정치적 자격의 가치가 있는지 결정하는 것이다. 그러한 희생은 긍정적인 가치를 지닌다.

이러한 범주화를 오늘날 우리가 목격할 수밖에 없는 참을 수 없는 폭력의 궤도로 끌어들이려는 시도에서, 그리고 아감벤의 중요한 작업의 구조적 한계를 넘어서 발전시키고 움직이려는 목적이 있다면, 다음과 같은 질문은 중요하다. 제도적 관점에서 범죄를 저지르지 않고 살해된 생명은 누가 구성하는 것인가? 권력의 관점에서 희생의 정치적 기능을 어떻게 이해해야 하는가? 그것이 폭력을 촉진하고 정의를 실현하기 위해 비극적 사건을 전유하는 동시에 많은 사람들이 매일매일 지속적으로 당하는 끔찍한 인간 처분가능성의 순간을 매개하는 것에 대한 통찰을 제공한다는 이 시점에서? 그리고 이를 통해 우리는 어떤 방식으로 참을 수 없는 상황에 대한 이해를 심화시키는 동시에 새로운 목적과 윤리적 인식을 가지고 현대의 정치질서, 특히 그 지적 폭력의 형태에 대해 질문할 수 있을까?

희생에 대한 이해는 처음부터 명확히 할 가치가 있다. (이미 주장했듯이) 참을 수 없는 것(이미 논의한 바와 같이)에 대한 질문이 수용 가능한 폭력과 수용할 수 없는 폭력 사이의 경계에 대한 비판적 통찰을 제공하는 정치적 범주를 지정한다면, 희생자의 인간적 특성을 전면에 내세워 우리의 이해에 미묘한 차이를 주는 것은 이 희생이다. 그것은 희생자의 몸에 정확히 무엇이 새겨져 있는지 묻는다. 이와 관련하여 희생은 상징적 질서에서 대중적 소비를 목적으로 하는 죽음을 정확히 지적한다. 따라서 권력의 관점에서 희생의 문제는 폭력의 스펙터클, 즉 어떤 죽음이 기록되고 체계적 억압의 정당한 희생양으로 보이는지에 대한 많은 중재가 필요하다. 이는 희생자의 인간적 특성을 더 온전히 다루기 위해 희생자가 의식적으로 노출되고 방해받는 반스펙터클의 형태와 반대되는 것이라고 할 수 있다.

앞에서 언급한 바와 같이, 희생의 비유는 동시대 정치적 순간에 널리 퍼져 있다. 이 과정에서 희생의 수사는 제도적 분리 주장을 넘어 지속적이고 신중한 비판을 요구하면서 신학과 세속을 연결한다. 그러나 폭력과 마찬가지로 '성스러운'이라는 용어는 명확한 정의와 실무적 설명이 매우 어렵다. 어느 누구도 바타유보다 이것을 더 잘 이해한 사람은 없다. 그는 참을 수 없는 재현과 그 신성한 특성 사이의 연관성을 밀도 있고 도전적인 방식으로 이론화했다. 그가 쓴 것처럼

"시간이 지남에 따라 피의 희생은 일상의 현실을 완전히 벗어난 성가신 현실에 대해 〔우리의〕 눈을 뜨게 했다. 이 성가신 현실은 종교계에서 **성스러움**이라는 이상한 이름으로 불린다. 우리는 이 단어의 정당한 정의를 내릴 수 없다. 그러나 우리 중 일부는 여전히 **성스러움**의 의미가 무엇인지 상상할 수 있다. … 〔그리고〕 이 의미를 희생의 피비린내 나는 현실이 그들에게 나타내는 이미지, 즉 희생으로 죽어 가는 동물의 피비린내 나는 현실과 연관시키려고 노력한다"(Bataile, 1999).

알란이 구현한 것은 희생당한 희생자이다. 그의 비극적인 죽음이 위기에 대한 더 윤리적으로 민감하고 인도적인 대응을 촉구하면서, 어린 알란의 시신 이미지는 상황의 피비린내 나는 현실에 우리의 관심을 가장 친밀한 방식으로 집중시켰다. 하지만 다른 사진들처럼 이 사진이 대중의 관심을 얻지 못했다면 알란의 시신은 어떻게 되었을까? 그 아이의 사진이 특정 시점에 사진 편집자의 관심을 끌지 못했다면? 다른 시신들처럼 그의 시신이 해안가로 떠내려가지 않고 바다에서 흔적도 없이 사라졌다면? 다른 이야기가 우리의 관심을 끌었다면? 그랬다면 이 순진무구한 아이의 죽음은 이름도 얼굴도 없는 희생자가 계속 양산되는 가운데 또 하나의 통계수치로 등록되었을 것이다. 죽음에 주목할 만한 범죄나 그에 따른 원인이 수반되지 않는 경우에도 폭력을 설명하기 위해 '희생'이라는 용어를 사용할 수 있는 것인가?

희생을 동반한 죽음은 희생 제물이 특정한 상징적 중요성을 지니고 있어야 한다. 그 죽음은 무언가 가치가 있어 보인다. 아무리 비극적일지라도, 단 하나의 인명 손실에도 귀속되는 가치가 있다. 여기서 우리는 숫자는 계속 기록되지만 생애는 잊혀진 채로 남아 있는 인간의 처분가능성이라는 더 광범위한 비극과, 참을 수 있는 조건과 참을 수 없는 조건을 구현하게 된 사람들 간의 근본적인 차이에 직면하게 되며, 이를 통해 고통과 목격된 죽음이라는 단순한 사실에 형이상학적 의미를 부여하는 법을 배우게 된다.

의식하든 의식하지 못하든, 희생은 '더 큰 선greater good'과 연관성 또는 **희생으로 인해** 가치가 있어야 한다고 요구한다. 이 용어에서 희생은 참을 수 없는 상황에 우리의 관심을 집중시킬 수 있지만, 상징성에는 분명한 위험이 있다. 살인의 복잡한 성격이 사건에 대한 확실한 서사와 결정적인 진실과 겹쳐져 조직적인 세력을 재판에 회부하기보다는 심각한 비판적 관심을 배제하는 결과를 도출한다. 일단 희생이 정치적 담론에 진입하면 공모는 대본에서 쉽게 지워지는데, 새로운 사고의 필요성이 신학적 흔적을 계속 드러내는 반복된 정통의 지적인 폭력으로 대체되기 때문이다.

폭력의 자연사

21세기 인간의 정치를 재고할 수 있도록 생명의 처분가능성과 환경 지도 제작법을 재고해야 한다는 필요성이 제기되고 있다. 새로운 폭력의 지리는 우리가 세계 내부의 야만성에 맞서도록 강요하고 있다. 공간 통합과 소속감에 대한 이해가 근본적으로 변화하고 있는 것처럼, 모든 표면은 문제가 있는 것처럼 보일 가능성이 있다. 물을 포함한 자연 그 자체는 정치적 통찰력과 비판적 인식 측면에서 그 어느 때보다 중요해 보인다. 또한, 그 구체화된 형태는 위험에 처한 전 지구적 생명 세계 체계에서 인간 점유에 더 주의를 기울이는 방식으로 '자유', '특권', '권리 및 '정의'와 같은 정치적 용어의 지속적인 개념화에서 세력 변화를 요구한다. 그러나 이 확장된 세계관이 집중하는 지적 위험은 고통스럽게도 분명하며, 파시즘적 지구의 창조에 더 많은 경계를 요구한다.

자연주의와 사회적 다윈주의는 정치적·철학적 인식 모두에서 당연히 불신을 받아 왔다. 인종적 편견의 역사를 악의적으로 뒷받침하고, 생존 능력 담론을 통해 자연화되고 내재화되었으며, 식민지 정복의 중심에 있다는 사실이 의도적으로 드러났기 때문이다. 그러나 이러한 비판적인 폭력의 역사에도 불구하고, 그 많은 논리가 여전히 정교하고 문제적인 방식으로 나타나고 있다. 예를 들어, 개인의 실패에 초점을 맞춘 신자유주의적 사고의 병리화에서 생존주의 적성 이론이 종종 발견되며, 리처드 도킨스Richard Dawkins와 같은 대중화된 학자들은 종종 지적으로 격렬한 전쟁터에서 자연선택 이론으로 되돌아가곤 한다. 자연주의 또한 오늘날 이 전쟁터에 다시 등장하고 있는데, 이는 사람들의 비우호성을 지적하기 위해 환경적 비우호성 표현이 종종 인용되기 때문이다. 이러한 측면에서 환경은 점점 더 전쟁 패러다임에 빠져들고 있으며, (기업을 제외한) 나쁜 환경 관리의 문제는 이미 만성적 빈곤과 고통으로 얼룩진 위기 지역에 갈등 및 불안정의 원인과 점점 더 밀접하게 연결되고 있다. 이에 대한 연합의 대응은 새로운 형태의 환경군사주의로, 개발-안보-환경의 결합을 불러일으키며 지구의 삶을 지배할 새로운 이유를 찾고 있다.

자연이 점차 정치적·군사적 고려와 관심의 중심으로 등장함에 따라, 더 의도적인 비판을 허용하는 방식으로 자연의 정치를 재고할 필요가 있다. 새로운 형태의 실증주의의 시대정신에 따라 현대에 종종 재작업되는 자연주의와 그 모든 인종적 유산과 관련된 위험성을 염두에 두고, 자연계의 노골적인 정치화, 특히 환경군국주의의 도래와 폭력과 개입을 지속시키려는 환경 관련 수사의 흡수에 주의할 필요가 있다. 무엇이 자연적인지, 그리고 자연 영역이 어떻게 위험에 처해 있는지 묻는 것 이상으로, 우리의 임무는 자연의 요소가 정치적으로 기능하는 방식을 살펴봄으로써 오늘날 새로운 폭력적인 지리를 이해하는 데에 중요한 '폭력의 자연사'라고 할 수 있는 것을 수행하는 것이다.

끝으로, 런던 세인트폴성당의 사우스 콰이어 아일South Quire Aisle에 영구 전시된 빌 비올라Bill Viola의 설치작품 〈**순교자**Martyrs〉에 눈을 돌려 보자. 이 설치는 폭력, 희생, 매개된 희생자 및 자연 요소 간의 재현적 상호작용의 놀라운 예가 된다. **순교자**라는 제목 자체가 즉각적으로 정치적·신학적 의미를 소환한다. 이 작품은 커다란 직사각형 플라스마 스크린에 네 명의 인물이 강렬한 물리적 시험에 굴복했

빌 비올라의 설치작품 〈순교자〉

을 때 눈에 띄게 압도당하는 인간 고통에 대해 직접적으로 이야기한
다. 흙, 공기, 불, 물이 무력하고 움직일 수 없는 피사체에게 서서히
견딜 수 없는 압력을 가하면서 설치물 속 각 신체는 원소의 폭력에
노출된다. 전체 시퀀스는 몇 분 동안 지속된다. 이 작품이 전 세계의
저명한 종교 유적지에 영적인 예술 작품을 의뢰하는 친숙한 역사적
전통을 따른다는 사실을 차치하고라도, 여기서 작동하는 종교성은
너무나 분명하다.

    네 인물이 지닌 성경적 의미는 신학자들과 복음을 연구하는 학생
들에게는 매우 인상적일 것이다. 그러나 비올라의 작업은 더 세속
적이고 현대적인 해석이 필요하다. 이 디지털화되고 인간화된 퍼포
먼스 작품에는 항상 의도된 바가 있다. 이 작품은 요한계시록의 네
명의 말 탄 자에 대한 것이 아니다. 성경에서 그 기수들이 행하는 대

량 학살은 세계 종말을 의미한다. 반대로 비올라의 네 순교자는 (영상의 시간 순서에 따라 모호하게 표현되지만) 더 느린 지상의 재앙에 처한 희생자로 등장한다. 그러나 폭력, 희생, 고통을 통한 구원 사이의 상호작용은 신학적 주제의 출발이라기보다는 그들의 지속적인 정치적 관련성을 명시적으로 강조하는 신학적 주제의 현대적 재작업이다. 따라서 비올라의 순교자들은 온전한 육체적 시선으로 **고통을 견디는** 삶의 전경을 구현함으로써, 강요된 목격을 통해 마침내 우리가 지상 재앙의 물리적 · 시간적인 곤경과 그 위기의 시간을 이해할 수 있게 한다.

프레임의 폭력성에 생명을 불어넣는 것 외에도 비올라의 작품이 매력적인 이유는, 시청자의 경험을 의식적으로 느리게 하여 상상력을 집중시키는 능력 때문이다. 이것은 시간 흐름에 대한 예리한 자각에서 비롯한 성찰을 요구한다. 아감벤은 이러한 시간적 의미에 주목하면서 "비올라의 비디오가 거둔 구체적인 성과를 하나의 공식으로 정의해야 한다면, 이미지를 시간에 삽입하는 것이 아니라 이미지에 시간을 삽입한 것이라고 말할 수 있다. 그리고 현대의 진정한 삶의 패러다임은 움직임이 아니라 시간이기 때문에 우리가 이해해야 할 과제인 이미지의 삶이 있다는 것을 의미한다"(Agamben, 2013)고 했다.

여기서 아감벤이 주목하는 것은 정치적인 문제에 새로운 비판적 논의를 여는 수단으로서 **이미지의 심령적 생명**이라고 적절히 기술할 수 있는 것에 있다. 그리고 그 이미지를 '유령 같은 운명'이라는 구문과 직접적으로 대립하는 장소에 둔다(Agamben, 2013). 그것은 "몸의 이미지를 구성하는 것이 아니라 이미지의 몸"(Agamben, 2013)이며, 이미지의 삶이라는 더 넓은 정치적 의미를 해방시킨다. 비올라는 아감벤이 인용한 구절에서 다음과 같이 설명한다. "시각 매체의 본질은 시간이다. … 이미지는 우리 안에 산다. 지금 이 순간 우리 각자는 내면에 광범위한 시각적 세계를 가지고 있다. … 우리는 이미지의 살아 있는 데이터베이스-이미지 수집가이며 이러한 이미지는 일단 우리 안에 들어오면 변형과 성장을 멈추지 않는다"(Agamben, 2013).

 이러한 이미지가 어떻게 동원되는지는 참을 수 없는 것에 맞서고 더 나은 미래 창조를 위해 정치적으로 재구성하는 방법의 핵심이 되며, 이러한 이미지가 동원되는 방식이 참을 수 없는 고통이 현재 순간에 어떻게 이해되는지 알 수 있는 열쇠가 된다. 시신들이 지구의 해안가로 밀려들기 훨씬 전부터, 처분가능성의 정치에 대해 글을 쓰는 것이다. 그것은 억압받는 자의 해방을 위해 미학의 힘을 이용하여 정치예술을 재구성하는 것이다. 사람들의 세계에서 더 호혜적인 관계에 참여할 필요성을 염두에 두고 폭력의 윤리적 주제를 재고하는 것이다. 자크 데리다(1993)는 "애도의 시간과 공간의 구성 없이, 무덤의 지형정치성 없이, 유령에 대한 무의식적이고 주제적인 관계 없이, 그가 우리를 인질로 잡고 있듯 우리 또한 그를 인질로 잡고 있는 유령으로서의 손님에 대한 열린 환대 없이 정치란 없다"라고 역설한 바 있다. 이를 위해서는 희생의 현장에서 폭력의 스펙터클과 참을 수 없는 묘사를 해방시켜야 한다. 폭력의 기억은 바로 여기에 다가올 폭력의 논리가 새겨져 있기 때문이다.

제5장

불안정한 미래

: 기후변화와 이주,
보이지 않는 장면에서
회복력의 생명정치

| 조반니 베티니 |

도입

비극**과** 광대극. 이 두 단어는 현재 이주를 둘러싼 정치 기후를 묘사할 수 있는 적절한 단어이다. 수천 명의 사람들이 지중해, 멕시코 미국 국경, 사하라 사막, 벵골만, 기타 지역에서 국경을 우회해 더 안전한 해안가에 도달하고자 바다와 사막을 건너는 과정에서 희생되었다. 동시에, 우파 포퓰리즘의 거센 파도는 이주민에 대한 외국인혐오 정서를 부추기고 전체 정치 지형의 좌표를 오른쪽으로 밀어붙이고 있다.

일반화된 '도덕적 공황'(Bauman 2015)의 분위기에서, 새로운 '이주 위기'가 대부분 양산된다. 가시철조망과 군사 국경선 단속이 정치 무대의 중심에 서고, '침입의 유령'이 공적 토론에 등장한다. 유럽 주변에 담장이 설치되고, 나토 선박이 에게해 순찰에 배치된다. 영국의 브렉시트 국민투표와 2016년 미국 대통령선거는 공공연하게 외국인혐오라는 특징을 띤다. 수많은 이주민들이 처한 무시무시한 곤경과 수많은 정치 현장에서 움직이는 우파 인종주의는 비극적이지만, 그 정치적 결합은 희극적인 의미를 담고 있다. 우파 포퓰리즘의 기반이 되는 국경 강화 주장이 실제로 이주를 차단하려는 의도라기보다는 그 안에서 펼쳐지는 스펙터클 양식에 기인하는 것이 아닌가 의심하게 한다. 그들은 인종주의와 후진적인 국경 폐쇄, 잘못된 분노의 강력한 상징을 이 악랄한 캠페인에 추가했지만, 대통령을 포함한 많은 사람들이 진짜로 '트럼프 장벽'이 미국과 멕시코, 중앙아메리카 지역 전체를 연결하는 복잡한 이주 시스템을 관리하는 '해결책'이 될 것이라고 믿고 있는지 의문이다. 이주민에 대한 공격적인 선전, 어떤 대가를 치르더라도 이주를 통제하겠다는 의지 표명, 장벽을 세워 국가의 정체성을 지키겠다는 빈번한 약속은 모두 현저하게 연극적인 특성이 있으며, 자세히 들여다보면 모두 기울어 가는 국가의 주권을 재확인하려는 헛된 시도에 불과하다(Brown 2010).

'위기'에 대한 인도주의적 대응도 동일하지는 않지만 비슷한 연극적 특성을 지닌 동질적인 방식으로 전개된다. 인도주의, 안보, 군사적 개입의 논리와 범위, 관행의 구분이 모호해졌기 때문에 이것이 동일한 스펙터클의 일부라고 말할 수 있다(Reid 2010, Duffield 2007, 2012). 이런 측면에서, 지중해의 경우는 좋은 사례가 된다. 이주민들이 유럽 땅에 발을 딛는 순간, 동일한 행위자인 군대가 이주민을 구조하고 생포하며, 동일한 부서가 이주민들의 배치와 훈련을 관리한다. 그러나 또한 (군사화된) 인도주의적 구조 현장은 국경에서 벌어지는 동일한 '이주 위기'의 핵심 순간이기 때문에, 이는 이동하는 사람들의 특정한 주체성을 생산하고, 구조 순간 이후에도 구조 기계가 제공하는 매우 구체적인 경로로 그들의 이동을 규율하는 데에 기여한다 (Pallister-Wilkins 2015, De Genova 2013, Tazzioli 2015a, b). 현대 이주정치의 강력한 '스펙터클한' 특징을 탐구한 몇몇 연구에 따르면, 모빌리티 거버넌스의 중요한 단계 중 하나는 인도주의적 비극과 구조뿐만 아니라 (폭력적인) 국경 강화의 (비)가시성의 조율이다(Tazzioli 2015a). 또 다른 중요한 통찰은 '국경의 극적인 장면', 즉 무기들이 내는 소음, 가시철조망과 장벽, 인도주의적 구조, 바다와 사막에서의 대학살, 맹렬한 우파 진영의 반이민 선전 등이 '불법'의 창출과 정상화에 기능한다는 것이다(De Genova 2013).

군사화된 국경과 인도주의적 개입은 이주민의 흐름을 매우 촘촘하게 통제하는 기능을 한다. 극소수의 이주민만이 계속 좁아지는 해협을 통해 걸러져 합법적인 자격을 얻고, 그 외 대부분의 이주민들은 '불법적인', '서류 없는' 시체가 될 뿐이다. 니콜라스 드 제노바Nicholas De Genova가 지적한 것처럼, 이주 위기의 장면에는 극에 드러나지 않는 보이지 않는 장면obscene이 수반된다.[1] 위기는 복잡한 작전의 일부인 정상적인 장치이며, 국경에서 벌어지는 죽음과 구조, 체포 장면의 스펙터클한 교대는 '불법' 이주민을 노동력에 포함시키는 일상적일과 함께 진행된다. '장면'과 '보이지 않는 장면'은 같은 이야기의 일부이며, 국경 안팎에서 연출되고 숨겨진다(De Genova 2013). 수많은 중요한 비평들이 비슷한 전망을 내놓고 있다. 이 전망은 국경이 배제, 선택적 포함과 주체성 생산이 이루어지는 장소라기보다는 이

---

[1] [역주] 니콜라스 드 제노바는 이민 위기의 장면은 보통 공개된 토론이나 언론보도에서 충분히 대표되거나 강조되지 않은 "보이지 않는obscene" 측면이 수반된다고 주장한다. 여기서 "장면Scene"은 이민 위기의 전반적인 상황이나 사건을 의미한다. 정치적·경제적·사회적 요인으로 인해 수많은 사람들이 한 지역이나 국가에서 다른 곳으로 이동하는 것을 포함하며, 다양한 측면과 상황을 포괄한다. "보이지 않은 장면Obscene"이라는 용어는 이 문맥에서 비유적으로, 성적인 의미가 아니라 이민 위기의 일부 측면이 도덕적으로 불쾌하거나 혐오스럽거나 충격적이라는 것을 의미한다. 이 보이지 않는 측면은 주류 이야기, 언론보도 또는 공개 토론에서는 감춰지거나 경시될 수 있다. 이민 위기의 일부 측면이 간과되거나 일부러 숨겨진 것으로 보이며, 드 제노바는 이 "빠짐omission"에 대해 주목하고 있다.

장소에서 일어날 수 있는 생산성을 강조하면서 사건을 이해하자고 제안한다(Jansen, Celikates and de Bloois 2015, Mezzadra and Neilson 2012, 2013).

앞에서 언급한 드라마틱한 '국경의 극적인 장면'에 대한 간략한 도입에서, 기후변화와 이주 관련 토론에 익숙한 독자들은 '기후난민'과 그들이 대표하는 위기에 대한 서사의 다양한 특징을 인식한다. 이러한 유사성을 끌어들이고 확장시키면서, 이 장에서는 기후와 이주를 의심스러운 시선으로 바라볼 것이다. 국경과 이주의 '극적인 장면이 된' 특성에 대한 기존 연구에서 영감을 받아, 기후이주에 대해 주류 담론이 제정하는 장면들, 그리고 그 상황이 주목하는 것과 고려한 연결점들을 그려 낸다.

여기에서 다양한 장면들은 정치색이 없을 뿐 아니라 반향을 일으키며 '극적인 장면을 이루고' 있다. 동시에 기후난민에 대한 경종을 울리는 서사가 온화하게 적응하는 기후이주민에 대한 신자유주의적 환상과 어떻게 공존하는지 주목한다. 그리고 이후에는 이러한 장면들과 보이지 않는 장면, 곧 삭제되고 무시되고 언급되지 않는 장면들을 대조할 것이다. 이 장면에서 부정된 것들이 기후이주에서 정치적인 핵심을 이룬다. 위험한 '기후난민'과 온순한 '기후이주민'이 등장하는 장면들이 현 탈식민주의 시대에 인구와 노동의 모빌리티를 규제하는 복잡한 지정학적 경제적 관계의 부분을 이루고 있다. 회복력이라는 이름으로, '대다수의 세계'는 행성 자본이 번성하고 팽창하며, 통과하고 있는 일련의 위기와 재난 앞에 온순해지도록 훈련받는다(Chaturvedi and Doyle 2015).

기후 이동의 극적인 장면

이 장의 출발점이 되는 것은 기후이주에 대한 경쟁적 담론들이 마련하는 현저하게 다른 장면들에도 불구하고 그 장면들이 공유하는 극적인 특징이다. 기후변화와 이주가 제기하는 질문은 1970년대 후반 환경 기관과 학계에서 발생한 생태학적 배치에 대한 매우 지엽적인 논의에서 시작해서, 기후 이동을 모빌리티 반응의 작은 모음으로 위치시키고, 중요한 주류를 이루는 행위자들과 기관에 관련된 잘 확립된 정책에까지 다양한 변화들을 통과했다(Bettini 2014, Felli 2013, Methmann and Oels 2015).

빠른 방향 전환뿐만 아니라 혼란, 일관성 없음, 양극화 문제가 기후변화와 이주 논의에 계속해서 등장한다. 중요 기관들 또한 입장을 변화시켜 왔다. 국제이주기구IOM: the International Organization for Migration, 유엔난민기구UNHCR: the UN High Commissioner on Refugees 등 초기에는 기후와 퇴거 문제 제기에 가장 적대적인 입장을 취했던 단체들이 오늘날에는 정책과 옹호 영역에서 가장 적극적인 역할을 하고 있다(이 변화에 관해서 세부적인 설명을 알고 싶다면 Hall 2016 참조). 최근 수년간, 확실히 '영국 미래 예측 프로젝트 사업보고서UK Foresight Report'의 출간 이후로 '적응으로서의 이주' 개념이 기후 피난민의 숫자가 자취를 잃어 가면서 기세를 얻었다. 그러나 갑자기 유럽에서 '기후위기'가 발발하고, '기후위기'가 야기한 대규모 국제적 퇴거가 다시 중심부로 돌아올까 두려워하면서 기후난민의 숫자는 극적인 변동의 르네상스를 겪었다.

이러한 불일치, 전환 및 혁명은 토론을 혼란스럽게 하고 결과를 산만하게 할 수 있다. 사실상, 최근의 논쟁은 대부분 기후이주의 본질에 대한 끊임없는 탐구와 함께 해부해야 할 실체로서 기후이주의 구체화된 개념을 중심으로 구성되었다. 수많은 사례를 두고 그것이 기후이주의 '표본'이 되는지 논쟁이 벌어졌다. 1930년대 미국 평야의 먼지 속에서 질식해 죽어 가던 이주민들이 환경난민인가? 인위적인 해수면 상승으로 섬이 물에 잠기는 경우(라면), 투발루의 주민들은 기후난민이 되는 것인가? 네팔 산속에 생태학적으로 취약한 계곡에서 노동력을 팔기 위해 걸프 지역으로 이주한 노동자를 '선의의 기후이주민'의 원형으로 볼 수 있는가?

이러한 움직임을 환경 또는 기후변화의 탓으로 돌리는 것은 단순하거나 부정확할 수 있으며, 시리아 실향민이 기후난민이라는 터무니없는 생각을 포함하여 기후변화 이면에서 제국주의 확장이나 정치적 갈등을 무마하려는 시도들이 있었다. 팔레스타인 분쟁은 이스라엘 점령에 깊은 뿌리를 두고 있는데, 생태학적 압력과 건조한 기후가 야기한 것으로 노골적으로 잘못 설명한다. 동시에, 앞에서 언급한 많은 상황에서 생태학적 취약성과 사회경제적 소외 문제는 관련된 사람들의 이동의 자유를 제한했다. 이 장에서는 이러한 질문을 직접 연구하거나 토론에 뒤이은 궤적을 재구성하려는 시도보다는 경쟁 담론으로 형성된 여러 장면들(정동적 · 경제적 · 지정학적으로 재현된 관계)을 탐구한다.

방글라데시 환경 이주에 대한 '이전의' 설명과 '지금의' 설명을 비교하면 기후 퇴거에 대한 다양한 담론이 나타나는 장면을 생생하게 엿볼 수 있다. 국가 선택은 무작위가 아니다. 지난 수십 년 동안 변하지 않은 한 가지는, 방글라데시가 저지대 영토와 연약한 해안 생태계와 정치적인 역사 때문에 경제적 취약성뿐만 아니라 환경 및 기후변화에 취약한 핵심 핫스폿이 되었다는 점이다. 해마다 사이클론이 거듭되면서 방글라데시는 기후변화로 인한 대규모 이주의 '확실한' 원인 중 하나인 기후변화 분노에 가장 취약한 장소 중 하나로 확인되었다. 예를 들어, 방글라데시에 대한 환경운동가 노먼 마이어스Norman Myers의 연구(Myers 1997, Myers and Kent 1995)와 루Lu와 동료들의 연구를 비교할 수 있다(Lu et al. 2016). 두 연구 모두 심각한 피해와 수많은 인명 피해를 입힌 격렬한 사이클론(1991년 사이클론과 사이클론 마하센)의 여파로 발표되었으며, 그 배경에는 심화되는 극심한 기상현상과 특히 침식과 해수면 상승처럼 서서히 일어나는 황폐화의 복합적인 영향에 대한 우려가 있다. 그러나 기후이주가 재현되는 장면을 재구성하는 데에는 심오한 변화를 상징하는 주요 차이점들이 존재한다.

첫 번째 장면: 기후난민

1970년대 후반과 1980년대 초반(예: Jacobsen 1988, El-Hinnawi 1985, Brown 1976) '환경난민environmental refugees' 개념을 도입한 다른 주요 개입들과 마찬

가지로, 영국 환경운동가 마이어스의 작업은 1970년대에 발생한 전 지구적인 환경 문제와 지구 관리에 대한 북반구 담론의 결과물로 확고히 자리 잡았다(자세한 내용은 Bettini 2017 참조). 그 연결점은 단순한 아이디어를 기반으로 대규모 퇴거 및 국제 안보 측면에서 구성되었지만 큰 반향을 불러일으켰다. 즉, 특정 임계값을 초과하면 기후변화의 영향(토지 황폐화, 해수면 상승 및 해안 침식, 가뭄, 극한 기상현상)에 취약한 인구가 강제퇴거된다. 그 결과, 지역적·국가적·국제적 안정과 안보를 위협하는 일련의 '환경퇴거 위기'가 발생한다. 여기에는 1970년대와 1980년대 '고전적인'(그리고 식민적인) 환경 담론의 모든 구성 요소가 존재한다. 예를 들어, 재앙이 임박한 지구에 경종을 울리는 서사; 지속 가능한 개발 전망에 대한 주요 위협으로서 남반구의 (과)인구(여기서 환경/기후난민 물결로 은유화됨) 및 '부적절한' 환경 관리의 식별; 국제 및 다자간 기구와 법이 '문제를 해결할 것'이라는 생각 등이다(이러한 측면에서 Bettini and Andersson 2014 참조).

환경 및 기후난민 개념은 거센 비판을 받았지만(일부 초기 예의 경우 Findley 1994, Suhrke 1994, Kibreab 1997 참조) 이 틀은 매우 영향력이 있었고, 때로는 학문 분야에서(Stern 2007, Reuveny 2007, Westra 2009 , Myers 2002), 옹호 측면에서 (Environmental Justice Foundation 2009, Christian Aid 2007) 그리고 정책 면에서(Council of the European Union, WBGU 2008) 지배적이었다. 앞에서 소개한 '국경의 극적인 장면'과 이 장면의 공명은 여러 면에서 분명하다. 예를 들어, 군대 용어로 종종 전쟁터와 관련된 어휘는 기후변화 분야(예: WBGU 2008)와 EU 이주의 현재 '핫스폿' 접근방식에서 취약성의 '핫스폿' 개념으로 사용되고 있다(Neocleous 및 Kastrinou 카스트리누 2016). 더 심화하면, 공통 특성에는 안보 관련 어조의 소환, 경보 및 침략의 유령이 포함되지만, 인도적 지원과 군사/안보화 대응 사이에 불가분의 상호연결도 포함된다. 기후난민은 보호 대상이자 동시에 안보의 위협이다(이 양면성에 대해서는 Bettini 2013 참조). '국경의 극적인 장면'과 이주에 대한 불안이 상승할 때, 기후난민의 형상이—대다수 학자들 사이에서 의심스러운 모습으로—언론과 학계에 다시 표면화되는 것은 놀라운 일이 아니다 (Gemenne 2015).

두 번째 장면: 재난 길들이기

예상대로 최근 몇 년 동안에는 더 온건한 '장면'이 힘을 얻고 있다. 앞서 언급한 루와 동료들의 연구(2016)가 실례이다. 우선, '기후의 영향을 받은 지역에서 이주 및 모빌리티 패턴'에 대한 연구로 제시된 논문의 어조는 마이어스의 경고나 극적인 강조와는 가까운 구석이 한 군데도 없다. 루와 동료들의 최근 연구는 이주를 복잡하고 다원적이며 다층적 원인의 현상으로 이해한다('구식' 단일 원인 모델의 환경결정론과 달리). 또한, 국제적인 모빌리티보다는 일시적인 내부 모빌리티를 강조하며, 대부분 현대 연구에서 기후변화가 첫 번째 사례로 영향을 미칠 것으로 예상하는 이동 유형이다(Foresight 2011). 게다가 이 연구는 먼 위성 이미지와 휴리스틱 지도(경험에 근거한 지도)가 아니라 익명화된 휴대폰 데이터를 사용하여 사이클론의 여파로 미세 모빌리티 패턴을 매우 정밀한 해상도로 추적할 수 있게 한다. 이 최신의 '스마트'한 방법들은 이주민을 탐지하고 추적하는 기존의 하이테크 감시 메커니즘에 위험할 정도록 가깝기 때문에 우려를 자아낸다. 어떤 경우든, 연결점은 개인 또는 가구 단위의 **위기관리** '문제'로 이해되며, 개인이 기후변화의 분노에 대항하여 (최소한 모빌리티 패턴을 최적화함으로써) 자신을 안전하게 하는 핵심적인 역할을 할 수 있고 해야 한다는 생각에 근거하고 있다.

회복력 담론(나중에 더 자세히 설명)에 공감하는 루와 동료들 연구의 기저 틀은 현재 IOM, UNHCR 및 UNFCCC와 같이 기후 및 이주 연대에 참여하는 대부분의 조직 틀과 일치한다. 이 틀의 형성은 '이주와 지구환경 변화'(Foresight 2011)에 관한 미래예측 프로젝트 보고서의 출간으로 그 세력이 급격히 커졌고, 총체적이며 믿을 만한 '기술적'인 어조를 띄고 있다. 기후난민에 대한 '이전의' 담론이 주장하는 모빌리티에 관한 경계심과 단순화된 이해의 여지는 거의 없다. 이주를 복잡한 현상으로 보고, 연결점을 모빌리티 반응의 매트릭스, 즉 변위, 계획된 재배치, 모빌리티 감소 및 적응으로서의 이주로 제시한다. 이러한 서로 다른 형태의 모빌리티는 각각 다른 의제와 행위자의 설명을 요구한다. 적어도 유럽의 '위기'가 있기 전까지 가장 분명한 경향이 있었는데, 그것은 이 문제를 불안을 일으키고 정치적으로 까다로운 이주 및 안보(Warner 2012) 영역이 아닌 재해 위험 감소, 회복력 및 개발과 관련된 포럼 영역으로 이동시키는 것이었다

(Bettini 및 Gioli 2016 참조). IPCC의 마지막 평가 보고서(IPCC 2014, ch. 12)의 전용 섹션에서 이 기록과 모빌리티 형태에 관한 여러 참조들을 찾을 수 있다. '칸쿤 적응 체계Cancun Adaptation Framework(UNFCCC 2010)', 여러 편의 INDCIntended Nationally Defined Contributions, 파리협정의 근거로 제출된 국가 및 파리 정상회의에서 내린 최종 결정(서문과 단락 49 참조, UNFCCC 2016)도 마찬가지다.

강제퇴거가 여전히 협상 중에 있지만, '기후난민'이라는 용어가 전달하는 경고의 무거운 짐은 벗어 던졌다. 예를 들어, 국제적인 퇴거는 바르샤바 국제 메커니즘 협약Warsaw International Mechanism for Loss and Damage에서 모빌리티를 다루는 방식이고, 난센 이니셔티브Nansen Initiative나 최근 발표된 재난 퇴거 플랫폼DDP: Disaster Displacement Platform과 같은 다양하고 높은 수준의 진취적 계획의 초점이었다. 둘 다 국가주도적이고, IOM 및 UNHCR과 관련되어 있다. 그러나 기후변화가 취약한 인구의 모빌리티를 감소시킬 수 있다는 생각도 영국 미래 예측 프로젝트 사업보고서UK Foresight Report(2011)가 시작한 체계에 포함된 것이며, 그 자체의 하위 연구 분야를 생성했다(Adams 2016, Afe et al. 2015, Black et al. 2013).

이와 동시에, 수많은 행위자들이 적응이 성공하지 못하거나 실행 불가능한 것으로 판명될 경우에 퇴거 및/또는 손실을 피할 최후의 수단으로 계획된 재정착 또는 재배치를 옹호해 왔다(예: de Sherbinin et al. 2011, Warner et al. 2013, Bronen 및 Chapin 2013). 칸쿤 적응 체계(UNFCCC 2010)의 텍스트에서 언급된 이주는 산레모 회의Sanremo Consultation(UNHCR 2014)에서 논의되었다. 후자가 제시하는 결과의 어조는 앞에서 소개한 기후이주 연결점에 대한 '새로운' 이해를 명백히 반영한다.

(통제된) 이주가 위험관리 및 적응 전략을 나타낼 수 있다는 생각이 점점 추진력을 얻었으나(ADB 2012b, Warner et al. 2012, Warner and Afifi 2014, Black et al. 2011), 이것은 유럽 '난민 위기'로 중단되었다. 칸쿤 적응 체계와 여러 번의 국가별 자발적 온실가스 감축 방안(INDCs: Intended Nationally Determined Contributions에 등장하는 이 프레임은 '기후이주민'의 형상이 지배하는 새로운 장면의 등장을 표시한다. 노동이주가 개인이나 가구의 '인적자본'을 동원하는 방법이 될 수 있다는 가정이 있다. 이는 '자발적인' 회복력(또는 개발)을 가능하게 하는 선순환 고리를 생성할 목적으로, 특히 송금 흐름을 생성함으로써 환경 스트레스에 대한 완충장치를 제공하고 자체 재정적 적응 자금이 될 것으로 예상된다. 이 장면은 기후난민 서사가 연상시키는 것과는 정반대로, (통제되는) 이주를 기후 스트레스에 대한 긍정적인 반응으로 예측하고 취약한 사람들을 (단지) (보호를 받거나 또는 두려워할) 수동적인 희생자가 아니라 선의의 '적응의 행위자'들로 재현한다. 이는 극적인 재현이 아니며 여러 면에서 안심할 수 있다. 그러나 적응으로서의 이주 개념은 극적인 장면, 즉 연극과도 같다. 그것은 이상화되고 연상시키는 인물(온순하고 회복력 있는 이주민)을 무대 중앙에 캐스팅하고, 앞으로 살펴보겠지만 이야기의 여러 중요한 측면을 간과한 채 매우 선택적인 차원으로 우리의 시선을 향하게 한다.

(보이지 않는) 장면: 정치를 벗어나서

다양한 형태의 '기후–이주의 극적인 장면'을 감상한 후 드 제노아의 작업(2013, 2016)에서 계속 영감을 얻는다면 질문이 생긴다. 그 장면에서 제외된 것은 무엇인가? 지배적 담론에 의해 틀 밖으로 밀려난 관계는 무엇인가?

이는 기후이주와 관련하여 매우 적절한 질문이다. 이러한 질문들을 다루면 겉으로 보기에 모순된 담론들이 어떻게 관련되어 있는지 더 잘 이해할 수 있고, 결합된 결과물까지 낳을 수 있다. 지금까지 묘사한 장면들, 즉 기후난민이라는 밀려오는 파도와 같은 재앙의 유령, 선의의 기후이주민 그리고 재정착에 대한 기술관료주의technocracy 개념은 강력한 탈정치화 효과를 공유한다. '장면'에서 제거된, 그 '보이지 않는' 것이 기후변화와 이주 관계의 정치적 핵심이다. 부상하고 있는 담론은 더 따뜻해진 지구와 연결된 급진적인 질문을 완전히 살균함으로써 정치성을 배제한다. 기후이주에 대한 지배적 담론은 (안보적, 인도주의적 또는 경제적 접근 방식을 통해) 더 많은 동일한 방식으로 대응하여 지구온난화가 가져올 획기적인 변화에도 불구하고 아무것도 변하지 않도록 한다. 잃어버린 것이 있다면 그것은 지배적 관계에 의문을 제기하고 진보적인 방향으로 모빌리티를 다시 상상할 수 있는 공간을 개척할 수 있는 가능성이다.

이 중요한 특성을 이해할 때 환경정치의 탈정치화 및 포스트정치화에 대한 에릭 스빙에다우Erik Swyngedouw(2009, 2010, 2013)의 진단이 제공한 유용한 도구가 있다. 이 진단은 슬라보예 지젝Slavoj Žižek 과 자크 랑시에르Jacques Rancière와 같은 이론가의 작업을 차례로 이용한다. 이러한 기여가 강조하고 기후변화와 이주에 대한 논쟁에서 두드러지는 핵심 측면 중 하나는, 종말론적 서사와 온건하지만 기술관료적 거버넌스 루틴 및 도구가 겉보기에 역설적이지만 매우 생산적으로 공존한다는 것이다. 기후난민 무리가 지닌 종말론적 이미지가 어떻게 IOM이나 아시아개발은행(ADB 2012a)과 같은 기관이 추진하는 이주민의 인적자본 동원에 대한 화려한 수사와 공존할 수 있는가?

지젝은 종말론적 서사가 주류 정책계에서 생태 위기의 '(재)정상화'에 어떻게 기여했는지 명쾌한 설명을 제공하는 반면(Žižek 2010), 스빙에다우는 기후 재앙이라는 유령의 강박적인 요동이 기본적으로 아무것도 하지 않으면서 역설적으로 '평소와 같은 상태'에 기여하는 방법을 설득력 있게 설명한다. 요컨대, 종말의 유령을 통해 전달된 감동적인 투자는 '외상적인' 현상을 정상화하는 데에 기여하고, '용납할 수 없는' 것을 용납할 수 있게 만들고, '생각할 수 없는' 것을 일상적인 거버넌스 및 정책의 구조에 각인시키는 데에 기여한다(Swyngedouw 2010, Žižek 2010). 재앙에 대한 해결책은 온건한 거버넌스 메커니즘에서 찾을 수 있다는 것이다.

'기술관료제 지배'에 찬성하는 이러한 정치적 퇴거는 계획된 재배치 및 재정착(예를 들면, UNHCR 2014, de Sherbinin et al. 2011)이라는 생각에서 분명한데, 이는 여러 측면에서 문제가 있는 정책 수단이다(McDowell 2013, Schade 외 2015). 기후변화 영향으로 지역사회 전체가 고향을 버리고 이주해야 하는 전망도 비극적인데, 이주만이 유일한 해결책이 될 수 있다는 사실은 더 비극적이기 때문이다. 더욱이 (개발 관련) 이주 및 재정착과 관련된 과거의 많은 실패 사례는 주의를 요한다(Wilmsen and Webber 2015). 그러나 내가 집중하고 싶은 것은 다른 관점이다. '계획된 이주' 제안에 포함된 치명적인 주거지 손실 전망에 대한 대응은 무엇인가? 문제의 근원, 즉 기후변화를 피하지 못하는 것, 이주를 피할 수 있다고 간주되는 적응 조치에 대한 투자 정도, 이주의 목적지와 조건, 비용을 누가 부담하는지에 대한 식별은 전문가, 기술관료적 프로토콜 및 하향식 개입에 맡겨진 매우 정치적인 질문과 관련이 있다.

입맛에 맞는 기술관료적 장면과 기후난민의 종말론적이고 간지러운 모습이 함께 어우러져 기후-이주 관계에 내재된 정치적 핵심을 쉽게 제거할 수 있다. 그들은 상상된 재앙(기후 탈출)의 정상화를 선호한다. 이것은 거버넌스 도구와 메커니즘으로 처리되는 (필요하다면 억제되는) '평범한' 문제가 된다. 계획된 이주에 대한 프로토콜 및 협의를 통해 송금 흐름을 창출하여 유순한 노동이주를 육성/활용한다. 전례 없는 변화의 전망은 평범한 조치로 처리된다.

이것은 또한 국제 안보를 위협하는 빈곤한 기후난민 무리에 대한 재앙 이야기(기후 퇴거의 극적인 장면)가 반드시 '급진적인' 대응이나 조치로 이어지지 않음을 보여 준다. 기후난민 개념을 지지하는 사람들의 바람과는 달리, 기후 탈출의 망령은 취약한 이들의 적응을 위한 근본적인 완화 조치나 더 관대한 재정 지원을 추진하지 않는다. 더군다나 이러한 종말론적 서사는 퇴거가 나타내는 인권이나 정의에 대한 엄청난 **침해**의 이름으로 기후정의를 확언하는 결과를 이끌지 못했다. 이는 현대 유럽과 미국 정치에서 이미 상당한 공감을 얻고 있는 이주에 대한 반감을 강화하는 것 외에도, 기후변화가 가져올 재앙을 정상화하는 데에 기여한 것 같다. 그 과정에서 기후변화가 행성적 규모로 미칠 극심한 영향에도 불구하고(어쩌면 그 덕분에), 결국에는 지배적 관계(특히 자본축적과 노동규율의 필요성)가 살아남을 것임을 확신하는 것이다.

보이지 않는 장면에서의 생명정치학

'기후 이동의 극적인 장면'에서 어떻게 다양한 장면들이 기후변화와 이주의 문제를 탈정치화하고 재규범화하는지를 설명하고 나면, 그 장면에서 빠진 것을 더 면밀하게 볼 수 있다. 이 보이지 않는 장면은 온순한 기후이주민을 조사해 보면 밝혀지는데, 이 기후이주민은 회복을 위해 자신의 궤적을 스스로 내부 조달할 수 있다. 곧 알게 되겠지만, 이것은 신자유주의적 환상이며, 기후적응 회복력의 논리와 개별화의 표현이다. 이를 더 자세히 알아보기 전에, '적응으로서의 이주' 개념은 신자유주의적 지배의 확장과 이주가 발전에 미치는 유익한 영향에 대한 '옛' 생각의 재-제안을 수반하지만, 그와 '같은 선상의 연장'으로 봐서는 안 된다는 점에 주목해야 한다. 그것은 또한 새로운 공간과 새로운 주관성을 생성하고 기후변화(이주)를 그다지 진보적이지는 않더라도 새로운 실험 장소로 만든다.

'적응으로서의 이주' 개념으로 돌아가 보면, 그 효과는 소위 '글로벌 사우스'의 노동 훈련과 재생산 맥락에서 읽을 때 완전히 이해된다. 이미 말한 몇 가지 중요한 측면을 다시 언급하자면, 첫째, 이주가 적응 전략이 될 수 있다는 생각은 자유 이주에 대한 변호가 아니다. 오히려 흐름을 선택, 활용 및 억제하려는 메커니즘이다. 둘째, 이 새로운 담론은 그다지 새로운 것이 아니다. 기후변화라는 이름으로 쓰여졌지만 취약한 인구가 인적자본을 동원해서 송금을 통해 적응 자금을 조달하여 위험을 관리해야 한다는 생각은 사실상 '이주-개발' 연결점에서 수십 년간 회자된 주된 해결책을 재활용한 것이다(Bettini and Gioli 2016). 이는 또한 탈식민지화 이후 소위 글로벌 사우스에서 신자유주의 통치에 유순한 인구가 이용되는 방식에서 개발과 지속 가능한 개발이 어떤 역할을 했는지를 상기시킨다(Duffield 2007, 2001). 셋째, 이것은 과소평가해서는 안 되는데, 기후이주에 대한 주류 담론, 특히 적응으로서의 이주 개념은 보험 가능성 확장과 같은 새로운 경험적 현실, 주관성, 관계의 생산과 새로운 공간에서 시장 규칙에 도움이 되거나 적어도 그 일부가 된다(Bettini 2014, Baldwin 2016).

실제로 회복력 담론에 대한 최근 연구에 비추어 볼 때 '적응으로서의 이주' 서사는 보이는 것처럼 그렇게 호의적이지 않다. '적응으로서의 이주' 개념에 따른 주체성을 살펴보면, 유순한 이주민이라는 신자유주의적 환상과 마주하게 된다. 그들은 생존을 위해 인적자본을 동원하고 노동시장의 신호를 따른다. 그리고 그 결과로 받는 보상은 노동력을 판 대가로 발생하는 송금을 통해 자신의 가구 또는 지역사회의 적응을 자체 자금으로 조달할 수 있다는 가능성이다.

다른 곳에서 볼 수 있듯이(Bettini 2014), 이 형상은 줄리안 레이드Julian Reid와 다른 사람들(Reid 2012, Evans and Reid 2014, Chandler and Reid 2016)이 설명한 것처럼, 기후변화 정책에 생명정치화를 표시하고 회복력에 대한 신자유주의적 담론의 주제인 타락한 기업가를 반영한다. 특정 사례에서 이러한 주체성의 타락한 특성은 기후적응이 개별화되고 탈정치적이라는 사실에서 나타난다(Felli and Castree 2012). 회복력은 기후변화의 영향이 우리에게, 특히 소외된 사람들에게 노출되는 지속적인 위험 조건을 '자연화'하기 때문에, 회복력 담론은 기후변화 담론 지형에서 중요한 변화이다. 회복력은 위험에서 보호, 선제 또는 예방이 아니라, 적응형 위험관리에 관한 것이다. 이를 통해 우리는 기후이주의 '보이지 않는 장면'의 핵심에 더 가까이 갈 수 있다. '기후난민'이라는 극적인 장면은 거버넌스 영역(노동이주 분야와 점점 더 융합되고 있는 개발 및 기후적응 분야)의 문제에 대한 온건한 설명과 함께 진행된다. 또한, 회복력 담론 결과에 따른 기후이주의 문구는 사회경제적 소외와 환경파괴가 뒤얽힌 압력 속에서 환경 충격과 생태 파괴에 맞설 준비가 되어 있어야 하고 위험하게 사는 기술을 배워야 하는 취약한 사람들을 홀로 남겨 둔 채 기후행동을 포기하는 방향으로 나아가는 것을 가리킨다(Evans and Reid 2014). 기후변화의 발생을 완전히 피하고 적응을 지원하거나 기후난민을 보호하는 어떤 집단적 차원의 책임이라는 이론적 개념조차 사라지면서, 기후변화를 (부)정의의 문제로 제기할 수 있는 가능성 자체가 약화된다(Bettini, et al. 2016).

결론

　결론을 향해 나아가면서 우리는 지금까지 개발된 다소 추상적인
성찰을 더욱 '실용적인' 명제로 전환할 수 있다. 협상안에 나온 선택
안들이 그다지 전망이 좋아보이지 않는다면, 다음 단계는 무엇일까?
　예를 들면, 유엔기후변화협약UNFCCC의 맥락에서 '해결책'이 제시
되어야 한다고 주장하는가? 파리 정상회담을 앞두고 이에 대한 기
대가 있었고, 일부는 기후이주에 대처할 전략을 더 명확히 하기 바
랐다. 예를 들어, 파리협정2의 텍스트 초안은 기후로 인한 퇴거에
대해 '조정 시설'의 설치를 언급했다. 그러나 정상 회담 마지막 날,
조항에서 '시설'이라는 단어가 사라지면서 포효하던 호랑이는 작은
새앙쥐가 되어 버렸다. 대체된 결과물은 임시 태스크포스의 설립인
데, 지금도 여전히 연결점에서 수행된 연구 및 정책 내에서 증거를
수집하는 기능을 하고 있다(UNFCCC 2016). 이 임시 기구는 많은 사람들
이 주장했던 시설제도만큼 실질적이지 않다. 2009년 코펜하겐의 대
실패 이후 파리 정상회담의 목표가 협정의 체결이었다는 점을 감안

---

2 [역주] '21차유엔기후변화협약 당사국총회 협정' 또는 '파리기후변화협정'. 2015년 12월 12일
　파리에서 열린 제21차 유엔 기후변화협약 당사국총회(COP21) 본회의에서 195개 당사국이 채
　택하여 2016년 11월 국제법 효력이 발효된 협정.

할 때 그리 놀라운 결과는 아니다. 이런 맥락에서 퇴거와 같은 난처한 문제가 상당 정도 포함될 것이라고 기대하는 것은 순진한 생각일 것이다. 그렇다면 UN이나 유엔기후변화협약에 어떤 시설이나 의정서, '해결책'을 촉구하며 투쟁해야 하는가?

그 답은 현실적이지 않다. (실제 배출량 감소 및 재정적 약속 측면에서) 효과적인 기후 조치를 촉진하는 것이 얼마나 어려운 일인지 고려할 때, 유엔기후변화협약이 이주와 직접 관련된 문제를 '관할'할 권한을 갖기는 어려울 것이다.

현실적으로 볼 때, 단 하나의 해결책이 존재하지도 존재할 수도 없다는 것이 당연하다. 기후이주는 해결해야 할 문제가 아니다. 국경과 이주의 '극적인 장면'에서 생겨난 이 사안은 기후변화에 따른 개발 또는 적응, 회복력 강화의 실패로 간주되는(불행히도 현재 널리 퍼진) 이주에 대한 병리학적인 이해를 반영한다. 물론 이주가 표면으로 끌어올린 문제들이 던진 질문들을 간과하는 것은 순진한 생각일 수 있다. 우리는 이동 중인(또는 원하지 않는 곳에 갇힌) 사람들이 고통받을 수 있고 종종 수많은 불의에 노출된다는 사실을 항상 기억해야 한다. 그러나 UN의 기후 거버넌스 장치에 의존하여 이러한 문제를 해결하는 것은 본질적으로 그 정치적인 성격만 모호하게 할 뿐이다. 단적으로 말해서, 유엔기후변화협약이 빈곤 문제를 해결할 수 있는가? 그렇게 되기를 바란다면 연결점에서 응고된 관계를 구체적으로 드러내고, 헤게모니 관계에서 의심할 바 없는 (재)생산을 촉진하는 탈정치화를 수반해야 한다.

마지막으로, 나는 같은 이유로 우리가 기후변화-이주의 연결점을 가리키는 새롭고 진보적이며 혁명적인 표현을 찾아 나서서는 안 된다고 주장한다. 대안적이거나 급진적이거나 혁명적인 인물(일종의 '기후 반란군')을 찾는 것은 존재하지 않는 어떤 것을 찾는 것을 의미한다. 정치적 대상으로서의 기후변화는 현재 신자유주의적이고 탈정치적이며 (탈)식민지 담론일 뿐만 아니라(Chaturvedi and Doyle 2015), 그러한 인물에 희망을 품는 것은 기후 취약성을 재구성하고 기후 투쟁과 이주를 결코 주어진 적 없는 하나의 진보적 방향으로 설명할 수 있다고 가정하는 것이다. 우리가 앞으로 나아갈 수 있는 유일한 방법은, 이주와 기후변화 문제를 안보 문제가 아닌 기후정의 문제로 이해하려는 노력을 계속하는 것이다. 이는 이 문제가 기술적인 프로토콜로 해결해야 할(해결할 수 있는) 우발적인 문제가 아니라, 우리가 원하는 기후·모빌리티·경제사회에 대한 고도로 정치적인 문제를 제기하고, 논쟁하고, 투쟁할 수 있는 공간을 개척하는 은유이다.

제2부

인류세
인간 모빌리티의 황혼기에 대하여

제6장

갈라지는 바다

: 움직이는 바다

| 데이비드 테오 골드버그 |

환경은 자원이 부족한 사회에서 경제적으로 풍요로운 사회로의 이동에 점점 더 중요한 힘이 되고 있다. 지구가 따뜻해지고 환경 사건이 더 극적으로 진행되면서 이미 취약한 생활환경에 대한 위협이 기하급수적으로 증가하고 있다. 기후로 인한 이주가 새로운 것은 아니지만(1930년대 오클라호마에서 서쪽으로 이동한 더스트 보울Dust Bowl 이주를 생각해 보라), 최근에는 폭풍과 해수면 상승, 지진 쓰나미, 토네이도 및 기타 기상 관련 사건으로 인해 점점 더 많은 사람들이 이주하고 있다. 또한, 기후변화로 생태계가 영향을 받아 경제생활이 어려워지고 생활 조건이 열악해지며 삶의 전망이 불투명해지면서 점점 더 많은 사람들이 이주하고 있다. 발리의 해안가에서 맨해튼 도심에 이르기까지 위태로운 환경에 처한 삶이 급증하고 있다. 사람들의 이주 움직임에서 바다가 차지하는 역할을 추적하는 예비 연구의 일환으로서, 이 글에서는 바다의 역할과 현대 이주 패턴에 바다가 미치는 영향을 광범위하게 파악하려고 노력할 것이다.

몇 가지 사전 관찰을 살펴면. 첫째, 모든 환경재해는 도나 해러웨이(2008)와 브루노 라투르Bruno Latour(1993)의 뒤를 이어 내가 자연문화 natureculture(하이픈 없는)라고 부르는 것의 복합적 산물이다. 대부분의 사람들은 지진, 쓰나미, 가뭄 및 토지 건조, 기근, 홍수, 산사태 등과 같은 환경재해가 자연적으로 발생한다고 경향이 압도적으로 높다. 이러한 관점에서 보면 자연은 기껏해야 인간에게 힘을 행사하는 것으로만 간주된다. 인간의 행위는 그러한 자연재해의 예측할 수 없는 변덕의 희생자일 뿐이다. 그러나 적어도 재난의 경험은 인간과 매우 밀접하게 관련되어 있다. 목조주택은 높은 파도, 해일 및 해변 침식이 발생하기 쉬운 해변의 만조 표식 내 가냘픈 기둥 위에 세워져 있다. 조금만 뒤로 물러나면 다소 손쉽게 주택을 지을 수 있는데도 말이다.

결과적으로 거의 모든 환경재해는 인간의 '기여' 덕분이다. 대규모 기후변화는 환경과 인간의 사회적·정치적·경제적·문화적 힘과 깊이 얽혀 있다. 기후변화 산물인 인간의 행위, 간과, 깜박임, 오만, 탐욕, 부주의 및 무지가 상당 부분 얽혀 있지 않은 환경재앙은 없다.

둘째, 위험은 디렌 발라이덴Diren Valayden(2013)이 입증한 바와 같이 사회의 특정 개념과 관련하여 등장하며 이를 생성하는 데에 도움이 된다. 복지국가는 1930년대 확장 이후부터 목가적인 것의 세속화, 즉 관리인으로서 국가를 세속화하는 데에 몰두했다. 이러한 이해를 기반으로 전쟁과 자연재해에 직면한 위험은 사회적 책임으로 받아들여졌다. 돌보는 국가라는 제도 아래에서 위험은 집합적으로 공유되는 것이며, 국가 자원이 인구 전체에 걸친 영향을 어느 정도 균등하게 완화할 것을 보장한다. 프랭클린 루즈벨트 대통령은 1934년 **사회보장법** 법안을 의회에 제출하면서(필자 강조), 이 법안이 '인간이 만든 이 세상에서 완전히 제거할 수 없는 불행'으로부터 국민을 '보호'한다는 개념을 누구보다도 잘 표현했다(Valayden 2013, ch. 4, p. 7).

복지국가는 개인과 사회가 처한 위험을 구성원 전체에 분산시키는 작업에 착수했다. 자연재해는 적어도 사람들이 생각하고 이해하는 것처럼 여전히 '하나님의 손'이 하신 일이었다. 피해 입은 사람을 돌보고, 이방인에게 다가가 절대적으로 환영하는 것을 포함하여 비용을 부담하는 것은 적어도 원칙적으로는 공동의 책임으로 간주되었다.

이것이 대략 1980년대 이후부터 사회적 책임이 표명되면서 변화하기 시작했다. 집단적 책임은 점점 개별적인 자기 관리로 바뀌기 시작했다. 점점 더 많은 사람들이 혼자 볼링을 치게 되었고, 개인보험에 더 많이 기대게 되었다.

간병은 종교 자선단체에서 값비싼 돌봄 서비스에 이르기까지 민간단체에서 주도하게 되었다. 보험회사는 우리가 보험회사를 가장 친한 친구로 생각하길 바란다(미국의 텔레비전 광고는 이러한 감수성을 노골적으로 드러낸다). 보험에 가입할 여력이 없는 사람들은 사회복지보다는 주로 자선단체, 종교단체의 구호품에 의존하며 스스로 생계를 꾸려야 한다. '사회보장'은 점점 사적인 자기 투자에 자리를 내주어야 한다는 압박을 받고 있다.

제2차 세계대전 이후 **제국의** 윈드러시Empire Windrush(필자 강조)에 대한 일반적인 정책 대응을 오늘날 보트피플에 대한 대응과 비교해 보자.[1] 윈드러시 이주민들은 우려 섞인 환영을 받았지만, 한 지역사회의 '과중한 부담'을 방지하고자 전국에 소수로 분산되었다. 인종

---

[1] [역주] 1948년에 Empire Windrush호는 자메이카에서 런던으로 항해하며 1,027명의 승객과 2명의 밀항자를 태웠고, 초기 대규모 이민자를 영국으로 데려왔다.

적 희석은 분명 우려의 대상이었다. 그러나 대처 이후 시대에도 여전히 사회라는 것이 존재한다면, 그것은 이미 그 궤도 안에 있는 사람들에게만 적용되며 사회복지보다 금융증권화securitization라는 요새에 점점 더 종속될 것이다. 이주민과 난민은 극도의 강압을 받는 경우에만 받아들여지고 대부분은 스스로 지키도록 남겨진다. 나머지 사람들은 금융증권화 국가가 그런 것처럼 성문 밖에 또는 이미 성문 안에 있는 야만인들이다.

셋째, 역사적으로 이주는 오랫동안 수륙을 가로질러(종종 결합하여) 이동해 왔다. 바다는 육지와 육지를 서로 연결할 뿐 아니라 바다에서 바다를 통로로, 매개체로서 연결하고 그 자체로는 덜 주목받지만 생명체와 생명의 근원으로서, 각각 그 자체로 고유한 일반적이고 지역적으로 구체적인 서식처를 형성한다. 여행과 횡단, 이주 그 자체는 대서양과 인도양, 태평양이 서로서로, 대서양이 지중해로, 북해와 발트해, 중국과 일본해가 태평양, 다양한 인도네시아해를 인도양 등으로 흘러가기 때문에 가능한 일이다.

이 수로의 이름에 표시된 경계선이 연결 흐름을 형성하는 인간의 인공물임은 당연한 결과이다. 바다는 지리와 정치로 나뉘어져 있던 세계를 연결한다고 할 수 있다. 바다는 이러한 세계를 서로 연결하기 때문에, 국가와 국가 개념을 완전히 없애지는 못해도 약화시키는 경향이 있다. 바다는 동질성을 지키려는 문화를 흐리게 하지는 않더라도 서로 교차한다. 따라서 바다는 강렬한 이질화와 혼합 및 혼종화의 핵심 원천이다. 바다는 물질적 · 문화적 · 생태적 · 정치적으로 충돌하고 협력하는 신체들인 오염물질의 흐름을 운반하는 매개체이다.

항공 여행은 명백히 게임 후반부에 등장한, 지금까지도 가장 극적이지 않고 가장 주목받지 못한 이주 수단이다. 오늘날 너무 많은 사람들이 비행기를 타고 이동하는 것이 당연한 일이 되어, 보안이 위협받거나 위반되는 경우에만 항공을 매개로 한 이주에 주의를 기울인다. 그럼에도 필요한 자격 증명서가 없는 '서류 미비자들'은 공항의 삼엄한 감시보다 바다(또는 가능한 경우 육로)를 통해 목적지에 들어갈 가능성이 더 높다.

어쨌든 바닷물은 지구 표면의 3분의 2 이상을 차지하며 매년 수위가 조금씩 오르고 있다. 즉, 기후 조건의 극적인 측면과 이주의 횡단 두 가지 모두에서 바다(해양 포함)는 중심적인 역할을 하기 때문에, 환경/기후변화와 전 세계적 사람들의 주요 움직임에 미치는 영향의 관계를 생각할 때 핵심적인 교차 요소가 된다.

바다는 '본성'상 육지를 경계짓지만 육지에 침입하며, 경계와 국경의 가장자리가 흐릿하다는 점을 암시한다. 국경과 경계가 그러한 흐릿함에 대한 구체화된 저항으로 보이긴 하지만 말이다. 쓰나미는 가장 폭력적인 침입이다. 토네이도보다 약한 허리케인 또한 바다에서 발생한 것이지만, 쓰나미는 바다를 건너면서 세력을 모으고 물을 끌어올리고 물이 따뜻해질수록 더 빠르고 더 격렬해진다. 그러나 이러한 폭력적인 사건의 드라마는 해안선의 염수 안개, 녹 및 바닷바람의 침식이 일으키는 즉각적이지 않은 혼돈과 조건부 염려를 시야에서 가려 버리는 경향이 있다.

이는 또한 바다가 우리의 사회적, 심지어 과학적 상상력을 더 깊이 있고 광범위하게 형성한다는 것을 시사한다. 파도를 생각해 보자. 역사의 파도, 전기의 파도, 메스꺼움의 파도, 군사작전의 파도가 있다. 또는 전기와 문화의 파도 그리고 사계절의 바다, 사랑의 바다 또는 메스꺼움의 바다, 사람들의 바다. 바다에 사는 거주민들을 이용하는 은유들도 있다. 너무나 즐거운 시간whale of a good time, 자본주의 상어capitalist sharks, 바다 괴물sea monsters 등등. 바다는 물질적으로나 문화적으로 우리 삶에 조용히 스며들어 있으며, 우리가 깨닫지 못하는 사이에 우리 삶에 깊은 영향을 미친다.

이 모든 것에서 우리는 바다를 이동의 표면이자 매개체, 대개는 부차적인 원인으로만 생각하는 경향이 있다. 그러나 바다(대양)는 이동하는 힘만큼이나 기후 조건에서도 중요한 이동 매개체이다. 우선, 지구 표면과 부피의 많은 부분을 차지하는 바다는 기후변화와 관련된 변동성 증가 및 사건 발생의 주요 경첩 역할을 한다. 그러나 바다는 자연문화의 접점에서 우리 사회의 상상력을 형성하기도 한다.

폭풍은 저기압 시스템에서 발생하여 광대한 대양을 횡단하며 힘을 모은다. 지난 세기에 지구가 섭씨 1도(화씨 1.4도) 가까이 따뜻해지면서 1980년 이후 해수 온도가 지구 표면의 3분의 2를 데우고, 최대 2도 정도까지 상승했다(그래서 북극과 남극의 만년설이 녹고 있다). 이에 따라 폭풍은 해수면의 따뜻한 공기를 흡수하여 도달 범위가 넓어지고, 차가운 상층 공기가 바다에서 소용돌이치는 따뜻한 하층 공기와 접촉하면서 그 위력과 변동성이 커지고 있다. 이에 따라 폭풍은 해수면의 따뜻한 공기를 흡수하여 도달 범위가 넓어지고, 차가운 상층 공기가 바다에서 소용돌이치는 따뜻한 하층 공기와 접촉하며 그 위력과 변동성이 커진다. 바람은 더 강해지고 허리케인 강도에 더 쉽게 도달하여, 폭풍우가 몰아치는 바다는 우리가 지금까지 경험한 바 없는 파도 높이에 도달한다. 폭풍은 더 자주, 더 폭력적으로 변해서 인구밀도가 높은 해안선을 휩쓸고 다닌다.

마지막으로 지구의 탄소 수준이 홍적세(모빌리티와 지질학적 시간에 대해서는 이 책의 클라크와 콜브룩 참조)의 오늘날 수준에 근접했을 때, 해수면은 지금보다 5.1미터 높았다. 2012년 10월 말 미국 중북부에서 발생한 허리케인 샌디의 폭풍해일은 평균 1.8~3.3미터였으며 일부 지역에서는 4.2미터까지 치솟았다. 간단히 말해서, 해일이 똑바로 서 있는 사람의 평균 키보다 컸다. 해일은 3개에서 5개 블록의 해변가 건물을 쓸어버리기에 충분했고, 맨해튼 남쪽 끝에서 북쪽으로 1.6킬로미터 정도 떨어진 도시 경관을 침수시키기에 충분했다.

폭풍해일이 물러간다. 그리고 해수면은 시간이 지나면서 자연스럽게 오르락내리락하지만(1997~1998년 엘니뇨 효과로 10밀리미터가 추가된 반면, 2007년에는 5밀리미터 감소했다), 장기간에 걸친 전반적인 해수면 상승은 훨씬 더 지속적인 영향을 미친다. 해수면은 19세기에 6센티미터, 20세기에 19센티미터 상승했고, 그 속도는 가속화되고 있다(2세기에 걸쳐 30에서 60센티미터 사이 상승). 따라서 5미터 상승은 아주 천천히 (특히 오늘날의 디지털 시간에서는) 그리고 훨씬 더 크고 영구적인 영향을 미치며 훨씬 느린 효과를 나타낼 것이다. 이것이 바로 몰디브와 다른 섬 그리고 저지대 국가들이 두려워하는 것이다(네덜란드인의 절반은 부정하고, 절반은 레트로 엔지니어링 retro-engineering 모드이다). 롭 닉슨Rob Nixon(2013)의 표현을 빌리자면, '느린 황폐화'이다. (나는 때때로 동료들과 캘리포니아 해변이 애리조나 멕시코 국경에 훨씬 더 가까워질 것이라고 농담을 한다. 정말 공포스럽다.) 미래 예측에 우울함을 더한다면, 금세기에 지구 표면 온도가 배출량이 낮으면 섭씨 1.1~2.9도(화씨 2~5.2), 배출량이 높으면 섭씨 2.4~6.4도(화씨 4.3~11.5) 증가할 것으로 추정된다. 섭씨 2도 정도 상승하면 그 영향이 파괴적일 것이라는 데에는 거의 모든 이가 동의한다.

이주가 가져올 인종적 영향에 대해 내가 가장 염려하는 바를 면밀히 제시하자면, 최근의 보고서는 인구가 가장 많은 개발도상국 상위 20개 도시가 해수면 상승과 폭풍해일의 영향을 가장 크게 받을 것이라고 예측했다(100년에 한 번 발생하는 폭풍의 강도로 1미터/3피트 정도의 해일이 발생한다고 가정하면, 실제로 점점 더 자주 발생하고 있다). 이에 해당하는 도시는 다음과 같다. 필리핀 마닐라, 이집트 알렉산드리아, 나이지리아의 라고스, 라이베리아의 몬로비아, 파키스탄의 카라치, 예멘의 아덴, 인도네시아 자카르타, 이집트의 포트사이드, 방글라데시 쿨나, 인도 콜카타, 태국 방콕, 코트디부아르 아비장, 베냉 코토누, 방글라데시 치타공, 베트남 호치민, 미얀마 양곤, 기니 코나크리, 앙골라 루안다, 브라질 리우데자네이루, 세네갈 다카르.

몰디브(탄광의 카나리아 같은)[2]와 같은 국가들이 당면한 상황은 비극적이지만, 전 지구와 전 지구적 네트워크에 연결된 인구 전반에 걸친 막대한 수의 잠재적 혼란 및 황폐화는 상상을 초월한다[영화 〈투모로우The Day after Tomorrow〉 (2004) 참조]. 그러나 영화 속에서 19번째에 등장하는 리우데자네이루를 제외하고 이 도시들은 모두 아프리카/북아프리카 또는 아시아/남아시아에 있다. 대체로 가난하고 유색인종으로 구성된, 압도적으로 다양한 사람들이 거주하는 인구밀도가 높은 도시지역이다[Hicks 2013].

개리 베커Gary Becker에게 영감을 받은 합리적인 선택 이론가라면, 자신의 삶을 혼란에 빠뜨리고 위협적인 낮은 수준의 생활환경에서 더 높은 수준의 지역으로 이동하기로 결심했다면, 즉시 실행에 옮겨야 한다는 결론을 내릴 것이다. 문화적 기대가 꼭 맞춰지지 않더라도 자원과 합리적인 생활을 더 쉽게 이용할 수 있는 곳으로 가야 한다는 말이다. 오늘날 이러한 곳은 북미나 유럽, 중국의 선전, 오스트레일리아, 홍콩, 싱가포르, 브라질(리우가 아닐 수도 있음), 칠레가 될 수 있다. 2세기 전 헤겔이 주인-노예 변증법에서 지적한 것처럼, 열악한 환경에서 오랫동안 생활하려면 생존을 위한 수완을 발휘해야 한다.

해안가 생활은 그 아름다움과 휴양지로서의 매력 때문에 부유한 이들을 끌어들였다(비교적 최근까지 해안가 생활은 장인정신이 깃든 비

---

[2] [역주] 과거에 광부들이 카나리아를 데리고 탄광에 들어갔는데, 카나리아가 인간보다 가스에 더 민감해서 카나리아가 죽으면 광부들도 광산에서 나왔다고 한다.

숙련노동 문화와 오랫동안 연관되어 있었다). 그러나 해안가는 더 많은 기회를 얻을 수 있다는 점 때문에 가진 것이 없는 사람들을 끌어들이기도 했다. 해안선에는 다른 곳에서는 볼 수 없는 기회를 제공하는 좁은 통로로 상품과 서비스를 공급하는 여러 항구가 있다. 항구와 직접 관련된 활동 외에도 배송비를 줄일 목적으로 가까이에 산업이 집중된다. 항구는 사람들이 상상하는 매력적인 타지로 갈 수 있는 디딤돌이 될 수 있다. 그리고 비록 점점 더 위협을 받고 있기는 해도, 해안선은 값싸고 영양가 있는, 바다에서 멀리 떨어져 있는 지역에서는 (쉽게) 얻을 수 없는 식량 공급원을 제공한다. 따라서 해안선은 내부 및 외부 이주민들을 자기 궤도로 끌어들여 환경을 악화시키고, 취약한 서식지를 더 위협하고 해산물 공급을 압박한다.

항구는 오랫동안 잡종, 반항, 범법 및 출발과 도착 등 이동하는 사람들의 교차로였으며, 출발 및 신규 이민자에게 서비스를 제공했다. 마치 바다의 바다다움은 이러한 주변화, 가장자리, 표면, 경계의 표현이 상호작용하고 교차하는 총합에 불과한 것 같았다. 이는 우리 대부분이 환상의 삶을 풍요롭게 누리고 있는 바로 그 바다에 미치는 인간 오염물질의 영향을 그토록 무시해 온 이유와 관련이 있을 수 있다. 가장자리와 표면에 초점을 맞추면, 마이클 타웃식Michael Taussig(2000)이 언급한 바와 같이 이 바다는 풍부하고 방대한 환상적인 투자 장소로 쉽게 바뀐다. 바다는, 바다에 속한 것들은 실제로 환상의 장소, 좌약 그리고 '물질'이다.

바다가 생산하는 문화 생산의 대부분은 각 경우에 문화 생산자가

〈가나가와 해변의 거대한 파도Great Wave off Kanagawa〉(1830~1833)

친숙한 특정 해변의 특수성에 따라 생산자가 전제하고 보편적인 것으로 자연화하는 특성을 기반으로 한다. 눈에 보이는 해안선은 우리가 인지할 수 있는 안락함의 경계이며, 그 너머로는 두려움과 이질감을 투영한다. 일본의 상징적인 목판화인 〈가나가와 해변의 거대한 파도Great Wave off Kanagawa〉(1830~1833)는 보편화를 위해 더 광범위하게 노력한다(섬의 지형적 특성을 고려한다면 이해 가능하다). 소설 《쌀과 소금의 시대The Years of Rice and Salt》(2002)에서 킴 스탠리 로빈슨Kim Stanley Robinson은 바다가 지구화하는 관계성과 관계를 맺는 지구성(수반되는 모든 폭력과 함께)을 진지하게 다루는 거의 유일한 작가이다. 로빈슨의 대열에 작가 아미타브 고시Amitav Ghosh(서사시 이비스

Ibis triology3부작(2008~2015))와 마이클 온다치Michael Ondaatje(2011)가 합류한다. 두 작가 모두 이민자이며, 아미타브 고시가 좀 더 역사적으로 특정한 맥락에 있다. 이 세 작가는 바다를 끌어당기기도 하고 밀어내기도 하는 결합체, 대리인, 역사적 행위자로 묘사하며 인종을 이야기에 녹여냈다.

여기서 바다는 해안선과 수면 너머, 즉 눈에 보이고 어느 정도 알 수 있는 것 너머에서 점점 더 미지의 것, 불투명하고 어둡고 위협적인 것이 되어 간다. 괴물과 괴물의 현장이 자연계 인종의 장소가 되었다. 인종의 전달자, 데려오는 자, 운반자, 외부인, 이방인, 낯선 자, 필연적으로 속하지 않은 자, 자연적으로 문화화된 자들과 문화적으로 탈자연화된 자들이 되었다. 자연의 인종으로서 바다의 다른 측면, 즉 바다의 밑면은 여기 속한 것이 아닌 인종적인 특징이 있는 자들에 대한 축적된 모든 두려움을 나타낸다. 즉, 다른 곳에서 온 괴물, 알려지지 않은 곳에서 온, 알 수 없는 위협적인 그림자들이 이곳에 속하지 않은 인종에 대한 모든 두려움을 상징한다.

바다 너머에서 온 자들, 바다에서 온 사람들은 알려지지 않은 새로운 구현물, 메리 더글러스Mary Douglas가 말한 더럽고 불결한 오염에 대한 두려움과 위협을 구체화한다(Douglas 1966). 아주 오래전, 지배적인 '숙주'의 관점에서, 그들이 '자연적'인, 태생의 문화를 뒤에 남기는 정도라면 변형 가능하다. 즉, 그들이 육지에서 몸을 말리면서 태생의 문화를 떨쳐 버리고, 현대화를 위해 유산 조건을 씻어 낸다면, 그들이 최종 분석에서 그렇게 할 수 있다면, 가능하다(일부는 할 수 있고, 일부는 할 수 없겠지만), 인종적 자연주의와 역사주의의 추정 사이에 정확히 긴장이 존재한다(Goldberg 2002).

바다는 항상 표면과 깊이의 변증법 관점에서 언제나 중요하다. 1930년대 이후 잠수 기술이 바다에 대한 상상력을 변화시키기 전까지 바다의 깊이는 미지의 것, 위협, 신비, 괴물의 위험을 나타내는 경향이 있었다. 수면은 단순한 전달 수단으로 간주되어 더 쉽게 길들여지거나 최소한 예측되거나 협상할 수 있었다. 그리고 실제로 눈앞의 위험들을 볼 수 있게 되었다. 제2차 세계대전의 기술적 추진력과 그 여파(잠수함 기술, 센서, 통신 케이블 등)로 심해의 비밀이 조금씩 드러나기 시작했다. 불확실성과 상상 속에서만 존재하던 위험은 계산 가능한 위험으로 바뀌었다. 최근에는 바다의 유전적 프로필이 점점 더 밝혀지고 있으며, 바다의 미생물 구성도 규명되고 있다(Helmreich 2009). 우리는 바다의 심해를 점점 더 많이 알게 되었다.

심해가 점점 더 다루기 쉽고 알 수 있게 된 것과 달리, 수면水面은 점점 더 예측할 수 없게 되었다. 바다 표면에는 이방인들, 이주의 파도, 피의 강, 수많은 배를 탄 해적들, 해적들이 탈취한 물건의 컨테이너, 고조된 날씨 패턴과 폭풍해일이 몰려들었다. 지금까지 보이지 않던 것들이 더 투명해지고 더 쉽게 파악할 수 있게 되었지만, 쉽게 눈으로 볼 수 있는 것들이 더 위험하고 침략적인 것이 되었다. 단정하지 못한 이 무리들은 파악하고 통제하기가 더 어렵기 때문에, 물질적으로나 상상으로나 훨씬 더 위협적인 존재를 상징했다. 약간 다르지만 관련된 맥락에서 스테판 헬름라이히Stefan Helmreich(2009)의 강력한 개념을 사용하자면, '외계의 바다'였다.

식민지 시대의 이주가 절정에 이르렀을 때 북쪽에서 남쪽으로, 동쪽에서 서쪽으로 이동하는 경향이 있었다. 전자는 주로 식민 통치자, 심복, 군대, 원자재를 찾는 기업가, 유럽의 억압을 피해 도망친 사람들, 외딴 지하 세계로 수출되거나 새로운 세계에서 기회를 찾는 유럽의 사회적 쓰레기로 구성되었다. 후자는 노동하는 노예들이며, 비록 일부 약정 하인들이 계약 폐지 이후 남쪽으로 쫓겨났을지라도 계약직 하인들이었다. 여기서 바다는 개인, 민족국가 및 실제로 제국의 이익이 부과되는 표면으로서 상상 속에서 작동했다. 날씨는 통로, 모험의 일부, 원시 생존의 도전 또는 위협에서 풍화될 필요가 있는 자연 조건 요소 중 하나였다. 기후는 사회적 질병에서 천식 및 기타 질병에 이르기까지 치유했다. 계절에 따라 고정된 기후는 선호하거나 견뎌야 할 자산이거나 부채였다.

이와 대조적으로, 탈식민지 이주는 남반구에서 북반구로 시선을 돌렸다. 이주민들은 이제 고용과 교육 기회, 지속적인 삶의 전망을 추구한다(당시의 상황을 적절하게 비유한 윈드러쉬를 상기하라). 흥미롭게도, 북반구에서 남반구로 이주하는 은퇴자들의 이동이 작지만 눈에 띈다. 더 저렴하고 전원이 공급되지 않는 일몰을 찾는, 단순한 삶을 추구하는 백인들이 압도적이다. 경제 상황이 악화되고 가정에서 은퇴 계좌가 더 악화되는 상황에서, 달러나 파운드 및 유로를 더 현명하게 관리하는 것이다. 세계화의 시공간 압축과 함께 이러한 움직임은 또한 이동을 가속화하고 억제를 감소시켰다.

따라서 훨씬 더 많은 인구가 오가고, 가서 일하고 휴식을 취하고 아마도 전진하면서 정확히 특권을 받은 방향은 없다. 이주는 자본, 금융 및 인적 순환 흐름의 일부가 되었다. 초기 이주 또는 물결이 비경제적 조건으로 촉발되더라도 이제 주문형 노동이 다시 회복되고 이동하는 비율을 결정한다. 체류 기간이 영구적이지 않고 평생 지속되지 않으며 간헐적으로 바뀌는 경향이 있다. 이들은 다른 곳에서 다음 기회가 주어질 때까지만 머문다. 당연히 보편적인 추세는 서비스업이나 소규모 무역을 찾아 세계의 가난한 지역에서 부유한 지역으로 이주하는 경향이 압도적이다.

이러한 움직임은 점점 더 기후 지표를 나타내게 된다. 기상 패턴이 더 격렬한 영향을 미치면서 일시적이긴 하지만 모든 사람들이 이주를 하게 된다. 물론 부유한 사람들은 더 쉽게 돌아와 재건할 수 있고, 도피할 때 자산 증권을 안전하게 남겨 두고, 그 순간을 이용해 간헐적으로 버려진 장소에서 바람직하지 않은 요소들을 정화할 수 있다(허리케인 카트리나 이후 뉴올리언스는 이러한 관점에서 가까운 미래를 예측했다). 그러나 자연문화가 얽힌 복잡성을 감안하면, 갑작스러운 대격변의 폭발, 예측 가능성 및 통제력은 기껏해야 미약할 뿐이다.

그 결과, 우리는 안정적인 사회 조건에서 점점 더 취약한 상태에 처하게 되었다. 돌발적인 사건들이 더욱 빈번해지고 볼 만해지고 있다. 그에 영향을 받는 인구는 더 많아지고, 도시지역에 밀집된 경우가 더 많다. 사회 기반 시설이 대처할 수 있는 능력은 점점 줄고 있다. 전쟁, 기후 및 지상파 사건, 정치적 불안정과 빈곤이 촉발한 사람들의 흐름은 더 즉각적이고 강렬하며 끝이 없는 것처럼 보인다. 이 모든 것에서 바다의 역할은 다층적이다. 원인 또는 증가시키는 것, 이동의 매개체 또는 이에 대한 강력한 장벽, 손짓하는 지평선 또는 꿈의 바다에 대한 위협적인 완충제이다.

결과적으로 조건이 취약해지면 자산이 적은 사람들이 자산이 있는 사람들보다 영구적 손실의 위험이 더 클 것이 예상된다. 이는 취약계층이 더 쉽게 움직이고 기회가 생길 때마다 기회를 찾게 된다는 것을 의미한다. 더 부유하고 연결점이 더 좋은 사람들은 필요에 따라 비행기를 타고 날아갈 수 있지만, 빈곤한 이들은 바다를 또 다른 도전으로 간주한다. 바다는 (불)가능성의 계산에서 압도적인 가치 하락이 아닌 견딜 만한 삶을 이룰 장소이다.

주문형 노동이라는 전 지구적 경제는 새로운 것이다. 비록 개념에서 새롭다기보다 현재의 편재성, 규모, 유통 면에서 새로운 것이지만, 그것은 결국 근대화하는 이주노동 체제의 확산에 대한 개념으로 계약 폐지 이후의 선례와 결합한다. 그런데 이러한 초기 체제와 달리, 현재 주문형 노동을 하는 이주노동자들은 비용을 증가시키는 의료 '혜택' 같은 아주 적은 사회적 지원 시스템마저 박탈당하고 있다. 오늘날 필리핀, 스리랑카, 루마니아 출신 이주노동자들은 중동과 이스라엘에서도 일하고 있다. 인도네시아의 가사 및 공장노동자들은 홍콩에서도 상당수 찾아볼 수 있는데, 엄청난 홍수 이후 발리의 이주민들은 (가까스로 먹고 살 만한) 생활비를 벌러 떠나야 했다. 물론 이들의 삶은 달라졌다. 이주민들의 연합 네트워크는 재구성되고 (최소한 일주일에 하루라도) 삶의 제약이 누적되면서 고향과 다른 삶을 경험하게 된다. 그들은 또한 가족의 기대나 종교적 강요에 방해받지 않는 예상치 못한 자유에 직면하게 된다.

더 부유한 국가와 국민이 전 세계 폐기물과 오염물질의 불균형한 양을 배출하는 경향이 있다. 미국인은 세계 인구의 5~6퍼센트에 지나지 않지만 전 세계 쓰레기의 40퍼센트를 생산하고, 거의 그와 비슷한 양의 오염물질을 생산한다. 부유할수록 더 많이 소비하고 더 많이 버린다. 대체 가능한 문화는 동시에 버리는 문화이다(한 가지 예로, 광활한 태평양을 떠다니는 폐플라스틱의 광대한 대륙을 생각해 보라). 여유가 있는 사람이면 신제품에다가, 더 좋고, 크고, 빠르고, 디자인도 예쁜 제품이 훨씬 더 매력적이고 경제적이면서도 교체 가능한데 왜 사지 않겠는가? 도시의 소외된 지역의 저가 상점에서 값싼 비닐 쇼핑백은 쉽게 버려진다. 한 번 이상 사용할 수도 없고, 편리한 쓰레기장이나 재활용 쓰레기통이 가까이에 있을 가능성이 적기 때문이다. 비닐봉지는 거리를 떠돌다 해변에나 바닷가에서처럼 쓰레기처리장에서 바람에 날려 담장에 부딪히는 것으로 끝날 것이다. 바다는 오랫동안 세계의 화장실이자 쓰레기장이었다. 지금 만들어지는 오염물질은 독성이 훨씬 강하고 위험하다. 플라스틱 외에도 기름과 핵폐기물 누출이 있다. 해양생물은 점점 더 협박당하고 있다(Donovan 2011). 바다는 지구가 천천히 질식당하고 있다는 것을 측정하는 바로미터이다.

이 질식 지수에는 지속 불가능성이 급증하는 논리가 내재되어 있다. 얼마 전까지만 해도 자원 재생이 자원 고갈을 앞질렀다. 자원을 사용하거나 파괴하는 속도보다 재생하는 속도가 더 빨랐기 때문이다. 그러다가 반세기 정도 전부터 자원 고갈이 자원 재생을 앞지르기 시작했고, 점점 가속화되었다. 오늘날에는 자원 관리의 양적 발전이 아닌 질적 발전이라는 또 다른 극적인 전환이 이루어졌다. 고갈이 재생산을 능가하는 경우는 더 이상 '단순히'의 문제가 아니다. 오히려 자원 재생산을 가능하게 했던 자연 기반 시설과 조건이 훼손되고 있다. 재생산 속도가 위험할 정도로 약화되고 있다는 것만이 아니다. 이제는 재생산 가능성의 조건 자체가 약화되고 있다. 그리고 가능성이 약화되는 조건은 기존의 기후 조건을 더욱 악화시켜 문제를 심화시킨다.

50년 전, 칼라하리사막은 1년에 몇 인치씩 팽창했다. 다른 주요 세계 사막과 마찬가지로 그 속도가 빨라지고 있다. 현재 아프리카 대륙의 8퍼센트가 사막이며, 이 지역의 삼림 벌채, 건조화 및 강우량 감소를 고려할 때 시간이 지나면 사막 면적이 두 배로 늘어날 것이라는 전망도 있다. 전 세계 수역도 이와 비슷한, 어쩌면 그에 상응하는 상황에 처해 있다. 바다의 복수는 파괴적인 영향의 영역과 풍경을 확장하고, 해안선을 침식하고, 섬을 잠식시키는 것이지만, 겉보기에 어떠한 행위자 없이 복수하고 있는 것처럼 보인다.

바다는 (겉보기에 완벽한 '포스트모던' 상태인 것처럼 보이는) 주체성이 없다고 생각된다. '자연적인' 힘과 패턴, 흐름 및 에너지와 같은 자체 장치에 따라 어느 정도 예측이 가능할 수 있다. 그러나 그 예측

가능성은 인간의 기술 개입의 결과이며, 동시에 인간의 개입을 가능하게 한 바로 그 예측 가능성을 훼손한다. 말하자면 바다의 팽창, 탄력성, 주장 및 노력, 주기적인 고요함, 격동, 분노, 평온, 야성 등은 자연과 인간 힘의 결합, 자연화하는 인간의 힘과 주체화되지 않은 자연 세력의 결합이 만들어 낸 순수한 결과이다. 도나 해러웨이가 말했듯이, 그것은 자연문화가 가진 힘의 결과이자 인과적 고리다. 행위성이 부재하면, 책임은 사라지지 않더라도 후퇴한다. 그리고 자연과 문화가 서로 맞물리면서 식별할 수 없는 심오한 변화(자연문화/문화자연)가 일어나고 있는 지금, 우리는 의심할 여지 없이 바다와 우리 자신을 관계상 다른 용어로 상상하게 될 것이다.

제임스 조이스는 《율리시스》(1922)에서 '콧물이 흐르는 바다'와 '음낭을 조이는 바다'를 묘사하며 오늘날 우리가 경험하고 있는 상황과 매우 흡사한 표현을 썼다. 최근 발표된 최초의 학제 간 해양 상태 국제 보고서IPSO(2013)는 지구온난화, 오염, 산성화, 남획, 저산소증 및 무산소증(산소 부족 및 무산소 상태)을 함께 고려할 때 해양 퇴화가 이전의 어떤 예측보다 훨씬 더 빠르게 진행되고 있다고 지적했다. 거대하고 가속화되는 멸종(모든 산호가 2050년까지 사라질 수 있음)과 해양 데드존3 등이 이에 해당한다(미시시피 유수가 엄청난 양의 비료를 취약한 생태계로 유입시킨 결과, 멕시코만 데드존은 사상 최대 규모가

---

3 [역주] oceanic dead zone. 해양 탈탄소화. 물속 산소가 부족하거나 고갈되어 생명체가 살 수 없는 해역. 지구온난화와 비료나 하수로 인한 부영양화 등이 주요 원인으로 지적된다.

될 것으로 예측된다)(Donovan 2011).

수천 마일을 가로질러 멕시코만으로 흘러 들어가는 미시시피강에서 알 수 있듯이, 바다 오염을 일으키는 사람들은 대부분 바다에서 멀리 떨어져 산다. 오염의 근원은 가시적인 영향에서 멀리 떨어져 있다. 이런 맥락에서 바다를 소재로 한 히트 팝송은 그리 많지 않다는 것은 시사하는 바가 크다. 드론이 전쟁의 결과를 얼굴과 얼굴을 맞대고 직접 목격하지 않게 했기 때문에 전쟁을 비인격적이고 저항할 수 없는 것으로 만든 것처럼, 멀리 떨어져서 일어나는 오염은 심각한 것으로 받아들여지지 않는다. 내가 볼 수 없다면, 그것은 존재하지 않는 것이다(한 세기 만에 돌아온 무어인의 상식). 이것은 지구온난화/기후변화를 부정하는 사람들의 '논리'를 구성하는 일종의 부정에 대한 환원적 경험주의이다. 오클라호마주 상원의원 제임스 인호페 같은 정치인들은 본인들의 입법 활동이 미치는 영향에 대해 무지하다.

따라서 우리 모두는 바다 옆에 살고 있다. 직접적인 의미로 바다 옆에 살고 있지 않은 사람들도 마찬가지다. 우리 모두는 바다의 기후학적 영향, 그 변화하는 '기분'에 영향을 받으며, 기온이 올라가면 점점 더 분노한다. 해변이나 멀리 떨어진 곳에 사는 사람들은 이 사실을 잘 모른다.(바다에 사는 사람들 중 바다의 경치를 바라보고 수은이 함유된 단백질을 먹는 것보다 바다에서, 바다와 함께 하는 일이 더 많은 사람이 얼마나 될까?)

우리가 일상적인 인사말에서 날씨에 대해 묻는 것은 사실 바다의 상태를 묻는 것이다. 그리고 우리는 바다가 무엇을 숨기고 있는지, 그 비밀과 분비물이 무엇인지, 내부뿐만 아니라 스케이트를 타고 건너오는 청소부, 우리의 깨끗한 자연을 오염시키는 문화적 통화currency에 대한 염려들을 기록하고 있다. 베케트의 희곡《엔드게임Endgame》(1957/2009)에 그토록 끔찍하게 묘사된 바다와 같은 자연의 폐허는 눈에 잘 띄지 않는 곳에 숨겨져 있다. 마치 햄Hamm이 내그Nagg에게 뇌물을 주고 그의 이야기를 들어야만 자신의 이야기를 들을 수 있는 것처럼, 신자유주의적으로 보면, 우리는 그것에 뇌물을 주어야만 그들에게 관심을 기울일 수 있다. 문제는 자본과 그 지지 세력의 도구화되고 사리사욕을 채우기 위해 방관하고 침묵하는 세력이 적절히 참여하고 행동하거나 자제하는 세력보다 훨씬 더 많다는 점이다. 이 점은 심하게 네트워크화된 환경파괴만큼이나 이주 문제에서도 마찬가지다.

뱃멀미는 바다와 더 큰 행성 생태계의 조건이며, 이는 바다를 통해 이주하는 사람들에게도 마찬가지다. 그러나 점차 뱃멀미가 면역 체계를 공격하는 바이러스처럼 되어 가고 있다. 작가 킴 스탠리 로빈슨(2000)이 말한 것처럼, 뱃멀미는 내륙, 평원, 고지대, 해안, 사막 및 산허리는 물론 물가나 해수면에서도 발생할 수 있다. 점점 더 많은 사람들이 높은 바다를 피해 고지대로 피신하고 있다. 우리는 이주 프로세스를 위해 정적인 위치를 포기하고, 전 지구의 행동유도성affordances을 위해 지역적 제약을 포기하고, 네트워크를 위해 컨테이너를 포기하고 있다. 그렇게 함으로써 우리가 만들어 낸 세계와 그 환경 생태계를 취한다.

이 모든 것에는 흥미로운 간과가 있다. 우리는 이주를 생각할 때, 이주민을 받아들이는 장소와 그 즉각적이고 분명한 영향, 그리고 이주민을 보내는 장소와 그 즉각적이고 가시적인 원인의 관점에서 생각한다. 여기서 하나의 단독성에 대한 복수의 가정들, 수용하는 지역 단독의 동질성에 대한 외부인의 이질성이 이 지점에서 즉각적으로 분명해진다. 그러나 거기에서 여기로, 또는 여기에서 저기로 가는 그 중간, 그 과정의 물질성은 어떠한가? 그리고 과도기적 삶, 과도기적 삶 자체에 대한 그 중간성의 행위성, 효과, 영향은 무엇인가? 그 과도기적 삶이 점점 더 삶 그 자체, 삶의 가능성을 확보하며, 일을 추구하는 삶, 일하는 삶의 표시가 되어 가고 있다.

스타인버그Steinberg(2001)가 주목한 바와 같이, 비판적이든 그렇지 않든 바다에 대한 우세한 성향은 도구적이라는 것이다. 바다를 자원의 집합으로 가정하는 데에 압도적으로 근거한다. 지배적인 견해는 이러한 자원을 통제하는 방법을 계산하는 경향이 있다. 비판적 견해는 자원 분배 또는 재분배에 대해 아마도 최근에는 지속 가능성에 대해 걱정하는 경향이 있다. 결국 후자는 (재)분배에 대한 염려의 논리적인 함의인 동시에 정치적인 함의를 담고 있다. 인본주의자와 해석 사회과학자들이 관심을 갖는 기록부의 이론적 견해는 바다를 (역사적으로 이해되는 경우가 많지 않은) 사회적 · 정치적 · 법적 결정이 이루어지는 표면으로 간주하는 경향이 있다. 중세 항로의 역사와 지배 전쟁, 식민지 및 탈식민지 서사, 법과 무력을 통한 주권의 확장 등등.

그렇다면 인종 이주에 대한 이 모든 암시를 어떻게 생각해야 하는 가?《모비 딕Moby Dick》에 대한 찰스 올슨Charles Olson(1947/1998)의 주장을 생각해 보자. 그 책에는 '세 개의 바다'(대서양, 지중해, '현재' 태평양)가 있다고 주장한다. 이 편협하고 확장된 유럽지방주의에는 분명히 인도양의 보이지 않는 부분이 내재되어 있다. 우리는 동양에 대한 거부, '동양'에 대한 폐쇄, 그리고 방향감각 상실은 아닐지라도 심오한 탈바꿈이 다시 한 번 재현되는 것을 발견한다(Gunder Frank 1998 참조).

이 점은 바다와 대양이 독특한 '특성'이 있음을 암시하기 시작한다. 이 특성들은 육지 위를 돌고 돌면서 가장자리 경관에서도 유사하게 형성된다. 그 '특성'은 '행동하는' 방식의 기능, 그 투사된 행위성의 기능일 뿐만 아니라, 육지에 사는 인구와 그것이 매개하는 것 사이를 연결하는 인구의 인지된 특성을 반영한다. 전자는 후자의 거울로 추정된다. 인구의 주제넘은 타자성은 그 바다라는 '근원'에 대한 함수이자 함축이다.

인도양은 따뜻하지만 폭력적인 분출, 개입, 사건이 발생할 경향이 있다고 예상된다. 태평양은 '장엄함'이라는 이름을 반영하여 여가를 즐길 수 있는 동시에 '주변을 이루는' 땅 덩어리들(남아시아 및 서부 아메리카)의 불투명함과 불가해함을 불러일으킨다. 춥고 거칠고 위험한 대서양은 북반구, 남미 동부, 카리브해, 서아프리카 및 북아메리카로 둘러싸여 있다. 따라서 '검은 대서양'이라고 불릴 수도 있다. 대서양과 태평양이 남아메리카에서 만나는 것처럼, 대서양과 인도양은 아프리카의 최남단 지점에서 만난다.

이곳들은 모두 해안가 야생 지역과 황야가 만나는 지점이며, 혼합과 잡종화에 대한 은유, 아마도 그 두 가지 특성을 오염시킬 수 있는 대서양이 만나는 지점이다(미학적 비유로 Casta paintings를 들 수 있다).[4] 인도양과 대서양은 만나는 **지점**이 없으며 서로 구별할 수 없을 정도로 혼합되어서, 식민지 시대와 탈식민지 시대의 상대적인 다공성porousness을 반영한다.

검은 대서양은 종종 대서양을 구성하는 다른 외부 조건으로 간주된다. 그리고 이 검은 대서양이 대서양의 밑바닥으로 거의 변함없이 언급되는 경우가 많다. 요점은, 대서양이 검은 대서양을 구성하고 있으며, 검은 대서양이 대서양 그 자체라는 것이다. 이처럼 대서양 유럽은 실제로 대서양의 가장자리를 표시하고 확장으로 지방화된 결정인자이다. 대서양 유럽은 중심이나 왕관이 아니다. 대서양 유럽은 발산점이 아닌 목적지이며, 분수대라기보다는 담는 그릇에 해당한다. 날씨로 보면 대륙과 섬으로 이루어진 유럽은 대서양의 분노가 쏟아지는 곳이자 오줌통이다.

비슷한 맥락에서 유럽으로 이주하는 사람들은 에너지를 보충하고, 절제하고, 휴식을 취하러 유럽으로 향한다. 어떤 이들은 미끼에

---

4 [역주] 카스타Casta(스페인어로 kasta)는 스페인어와 포르투갈어로 '혈통'을 의미하는 용어로, 역사적으로 인종적·사회적 식별자로 사용되었다. Casta Paintings는 1700년대 후반에 '신세계' 아메리카 대륙 사람들의 인종적 다양성과 혼합을 보여 주고자 스페인 일반 대중을 상대로 그려진 그림으로, 식민지 사회가 인종적 '카스트제'로 운영된다고 가정했다.

잘못 걸려 꼼짝 못하고, 어떤 이들은 새로운 삶에 이끌려 닻을 내린다. 일부는 고국에 돌아가 더 나은 삶을 살기 위해 도구적 가능성을 넘어서 미끼를 거부한다(Nakache and Toledano 2014). 그리고 일부는 단순히 억류하는 정박항마다 닻을 내리고 갖가지 종류의 고향을 남기고 떠도는 지구적 이주민으로 변모한다. 새롭게 등장한 코스모폴리티컬 cosmopolitical 인종적 주제이다.

바다는 노동, 생활, 여가의 다양한 원천이라고 할 수 있다. 그 이유는 타웃식Taussig(2000)이 말처럼 사람들 대부분이 배의 선체에 실린 상품을 통해서만 바다를 경험하는 것이 아니라 문화적 표현(파멜라 앤더슨의 〈베이워치Baywatch〉, 〈하와이 파이브 오Hawaii Five-O〉, HBO의 〈보드워크 엠파이어Boardwalk Empire〉 같은 텔레비전 시리즈, 〈타이타닉Titanic〉 같은 영화, 비디오게임, 쓰나미 및 테러 행위에 대한 뉴스 보도 등)을 통해서 매개적으로 바다를 경험하기 때문이다. 바다 자체는 다양한 방식으로 상품화되었다. 그 결과, 바다는 지배적인 의미론적 고정관념을 통합하면서 바다의 문화적 가능화와 인공물을 통해 상상적으로 확대되었다. 이러한 예와 대조적으로, 바다의 바다성에 대해 생각한다면(사물의 문화적 표현이나 영향뿐 아니라 사물의 사물성에 대해 생각하라는 사라 너탈Sarah Nuttall의 권고에 따라), 재난영화 〈퍼펙트 스톰Perfect Storm〉(Peterson 2000)과 1년 전 출판된 소설을 원작으로 한 훨씬 더 흥미로운 피에르 쇤도르퍼Pierre Schoendorffer의 〈북치는 게 Le Crabe Tambour〉('The Drummer Crab', 1977)에 대해 생각해 보자. 이것은 바다의 생명과 바다에서의 생명(양쪽 의미 모두에서)이 함께 구성되어 있음을 시사한다. 바다의 바다다움은 행동하는 행위자뿐만 아니라 주인공 자체에 생명력을 불어넣는다.

바다는 오랫동안 인종 관계의 매개체/미디어였다. 예를 들자면, 유럽의 '발견'으로 가는 통로, 정착민의 식민지 역사, 이주와 반-이주에 뒤이은 식민지 전쟁이 포함된다. 대양과 주요 바다는 백인성/유럽성(최근에는 유럽의 자기요새화 시도)의 격리 명령을 즉시 약화시켰다. 동시에 그들은 지배와 노예, 지배와 예속, 억압과 저항의 조건을 반영하고 실제로 강화했다. 역사적으로, 바다를 건너 새로운 시작으로 이동, 또는 인생의 막간, 모험 또는 가족 및 경제적 필요성은 생각할 수 있는 전환기를 제공했다. 항공 운송이나 도보 여행보다 더 쉽게, 이유는 다르지만, 남겨진 사람들과 기대에 대해 고민하고, 아직 결정되지 않은 미래를 바라보면서 도피할 수 있는 것의 일부를 버리고, 인종성을 상실하고 획득하는 기회를 제공했다. 마이클 온다치의 소설 《고양이 테이블Cat's Table》(2011)은 이러한 변형 metamorphosis에서 중요한 부분을 포착한다.

오늘날에는 그러한 일시적인 이동 감각을 쉽게 사용할 수 없다. 교차하는 지점은 점점 더 많은 것으로 가득 차게 된다. 더 작고 오래된 선박에는 정어리가 가득 차 있고, 종종 자연에 노출되어, 흘수선 바로 위, 해협과 바다 횡단을 가로질러 삐걱거리는 소리를 낸다. 북아프리카에서 남부 유럽으로, 카리브해 또는 중앙아메리카에서 미국으로, 인도네시아에서 얼마간 아시아 본토 등등으로 떠난다. 또는 다른 방법으로 생명의 위험을 무릅쓰고 화물 컨테이너에 포장되어 순간적으로나마 상품으로 축소되기도 한다. 더 부유한 목적지 또는 (매혹 또는) 유혹하는 목적지는 인종 및/또는 계급적으로 동등한 삶을 존중하면서, 인종 차원에서 고양된 장소들이다. 역사적으로 인종 문제가 있었던 지역에서 온 이주민들은 대도시의 동시대 인종에 대한 기대 및 개념화에 걸맞도록 약간 수정된 기존 인종 계획에 맞춰 거주민들에 의해 인종적으로 확대된다(싱가포르의 인도인 또는 말레이시아인의 예를 보라).

어쨌든 최근 오스트레일리아 법의 변화는 인종에 따른 새로운 발전을 예고한다. 국제 규범과 법안이 배를 타고 도착한 이들이 항공 여행자보다 박해받은 진정한 난민일 가능성이 더 높다는 사실을 인정할지라도, 오스트레일리아 법은 이제 **어떻게** 국경에 도착하느냐가 **어디에** 도착했는가, 즉 귀착지보다 더 중요하다고 결정한다. 보트를 타고 도착하면 항공 여행자가 가질 수 있는 권리를 박탈당한다. 이것은 앞서 언급한 항공 여행 도착의 깔때기효과와 관련이 있다. 반대로, 이민자, 특히 난민을 태운 해적선은 일반적으로 현지 대도시인들에게는 잘 보이지 않는다. 인종은 여행 양식 자체에 색인화되며, 현재 정부 관행에 맞지 않는 것으로 간주되는 명시적인 인종 언급을 할 필요성을 배제한다. 오스트레일리아 이민법은 배를 타고 온 난민들을 섬에 수감하도록 이송한다(Jones 2013). 난민들은 현대판 나병환자 식민지에 구금되고 현대판 전염병이 된다. 요컨대, 인종은 명백한 포스트인종적 배려에서 사라진다(Goldberg 2015).

포스트인종성postraciality은 오늘날 대도시 인종에 관한 지배적인 개념이다(Goldberg 2015). 이에 따라 이 글은 이주성과 포스트인종성 사이에 어떤 관계가 있는지 묻는 것으로 마무리한다. '탈식민지postcolonial'의 '포스트'가 식민지에 대한 것이듯, '포스트인종'에서 '포스트'는 인종에 대한 것이다. 각각은 인종적 표현과 식민지성이 서로 다른 또는 새로운 방식을 불러일으키며 제각기 세계를 질서 있게 만들고 형성한다. 이 단어들은 오늘날 사람들이 인종성과 식민주의를 어떻게 살았고 살아 내고 있는지를 암시한다. 이를 감안할 때 탈식민성처럼 포스트인종성은 배려의 언어를 제거함으로써 인종의 소멸을 초래한다. 인종이 사라지는 것이 아니라 사회적 표현이 덜 드러나는 장소로 옮겨 가는 것으로, 명확한 인종 선언이 박탈되는 것이다. 항해하는 중에 이주민은 명시적인 인종적 특성을 상실하고, 난민, 이방인, 새로운 복지수혜자 또는 (잠재적) 테러리스트로서 새로운 도착자로 상륙하면서 조용히 인종적으로 재구성된다고 말할 수 있다.

　해안 홍수나 폭풍해일, 더 격렬한 기상이변과 높은 바다, 산사태, 특히 그 여파로 인한 정치적 무시에 더 취약한 지역은 전통적으로 인종적 빈곤층이 압도적으로 많이 거주한다고 생각되는 지역이다. 이들은 기후변화로 발생하는 환경재해에 대한 준비가 훨씬 미흡하고 영구적으로 퇴거될 가능성이 높고, 그 결과 무시되거나 범죄를 당할 가능성이 매우 높다. 인종이 사라지지만, 다른 인식이 어려운 배려 사항으로 재등장한다. 오늘날 이주는 인종적 영역이 없는 것으로 생각되는데, 그 이유는 인식, 자기정체성, 참조라는 용어 자체가 사라지게 되었기 때문이다. 그러나 특성화의 용어가 '투시할 수 있을 정도로' 투명한 정도에 이르게 되고, 그 현상이 이러한 용어로 인식할 수 없게 됨에 따라, 공적 장소에 대한 의존은 점점 더 집요해지고 끈질기게 된다. 눈에 잘 띄지 않고 글을 읽고 쓸 수 없다는 전통적 한계에도 불구하고, 주요 도시에 중앙 공공장소, 소셜미디어 등의 대규모 시위는 더욱 강력해진다. 그들은 아마도 가장 예상하지 못한 곳에서 발발한다. 그들의 인종성은 인종성의 비-참조성으로 인해 이해할 수 있는 방식으로는 아니지만 자명해진다.

인종성은 예측 가능하고 쉽게 인식할 수 있는 용어라기보다는 다른 용어를 가정하는 변형 능력으로 오랫동안 알려져 왔다. 이주가 정의되는 것은 고사하고, 인종적 차원도 구현하지 않는 것으로 생각되는 곳에서 인종이라는 용어가 다시 등장한다. 그들은 심지어 명시적인 참조성이 사라지는 동안에도 집요하고 끈질기다.

25년 전 '영혼을 집어삼키는 두려움'이 모로코 이주노동자 알리(Fassbinder 1974)의 것이었다면,[5] 지금은 알란Alan, 알랭Alain, 알퐁스Alfonse, 알렉스Aleks, 알렉시Alexi의 영혼을 집어삼키고 있다. 그 변화는 특히 변화하는 얼굴과 사실, 기능 및 이주의 주제넘은 친숙함과 연관되어 있으며, 이제는 인종적으로는 침묵하지만 위협의 감각마

---

[5] [역주] 〈불안은 영혼을 잠식한다Ali: Fear Eats the Soul (Angst essen Seele auf)〉는 라이너 베르너 파스빈더Rainer Werner Fassbinder가 각본 및 감독을 맡은 1974년 독일영화로, 1974년 칸영화제에서 최우수 경쟁영화로 국제영화평론가연맹상과 에큐메니컬 심사위원상을 수상했다. 파스빈더의 가장 영향력 있는 작품 중 하나이다. 노년의 독일 여성 에미와 모로코 이주노동자 알리 사이에서 전개되는 로맨스영화이다.

저 침묵하는 것은 아니다.

인종적 특징이 있는 이주민에 대한 두려움은 동시에 기후학적으로 통제할 수 없다고 인식된 행성에 대한 두려움이다. 그리고 기후학적으로 폭주하는 행성에 대한 두려움은 인종적 침략에 대한 두려움이다. **멜랑콜리아**Melancholia(라스 폰 트리에Lars von Trier(2011)가 제안한 것처럼)는 이러한 상실한 통제력에 대한 향수이며, 인종적으로 재정착되고, 기후학적으로 예측 가능한 세계에 대한 소환이다. 일반적으로 우울과 마찬가지로, 그러한 향수는 두 경우 모두 영구적으로 그리고 상호작용적으로 상실감에 빠진 그리고 어쩔 줄 모르는 상태에 빠진 대상에 대한 것이다. 기후학적으로 촉발된 이주의 경우, 안타깝게도 출발지와 도착지 모두에서 불안정한 사람들은 평화롭게 쉬도록 내버려질 가능성이 거의 없어 보인다.

제7장

초월적 이주

: 기후변화 피난처 찾기

| 클레어 콜브룩 |

2015년 11월 13일 파리에서 발생한 테러 공격은 2016년 대통령 후보로 나선 미국 공화당 후보들로부터 예상대로 극심한 외국인혐오 반응을 불러일으켰다. 도널드 트럼프는 무슬림 데이터베이스의 구축이 독일 나치가 유대인을 감시한 것과 어떻게 다른지 묻는 질문에 답하지 않았고, 신경외과 의사 벤 카슨Ben Carson은 국경을 위협하는 난민을 자녀를 위협하는 광견병 걸린 개에 비유하며 심사 절차를 옹호했다. 이러한 경고성 공포 조장 전술에 대응하려면 피난처를 찾는 사람들이 테러를 피해 도망치고 있으며 그런 식으로 표적이 되거나 악마화되어서는 안 된다는 점을 지적하고 싶을 것이다. 내가 이 글에서 추구하는 방법은 그보다 신중한 접근 방식으로, 해체적으로 생각하는 것이다.

진정으로 환대하고 진정한 피난처를 제공할 수 있는 세상을 생각한다면 그러한 개방과 약속은 필연적으로 위험과 위협을 받아들여야 한다. 내 삶의 방식에 전혀 위협이 되지 않는 사람들만 받아들이고, 환대와 피난처 제공을 완전히 인도주의적인 것이며 내 삶의 방식에 대한 도전이 아닌 것으로 정의한다면, 그것은 진정으로 국경을 여는 것도, 나 자신이나 내 미래를 여는 것도 **아니다**. 이런 관점에서, 시리아 난민 거부는 '미국적이지 않다'는 버락 오바마의 답변은 불행한 타인에게 자신을 개방하면서 동시에 (이상적으로는) 변함없는 조국이라는 미국의 개념을 유지한다.

종의 피난처

이 장에서 나는 세 가지 방법을 취하고자 한다. 첫째, 기후난민이라는 범주의 정당성에 대해 많은 논쟁이 있었다. 이것이 정말로 별개의 범주인가, 아니면 개인을 퇴거시키는 잔인한 정치세력을 비호하기 위해 광범위하고 비인간적인 기후적 요인을 다시 비난하고 있는 것인가?(Lister 2014) 여기서 기후난민을 현대 난민의 범주에 포함시켜야 한다는 주장보다는 (다른 국가에서 시민권이 아닌 난민 자격을 신청하는 입장은 이미 현대적 지정학적 조건을 요구하고 있는 것 같다) 난민 개념 자체를 해체하고 싶다. 기생적이고 우발적으로 보이는 것, 다른 곳으로 피난처를 찾아야 하는 사람들의 퇴거는 적절해 보이는 조건이다. 기후난민을 '우리'가 벌인 자연 파괴에 대한 전례 없는 교란이자 상징으로 보기보다는, '자연'과 '기후'의 생산 **그리고** 안정의 시대를 이주하며 끊임없는 피난처 찾기로 점철된 삶의 폭력적인 중단으로 보는 것이 더 정확할 것이다. 소위 '인류(애)'는 이주의 중단과 일부 생명체의 주권적 안정의 획득을 통해 형성되었고, 결국 '난민'을 그 대응물로 만들어 냈다.

오늘날 대중문화와 추상 이론 모두가 전 인류를 피난민 상태에 두는 것을 볼 때, 우리는 유례없는 절망의 지점에 도달한 것 같다. 최근 일련의 영화들(예를 들면, 〈인터스텔라Interstellar〉(2014))은 인간종 전체를 피난처를 찾는 상태로 표현했으며, 조르조 아감벤(2000)은 '우리'가 이제 정치적인 국경 보호가 없다면 잠재적으로 벌거벗은 삶에 노출된 취약한 상태에 있다고 주장했다. 현재를 거주지 상실로 간주하는 이러한 방식은 지속 가능성이라는 더 광범위한 수사법에 속한다. 이 수사법은 안정의 시대를 견지하는 데에 분명한 가치를 부여하고, 이미 '세계의 종말'이 국가와 주권 세계의 마지막이라는 예비 애도에 착수한다.

기후변화와 기후변화 난민이 되는 것은 희망과 미래성에 대한 질문을 필연적으로 만든다. 우리는 단순히 과거를 피해서가 아니라 집home을 찾기 때문에 피난처를 찾는 것이다. 지구가 지속적인 집을 제공할 수 있는지가 문제라면, 진짜 불가능한 **문제가** 아니라면, 그것은 미래의 문제이다. 그러나 과거에 희망을 품고 피난처와 이주를 희망과 집이 생겨나는 **조건**으로 간주한다면 다음과 같은 생각이 이어진다. 기후변화와 이주는 세상의 방식이며 삶의 조건이다. 이런 면에서 희망과 피난처가 얽힌 지배적인 형상이 야만적 문명의 시대라는 증상이다. 이 야만적 문명의 시대는 일부 (극소수) 사람들을 위해 국경과 안정을 생산한다. 자연을 안정적이고 변하지 않는 집으로 **그리고** 생명의 세대를 희망을 지향하는(항상 더 좋고 더 유익한 미래) 것으로 만들어 가는 것이 이후 인류세라고 알려진 시대의 필수 조건이다. 우리가 알고 있는 대로의 세계, 즉 '우리의' 안정된 거주지인 세계는 (처음엔) 이주, 다음엔 안정화(항상 다른 이동 생활 방식을 희생하는 대가를 치르고)를 통해 점진적으로 구성되었다. 내가 제안하는 것은 희망을 우리 모두가 미래에 안정된 거주지를 획득하는 데에 두는 것이 아니라 과거와의 관계로 생각하자는 것이다. 희망은 미래의 획득물이 **아니라** 과거와의 관계에 있다. 그 과거는 지금 발생한 모든 일을 '우리의' 미래가 될 전제 조건에 불과한 것으로 축소하지 않는다(Allen 2016). 다른 세계는 어떤 모습이었을까?

　기후변화가 점점 더 부정할 수 없고, 불안정하고, 다루기 어려워지면서, 다른 지역에서 집을 찾고자 하는 꿈이 넘쳐나고 이는 현재의 인류와 고향에 대한 애도와 결합되고 있다. 인류 전체가 (이러한 통일성이 있는 한) 다양한 형태의 종의 이주와 피난처를 상상하기 시작했다. 다른 행성을 식민화하는 것에서부터(《엘리시움Elysium》(2013),〈인터스텔라〉(2014)) 고갈된 세계(《콜로니Colony》(2016),〈오블리비언Oblivion〉(2016))에서 피난처를 찾는 자들에게 식민지화되는 것까지. 그리고 인류는 애도를 미리 하는 방식으로 그렇게 상상해 왔다. 예상되는 애도와 미래의 이주(또는 우리 세계에서 난민의 지위로 전락)를 결합하는 이 흥미로운 상상의 변이 중 하나가 〈매드맥스: 분노의 도로Mad Max: Fury Road〉(2015)이다.

　이 영화의 서사에서 '우리의' 현재와 비슷한 미래가 있을 것이라고 보장하는 것은 기술 과학이나 직접적인 인본주의적 포용성이 아니다. 낭만화된 유사 페미니스트 토착 생태적 조율이다. 그러나 〈매드맥스〉에서 애도하는 것은 현재의 세계, 즉 과잉소비, 풍부한 자원, 사용 가능한 화석연료, 빼앗기지 않고 안정화된 고향의 세계이다. 잔 손재주로, 이 영화는 사이비 페미니스트와 사이비 토착문화로 변한다. 이것은 국가와 조국을 물신화하지 않은 진정으로 다른 반인본주의적 반사실적 세계를 관조하는 것이 아니라, 결정된 것처럼 보이는 우리의 운명에 희망을 주기 위해서다. 이 포스트 묵시록 또는 '세계 종말' 서사는 궁극적으로 진보, 결실, 과잉소비, 안정성, 미래 세계의 종말에 관한 것이다. 더 구체적으로 말하면, '우리'는 피난처를 찾는 것으로 단결된 종의 새로운 조건으로 구성된다. 〈매드 맥스〉에서 이 피난처에 도달하는 수단은 이제 종말에 직면한 '인류'를 달성하기 위해 말살된 바로 그 삶의 형태(토착 생활 방식과 같은)에 의해 주어진다.

이주하는 삶

삶은 그와 같이 적대적이 되는 환경에 직면해서 움직이는 것이다. 단세포 유기체에서 유기 생명체의 기원은 산소의 신진대사를 향한 움직임으로 추적할 수 있다. 이주를 시작하는 것은 적절한 이주 장소와 의도를 가진 개인들이 아니다. 오히려 움직임과 이주에서 상대적인 안정감이 형성되는 것이다. 이 안정감은 '소유'가 주는 것이 아니라, 외부 에너지를 받고자 빛과 산소에 의존하는 최초의 단세포 유기체와 같이 세력 간 관계에서 형성된다. 생명체들의 경계와 상대적 안정성을 허용하는 것은 불충분한 환경에서 활력을 주는 환경으로 움직이는 것이다.

인간의 삶은 초월적 기후 피난처라고 할 수 있는 과정의 강화이다. 환경이 신체의 에너지 요구를 완전히 충족킬 수 있다면, 점점 더 복잡한 시스템이 나타날 필요가 없다. 누군가는 '문명', 즉 다른 사람들을 식민화하고 이주시키는 정치의 발전이 에너지 단계에서 자신의 환경이 불충분하다는 것을 발견한 결과라고 생각할 수 있다. 이 이주에는 다른 곳의 에너지 변위와 활용이 포함된다. 현대 난민의 적절한 조건인 시민권, 국가, 주권이 사라진 것처럼 보이는 것은 실제로는 더 넓은 범위의 퇴거와 이주의 지평이 강화(다음에는 소멸)된 것이다. 안정된 정치체와 국가체제는 운송, 이동, 이주의 일반적인 조건을 기생적이고 부차적으로 만드는 환경을 생성한다. 요컨대, 제국주의와 식민주의는 이동의 세계를 고정의 세계로 변형시킨다. 그곳에서 추방되고, 국적이 상실되고, 피난처가 필요한 상황이 가능해진다. **국경이 보안되고 나서야, 즉 상대적으로 폐쇄되고 나서야** 정의와 권리라는 조건의 축복을 받을 수 있는 적절한 주권국가가 가능해진다. 그러한 폐쇄성은 계속되는 이주와 퇴거의 환경을 축소시킬 뿐 아니라 식민화, 점유 및 노예화의 역사를 가진 특정 국가들이 스스로를 권리와 자유의 공화국이라고 선언하는 사치를 부리게 했다. 다른 곳에서 식민화하고, 노예화하고, 에너지를 점유한 후, 그러한 국가들은 **그리고 나서** 스스로를 보편적인 인간이라고 선언하고 (기회주의적 이주민이 아닌) 진정한 난민의 가치가 있는 극소수 사람들에게만 자신들을 개방하겠다고 주장한다. 요컨대, 주권국가는 이주와 피난처의 조건에서 얻은 특권이다. 말하자면, 넓은 의미에서 이 조건이 변동성과 싸워야 했던 타자들을 희생시키면서 안정된 기후와 자연의 자비로운 혜택을 가능하게 했다.

다른 사람들을 노예로 삼아 집약적인 자연 안정화 농업을 시작한 다음, 식민지 국가의 수요를 충족시키기 위해 점점 더 많은 영토를 점령한 식민지의 역사는 기후변화, 이주, 피난의 연속이었던 세계 역사에서 예외적인 단절이라고 생각할 수 있다(폐기물 투기 및 수출은 21세기에도 지속 불가능한 이주를 통해 자연 그대로의 안정성을 달성하는 이러한 관행의 연속이다). 깨끗하고 안정적인 특정 자연 지대를 만들고 국가의 축복받은 안보를 보장하려면 유동과 이주라는 일반적인 패턴을 중단해야 하며, 이를 위해서는 다른 곳에 죽은 지역을 만들어야 한다.

반대를 해체한다는 것은 한 용어를 다른 용어보다 선호하는 것이 아니다. 이것은 들뢰즈와 가타리의 유목론(1987)이 취약한 위치로 간주되어야 하는 것을 순진하게 찬사하는 것으로 잘못 읽힌 방식이다. '정신 분열'이 안정된 부르주아 개인을 생산하는 환경에서 슬프고 기생적인 형태가 되는 것처럼, 유목주의는 정치적 인격이 생존할 수 있는 유일한 방식으로 만드는 세상에서 절망적으로 불쌍한 조건이 된다. 더 넓은 역사적이고 비인간적인 시간대를 취하면 '인간'과 그에 수반되는 '세계'에 대한 물신화된 애착을 더 광범위한 이동이라는 삶에서 우발적인 사건으로 간주할 수 있게 된다. 해체는 기생적으로 보이는 효과를 추정되는 기원에서 찾을 수 있다. 유목 생활은 이후에 국가가 될 조건이다. 더구나 초월적 이주 조건은 국가의 탄생과 함께 사라지지 않는다. 두 가지 예를 들면, 미국 제국주의는 우리의 땅이자 당신의 땅이며 많은 사람들의 피난처가 될 이 땅을 노예제도(타인의 이동을 포착하고 정지)를 통해 그 위대함을 달성했다. 미국의 지속적인 위대함은, 만약 그러한 것이 있다면, 여전히 대규모의 불법이주민 노동력, 다른 사람들을 추방하거나 파괴하는 지역(관타나모, 특별 송환), 엄격한 국경통제에 의존하고 있다. 미국의 겉으로 보이는 유기적 정치체는 이주 중이고 분산된 타자로부터 에너지를 대체하고 끌어냄으로써만 통합을 달성한다. 표면상 미국의 안전을 달성하기 위해 작동하는 보안 조치가 본토 통제에 결정적이었다는 점은 논란의 여지가 없다. 미국과는 약간 다른 방식으로 미국 밖을 바라보면, 오스트레일리아는 자신과 같은 입장에 있는 타자들을 희생시키면서 확보한 안전한 국경 밖으로 피난처를 찾는 사람들을 추방할 뿐만 아니라 주권, 민족, 권리, 재산 및 시민권 담론에 사로잡혀서 원주민들을 피난민으로 변형시켰다.

더 구체적으로 말해 보자. 국가를 난민을 받아들이는 축복받은 공간으로 보기보다는 이주를 폭력적으로 추방시킨 결과물로 보고 있다. 이주가 국가 본연의 **그리고** 지속적인 조건인데도 말이다. 우리 삶의 조건이 이주이자 피난처이다. 신진대사 과정이 환경을 고갈시키거나 변형한 후 호의적인 조건을 찾는 것이다. 이러한 지속적인 이주 과정은 비정상적이거나 예외적인 정체의 분포를 통해서만 중단될 수 있다. '자연'이라는 안정적인 첫 번째 세계는 비활성 노동시장을 점점 더 필요로 하고, 다른 곳에 에너지 및 폐기물을 처리해야 한다. 글로벌 유목주의는 안정적으로 번영하는 국가와 (노동, 폐기물 처리 및 에너지 추출, 이 모든 것이 한 세기 동안 난민을 발생시킨)

데드존에 자리를 내준다. 오늘날 점점 더 불안정해지는 행성 때문에 모든 인류가 피난처를 찾아야 하는 상황에 처해 있다고 상상하기 시작한다면, 이것은 우리가 마땅히 받을 자격이 있는 것을 상실하는 것이 아니라 오히려 현대의 '인간'이 (항상 다른 사람들을 희생시키면서) 막아 냈던 계속되는 퇴거와 이주의 부활로 생각해야 한다.

여기서 잠시 멈추고 점점 더 흔해지는 가상의 장면을 생각해 보자. 지구는 황폐해지고 '우리'는 다른 곳(《엘리시움》, 〈인터스텔라〉)에서 피난처를 찾거나 또는 고갈을 겪은 다른 곳이 지금 우리를 식민지화한다(〈콜로니〉, 〈오블리비언〉). 인류 전체가 난민 지위로 고통받는다고 상상하면, 이것은 아마도 모든 생명체의 취약성과 생명체에 필요한 이주 조건에 대한 인식의 표시가 될 것이다. 풍요한 현대인들이 이전에는 관리되고 다른 생명체에게 보내졌던 변동성에 노출된 것이다. 그러나 '기후난민으로서의 종'은 종의 특권이라는 지속적인 인식의 강화이다. 종의 특권으로 전제된 '우리'가 있는데, 이는 피난처를 보고 관리하는(그러나 결코 찾지 않는) 관점이다. 이제 취약성과 세계의 상실에 새롭게 노출된 '인류'는 항상 필연적으로 자신만의 세계가 있고, 다른 곳에서 되찾거나 유지하거나 재건할 세계가 있는 것으로 간주되는 존재들이다.

인류세 주장이 요구하는 것처럼 비록 지구공학이 우리 앞에 놓인 유일한 현실적 또는 실제적인 길이고, 생존을 위한 유일한 길이 모든 전통적 정치 방식을 버리고 지구를 살아 있는 시스템으로 등록하는 것일지라도, '우리'는 (세계를 있는 그대로 유지하는) 앞으로의 길이 논쟁의 여지가 없는 선이라고 가정해야 하는 것인가? 그 가치를 인류세의 승리와 쇠퇴로 분별할 수 있는 다른 형태의 인류가 더 이상 가능하지는 않다 해도, 그러한 다른 인류는 아직 잠재력 단계에서 가치가 없는 것인가? 인류세는 겉보기에 무익해 보이는 대항사실 counter-factuals의 기회일 수 있다. 다른 역사가 펼쳐졌다면 '우리'는 이 혼란에 빠지지 않았을 것이고, 불가피하게 전 지구적인 '우리'는 없었을 것이다. 그러한 반사실적 진술을 지금 생각한다고 우리를 구할 수 있는 것은 아니지만, '우리'의 생존만이 미래를 위한 유일한 가능한 가치인가?

대항 인류세

나는 대항역사counter-history를 사유하고자 주권국가와 난민 관계의 해체를 주장한다. 이미 말했듯이, 이주는 역사 속에서 우연히 발생하는 것이 아니라 역사이다. 인류세를 낳은 특정한 역사적 궤적은 도시국가, 산업 및 제국의 지속적인 생성으로 이주를 중단했다는 점에서 예외적인 사례로 간주될 수 있으며, 일부 인구는 국가를 경험하면서 다른 인구(인간 및 비인간)의 에너지를 활용한다. 대항역사에 대해 생각하는 것은 이주를 국가라는 안정된 형태의 불행한 예외로 상상하는 것이 아니라 다음과 같은 질문을 던지는 것이다. 만약 국가가 없다면 어떨 것인가? 내가 제안하는 것은 현재 '우리'가 경험하고 상상하는 조건, 즉 세계주의의 현 시스템 내에서 기후난민이 되는 것과 인류 전체가 기후난민이 될 가능성, 이 두 가지 조건 모두에서 '우리'가 생존하기 위해 다른 곳으로 이주하는 방법이 아니라 이주를 '우리'도 없고 '집' 같은 곳도 없는 것처럼 생각하는 방법을 촉구하는 것이다. 인류세가 '우리'에게 전 지구적 인류의 명령을 부과하여 다른 곳으로 이주하거나 하나의 공동의 미래를 위해 하나의 종으로서 행동해야 한다는 종의 차원에서 생각해야 한다고 말하는 것이 아니다. 우리는 이주와 피난을 다르게 생각했으면 좋겠다. 인간을 종의 단계까지 고양시켜 지구적·행성적, 심지어 지질학적 시간대를 채택하지 말고, 단계를 축소하여 국가의 경계를 정하지 않고 다양하게 흩어진 인구와 이주 이동, 피난처를 찾는 강제이주 그리고 안정, 지속 가능성과 생존(항상 다른 곳으로의 이주와 이주를 희생시키고 쟁취한 생존)에 대한 요구에 대해 생각해 보는 것이다.

　누군가는 이의를 제기할 수 있다. 아마도 비서구적 주거 방식이 인류에게 또 다른 길을 제시했던 때가 있었을지 모르지만, 이제 그런 시대는 끝났고 우리에게 열려 있는 유일한 피난처는 인류세의 규모를 받아들이고 이제 지구가 살아 있는 하나의 시스템으로 평형의 관점에서 이동하고 있다고 바라보는 것이다. 인류가 있는 그대로 생존하기를 원한**다면** 지구공학이 유일한 선택일 수 있다는 것은 문제의 규모를 고려할 때 사실일 수 있다. 또는 대안으로, 기후변화와 인류세가 '우리'가 마땅히 누려야 할 지구적 인간의 정의를 달성할 수 있는 기회라고 주장할 수도 있다. '하나의' 새로운 인간 조건에 대한 이러한 두 가지 지구적 수용은 안정적인 인류인 '우리'가 생존할 수 있도록 해 준다. 비록 그 지속 가능성을 이야기하는 바로 그 인류가 결코 지속 가능하지 않고, 다른 삶의 양식을 지울 수 있는 존재 방식으로 확립되었다고 할지라도 말이다. 기후가 자본주의를 이긴다고 보는 나오미 클라인의 사회주의 유토피아나 기후로 생산된 것을 정복한다는 자본주의의 지구공학적 꿈은 인류 전체를 전제하고 지구의 적절하고 압도적인 규모를 주장한다. 아니면 브루노 라투르의 간결한 반대를 사용하자면, 우리는 지구를 지키기 위해 세계주의를 반대하고(라투르의 선택) **또는** 세계주의를 위해 지구에 반대하는 것이다. 또 다른 가능성도 있다.

다음에서 내가 제안하고 싶은 것은 가능성과 실제를 넘어 가상공간까지 생각하자는 것이다. 우리는 홉슨의 선택,[1] 즉 인류가 계속해서 더 나은 더 적절한 형태로 지속되는 약속의 땅에 있거나 또는 지구공학(또는 행성적 이동)만이 우리를 구할 정도로 큰 재앙이 일어날 거라고 믿는 선택 사이에서 고민할 필요가 없다. 아마도 길을 잃은 불가능한 형태의 인류는 여전히 우리에게 할 말이 있을 것이다. 생명의 초월적 이주, 즉 인간이 출현하고 국가가 한순간 기생적 안정으로 생성되는 **생명**인 이주를 생각한다면, 체념한 애도의 순간에 '인간(임)'을 포기하는 것이 아니라, 인간으로 알려진 것이 특정한 사고

---

[1] [역주] Hobson's choice. 실제로는 한 가지만 제공되는 자유선택. 여러 선택지가 있는 것처럼 보이는 착각을 가리킨다. 영국 케임브리지에서 마구간을 운영하던 토머스 홉슨이 손님에게 문에서 가장 가까운 말을 타거나 타지 않을 선택권을 제공한 데서 유래했다고 한다.

척도에 의존하며 다른 척도가 가능할 뿐만 아니라 파국적이지 않은 방식으로 삶과 사고에 자신을 부과하고 있다는 생각을 허용하는 것이다.

1972년 오스트레일리아 정부가 오스트레일리아 원주민에게 토지권을 부여하지 않고 기업체에 광업권을 부여하자, 오스트레일리아 원주민들은 오스트레일리아 의회 밖에 텐트로 친 대사관을 건립했다(Foley et al. 2013). 대사관을 세움으로써, 원주민들은 자신들의 땅에서 스스로 이방인임을 선언한 것이며 동시에 주권과 국가 담론에 암묵적으로 참여했다. 그들은 스스로 자기 땅에서 이방인임을 선언하고 담론적 인질이 되는 제스처를 취했다. 오스트레일리아 원주민은 대사관을 점거함으로써 오스트레일리아를 **무법지대**terra nullius로 선언할 수 있게 한 법률 체계의 특징인 국가, 주권, 소유권, 토지 권리 및 합법적인 사용이라는 바로 그 개념을 이용했다.

1971년 오스트레일리아의 노던 테리토리 대법원은 밀리르펌 대 나발코 주식회사 사건에서, 침략 당시 문제의 토지가 합법적 생산 방식으로 사용되지 않았기에 점유되었다고 **볼 수 없다고** 판결했다. 역사의 이 시점에서 우리는 이미 이주 개념을 두고 벌어진 전쟁을 볼 수 있다. 주권을 상실한 것으로 추정되는 땅을 주권 국민(예를 들면, 대영제국이나 스페인 같은 국가 국민)이 차지할 수 있다는 국가 간 또는 국가들의 이주 개념과 국민을 정의하는 것이 이동이며, 횡단하는 땅 자체가 소유 재산이 아니라 **이동에 의해 그 자체로 정의되는** 이주 개념 사이의 전쟁이다.

여기에서 오스트레일리아 원주민 문화를 알아볼 시간도, 민족성에 대한 현대적 개념의 지독히 예외적인 특성을 알아볼 시간도 없다. 다만, 오스트레일리아 원주민이 인간과 비인간을 엄격히 구분하지 않고 땅과 관계를 갖는 전통적 사상에 귀 기울인다는 점을 간단히 언급하겠다. 그들에게 땅은 움직임과 변화의 역사로 정의된다. 땅은 소유할 재산이 아니며, 사람은 국가로 정의되는 것이 아니라 유동적이고 역동적인 관계의 공간을 가로지르는 집단화로 정의된다. 제국주의와 (움직임을 멈추고 공간을 '획일화'하는) 국가 형태를 원주민 형태와 대조할 수 있다. 원주민의 국가 형태는 계속되는 전쟁에서 공간과 사람들과 조우하는 것이다. 나는 현대 오스트레일리아 원주민이 여전히 전통적인 원주민 사상으로 정의되거나 정의되어야 한다고 주장하는 것이 아니다. 식민주의 역사가 그 영토를 공격하는 동안 오스트레일리아 원주민 사상이 안정적이고 원시 상태를 어떻게든 유지했다고 암시하는 것도 아니다. 제국주의 이전 황금시대가 있었던 그 시절, 국가 형태가 불성화되고 생명력이 없던 시절에 대한 향수를 부추기고 싶지도 않다. 내가 하고 싶은 것은 앞서 언급했듯이 기후, 변화, 이주 및 피난처 개념 간 관계를 해체하는 것이다.

유럽 문화 달력에 따라 계절이 조화를 이루는 안정된 자연이라는 18세기 이미지에 집착하고, **다음에** 이 '자연'이 이후에 불행히도 과잉생산 자본주의에 의해 파괴되었다고 보는 것보다, 변하지 않는 기후를 자본주의 생산과 소비에 대한 요구가 **만들어 낸 것으로** 보는 것이 더 나을 것이다. 안정화 관행의 결과물이 아닌 기후는 없다. 기후변화는 이전 변덕스럽고 부적절하고 역동적으로 경험된 세계에서 하나의 사고에 불과했지만, 지금은 제국의 역사에서 일시적으로 대체된 것이 아니라 과잉소비의 불행한 결과로 간주된다. 둘째, 이주와 피난을 국가 시민이 마땅히 겪어야 하는 불행한 사건으로 보기보다는, 지구적 휴머니즘이라는 자유주의적 주제를 항상 다른 신체(인간과 비인간)를 잔혹하게 포획해야 했던 안정에 대한 맹목적 숭배가 초래한 일시적이고 지속 불가능한 효과로 보는 것이 더 나을 것이다.

원주민의 텐트 대사관 1972

오스트레일리아 국회의사당 앞에 그곳이 대사관인 양 집결해서 땅을 점거한 원주민들은 고향을 빼앗긴 채 피난처를 찾아야 했고 더 이상 도망칠 곳도 없었다. 또 다른 오스트레일리아의 길을 볼 수 있는 지금, 혹은 물리적인 고향을 잃었을 뿐만 아니라 거주하던 공간이 적대적으로 변해 버린 이 사람들에게 더 많이 공감하는 지금, 그 순간을 되돌아본다는 것은 무슨 의미인가?

오스트레일리아 원주민들이 토지권 거부에 맞서 천막 대사관을 세웠을 때, 이미 인위적인 기후변화는 지정학적 조건으로 강화되거나 반영된 인류 종의 새로운 통합을 강화했다. 이주와 민족의 세계는 이미 오래전 이민, 난민, 인류 전체라는 허구의 세계에 자리를 내

주었다. 난민이 되거나 대사관이 제공할 수 있는 보호와 대표성을 얻으려면 특히 인격, 주권, 국가와 같은 특정 이론적 가정이 작용해야 한다고 말할 수 있다. 1972년에는 피할 수 없는 것처럼 보였던 이러한 개념들이 이제 한계에 도달하고 있다. 1972년의 천막 대사관은 이미 채굴 이익을 다른 무엇보다 우선시하는 정치 현장의 일부였으며, 원주민 주권의 대응은 부분적으로 (또 다른 주권국가를 선언함으로써) 당시의 법체계와 불일치했고, 부분적으로 여전히 도시(주권)에 여전히 단 하나의 지정학적 게임이 있다는 증거였다.

즉, 원주민들이 자신의 땅에서 난민이 되어 외부 주권 민족으로 설정되어 (1972년 천막 대사관에서 그랬던 것처럼) 국적을 찾아야 하는 경우, 바로 그 순간에 강제적으로 집행되는 주권 담론을 이미 받아들인 것이고 또 **받아들여야만** 했다(Franke 2009). 주권 선언이 오스트레일리아 법률 체계에 대한 거부라면, 그럼에도 불구하고 국가주권이 글로벌 금융, 기후변화 및 기타 일련의 피할 수 없는 인본주의 세계에서 점차 가능성을 잃어 가는 지정학적 시스템에 **빠지게** 된 것이다. 인본주의가 번역할 수 없는 존재 방식에 대한 맹목을 가능하게 하는 보편적 '우리'라는 개념을 상정하는 방종한 전략으로 시작되었다면, 그것은 점점 더 폭력적인 곤경에 처하게 되었다. 글로벌 자본과 글로벌 인본주의 꿈과 아무 관련이 없는 수렵채집사회는 그럼에도 불구하고 다시 한 번 유목민이 될 종에 속하게 된다. 우리가 복잡한 이민 시스템으로 알고 있는 것, 즉 나라에서 나라로 이동하는 사람들, 피난처를 찾는 사람들, 불법이민자 노동, 해외 노동력, 수입된

숙련노동, 선거를 전후하여 반이민 공포를 조장하는 일부 사람들은 수세기 동안 사람들이 탁월하고 지속 불가능한 안정성을 획득한 결과물이다.

2016년 미국 대선 캠페인에서 도널드 트럼프는 장벽만 건설할 수 있다면 미국을 다시 위대하게 만들 수 있다고 선언했으며, 오스트레일리아도 정치적 허세를 부추기는 방법으로 이민자와 난민 무리의 숫자를 이용했다. 이러한 감정은 우리 자신의 병 때문에 다른 사람을 희생양으로 삼거나 비난하는 것처럼 간단하지 않다. 이러한 정서는 주권국가의 순간적인 혼란을 주요 사건으로 삼아, 이주민과 난민은 부차적이며 불행하지만 피할 수 있는 사건으로 간주한다. 주권은 이주민을 희생양 삼아 내부의 병폐를 대체할 뿐만 아니라, 에너지를 활용하면서 동시에 부정하는 이주의 분야에서 등장한다. 오스트레일리아 원주민이 유럽 침략 이전에 **사후의**ex post facto 주권 민족임을 선언하고 또 다른 주권 방식(이동의 주권은 자연의 안정화에 의존하지 않는 주권이다)을 구성했다면, 그들은 즉시 국민을 주권국가로 인정하는 글로벌 체계에 포착당했겠지만, 그럼에도 불구하고 잠재적 재산으로 주권과 토지의 관계를 교란시켰을 것이다. 주권이 시간과 이동, 일어난 일과 과거 궤적으로 정의된다면, 이주는 주권국가 사이가 아니라 신체(인간과 비인간)와 장소가 동등한 원초적 존재가 되는 정치적 집합 양식을 구성할 것이다.

조르조 아감벤(1998)의 연구를 뒤틀어 말하자면, 모든 인간은 이제 **호모 사케르**homo sacer이며, 더 이상 인격의 권리와 정의로 보호받지 못한다. 인간의 삶은 이제 지속되는 삶이 주는 순전한 어려움에 노출되는 단순한 삶이 되었다. 장소 없는 이동의 외부가 안정성의 내부로 정의하던 서구 주권의 조건이 이제는 점점 더 취약하고 불안정한 공간에 종 전체가 노출될 정도로 규모가 변하고 있다. 그러나 이러한 인간 노출을 아감벤의 생명정치 개념 틀 안에서 고려하기보다는 (여기서 취약성과 장소 없음에 대한 노출은 주권이 점점 더 많은 인간을 포기하는 한탄스러운 결과를 낳았다), 예외적이고 논쟁적인 범주라고 간주된 기후난민의 범주에 포함시켜야 한다고 주장한다. 더 나아가, 살아 있는 시스템이 생존할 수 없는 상태로 변형을 거친 후 한 환경을 빠져나가는 조건은 항상 삶의 역사성을 표시해 왔다. 현재와 다른 지점은 일부 행복한 소수의 인간은 그러한 상태를 알지 **못하고** 다른 사람들의 노출을 강화하는 대가로 주권적 존재를 유지했다는 것이다. 그러나 모든 예외와 특권에도 불구하고, 계속되는 즐거움을 얻고자 난민과 이주민에 대한 연민을 행사하고 이를 자축하는 것은 인류의 과도한 소비다. 그리고 한때 주권을 가졌던 자신의 공간에서 추방이라는 조건에 직면한 종족으로 자신을 상상하는 것도 바로 이 **동일한** 인류이다.

인류세의 규모에서 피할 수 있는 피난처는 없으며, 규모가 다른 모든 잠재적 인류를 그림자 속으로 몰아넣고 쇠퇴의 순간에만 그 특수성을 식별할 수 있을 정도로 강렬하게 작동하더라도 마찬가지라고 말할 수 있다. 생명체로서 지구의 역동성을 변화시킬 수 있는 종을 생성한 과잉소비와 과잉생산의 양식, 즉 세계주의, 보편주의, 인격성의 동일한 인류는 모든 인류를 쇠퇴의 순간으로 몰아넣는 지점에서 정확히 일부 인류의 제한된 조건으로 볼 수 있다. 즉, 이것이 진정으로 인류세라는 것을 받아들여야 한다. 즉, 이제 사실상 하나의 '인류'가 존재하며(Hamilton 2013), 이 조작된 보편적 인류는 자본주의와 백인우월주의의 영향이라는 사실(Moore 2016)을 인정해야 한다. 오늘날 인류세 규모의 관점에서, 우리는 인간 사이의 생태학적 정의에서 벗어나 지구 전체의 곤경으로 옮겨 가야 한다. 인류세의 측면에서 식별할 수 있는 인류의 다른 양식이 지닌 가능성의 가치는 이제 밟아 보지 않은 길, (적어도 인간의 실제 시간에서는) 영원히 닫힌 길로 보일 수 있다.

1972년 원주민은 왜 공간을 점유하고 특정한 형태의 주권을 주장해야 했으며 그 결과로 무엇을 희생했는가? 우리는 오스트레일리아의 법적 정치체제가 취한 피난처에 대해 두 가지를 관찰할 수 있다. 첫째, 지정학적 측면에서, 원주민에게는 식민지배와 그 오랜 기간 동안의 식민지배 때문에 더 이상 갈 곳이 없었다. 원주민들은 침략과 수탈에 앞서 주권적 단결을 형성하고 이 주권적 단체의 존재를 주장할 필요가 있었다. 이 문제는 공간을 차지할 기회가 주권과 민족성 담론에 복종해야 할 필요가 있다는 점에서 담론적이며, 동시에 단일 토지 덩어리로서 오스트레일리아의 식민화가 분산되고 유목민적이며 다양한 민족의 가능성을 배제했다는 점에서 지정학적이다. 그러나 우리를 기후 문제로 이끄는 것은 규모와 피난처의 두 번째 상호연결, 지구적 식민화와 지구적 법적 담론을 넘어서는 상호연결이다. 유목민으로 존재하면서 토지에 기반한 뚜렷한 생존 방식과 시간성에 의존하는 것은 기업의 채굴 이익과 인위적 기후변화가 모든 인류를 하나로 묶어 버림에 따라 점점 더 불가능해질 것이다. 비록 (한 관점에서) 오스트레일리아 원주민이 인류 역사의 규모를 뛰어넘는 시공간을 사고할 수 있는 결정적인 능력이 있다 해도, 지구 인류의 규모는 점점 더 커질 수밖에 없다. 오스트레일리아 원주민이 대사관으로 피신한 것은, 갑자기 땅을 잃었기 때문이 아니라 1972년에 여러 규모의 충돌이 있었기 때문이다. 자본주의, 식민주의, 인간 생존의 관점에서 볼 때 광업과 자원은 전통적인 점유권 주장보다 우선시되어야 했다. 원주민에게 침략은 그들의 역사 **안에** 일어난 한 사건이었다. 이후 오스트레일리아 민주주의 역사의 모든 시간적 지표는 완전히 다른 형태의 주권이라는 더 넓은 시공간 내에서 이해될 필요가 있다. 원주민의 관점에서 토지는 사용과 생산 때문이 **아니라** 인류 역사 넘어, 인간을 초월한 사건들에 대한 기억을 포함하는 기억 때문에 그들 자신의 소유인 것이다.

하나의 가능성을 상상해 보자. 1972년에 오스트레일리아 정부가 주권 담론 내에서라도 원주민들에게 원주민 칭호와 같은 것을 부여했거나 또는 이후 1982년 후반 밀리르펌 대 나발코 주식회사(1971) 판결을 기각한 마보 대 퀸즐랜드 법원 판결처럼 식민 세계주의의 범위와 강도를 약화시켰다고 가정해 보자.[2] 원주민들이 그들만의 기준과

---

[2] [역주] 1992년 6월, 오스트레일리아 고등법원은 원주민 에디 마보가 퀸즐랜드주를 상대로 제

역사를 유지할 수 있었을까? 1972년에는 전 지구적 행동을 요구할 (그렇게 추정되는) 모든 인위적인 지구 체계 변화가 이미 가동 중이었다. 1982년에 **무법지대**의 개념이 뒤집히고 원주민 소유권이 인정되었지만, 백인 오스트레일리아인의 주권과 합법성 체계 내에서 원주민 소유권 부여는 이미 단일 규모의 인간 포획을 강요하는 집약적 산업의 지정학적 질서 **내에서** 발생했다. 1972년에 원주민들이 고유한 시간성과 지리학적 시간성을 계속 유지할 방법이 이미 없었다. 20세기 후반 산업주의와 함께 모든 것을 동일한 규모로 휩쓸고 잠식하던 경제적·문화적 요구 사항이 존재했을 뿐만 아니라, 모든 것을 새로운 지구적 통합으로 끌어들이는 기후변화에 대한 인식도 강화되었다. 지구와 함께 존재하던 토착적 존재 방식이 광업과 산업화된 농업으로 대체되고 있었고, 서구 자본주의의 식민화 범위와 삼림 벌채, 해양 산성화 및 지구온난화를 초래한 집중적 과소비는 현재 인류세에서 분명하게 명명된 단일한 생태적·경제적·개념적 규모를 이미 양산했다. 지구를 하나의 생명체로 생각하면 종으로서의 '인류'와 같은 개념은 불가피한 범주처럼 보인다.

1972년에 오스트레일리아 원주민은 모든 난민과 마찬가지로 이미 기후난민이었다. 오스트레일리아 원주민의 퇴거는 이미 자국 영토를 고갈시킨 서구 세계가 광물자원 수요를 증가시킨 결과였다. 원주민들은 더 많은 공간과 자원에 대한 글로벌 자본주의의 지속적

기한 식민지 이전 원주민의 토지 소유권을 오스트레일리아 관습법 내에서 최초로 인정했다.

인 필요 때문에 쫓겨났고, 형벌 식민지의 형태를 취한 백인 침략으로 더 쫓겨났다. 여기에 오스트레일리아의 초기 백인 죄수와 정착민은 안정된 주권국가에 대한 서구 숭배의 결과로 볼 수 있으며, 주권국가는 차례로 이주노동과 다른 유목민족의 자원에 대한 지속적인 압류에 의존했다. 1972년과 21세기에 이르기까지 광업에 대한 이해관계가 지구에 대한 다른 모든 사고방식을 대체하면서 오스트레일리아 원주민 말살과 기후변화의 관계가 더 분명해졌다. 적어도 우리가 지층의 규모를 생각한다면, 지질학적 영향을 미치지 않았을 수도 있는 생명체는 이제 초산업주의의 쇠퇴하는 빛 속에서 인류세인이라고 언급될 수 있는 인류의 삶의 방식에 희생되었다.

그래서 나는 클라이브 해밀턴Clive Hamilton이 지구과학을 살아 있는 체계로 이해하지 못하는 사람들에게 한 비판을 받아들여야 한다고 제안한다. 우리는 인류세를 (생태계 측면에서 인간이 어떻게 행동하는지와 관련된) **정치적 수준**으로 정의해서는 안 되며, 대신 지구 전체와 충적세(홀로세Holocene) 이후 변동성으로의 전환을 생각하도록 규모를 바꿔야 한다. 그러나 동시에 인류세라는 실제적이고도 잔인한 실체와 모든 인간관계를 능가하는 그 규모를 받아들이기보다, 인류세에 책임이 있는 소비의 강도를 촉발한 사고와 행동의 규모는 전 지구적인 정치적 휴머니즘이었다고 말할 수 있다. 이 정치적 휴머니즘은 피난처나 다른 공간이 불가능할 정도로 지구와 다른 인간을 식민화했고, 다른 사고방식과 행동 방식은 인류세가 지질학적으로 포섭되기 전에 발생했다. 그렇다면 오히려, (자유주의적이고 마르크스주의적인 형태의) 전 지구적 인본주의에서 인류세의 지구 체계 과학으로 확장하는 것보다, 사실상 다른 척도를 열어야 한다고 제안할 것이다.

인류세는 좁은 의미의 인위적 기후변화나 인간이 환경에 미치는 영향을 의미하는 것이 아니다. 그것은 특정 형태의 영향이 그 행성을 홀로세 특유의 고요함과 안정성에서 높은 수준의 변동성으로 변화시킨 방식을 나타낸다. **이러한** 변화가 발생하면 한때 인간과 실제로 관련이 없던 지질학이 이제는 인간의 삶을 고려하는 정당한 척도가 될 정도로 같은 규모의 이동이 발생한다. 또한, 인간이 이제 생태계뿐만 아니라 지구를 변화시키는 **지질학적인** 고려에 대한 규모의 변화는 정치적 규모의 전환을 필요로 한다. 에코페미니스트, 원주민 또는 유목민 주거 형태로 전환함으로써 달성할 수 있는 구원이나 피난처를 주장하는 것은 (아마도) 불가능할 것이다.

잔인한 사실과 현실의 수준에서, 인간이 행성 파괴 강도에 도달하지 않고 살았을 수 있는 인류세 이전 세계를 되찾을 수는 없다 하더라도, 이 저물어 가는 시대에 우리가 알고 있는 것에 비추어 볼 때 다른 시간과 차원이 가능한 **것처럼** 살 수 있다고 생각할 수도 있다. 그렇다면 21세기는 생존을 위해 무엇을 해야 하는지 알면서도 다른 행동을 하는 시대라고 말하기보다는, 생존과 확장 게임이 더 이상 가능하지 않다는 것을 잘 알고 있으며, 이러한 사고가 가상이면서 완전히 실제적인 대항인류세counter-Anthropocene를 만들어 낸다고 생각할 수 있다.

다른 행성은 없으며 다른 역사도 없다. 이제 다른 인류도 가능하지 않겠지만, 아직 실현되지 않은 역사의 가능성은 **현재** 또 다른 세계를 열 수 있다. 인류세를 초래한 과소비적 산업화 인류가 아닌 다른 잠재적 인류 또는 가상의 인류는 원주민 천막 대사관이 세워질 때 그리고 이후 마보 결정 당시에는 가능하지 않았지만 상상할 수는 있었다. 세계화 기술 과학의 파괴적 감각의 시작이기도 한 그 시점에서조차 식민화와 그 황폐화로 인해 쫓겨난 사람들은 국가, 주권 및 토지 소유권이라는 해로운 시스템 안에서만 피난처를 찾을 수밖에 없었고 이를 통해 확인할 수 있었다. 고도산업주의의 인류는 그 지구적 범위와 피해 갈 수 없다는 사실이 정확히 어떤 종류의 실제 피난처도 불가능하다는 점을 인식하고 있다. 그럼에도 불구하고, 지금 지구의 모든 지역이 인류를 식민화하는 한 가지 방식이 초래한 곤경에 처한 인류세의 포괄적이고 타협할 수 없는 규모를 통해, 다른 인류의 희생을 바탕으로 한 인류의 역사적 성공을 가능하게 하고 **그리고** 인류세를 이론화할 수 있는 모든 기술적 전문성을 가능하게 한 단일 규모 또는 단일 시스템 사고 또한 이제 우리가 더 이상 피할 수 없는 사고임을 인식할 수 있다. 결론적으로, 나는 인류세를 특징 짓는 지질학적 규모 개념과 식민화의 역사를 표시하는 전 지구적 인간 규모를 혼동하고 싶지 않다. 그러나 내가 하고 싶은 것은 **적절한 규모**의 개념, 즉 생존이 하나의 규모에 묶여 있다는 생각에 의문을 제기하고, 하나의 등록 또는 지층이 다른 모든 지층을 포함하도록 허용해야 한다는 생각에 의문을 제기하는 것이다.

끝으로, 모든 난민은 (과소비와 과잉생산으로 인해 전쟁과 식민지화 형태로 쫓겨난) 기후난민이며, 이제 인류는 전반적으로 기후난민이 되는 조건에 접근하고 있다. 모든 인간, 특히 서구 식민지배적 세계주의로 고통받은 사람들은 이제 지구 공간이 척박하다는 사실을 깨닫고 있지만, 동시에 피난처를 찾는 것이 이주를 초래한 바로 그 체계 안에 머물게 한다는 사실을 알게 되었다. 지금까지의 대응이 주권을 유지하는 것이었다면, 어쩌면 너무 늦었을지라도 주권 이후의 이동 개념을 되찾을 수 있을지도 모른다.

제8장

낯선 행성의 이방인들
: 환대와 홀로세 기후변화에 대하여*

| 나이젤 클라크 |

* [역주] 홀로세Holocene는 약 1만 년 전부터 현재까지의 지질시대를 말한다. 충적세 또는 현세
라고도 부른다. 플라이스토세 빙하가 물러나면서부터 시작된 시기로, 신생대 제4기의 2번째
시기다. 마지막 빙기가 끝난 약 1만 년 전부터 가까운 미래도 포함하여 현재까지다.

"야곱아, 너를 기억할 땅에 묻히도록 노력해라."

그리스 지질학자 아토스는 홀로코스트로 가족, 민족, 조국을 잃은 폴란드계 유대인 소년에게 충고한다(Michaels 1997: 76). 이 소년을 잘 돌봐 줄 수 있는 땅은 핏줄이나 혈통에 뿌리를 둔 땅이 아니다. 야곱의 세계를 산산조각 낸 것은 땅과 사람에 대한 그러한 상상력이었다. 내가 이야기를 잘 이해한 것이라면, 아이를 기꺼이 받아 주고 도와줄 수 있는 곳이 더 좋을 것 같다. 아이가 재능이 있거나 훌륭한 시민이 될 수 있기 때문이 아니라, 상처받고 슬픔에 잠긴 상태의 아이를 받아 줄 곳 말이다. 아이의 이야기를 키워 주고 그 기억을 지켜 줄 뿐만 아니라, 실행 가능한 미래를 위한 자원을 제공할 수 있는 장소와 사람들이다.

트라우마, 피난처, 회복에 대한 이야기인 앤 마이클스Anne Michaels의 소설《퓨저티브 피스Fugitive Pieces》(1997)는 인류세 개념이 나오기 바로 직전에 출간된 책이지만, 인류세 개념을 문학적으로 표현한 최초의 작품 중 하나이다. '퓨저티브 피스'라는 제목은 디아스포라 삶의 분열과 뿌리 없는 삶뿐만 아니라, 지구 자체의 분리와 모빌리티를 언급한다. 야곱을 구출해서 아이오니아의 자킨토스섬으로 피신시킨 사람이 지질학자라는 점은 매우 중요하다. 아토스는 소년의 보호자일 뿐만 아니라 다른 땅, 다른 지구로 안내하는 안내자가 된다. 야곱의 목소리. "어렸을 적 내 피가 흐르는 과거를 빼앗겼을 때에도 내가 그것을 받아들일 만큼 충분히 강해지면 두 번째 역사가 주어진다는 것을 이해했다. … 그가 책상에 앉아 글을 쓰는 동안 나는 그 옆에 앉아 바다를 돌로, 돌을 액체로 만드는 힘을 생각했다"(Michaels 1997: 20). 심오한 지질학적 시간과 지구의 변형에 대한 아토스의 설명, 즉 '거대하게 올라오는 **움직이는 땅**terra mobilis'은 소년의 극도로 축소된 시야를 여는 데에 도움이 되며, 야곱이 잃어버린 과거와 불안정한 미래에서 벗어날 수 있는 상상의 자원을 제공한다(Michaels 1997: 21). 이것은 사회 세계가 전달하지 못해서 그렇게 두려워한 안정을 지구가 제공할 것이라 기대해서가 아니다. 아토스의 지질학이 주는 교훈은 지구가 몇 번이고 반복해서 흔들리고 비틀면서도 여전히 견뎌 낸다는 것이다. "펠로폰네소스 산맥의 풍경은 여러 번 손상되고 치유되었으며 슬픔이 햇볕이 내리쬐는 땅을 어둡게 만들었다"(Michaels, 1997: 60). 이것은 견고함과 안정된 소속감이라는 환상에 빠져들기보다 격변, 혼란, 재시작이 세상의 이치라는 것을 보도록 격려하는 지질학적 상상력이다. 야곱은 다음과 같이 말한다. "아토스가 세상을 바라보는 방식대로라면, 모든 인간은 새로 도착한 존재였기에 나는 잠시나마 낯설음을 떨쳐 버릴 수 있었다"(Michaels, 1997: 103).

오늘날 뿌리를 잃고 충격에 빠진 사람들이 다시 그리스 섬과 주변 해안을 찾고 있다는 사실을 상기할 필요는 없다. 다시 한 번, 한나 아렌트가 유럽의 내전과 전시 격변에 대해 진단한 것처럼, 난민은 '현대 정치에서 가장 증상이 심한 집단'으로 등장한다(1973: 277). 소년 야곱과 마찬가지로 아렌트가 언급한 난민들은 권리를 박탈당하고 박해에 노출된 채 국가가 스스로를 정당화하고 운영하는 동일한 논리에 노출되었다. 이런 식으로 난민들이 처한 직접적인 곤경이나 그 숫자의 방대함을 넘어 추방된 무국적자들의 존재 자체가 민족-영토-국가의 연속체에 깊은 균열을 드러냈다.

그렇다면 오늘날의 난민들도 같은 증상을 보일까? 시리아 분쟁에서 탈출한 사람들의 경우, 부분적으로 기후변화로 인한 오랜 가뭄으로 농촌 생계가 파괴되고 농촌-도시 간 이주가 가속화되었으며 정치적 불만이 악화되었다는 주장이 제기되었다[Gleick, 2014, cf selby and Hulme, 2015, 또한 Selby 2014 참조]. 기후변화로 인한 전 지구적인 곡물 부족과 그에 따른 식량 가격 상승이 아랍의 봄 봉기에서 '위협 승수'로 작용했다는 주장도 있다[Johnstone and Mazo 2011: 15].[1] 방글라데시 다카의 빈민가 거주자 중 70퍼센트가 이전에 기후변화로 인한 환경적 충격을 경험한 적이 있는 것으로 추정된다는 보고가 있다[Cities Alliance, 2016]. 전 세계 농촌지역이 다 비슷한 상황이다. 수확량 감소, 강우량 부족, 사이클론 계절의 심화 등으로 일시적 또는 영구적으로 가장 가까운 도시나 먼 노동시장으로 이주해야 하는 이유가 또 하나 더 늘었다.

비평가들은 기후변화로 인한 모빌리티 문제와 관련해 기후난민 또는 이주민에 관한 명확한 정치적·법적 정의가 오랫동안 부족했다고 지적한다[Lazarus, 1990; White, 2011]. 대부분의 사람들은 이러한 모호함의 큰 부분이 기후 또는 환경 변화의 영향과 다른 이주 동기를 구분하기 어렵다는 데에 있다고 덧붙인다. 이러한 문제는 조만간 지

---

[1] [역주] 위협 승수threat multiplier. 국가안보 실무자들은 기후변화를 "위협 승수"(CNA, 2007; DOD, 2014) 또는 "불안정성 촉진제"(DoD, 2010)로 묘사했다.

구가 정확히 어떤 순간에 무엇을 하는지에 대한 질문으로 이어지기 때문에 다루기 어려운 도전이다. 또는, 내가 전에 말한 것처럼 "지정학에서 '지리geo'를 의미하는 지구 과정의 고유한 역동성으로 인해 실향민이 정착하지 못하고 난민이 되는 원인을 하나의 결론으로 도출하기 힘들다"(Clark, 2003: 7).

지구에 대한 과학적 연구가 발전한다고 해서 이런 문제들의 해결이 반드시 더 쉬워지는 것은 아니다. 지난 반세기 동안 지구과학의 정설은 지구 과정의 복잡성, 역동성 및 불확정성에 대한 새로운 인식을 발전시켜 왔다. 고생물학자 리처드 포티Richard Fortey는 다음과 같이 요약한다. "지구 표면에 대한 우리의 이해는 이동의 자유가 증가했다는 이야기다"(2005: 237). 이 이야기는 아직 끝나지 않았다. 자연과학을 통해 계속해서 울려 퍼지고 있는 움직이는 땅은 사회과학과 인문학의 밑바닥에서 울려 퍼지기 시작했으며, 인간 스스로가 이동한다는 것이 무엇을 의미하는지에 대한 질문을 제기할 뿐만 아니라 앤 마이클스의 아토스처럼 인간이 고향에 있다는 것이 무엇인지에 대한 질문을 제기할 것이다.

고향 개념에 문제를 제기하는 데에는 지구라는 행성이 필요하지 않다. 아렌트가 지적했듯이, 정치 질서가 단일하거나 일관된 정체성을 전제해야 한다는 신념이 수많은 사람들을 그들의 고향에서 이방인으로 만들었다(1973: 299-232, ch 9; Dillon 1999: 109- 110; Larking, 2014: 31-2). 아렌트와 그 이후의 많은 정치사상가들이 주장한 것처럼, 국가와 출생 사이의 연관성, 즉 공통의 토양에서 태어났다는 것이 민족 간의 유대를 강요하고, 다른 토양에서 나온 것처럼 보이는 사람들 또는 공통의 토양이 어떻게든 효도를 다하지 못한 사람들을 체계적으로 배제한다[Arendt, ch 9; Agamben 2000: 21]. 마이클 하트Michael Hardt와 안토니오 네그리Antonio Negri 가 말했듯이, "'민족국가'는 타자를 생산하는 기계이다"[2001: 114]. 이 어려움에 대한 지배적인 비판적 반응은 인간의 정체성이 본질적으로 복잡하고 다중적이며 이질적이라는 것, 즉 사회적 존재가 "마치 토양이 필요한 것처럼 땅에 뿌리를 두고 있다'는 의미를 무력화시키는 자기동일성의 복잡한 담론을 보여 준다"[Kieserling, Beck, 2000: 80-1 인용].

그러나 비판적 제스처로서 지구에서 사회적 또는 문화적 정체성을 제거하는 것은 예전만큼 설득력이 없다. 오늘날 지구는 그 표면을 뒤덮고 분주하게 움직이는 사회적 존재들만큼이나 분열 가능하고 이질적이며 자기동일성이 없는 것처럼 보이기 시작했다. 인류세 이론은 지구 과정에 영향을 미칠 수 있는 집단적 인간 행위자의 능력에 주목했지만, 그 개념 이면에 숨겨진 과학의 더 심오한 메시지는 이러한 변화가 시간적·공간적 규모에서 모든 지구 체계에 내재된 다양성 때문에 가능하다는 것이다. 고생물학자이자 인류세 연구 그룹 의장인 얀 잘라시에비치Jan Zalasiewicz의 말을 빌리면, "지구는 하나의 행성이라기보다는 시간적으로 서로를 이어 온, 매우 다른 화학적·물리적·생물학적 상태를 가진 여러 개의 다른 지구로 보인다"[cited in Hamilton, 2014: 6]. 그리고 민족국가 간 경계가 오랫동안 드라마와 갈등의 현장이었던 것처럼, 지구 체계의 작동 상태와 다른 작동 상태 간의 문턱이 중요성과 갈등의 장소로 부상하는 것도 바로 이

지점이다(Clark, 2013; 2016).

지질학자들이 말하듯이, 지각을 구성하는 지층들 사이의 뚜렷한 차이가 지구 체계의 연속적인 변형을 말해 주는 증거가 된다. 그러나 민족국가가 실제로 '타자를 생산하는 기계'라면, '지층을 생산하는 거대한 기계'인 지구에 산다는 것은 정치적으로나 윤리적으로 어떤 의미가 있는가?(Zalasiewicz, 2008: 17). 다시 말해서, 20세기 정치의 대표적인 인물들이 문화적-정치적 단층선과 국경을 넘나드는 사람들이었다면 지구상 국가들 사이의 문턱에 갇힌 사람들을 어떻게 이해해야 할까? 타자를 생산하는 기계와 지구 자체의 구조를 생성하는 기계 사이에 끼여 있는 사람들을 어떻게 이해하고 대응해야 할까?

인류세 논쟁 중 가장 유망한 측면 중 하나는 사회적 사고를 다른 지질시대 및 시대와의 만남으로 가져오는 방식이다. 적어도 홀로세에 대한 더 많은 유용한 정보와 인식, 즉 단순 몇 세기와 수십 년이 아닌 수천 년을 아우르는 상상은 인류세 지구과학이 준 선물 중 하나일 수 있다. 그러나 그러한 기간은 이미 질 들뢰즈와 펠릭스 가타리가 예상한 것으로, 그들은 페르낭 브로델Fernand Braudel을 안내자로 삼아 모든 사회현상의 계보를 충분히 파고들면 지질학으로 통합된다는 것을 보여 주었다(1987: ch 3). 나는 기후와 인간 이주에 작용하는 다른 변수들을 분리하기보다는 홀로세까지 거슬러 올라가 기후와 기후의 모빌리티 선동이 우리가 일반적으로 상상하는 것보다 정치, 윤리 및 문화와 **훨씬 더 깊이 관련되어 있**을지도 모를 가능성을 탐구하고 싶다.

무엇보다도 여기서 나의 관심을 끈 것은, 기후변화로 인해 '낯선 세계가 된' 경험과 그 세계가 낯설어지면서 '타자화된' 이들을 어떻게 조우할 수 있는지에 대한 질문이다. 고대 중동 출애굽기에 나오는 '낯선 땅에 사는 이방인'(2:22)이 되는 곤경은 지구가 변덕스럽고, 다중적이며, 불연속적이라는 과학적 사고 또는 지구와 우주의 변동성에 대한 더 오래되고 지속적인 이해와 어떻게 관련이 있는가? 다시 말해, 변화하는 기후에 노출되는 것은 현재와 과거의 어떤 의미에서 책임의 현장 또는 환대의 현장인가? 앤 마이클스 소설의 신랄함과 힘은 병리학적인 정치적 질서로 인한 소외를 지속적으로 낯설어지는 지구와의 대화로 이끌어 낼 뿐만 아니라, 국가와 행성의 광대한 음모 한가운데에 한 인간 생명의 가치가 긍정되는 데에 있다. '지구의 표면에서' 실제로 '이동의 자유가 증가'된 것이라면, 이것이 이동 또는 부동성이 자유롭지 못한 사람의 얼굴을 인식하는 방식에는 어떤 의미가 있을까? 물론 이에 대한 정답은 없다. 하지만 새로운 질문이 생기고 꼬리를 물고 이어진다.

사회적 사고와 움직이는 땅

1990년대 들어서면서 지구 기후변화가 가까운 미래에 대규모 난민의 물결을 촉발할 것이라는 주장이 제기되면서 기후로 인한 이주 문제를 정치적 의제로 삼는 계기가 되었다(Myers, 1993, 2002 참조). 이러한 소위 '경보성' 접근 방식은 이후 자체적으로 변위되었다(Piget, 2013: 154-6 참조). 기후 동인의 단일 인과성에 문제를 제기하고 그러한 연구에서 불신받는 환경결정론의 부활을 경계하면서, 비판적 기후이주 연구는 인간 모빌리티 이면에 동기 부여, 활성화 및 제약 요인에 대한 세밀한 연구로 전환했다(Piguet, 2010, 2013; Bettini, 2013). 이 변화에서 도출한 더 '실용주의적인' 다변량 설명에서, 환경변수는 상호 얽힌 사회 물질적 과정이라는 포괄적인 틀 내에서 신중하게 맥락화된다. 에티엔 피게Etienne Piguet가 결론지은 몇 가지 특징에 따르면, '극단적인 경우를 제외하고 인구 퇴거는 항상 환경적 · 정치적 · 경제적 · 사회적 · 문화적 차원 간 다원적 관계의 결과이다'(2013: 517). 워너Warner, 함자Hamza, 올리버스미스Oliver-Smith, 르노Renaud 및 줄카Julca는 '인간 행위성은 환경 변화의 중심에 있으며 이에 대응할 잠재력이 있다'(Warner et al., 2010: 692)며 기후 결정론에 더 분명하게 저항한다.

이 장르의 다른 연구와 함께, 워너와 그 동료들이 기후를 사회생활에서 독립적이거나 외생적인 힘으로 여기지 않는 것은 그 자체로 이용 가능한 경험적 증거의 요약만큼이나 지배적인 존재론적 입장의 표현이라고 볼 수 있다. 피게(2013)는 지난 세기에 걸친 이주 연구에서 환경변수 변동에 대한 통찰력 있는 연구를 했다. 그는 어떤 순간에 기후-환경 요인에 부여된 가중치가 더 광범위한 학문적 경향을 반영하고 있음을 관찰했다. 즉, 자연환경이 야기한 역할을 설명하는 밀물과 썰물은 이주의 촉발 요인으로서 그 자체가 인문지리학 및 사회과학에서 물리적 · 사회적 변수에 부여된 상대적 중요성의 장기적인 변화로 조절된다[Piguet, 2013: 156-8]. 비판적 사회 사고에서 인간과 비인간의 관계가 결코 해결되지 않았다는 점을 감안할 때 피게의 지적이 지닌 중요성을 과소평가해서는 안 된다. 최근 비판적 이주 연구는 더 다변수적인 또는 '기후 미니멀리스트' 입장에 대한 존재론적·인식론적 헌신이 그 자체로 잠정적인 것으로 판명될 수 있는 역사적-지리사적 순간에 속할 가능성을 제기하기 때문이다.

지난 20여 년 동안 다양한 영역에 걸쳐 사회생활의 구성에서 비인간non human 행위자 또는 '인간 이상의more than human' 행위자들의 행위성을 설명하려는 사회과학자와 인문학자들의 의지가 점점 커지고 있다. 이 기간 동안 사회적 구성에서 물리적 또는 사회적 행위자 중 어느 유형이나 범주의 행위자도 특권을 받아서는 안 된다는 생각이 점차 주류로 자리 잡았으며, 이전에는 '사회와 자연'으로 불렸던 영역이 상호연관되고 공동구성적인 것으로 간주되어야 한다는 주장도 대두되었다[Clark, 2011:30-6 참조]. 이러한 사회-자연 문제의 '해결'은 수많은 환경 및 기술 변화에 대한 비판적 사회 연구와 마찬가지로, 기후이주 연구에 광범위한 존재론적 인식론적 틀을 제공한다. 그러나 최근까지 지질학적 또는 지구물리학적 요인이 사회-자연 관계의 재구성에서 지속적인 이론적 고려 대상이 되지 못했다는 점은 주목할 만하다. 그 이유는 복잡하다. 비록 단순화의 위험이 있지만 지구 과정이 인간 존재의 수명과 범위를 초과한다는 뚜렷한 방식 때문에 상호 함축 및 공동 제정에 중점을 둔 개념적 틀에 완전히 포함하기 어려워 보일 수 있다[Clark, 2011 7-11; 36-40].

그러나 사회사상이 생물학, 언어학, 정신분석학, 복합 연구에서 얻은 영감과는 대조적으로 지구과학과의 긴밀한 만남을 회피하는 것은 지난 반세기 동안 지구과학 사고에 발생한 극적인 변형을 고려한다면 주목할 만하다. 역사가 존 브룩John Brooke이 설명하듯이, 1966~1973년에만 지구역학과 지구 생명체의 궤적에 대한 네 가지 새로운 주요 관점이 등장했다. 판구조론의 확인, 행성의 역사 형성에서 외계 충돌의 역할에 대한 새로운 이해, 진화가 주요 지구물리학적 사건과 관련된 격변적 폭발로 '단절'되었다는 명제, 가이아Gaia 가설과 지구 체계 이론에서 표현된 것처럼 지구의 다른 구성 요소가 통합 체계로 기능한다는 사고의 시작이 그것이다(2014: 25- 28, Davis, 1996 참조).

브룩 및 다른 학자들의 주장에 따르면, 이렇게 융합적 패러다임이 성공한 두 가지는 19세기 중반 이후 그때까지 지배적이었던 점진적이고 점층적인 변화 개념을 뒤흔들고 각기 다른 학문 분야의 분리를 극복했기 때문이다(2014: 25- 28; Davis, 1996 참조). 돌이켜 보면, 어쩌면 뒤늦은 감이 있는 이 폭발적인 과학적 혁신은 오래된 지층 지질학과 현재 인류세 가설의 핵심인 급성장하는 지구 체계 과학이 결합할 수 있는 토대를 제공했다(Clark, 2016). 사회과학이 점유한 기후변화의 느린 차선에 있는 우리는 1960년대부터 인간이 유발한 지구온난화 관련 과학 연구가 복잡하고 역동적이며 통합된 지구 과정에 대한 이해를 발전시키는 데에 중요한 역할을 해 왔다는 점을 명심해야 한다.

지구 또는 행성과학의 이러한 혁명적 변화의 관점에서, 환경 변화의 독립적 또는 지배적인 역할에 이의를 제기한 피게의 '극단적인 경우를 제외하고'라는 단서를 곰곰이 생각할 필요가 있다. 앞을 내다보든 뒤를 돌아보든, 일부 기후이주 연구자들이 4도씨 더 따뜻한 세계에서 기후가 가져올 이주의 윤곽에 대한 사변적인 탐구를 시작하면서, 예외로서의 극한이라는 개념을 검토해야 할 수도 있다. 고(원시) 환경 연구가인 닉 브룩스Nick Brooks가 지적한 바와 같이, '미니멀리스트 정설'은 기후를 이주의 주요 동인으로 확인하는 것을 절대적으로 꺼리며, '1950년대 이후로, 개발 연구의 맥락에서 수행된 생계 및 이주 연구에서 가장 많은 정보를 얻었다'(2012: 94). 그러나 브룩스가 상기시키듯, 현재 21세기 후반으로 예측된 3도 정도의 지구 지표 온난화와의 유사점을 찾으려면 적어도 플라이오세 중반까지 거슬러 올라가야 한다. **호모** 속genus이 출현하기 훨씬 이전인 약 330만 년의 시간을 거슬러 가야 한다(2012: 94, Hayward et al., 2013 참조).

사회사상가들이 '극단'의 의미를 충분히 고려한다면, 우리 또한 1980년대 이후로 증가한 급격한 기후변화의 증거를 유념할 필요가 있다(Broecker, 1987; Alley et al., 2003). 브룩이 말하는 수렴적 혁명의 후속으로, 급작스럽거나 폭주하는 기후변화의 발견은 최근 수십 년간 가장 중요한 과학적 발견 중 하나였다. 기후학자 리처드 앨리Richard Alley의 말처럼, "지난 10만 년간 대부분 미친 듯이 날뛰는 기후는 예외가 아닌 규칙이었다". 이것은 "지구에 대한 우리의 견해를 혁명적으로 바꾼" 발견이다(2000: 120; 13). 전 지구적 기후 체계가 한 상태에서 다른 상태로 빠르게 전환하는 경향이 있다는 이해는 앞서 잘라시에비츠가 물리적 조건이 매우 다른 연속적인 지구에 대해 언급한 여러 가

지 가능한 작동 상태를 가진 복잡하고 역동적인 지구 체계라는 개념
의 핵심을 이루는 것이다.

　최근 수십 년 동안 비판적 사고는 일반적으로 사회과학과 인문학
이 비인간 행위성을 설명하기 꺼리는 관습을 동시대 거대한 자연-
사회의 존재론적 분열 탓으로 돌렸다. 이러한 진단에 덧붙여야 할
것은 오랫동안 지배적이었던 지구과학의 점진주의가 행성적 과정
을 거치고 있다는 점인데, 이 행성 과정이 사회생활 역학이 안정적
인 기반 위에서 전개된다는 사회적 사고의 가정을 뒤흔들지 않을 만
큼 충분히 느리게 진행된다는 것이다. 오늘날 인류세 명제가 널리
알려지고 기후 티핑 포인트 개념이 일반화되면서 지구 체계 변화 개
념이 사회적 사고에 침투하고 있다(Clark, 2014; 2016). 일부 지역에서는
지구 체계 변화를 일회성 '종말론적' 사건으로 생각하는 경향이 여
전하지만, 간헐적인 상태 전환 또는 체제 변화가 다양한 규모의 물
리적 체계의 **일상적인** 측면이라는 인식이 사회적·문화적 사고에
스며들기 시작했다. 그리고 이러한 맥락에서 사회-자연의 공동구
성에 의존하는 관계적 존재론은 상호 존재하는 공동 행위자로서가
아니라 지구와 우주가 사회적 존재의 불안정한 기반이 되는 비대칭
적인 상상의 영역으로 밀려나고 있다(Clark, 2016; 2011: 40-50).

　이러한 변화를 보는 유용한 척도는 브루노 라투르의 작업에 나오
는 '가이아적 전환Gaian turn'이다.[2] 인간과 비인간 행위자를 상호생성

---

[2] [역주] 가이아 이론Gaia hypothesis을 간단히 요약하면, 지구는 세포조직으로 이루어진 하나

된 네트워크에 위치시키는 존재론과 인식론의 시금석 역할을 해 온 라투르는, 우리가 자연적인 것과 사회적인 것이라고 부르는 것의 선행 조건이자 하위 조건인 '지리적geo'이라는 관점에서 점점 더 많은 이야기를 하고 있다. 지리학에서 접두사 'geo'는 자연으로의 회귀가 아닌 물체와 주체가 최근에 라투르가 "변성지대metamorphic zone"(2014: 16)라고 말한 땅으로 회귀하는 것을 말한다. 더 광범위하게, 비평가들은 지금 사회과학과 인문학에서 '지질학적 전환' 또는 '접힘fold'을 감지하고 있으며, 이는 (특정한) 인간 인구의 지질학적 행위성을 인식하고 그러한 사회적 힘이 이미 언제나 불안정했던 행성에서 늦게 출현한다는 것을 인정하는 지구 역동성에 대한 새로운 인식이다 (Chakrabarty, 2008; Cohen, 2010, Turpin, 2011; Yusoff, 2013).

지구와 지구를 구성하는 체계가 인간 사회생활 가능성의 조건이라는 이러한 인식은 기후이주 개념화에 중요한 의미가 있다. 인간과 비인간의 상호영향을 특권화하는 존재론의 불안과 함께, 기후변화는 많은 변수 또는 요인 또는 하나가 아닌 다른 요인으로 허용된다.[3] 결코 자신과 하나가 될 수 없는 행성인 거대한 지구(Clark, 2016)는

의 생명체처럼 유기적으로 연결되어 있다는 것이다. 지구는 지구의 모든 생명체로 유기적으로 구성되어 있으며, 그 상태가 항상성을 띠므로 지구와 지구에 서식하는 생명체들을 하나의 생명으로 볼 수 있다는 의미로 설명하기도 한다. 창작물에서는 주로 지구 자체가 일종의 생각과 자의식을 가진 존재라거나, 영혼을 가진 존재라는 설정으로 자주 등장한다.

[3] [역주] 온톨로지Ontology: 사람들이 세상에 대하여 보고 듣고 느끼고 생각하는 것에 대하여 토론을 통해 합의한 바를 개념적이고 컴퓨터에서 다룰 수 있는 형태로 표현한 모델로, 개념 타입이나 사용상의 제약 조건들을 명시적으로 정의한 기술이다.

시스템 기능의 일부인 생명체의 총체성을 떨쳐 버릴 수는 없지만, 특정 생명체 집단으로부터 지원을 철회할 가능성은 분명히 있다. 이러한 완화되지 않은 비인간적 힘에 대한 공언은 한 생명을 소중히 여길 여지를 거의 남기지 않는 일종의 전면적 제스처인 웅장하고 멜로드라마적인 사고를 쉽게 부추길 수 있다. 그 자체로 낯설어질 수 있는 행성, 자신의 거주민을 탈세계화할 수 있는 천체는 낯선 사람들을 서로의 길에 던지는 행성이라고 말하고 싶다. 그리고 지구가 그 궤도에서 벗어날 수 있는 것처럼, 낯선 사람들도 서로의 일상적인 궤도에서 벗어날 수 있다. 이제 기후로 인한 퇴거의 역사를 더 깊이 파고들기 위해, 인간 행위자뿐만 아니라 그 행동 능력을 초과하는 것으로 보일 수 있는 수동성 또는 수용성을 위한 여지를 만들어 보려 한다.

홀로세 지정학

"아토스, 아타나시오스 루소스Athos-Athanasios Roussos는 이탄, 석회암 및 고고학적 목재의 개별적 삼위일체에 헌신한 지질학자였다." 앤 마이클스는 자신의 주인공을 이렇게 묘사했다. 그러나 대부분의 그리스인처럼 아토스는 바다에서 성장했다(1997: 19). 이에 앞선 부분에서 지구의 물의 상호연결성에 대한 이해를 물려준 아토스의 선원 조상들의 이야기를 들려주고(이 책의 골드버그 참조), 아토스가 돌과 대류 및 해저의 느린 흐름에 매료되는 장면을 설정한다.

소설 속 자킨토스에서 피난처를 제안받은 사람이 야곱만은 아니다. 독일군이 침공했을 때, 기독교인 마을 사람들은 섬에 살던 유대인들을 다락방, 지하실 및 동굴로 보냈다. 마이클스의 소설에는 감동적인 실화가 있다. 나치가 유대인 인구의 전체 등록부를 작성하라고 시 당국에 명령했을 때, 주교는 섬에 거주하는 275명의 유대인 명단이 아닌 단 두 개의 이름, 자신과 시장의 이름만 적힌 목록을 건넸다(Goldberg, 2009). 이야기에서 전쟁 중 아토스가 야곱을 피신시킨 집이 결국 지진으로 무너진 것처럼, 1953년 8월 섬을 강타한 이오니아 대지진으로 기반 시설과 국가 기록보관소가 파괴되고 자킨토스시에 세 개의 건물만 남은 것 또한 실화이다.

제2차 세계대전이 발발하기 훨씬 이전, 그리스 제도가 시리아 분쟁에서 난민을 수용하기 훨씬 전부터, 자킨토스는 낯선 사람들을 환대하는 장소로 유명했다. '베네치아 군인, 콘스탄티노플에서 온 피난민은 잔테에 정착하고 그곳을 용광로로 바꾸었다.' 기록에 따르면, 이곳의 공동체 생활과 문화적 형태, 건축 공간은 정착하러 온 이방인들이 가져온 요소들의 요약판이다(zante-paradise.com). 그보다 훨씬 전부터 그리스 자체, 반도와 동지중해에 접한 손가락처럼 뻗어 있는 섬들은 오랫동안 바다 너머에서 온 이방인들의 목적지였다. 철학자 루돌프 가셰Rudolph Gasché는 심지어 그리스 본토 산간 지역에서도 바다는 육지에서 100킬로미터 이상 떨어져 있지 않다고 상기시키며, 에게해 바로 건너편 육지나 섬이 시야에서 완전히 사라지지 않는다고 덧붙인다. "말하자면 그리스 위상학적 공간의 각 지점은 타자, 즉 이방인과의 조우가 발생할 수 있는 바다, 즉 유체 매체에 대한 개방성으로 안팎으로 당겨진다"(2014: 85). 가셰는 계속해서 고대 세계에서는 "이러한 사실에 입각한 조건이 동양에서 땅을 소유하지 못한 이방인들을 끌어들였다"고 말한다(2014: 87). 이방인이 그리스 철학에서 그토록 중요한 주제가 된 것은 고대 폴리스에 이러한 '타자'가 존재했기 때문이라고 가셰는 지적한다. 니체도 말했듯, 이 외국인들은 그리스 전통의 최초 철학자들 중 상당수를 구성했다(Gasché 2014: 86).

들뢰즈와 가타리(1994)의 난해한 지구철학 텍스트에 대해 가셰가 쓴 한 권 분량의 주석에는 왜 '동양에서 온, 땅 없는 이방인'이 있을 수 있었는지에 대한 질문은 없다. 들뢰즈와 가타리의 작업에서 유목민을 국가가 지배하는 정주 민족에 대한 '타자'로 설정한 프레임을 제외하고는 이방인은 두드러진 주제가 아니다(1987: 413). 들뢰즈와 가타리가 자세히 탐구한 것은 고대 중동의 충적 계곡에서 국가 수준의 사회구성체의 출현으로, 그곳에서 최초의 국가들이 토양의 물질 흐름을 포착하는 것을 중심으로 형성되거나 '영토화'되었다(1987: 412, 427-8). 미셸 세르Michel Serres(1995)는 더 간단하고 훨씬 이해하기 쉬운 개념을 제공한다. 영토가 하나의 과정이며, 움직이는 지구를 자르고 안정화시키는 배열 장치라는 것이다. 최소한 서양 전통에서 법과 정치 둘 모두의 기원을 사유하면서 세르는 고대 '기하학'으로 거슬러 올라가는데, 기하학의 임무는 강 계곡의 연간 범람으로 쌓인 충적토를 측정하는 것이다. "물의 거대한 원초적 또는 반복적 상승, 세상의 모든 것을 뒤섞는 혼돈'에 대응하여 질서의 과정이 시작된다. 그것은 "정치와 법이 탄생한" 새로 퇴적된 토양의 경계를 구분하고 재분배하는 과정이다(1995: 53).

들뢰즈와 가타리처럼, 세르는 복잡하고 자기조직적인 물리적 체계를 사용했다. 들뢰즈와 가타리가 모든 철학이 지구철학으로 출발한다면서(1994: 95), 지구의 개방성과 역동성에 사고의 근거를 두고자 했다면, 세르에게 모든 정치는 궁극적으로 지정학이다. 지구 공간에서 펼쳐지는 거대한 게임의 오래된 방식이 아니라 "실제 지구라는 의미에서"(1995: 44). 이 두 가지 개입은 현대 사회적·철학적 사고의 지질학적 전환의 관점에서 선견지명이 있어 보이지만, 그 사이 수십 년간 지구과학의 지속적인 발전이 들뢰즈와 가타리와 함께 세르가 더 사변적인 방식으로 다룬 주제에 경험적 세부 사항을 제공한다는 의미도 있다. 과거 기후의 리듬을 재구성할 수 있는 새로운 능력을 활용하여 고고학자와 고기후학자는 이제 지속적인 대화를 나누며 중요한 사회적 변화와 특정 기후 사건 사이에 밀접한 상관관계를 확립할 수 있다(Brooke, 2014: 134; Kennett and Kennett, 2006). : 69).

홍적세의 시소와도 같은 기후 변동과 그 연장된 여파에 대한 새로운 이해를 바탕으로 기후 과학자들은 마지막 빙하 최대치에서 벗어나는 과정이 결코 순탄치 않았음을 상기시킨다. 특히 기원전 1만 5천 년에서 6천 년 사이에 해수면이 120~130미터 상승하여 해안지대가 광범위하게 침수되었다(Nunn, 2012). 중기 홀로세(특히 기원전 6400년에서 5000년)는 상대적으로 급속한 기후 및 환경 변화 시기로, 홀로세 초기의 온난하고 습한 조건에서 고위도의 서늘한 기온과 저위도 또는 열대 위도의 강화된 건조를 특징으로 하는 전 지구적 변동과 관련이 있다(Brooks, 2012: 94). 현대 기후학의 관점에서 보면, 지구 자전축의 주기적 변화가 가져온 태양 복사열의 감소는 지구 기후 시스템의 비선형 역학에 의해 처리되어 결국 지구의 기후 체제의 급격한 재편을 초래한다. 기원전 5200년 경, 일련의 더 작은 단계적 변화를 거친 후에 기후는 임계점 또는 티핑 포인트를 넘었다. 지역마다 미친 영향은 다르지만 '중기 홀로세 기후 전환'의 특징은 중동, 아프리카, 중국, 남미 및 유럽 전역의 환경 기록에서 거의 동시에 나타난다(Brooks, 2012: 95).

홀로세 중기 기후 전환이 자급자족 농업에 기반한 비교적 평등한 소규모 마을에서 사회 계층화와 행정 계층이 강화된 대규모 요새화된 도심으로의 전환과 관련이 있다는 상당한 증거가 최근 드러났다. 메소포타미아 남부에서 갑작스러운 기후 변화(건조도 증가로 나타남)와 최초의 '국가 사회' 출현 사이의 상관관계가 가장 완벽하게 문서화되었지만, 나일강 계곡과 사하라 사막 중부, 중국 중북부, 남아시아 인더스 지역 및 페루 해안에서도 유사한 패턴이 관찰되었다(Brooks, 2012: 96-99; Kennett 및 Kennett, 2006: 79). 메소포타미아에서 나온 증거에 따르면, 가뭄으로 많은 작은 마을이 사라지고 남부 강변 범람원에 정착촌이 급속히 성장했으며, 기후 변화 과정에서 우루크-와르카 시와 그 주변 인구가 약 10배 증가했다(Brooks, 2012: 98).

더 많은 인구를 부양할 수 있게 된 것은 노동력, 토지 및 농수산물에 대한 국가 관리의 증가와 밀접한 관련이 있는 집약적인 관개농업의 발전 덕이지만, 범람원 확장 자체는 해수면 상승의 감속 여부에 달려 있다(Kennet and Kennet, 2006: 90). 그러나 빙하기 이후의 해수면 상승 과정, 즉 '해양 범람'은 충적지의 연간 재분배에 대한 세르의 신화적 설명에 또 다른 차원의 혼돈과 역동성을 더한다. 문제의 삼각주와 범람원이 초기 형성 과정에서도 여전히 형성 중이었을 가능성이 높기 때문이다. 케넷과 케넷Kennett and Kennett(2006)은 메소포타미아 남부충적층에서 건조로 인한 도시 성장의 중요한 선구자가 있었는데, 그것은 해수면 상승의 마지막 급등으로 인한 정착지의 초기 통합이라고 주장한다. 중기 홀로세의 기후 전환 이전, 풍부한 해양자원이 매력적이었던 아라보 페르시아만의 해안 토지는 연간 약 100미터의 속도로 후퇴하고 있다. "최적의 담수 및 하구 환경이 계속해서 내륙으로 이동하여 인구를 퇴거시켰다"고 케넷과 케넷은 주장한다. "이 역동적인 모자이크는 지역화되고 한정된 자원에 대한 경쟁의 증가와 한 세대 내에서와 같이 빠르게 영토 경계와 마을 위치를 지속적으로 재정의해야 할 필요성을 자극했을 것이다"(2006: 88). 그리고 시간이 지남에 따라 에리두Eridu나 우르Ur와 같이 더 높고 안정된 땅을 기반으로 한 도시 중심부에 인구가 집중되는 결과가 벌어졌다.

메소포타미아는 집중적으로 연구된 고대 지역이지만 하나의 예시일 뿐이며, 도시 중심 제국의 흥망성쇠에 대한 설명은 여전히 논쟁적인 주제이다. 현대의 중요한 기후이주 연구 경향처럼, 대부분의 고환경 연구자들은 이제 단일 원인 설명보다 다변량 접근 방식을 선호한다. 기후변화가 시간과 장소에 따라 현저하게 다른 영향을 미친다는 사실을 학자들도 인정한다. 심지어 거의 정반대의 반응을 불러일으켰을 수도 있다. 한 지역에서는 도시가 통합되고, 다른 지역에서는 목가적인 모빌리티가 증가한다(Brooks, 2012: 100). 그러나 모든 변이를 고려할 때, 이러한 고생물학적 이야기에는 환경 변화를 내생적이고 맥락을 설정의 힘으로 생각하려는 의지가 뚜렷하다(Kennett and Kennett 2006: 68; Brooke, 2014: 267).

　많은 고대사회는 변화하는 기후에 직면하여 때로 놀라운 회복력을 이룩한 것으로 보인다(Brooke, 2014: 266-7). 그러나 식별 가능한 임계값이 결정적인 순간이 있다. 그 순간에 기후 및 환경 변화가 대처 전략을 능가하는 속도 또는 강도로 도달한다. 브룩은 기원전 4천 년 동안 "기후변화의 궤적과 맥박은 인간 조건의 근본적인 변수 중 하나를 제공하여 그 안에 생명이 전달되는 경계를 설정했다"(2014: 317)고 결론지었다. 이 경계들이 겹쳐졌을 때, 특히 5천 년 전 갑작스러운 기후변화 에피소드가 진행되는 동안, 그 영향은 중대하고 광범위했다. 들뢰즈와 가타리(1994: 85)의 말을 빌리면, '그 자리에서 탈영토화 운동'을 수행하고 있던 지구에서 많은 인구가 선택할 수 있는 것은 기존 정착지를 버리거나 그곳에서 멸망하는 것뿐이었을 것이다. 그리고 이동화가 종종 암시했던 것은 타인과의 조우였다.

환대와 기후이주민

결론보다는 도발에 가까운 이 짧은 고대 세계와의 만남을 통해 세 가지 요점을 끌어내고자 한다.

첫째, 기후변화와 그 환경적 영향이 국가 수준 사회의 출현과 관련이 있다는 강력한 증거가 있다. 브룩은 다음과 같이 요약한다. "공간과 시간에서 지리와 기후의 경계와 기울기는 국가의 원시적 출현 시기를 형성하는 순환의 근본 조건을 형성한다"(2014: 210). 그렇다면 오늘날 우리가 '기후정치' 또는 '기후 거버넌스'라고 말할 때 암시하는 것처럼, 기후는 단순히 정치의 보조적인 요소가 아니다. 오히려 기후는 우리가 서구 담론에서 이해하게 된 정치적인 것, 어쩌면 훨씬 더 먼 곳에서 이해하게 된 정치적인 것의 근원적인 복잡성일지도 모른다. 이러한 의미에서 인구와 지구 표면의 일부를 관할하는 전문화된 통치 및 행정 체계라는 개념은 지구 체계의 기후-환경 변동성과 분리해서 이해할 수 없다. 한 마디로, 정치는 처음부터 이미 기후정치 또는 지정학이다.

두 번째 요점은 고대 세계와 밀접한 관련이 있다. "동양에서 온 땅 없는 이방인"(86)에 대한 루돌프 가셰의 지나가는 언급은 고대 그리스 환경에 대해 말하지만, 명백하게 훨씬 더 일반화된 곤경에 대해 말하고 있다. 고환경적 증거가 시사하는 바는, 기후변화가 점진적이든 급격하든 임계치를 초과하면 사람들이 이주를 시도한다는 것이다. 브룩스가 요약한 것처럼 "외부로의 이주, 내부로의 이주, 피난처의 인구 집적"이 일어난다[2012: 101]. 비옥하고 자원이 풍부한 지역에서 정착촌이 성장한 것은 일부 내생적 요인에 의한 것이지만, 대부분은 생존할 수 없는 지역에서 이주한 결과로 보인다. 즉, "남부 충적층은 수천 년에 걸쳐 엄청난 수의 이주민을 난민이나 더 나은 땅을 찾는 이목민으로 끌어들였다"[Brooke, 2014: 210; Johnson, 1988 참조]. 따라서 기후이주는 단순히 정치권이 직면해야 했던 문제가 아니라, 도심과 거버넌스 체계의 출현에 내재된 문제이다.

세 번째 요점은, 기후변화로 흩어진 사람들이 초기 도시에서 중요한 존재가 되었다면, 우리는 또한 누가 이방인인지, 이방인을 어떻게 대해야 하는지에 대한 질문이 도시 사회 및 정치 생활에서 구성적인 역할을 하는 것을 볼 수 있다. 이방인은 아테네나 지칸토스뿐만 아니라 우루크, 에리두, 우르 등 시골 배후지, 즉 모든 전근대 도시에 존재하며, 그들의 존재로 인해 어려움이 생긴다. 또는 자크 데리다가 즐겨 말했듯이, "환대는 단순히 하나의 윤리가 아니라 문화 그 자체이다"[2001: 16]. 환대가 데리다에게 문화의 핵심인 이유는, 환대가 '집, 익숙한 거주지'와 관련되기 때문이다. 환대는 우리가 타인과 관계를 맺는 방식뿐만 아니라 우리 안에 있는 타자성, 즉 우리 안에 있는 낯섦이나 소원해질 수 있는 가능성과 관계하는 방식을 포함하기 때문이다.

우리 중 누구라도 가족, 친구, 이웃과 함께 집에 있다는 느낌, 또는 자신과 하나가 된다는 감각을 잃을 수 있는 방법은 여러 가지가 있다. 그러나 기후변화와 이주에 대한 고대의 이야기가 우리에게 상기시켜 주는 것은, 물리적 세계가 지원을 철회하는 경험은 소외의 원초적 형태이며, 따라서 환대에 대한 근원적인 자극이 될 가능성이 있다는 점이다. 살펴본 것처럼, 세르는 홍수의 소용돌이치는 혼돈과 그 퇴적물이 "정치와 법이 탄생한" 결정이나 경계를 촉발했다고 추측한다. 그러나 이 세속적 혼돈, 즉 세상을 새롭게 하는 만큼 세상을 해체할 수 있는 혼돈과 맞닥뜨렸을 때 경계 표시를 중단하고, 닫혀 있는 문을 열고, 적어도 지금은 더 안전한 세상으로 들어가자는 호소가 나온다. 지구의 불안정성을 윤리적 관계의 주요 원인으로 인정한 몇 안 되는 사상가 중 한 명인 알폰소 링기스Alphonso Lingis는 이렇게 말했다. "당신은 당신의 손이 수행하려는 작업의 설계도를 내 손에 요구하고, 당신의 손이 부족할까 봐 내 힘의 지원을 요청한다. 하지만 당신은 먼저 땅의 지원을 요청해야 한다. 당신 몸의 피로, 현기증, 거주할 곳 없음은 이 지형에 대한 감각을 가진 내 지상의 몸의 지원을 요청하는 것이다"(1994: 128–9; 또한 Dikeç et al., 2009: 12 참조).

이 지형이 제공되는지 여부, 그리고 어떻게 누구와 공유되는지는 충적층의 고대 정착지의 문화적, 정치적, 법적, 아마도 경제적 형성에 대한 첫 번째 질문일 수 있다. 생물학적 용어로 '환경 피난처'로 기능하는 중심지는, 환경적으로 스트레스를 받는 사람들을 끌어들이는 기후변화가 일어나는 동안 상대적으로 안정적인 장소이다. 환대, 즉 이방인 문제는 모든 문화는 아닐지라도 많은 문화에서 발생한다. 특히 중동에서 열정적으로 접근한다. 이 문화에서는 "아버지와 할아버지로부터" 물려받은 "살갗이 타는 듯한 것"으로 묘사된다

(Shryock 2009: 34). 상속으로서 환대가 돌이킬 수 없는 과거로 후퇴하는 것처럼 보인다면, 구약성서에는 분명히 눈에 띄는 조언이 있다. "너희와 함께 있는 거류민을 너희 중에서 낳은 자와 같이 여기며 자기같이 사랑하라"(레위기 19장 34절). 그리고 다시 기근이나 굶주림이 문제가 될 수 있음을 암시하며 "밭에서 난 곡식을 거두어들일 때에는, 밭 구석구석까지 다 거두어들여서는 안 된다. 거두어들인 다음에, 떨어진 이삭을 주워서도 안 된다. 포도를 딸 때에도 모조리 따서는 안 된다. 포도밭에 떨어진 포도도 주워서는 안 된다. 가난한 사람들과 나그네 신세인 외국 사람들이 줍게, 그것들을 남겨 두어야 한다."(레위기 19:9-10; 신명기 24:19-21 참조).

홀로세 중기 해수면이 안정화되기 이전에 아라보 페르시아만에서 물이 전진하는 속도에 주목하면서, 케넷과 케넷은 성경의 홍수 신화가 메소포타미아 남부에서 기원했을지 모른다고 생각한다(2006: 83). 그러나 페터 슬로터다이크의 추측에 따르면, 세계를 멸망시킨 홍수 이야기와 그에 따른 사회적 삶의 재구성이 "어쩌면 세계 문화에서 가장 중요하게 공유된 기억의 흔적을 구성한다"(2014: 238). 슬로터다이크가 말한 것처럼, 인간 행위자들이 그들의 세계를 강화하고, 틀을 잡고, 형성하는 책임, 즉 살기 힘든 환경을 살기 좋은 환경으로 만드는 책임을 전적으로 떠맡게 된 것은 홍수의 혼돈과 그에 따른 환경적 격변 이후, '자연에 의한 자연의 소멸 이후'이다(2014: 240). 그렇기 때문에 슬로터다이크에게 도시 건설은 원래 물질적 과정만큼이나 상징적이다. 고대 기후변화가 슬로터다이크의 주요 관심사는 아니지만, 고대 메소포타미아 도시 성벽의 극명한 수직성이 단순한 방어적 필요를 훨씬 넘어서는 탁월한 영속성 또는 내구성의 제스처라는 그의 주장은 도시가 환경 불안정에 직면했을 때 부상하고 통합된다는 생각과 공명한다[슬로터다이크에 대해서는 살다나(Saldanha), 이 책 참조]. 그리고 우주의 덧없음으로 인해 소외된 사람에게는 성벽의 상징적 완고함이 장애물인 동시에 매력적으로 작용할 수 있다고 추측할 수 있다.

농촌 프레카리아트에 대한 도시의 건축학적 매력은 그 자체로 놀라울 정도로 오래 지속될 수 있지만, 지구 시스템의 임계점을 파악하고 이를 넘을 수 없는 '행성의 경계'로 보호하려는 새로운 관심은 한 번 더 격변하는 우주에 도전하는 우리 시대의 거창한 몸짓으로 볼 수도 있다[Rockström et al., 2009 참조]. 행성 경계의 형상이 구체화하려고 하는 것은 지구 자체가 통합된, 분할되지 않은, 일관성 있는 행성체 그 이상이며, 다른 어떤 것일 수 있다는 이해이다. 이제 개방성, 침투성, 범법 현장으로 서 있는 것은 더 이상 공동체나 도시 또는 국가가 아니라 바로 지구의 상태이다. 이런 의미에서 데리다에게 환대 개념은 단순히 이상이나 지시가 아니라 타자 또는 타자성의 도래에 노출되는 '본질적 구조'를 의미한다는 점은 상기할 가치가 있다. 즉, **살아 있는 현재 자체와 동시대적이지 않은 시공간 양상**[2005: 143, 1994: xix 저자 강조]을 가리킨다. 그리고 그 분리, 시간적으로 어긋난 상태, 돌이킬 수 없는 과거와 다가올 미래 사이에 항상 놓여 있는 상태가 이제 지구 전체로 확장된 것처럼 보인다.

그러나 지구 체계의 새로운 상태의 도래, 즉 이제 인류세로 약칭

되는 문턱을 넘는 통로를 우리가 어떻게 환대할 수 있을까? 이것은 또한 내가 제안해 온 극한 기후의 급진적인 탈세계화가 복합적이고 근원적인 문제가 될 수 있는 윤리적 · 정치적 · 법적 관습을 상속하고 재작업하는 문제이기도 하다. 데리다가 자주 주장했듯이, 미래를 환영하는 무조건적인 측면에는 비록 조건부, 의사결정 조치, 정보에 입각한 계산된 대응이 요구되더라도 개방성, 수용성, 일종의 수동성이 반드시 포함된다(2005: 145; 참조). (Dikeç et al., 2009). 이미 중동의 고대 도시에서 우리는 신흥국가에 대한 가혹한 조치를 흔히 볼 수 있다. 불확실성에 직면하여 "사회적 안정을 보장하고 자원에 대한 안전한 접근"을 보장하는 정책은 아마도 중앙집권식 경제정책 입안의 시작일 것이다(Brooks, 2012: 96). 그러나 또한 우리는 이방인을 환영하고 부양하라는 격려, 즉 경제적으로 행동한다는 생각만큼이나 오래된 역사를 가진 (이방인들을 위해) **비경제적으로** 거두거나 추수하라는 요구를 엿볼 수 있다.

기후변화에 대한 두려움과 기후변화로 동원되는 사람들에 대한 두려움이 강화된 공간적 폐쇄, 더 강력히 보안화된 국경, 더 큰 옹벽을 세우는 원동력으로 작용하는 것을 막을 수 있는 것은 아무것도 없다(Brown, 2010 참조). 동시에 환경이 열악해질 때, 좋은 호스트가 되기를 열망하는 사람들에게 환대에 대한 고대의 수수께끼는 문자 그대로 그리고 은유적으로 자신의 집을 질서 있게 유지해야 할 필요성을 지적한다(Shryock, 2012: S24). 장벽 건설이 가장 적절한 선택은 아닐 수 있지만, 환경이 극한으로 치닫는 시대에 국가권력에 대한 더 미묘한 분석에서 알 수 있듯이, 어렴풋이 다가오는 불확실성은 모든 규모의 중요한 기반 시설을 보호할 조치를 필요로 한다(Collier and Lakoff, 2015 참조). 그리고 완전히 새로운 기반 시설에 대한 실험과 구축을 장려해야 한다. 여전히 가장 까다로운 문제는 정착되지 못하고 모든 것을 빼앗긴 이방인들, 우리의 관심을 끌기 위해 경쟁할 다양한 사람들, 한때는 독특하고 특별한 대우를 받을 자격이 있는 동시에 공정하고 동등한 대우를 요구할 수 있는 다수의 호소, 새롭지만 오래된 역설로, 이 다수의 호소로 소환되는 거버넌스의 혁신이다.

내가 제안하는 것은 기후이주민들을 현대 정치의 증상으로 볼 수 있다는 것이다. 그들의 도발이 새롭기 때문이 아니라 정치라는 개념 자체를 그 어두운 근원까지 생각하도록 우리를 초대하기 때문이다. 그리고 일단 지구의 모빌리티로 세상이 와해된다는 생각이 신경을 긁는다면, 그것을 멈출 방법은 없다. 이주를 유발하는 요인으로 기후는 다른 변수(문화적·정치적·경제적)와 구분하기 어려운데, 단순히 이러한 요인들이 얽혀 있기 때문이 아니라 집단생활의 모든 측면이 언제나 이미 기후 및 환경 변화의 흔적을 지니고 있기 때문이다. 쇠퇴하고, 변화하고, 기울어지는 기후는 우리가 문명화되기 오래전부터, 그리고 실제로 '우리'가 인간이 되기 오래전부터 생명을 '피난처refugia'로 밀고 당기면서 불안하게 만들었다.[4] 좋은 쪽으로

---

[4] [역주] refugium의 복수. 주변 지역에 영향을 미치는 기후변화로 변경되지 않고 그대로 유지되어 남아 있는 동식물의 안식처를 형성하는 지리적 지역.

든 나쁜 쪽으로든 국가가 이방인을 생산하고 공정하는 기계라면, 부분적인 이유로 지구가 그 자체의 낯섬으로 이방인들을 제조하기 때문이다. 이것은 모든 이방인의 얼굴에, 즉 우리 모두의 얼굴에 언제나 지구의 흔적, 변화하는 기후의 흔적, 풍화된 폭풍의 기억, 진로를 바꾼 경로가 있음을 의미한다.

최소한 폴리스polis만큼이나 오래된 환대라는 주제는, 소외가 해결해야 할 기술적 문제 이상일 뿐만 아니라 불가피하거나 끝없이 이어지는 갈등 문제라는 것을 시사한다. 특히 중동에서 나타난 현상을 살펴보면서 인류학자 앤드류 샤이억Andrew Shryock은 "환대는 실패할 수 있는 시험이며, 삶과 죽음이 걸려 있다"(2012: 521)고 말한다. 심지어 죽음도 그 끝이 아니다. 아토스의 조언처럼 나를 기억해 줄 땅에 묻히려고 노력하는 것은 단지 허용되거나 용인되는 것이 아니라 세상의 이방성이 흔들고 형성한 자로 환영받는다는 의미다. 그리고 이러한 포용을 제공할 수 있는 땅은 수많은 상처와 치유를 겪었기 때문에 가능한 것이다.

제9장

모빌리티 위기로서의
전 지구화
: 구형학 비판

| 아룬 살다나 |

도입: 지구적이란 무엇인가?

인류세Anthropocene는 지질학적 시대이며, 동시에 '지구화globalization' 라는 용어로는 포괄할 수 없는 인간과 비인간 이동의 형언할 수 없 을 정도로 복잡한 혼합체다. 정치와 윤리철학은 아직 이러한 압도 적인 생물물리학적 흐름에 직면하지 않았으나, 이 흐름과 사소하지 만 필수적인 관계를 맺고 있다. 한나 아렌트(1976)와 조르조 아감벤 (1993)이 난민캠프를 이른바 인권에 기반한 지정학적 질서에 내재된 배제를 표시하는 중심 장소로 바라본 것이 옳았다면, 사람들이 애초 에 어떻게 난민이 되는지 이해하려면 돈, 세균, 농작물, 시멘트, 열, 데이터 및 무기의 흐름을 분석할 필요가 있다.

인류세에 대한 유물론적인 이해는 인류세를 단지 역사적 또는 진 화적 단절이 아니라 위기에 처한 분배와 이주의 자본주의적 생태학 으로 보는 것이다. 이 장은 전반적으로 마르크스주의적 맥락에서 논의할 것이지만, 도린 매시Doreen Massey의 견해와 함께 재구성하여 난민이 결핍, 쓰레기 또는 환경재앙과 마찬가지로 자본주의 자체의 폭력적 영토화의 필연적인 산물이라고 주장한다. 본질적으로 기후 변화와 인종차별 심화로 이미 악화되고 있는 복합적인 재난을 피해 특정 인구들이 국경을 넘을 수밖에 없도록 정치경제 체계가 몰아가 고 있는 상황에서, 난민캠프는 21세기의 상징이라 할 수 있다. 나는 매시가 권력기하학power-geometry이라고 부르는 차별적 모빌리티와 상 호연결의 위상학을 페터 슬로터다이크의 위상학과 대조할 것이다.

슬로터다이크가 구형학이라고 부르는 이 위상학은 인간 존재의 공간성을 사유하는 거대한 철학적 프로젝트이다. 비판적 렌즈를 통해 슬로터다이크를 읽으면 난민에 대한 보수적 입장과 진보적 입장의 차이가 매우 분명해진다. 기후변화와 이주의 증가를 군사화된 생명정치의 양산이 아닌 정치적 기회로 만들기 위해서는, 장소와 이동의 상호작용에 대한 정확한 이해가 필수적이다.

슬로터다이크가 말하는 하이데거 현상학의 구형적 연속 개념은 지리학자들이 **장소**라고 부르는 것에 대한 신화적-역사적 이론화에 해당한다. 현상학의 영향을 받은, 1970년대 소위 인본주의 지리학자들은 체화된 의미와 경험 영역으로서 장소와 실체가 없는 지도, 이동, 정량화, 비교 및 계획의 영역인 공간space을 대조했다(Tuan 1977). '장소 감각sense of place'은 인간의 삶과 사회에 기본이 되지만, 지금 소위 지구화가 행사하는 균질화의 영향, 예를 들면 끝없는 스트립 몰, 전봇대 및 막다른 골목 등의 영향으로 위협받고 있다. 매시(1994: 6장)는 반작용하는 낭만주의 시학의 내재적 성향을 근거로 이 인본주의적 장소의 옹호를 비판한 것으로 유명하다. 낭만주의의 내재적 성향은 장소 주변에 경계와 그 안에 시간을 초월한 본질을 가정함으로써만 작동하며, 온화하고 고요한 관찰자, 즉 일반적으로 풍경과 유산을 여유롭게 감상할 수 있는 부르주아 남성 관찰자만이 포착할 수 있다. 장소 감각 개념은 모든 장소를 구성하는 흐름을 묶어서 시간이 흘러도 변하지 않는 환상을 유지하고자 한다. 촌락 경제조차도 떠돌이 상인과 다른 곳, 종종 아주 멀리서 온 상품이 없다면 유지할 수 없다. 따라서 매시의 **지구적인** 장소 감각에서는 공간space이 장소place를 구성한다. 지구화 개념은 장소 개념에 내재되어 있으며 그 반대도 성립한다. 휴머니즘은 장소의 친밀성을 내세워 지구화에 수반되는 소외와 유동성에 대항하려 한다는 점에서, 그리고 급기야 그 둘, 장소와 지구화를 동질적이며 갈등이 없는 것으로 본다는 점에서 잘못되었다. 공간의 차이가 없다면, 지구화도 변화도 없다.

권력의 기하학 및 불균등한 모빌리티

지역적인(한정되고 정적인 장소) 것과 지구적인(균등한 개발) 것 둘 다 전형화하는 것을 피하기 위해서는 지구화에 대한 깊은 지리적 이해가 필수적이다. 지구화를 균등하지 않은, 이질적이고, 예측할 수 없고, 수렴하지 않는 다양성의 흐름으로 탁월하고 영향력 있게 이론화한 것은 도린 매시의 권력 기하학 개념에서 찾을 수 있다. 권력의 기하학은 모더니티 아래에서 인간의 상호연결성을 구성하는 권력관계의 위상학적 '매핑' 또는 도식화이다.

지구화는 이동에 관한 것이다. 돈, 사람, 상품, 생각, 데이터, 음식, 농작물, 세균, 폭풍 및 기타 수천 가지 인간 및 비인간 사물의 이동들이다. 그러나 매시는 이러한 이동을 통제하지 않는다면 권력관계도 존재하지 않는다고 주장한다. 그녀는 마르크스주의에서 출발하는데, 이는 권력을 계급과 화폐 처리 과정에서 상대적으로 자율적인 것으로 이론화한다. 그래서 타자를 결정짓는 요인은 하나의 흐름, 자본만이 아니다. 권력이 푸코에게는 제도와 '담론적 실천'을 통해 생성되고 변화된 우발적인 사회적 다양성이라면, 매시는 훨씬 더 다층적이고 역동적인 평가를 구체적인 권력 행사에 덧붙인다.

예를 들어, 비즈니스 및 외교 엘리트의 권력은 돈과 그 자체가 흐름인 특정 정보에 대한 접근이 아닌, 물리적 모빌리티과 특정 공간에 대한 접근성으로 구성된다. 난민이 느끼는 무력함은 단지 취업 비자와 법적 보호의 부재뿐만 아니라 그들이 가려고 하는 특정 여정에서 비롯된다. 취약성과 통제의 분포는 국가 간은 물론 같은 도시 내, 심지어 같은 가정 내에서도 매우 불평등하다. 매시(1994; 8장)는 강력한 페미니스트 사고에 따라 남성과 여성 간 권력관계를 차등적 모빌리티와 공간과 장소에 대한 상상 속에서 필연적으로 구체화되는 관계로 재구성한다. 대부분의 사회에서 남성은 공적영역을 정의하고 더 많이 이동하는 반면, 여성의 영역은 가정과 동일시된다. 한 집단의 모빌리티가 다른 집단의 부동성immobility과 구조적으로 연관될 수 있다는 점을 이해하는 것이 중요하다. 남성은 아내가 집과 아이들을 돌봐야만 여행할 수 있다. 이스라엘 전세 관광은 팔레스타인 사람들의 이동에 대한 엄격한 제한과 함께 진행된다. 유럽연합 관리들의 풍요한 여행은 요새화된 유럽Fortress Europe이라는 거대 기계를 유지하는 데에 매우 중요하다. 인과관계는 일반적으로 책임을 회피할 수 있을 만큼 복잡하지만, 자본주의 지구화라는 권력의 기하학은 거의 모든 인간의 흐름과 가정homes 을 하나의 거대한 분할 체계로 가져온다. 요컨대, 권력기하학 개념이 주장하는 바는 다음과 같다. 이동이 없다면 인간의 차이(성별, 계급, 인종, 건강)를 생각하는 것은 불가능하고, '차이'라는 교차하는 '축$_{axes}$'을 따라 인간이 처한 엄청난 격차와 물리적 제약이 없다면 지구화를 유입의 덩어리로 생각할 수 없으며, 과거와 미래에 대한 지속적인 투쟁이 없다면 장소를 생각할 수 없다는 것이다.

　이동의 자유는 자유민주주의와 법 아래 만인 평등사상의 핵심이다. 그러나 인간의 상호연결에 대한 (신)자유주의적 서사는 몇 가지 명백한 조항들을 배제하는데, 그 조항들의 제거로 가진 자와 갖지 못한 자, 스스로 움직이는 자와 움직여지는 자 사이의 불평등을 효과적으로 유지할 수 있다. 이와 관련하여 네 가지를 언급하고자 한다. 첫째, 상호연결은 언제나 계층화한다. 관광과 쇼핑몰의 폭발적 증가가 점차 평평해지는 세계에서 수평적 교류로 보이지만, 다른 한편으로 불평등을 더 뚜렷하고 얽히게 만들 수 있다. 계층화가 모든 곳에서 부자는 더 부자가 되고 가난한 사람은 더 가난해진다는 것을 의미하지는 않는다. '지구적인' 연결은 언제나 새로운 사회적 차이를 만들어 내는데, 이는 부와 빈곤의 지평을 재편한다는 것을 의미한다. '신흥 경제'(모든 사람이 미국이 규정한 동일한 자본주의 경로를 따라야 한다는 매우 이데올로기적인 표현)는 계층화가 불균등한 과정임을 증명한다. 균질화, 수렴, 균등화가 발생한다. 마르크스는 자본주의가 사람들을 빈곤에서 벗어나게 하고 과학이나 교육과 같은 선한 것을 퍼뜨린다는 사실을 결코 부인한 적이 없다. 그러나 다른 곳에서는 자본주의가 빈곤과 폭력을 악화시켜 언젠가는 경제위기가 닥칠 것이다. 매시의 해석에 따르면, 수평성이나 코스모폴리타니즘을 주장하기에 앞서 모빌리티와 부에 존재하는 계급과 성별, 인종적 불평등이 분석되어야 한다.

둘째, 지구화는 흐름과 네트워크뿐 아니라 고정화에 관한 것이다. 권력관계가 모빌리티에 대한 차별적 통제에 불과하다면, 특정한 선택 메커니즘을 통해 경계를 설정하는 것이 중요하다. 매시가 그다지 많이 사용하지 않은 푸코의 용어를 빌리자면, 지구화는 전체 인구에 대한 통치가 필요하다는 점에서 직접적으로 **생명정치적**이다. 생명정치는 한 영토에 속한 국민의 복지와 생산성을 증진시킬 뿐 아니라 그 활기를 방해한다고 간주되는 사람은 누구든지 무력화시킴으로써 국민들의 생명과 활력을 유지할 때 발생한다. 웬디 브라운(Wendy Brown 2010), 슬라보예 지젝(Slavoj Žižek 2014, 여기에서 흥미롭게도 슬로터다이크의 견해를 따른다) 및 기타 많은 연구자들이 지구화가 국경통제, 감시 카메라, 보안산업, '불량국가' 및 인종차별과 같은 분리정책(게이트 커뮤니티 및 빈민가 옆의 5성급 리조트)을 강화하는 것을 관찰했다. 220만 명이나 되는 미국인 수감, 팔레스타인 점령지의 검문소 체계, 유럽연합 국경의 군사화는 공간에 생명정치적인 불평등을 새기는 세계적 추세에서 충격적인 일부 사례에 불과하다. 철조망은 인공위성만큼이나 우리의 현재를 정의한다고 할 수 있다. 우리는 근대성이 중산층 사이에 호기심과 모험심을 고양시킨다고 생각하고 싶어 하지만, 근대성의 정동에는 자신의 재산을 즐기지 못하고 잃을 수도 있다는 두려움이 포함되어 있다.

지구화의 세 번째 차원은 오늘날 인류세라는 용어로 포괄적으로 통용되는 비인간적 차원이다. 인류세는 인류나 인간anthropos이라는 모호한 이데올로기적 개념 뒤에 권력관계를 감추고 있다고 종종 비판받는 개념이다. 이러한 차이의 모호함이 지구화라는 지배적 담론의 단일성에 대한 상상을 지속시키며, 그 자체로 수세기를 거슬러 올라가는 휴머니즘 이데올로기를 이어 나가고 있다. 지구 체계를 착취하는 중심에는 '인간'이 아니라 특정 인구, 서유럽과 미국의 상류층, 특정 생산양식인 자본주의가 있다. 매시(2005)는 이후 논문에서 장소라는 전통적인 정의가 가진 인간중심주의에 문제를 제기했다. 장소 개념에는 헤아릴 수 없는 비인간적 흐름의 층위가 포함되어 있다. 산 안드레아스 단층선이 없는 로스앤젤레스는 무엇이란 말인가? 권력기하학은 통제할 수 없이 날뛰는 지구 체계의 주기와 겹쳐진다. 전체 인구의 퇴거 또는 배제로 이어지는 위기의 조건은 물리적 지리와 인간 지리를 통해 이해해야 한다.

기술낙관적 지구성의 밑바닥에 깔려 있는 지구 자본주의 권력기하학적 분석의 네 번째 요소는 정치이다. 에르네스토 라클라우Ernesto Laclau와 샹탈 무페Chantal Mouffe의 후기마르크스주의 헤게모니 이론에 따라, 매시(2005: 42ff)는 어떤 지리적 상상력도 마치 하나의 흐름이 전 세계를 장악하지 못하는 것처럼 압도적이지 않다고 주장한다. 신자유주의와 같은 이데올로기는 특정 계급의 이익과 미묘하게 연결된 이야기와 주장의 일시적인 표현으로 모호하고 모순으로 가득 차 있다. 다양한 사람들이 매우 다양한 방식으로 지구화에 관련되어 있다면, 사회 체계에 대한 그들의 이해와 감정 그리고 그 체계에서 그들이 차지한 위치에 대한 감정과 열망은 문자 그대로 그 의미의 **일부**이다. 스피노자의 개념화에 대한 논문(2005: 188ff)에서, 매시는 자본주의 체제에 대한 개인의 관점이 그 체제에 대한 그 사람의 위치성을 직접 '반영'하는 것이 아니라, 개인의 체화된 관점과 경험이 그 위치성을 가능케 한다고 말한다. 그렇다면 지구화의 정치가 하는 일은 지구화의 필연성을 부인하는 것이다. 경쟁과 축적에 대한 집요한 욕구가 아무리 끈질기게 몰아붙인다 해도, 그 충동은 저항할 수 있고 저항당할 수 있다. 정치는 자신의 도시와 '세계의 반대편' 모두에서, 돌이킬 수 없이 상호연결된 다른 사람과의 관계에 적극적으로 개입한다. 지구화의 균등하지 않은 지리학을 이해한다는 것은 더 정당한 형태의 지구화를 요구하는 집단적 움직임을 **책임감** 있게 창출하려는 방법을 준비하는 것이다(Massey 2005: 191-95). 어느 누구도 다른 세상과 분리된 거품 속에 사는 척할 수는 없다.

난민 생산

마르크스는 자본주의의 사악하고 지속 불가능한 측면이 이 체계 자체가 갖고 있는 특성임을 이해했다. 20세기 사회민주주의와 다문화주의는 최대의 고용, 적절한 주거, 교육 및 망명권을 보장하며 기근과 전염병, 전쟁 없이 인권과 경제를 옹호하는 자본주의를 만드는 프로젝트였다. 엘리트들은 복지국가를 통해 그들의 권력이 축소되는 것을 보았으며, 새로운 사회운동을 통해 더 많은 의문을 갖게 되었다. 신자유주의는 처음부터 계급 특권을 회복하기 위해 특히 금융화, 기술 및 부동산을 통해 자본 흐름의 조건을 재도입하는 점진적인 프로젝트였다(Harvey 2005). 그 결과는 예상대로 가파른 불평등의 복귀였다. 궁극적으로 그 어떤 선량한 목회적·사회민주적·자유주의적 생명권력도 자본의 강력한 비인간적 논리를 억제할 수 없었다. 게다가 기후변화, 난민, 테러리즘, '실패한' 국가, 저항하는 바이러스, 대규모 우울증과 불안, 민족주의와 근본주의 등 지금 세계가 직면한 복합적인 위기는 자본의 미친 기계적 논리에 **내재되어** 있다.

기후난민은 우리 생산 방식에서 재난에 취약한 특성을 분석하는 데에 가장 적절한 현상 중 하나이며, 자본주의가 합리적이고 도덕적이라고 제시하는 이데올로기적 자기표현을 완전히 훼손하는 현상이다. 기후변화는 자본이 마르크스와 엥겔스(그리고 심지어 그들의 시대에는 유토피아적 사회주의자와 무정부주의자들)가 상상했던 것보다 훨씬 더 파괴적이고 자기파괴적이라는 것을 증명한다. 기후변화가 촉발한 난민과 이주민의 흐름은 자유무역, 이동의 자유, 민주주의 및 인권의 추측된 근접성에 엄청난 압력을 가할 것이다. 사실, 기후난민은 자본주의 세계 질서가 점점 더 절망적이고 불안정해지고 있다는 가장 명쾌하고 비극적인 징후일 수 있다. 세기 중반까지 수억 명이 환경 스트레스로 피난처를 찾아 떠날 것이다(예를 들어, Parenti 2011 참조).

기후변화의 난민이 될 것인가, 자본주의의 난민이 될 것인가? 명백히 '기후난민'이라는 개념 자체가 이주를 정치적 통제를 벗어난 '자연적' 요인의 결과로 보이게 만드는 이데올로기적 역할과 동시에 이민으로 인해 말기 암 위기에 처한 백인 문명에 대한 경각심을 불러일으킨다. 내가 주장하고자 하는 바는 기후난민을 인류세 재난에 취약한 권력기하학의 중심 징후로 만드는 것이 바로 기후난민의 모습에서 발산되는 이 강력한 정동적 힘이라는 것이다(Baldwin, 2016).

폭력과 퇴거가 마르크스주의의 오래된 주제이기는 해도 자본주의 아래에서 난민의 생산을 명시적으로 이론화한 사람은 거의 없다. 초기 근대 영국의 봉쇄법은 토지 보유를 통합하고 파산한 수천 명의 농부를 쫓아냈으며, 그들 중 많은 사람들이 일자리를 찾지 못해 방랑자나 경범죄자가 되었다. 마르크스(1999: 26장)는 자본이 강압적 방법을 취한다는 점을 분명히 밝혔다. 이러한 양상은 특히 식민지 상황에서 마을이나 대도시 유산계급의 수입원을 확보하기 위해 전체 인구의 소유를 박탈하거나 그들을 이주시키는 방식으로 나타났다. 산업화는 본질적으로 인구 집단이 시골이나 목가적인 삶을 포기하고 도시나 다른 나라로 옮겨 가면서 중독과 범죄를 포함한 다양한 형태의 폭력을 유발하는 특징을 띤다. 마르크스(1999: 25장 3절)가 룸펜프롤레타리아트Lumpenproletariat(유랑무산계급), 즉 가난한 실업자, 거지, 밀수꾼 등으로 구성된 '예비군' 또는 '잉여 인구'가 자본주의 체제의 영구적인 특징이라고 경고한 것은 유명하다.

이러한 모든 형태의 퇴거는 시장경제로 인해 점진적으로 강제되었다. 구분이 모호하기로 악명 높지만, 난민 현상은 다른 양상을 띤다. 사람들을 '난민'과 '망명 신청자'로 만드는 사건은 '이민자'나 '노숙자'의 경우보다 더 심각하고 지역적이며 갑작스러운 것이다. 망명을 수용해야 하는 호스트 사회 편에서 도덕적 또는 법적 의무를 발생시키는 것은 이러한 퇴거가 지닌 재난적 성격 때문이다. 난민들은 단순한 경제적 어려움뿐만 아니라 폭탄, 고문, 박해, 기근, 전염병, 환경재앙을 피해 도망치고 있다. 그들은 자신이 살던 곳에 있을 권리가 없기 때문에 '불법체류자' 및 '서류 미비자들'로 정의된다. 그들이 처한 상황에 대한 이러한 근본적인 법적 난제 때문에, 한나 아렌트(1976)는 제2차 세계대전 직후 난민이 국제관계와 정치 이론의 중심에 있다는 이론을 세웠다. 수백만 명의 사람들이 생필품을 필요로 하는 상황에 처한 것이 바로 20세기를 정의하는 현상이다. 그것이 국가 경계, 인구밀도, 지구적인 식량 체계 및 산업 수단과의 전쟁이 가진 이면이다.

마르크스 시대에는 대규모 난민 이동이 중요 정치적 관심사로 부상하지는 않았다. 그러나 많은 경우, 구별할 수 없는 지점까지 상호작용하는 이주와 노숙자처럼 난민 현상은 자본주의에 만연해 있다. 인구의 퇴거가 어떻게 발생하는지 설명하려면 위기, 팽창주의, 도시화에 대한 마르크스의 기본적인 이해가 필요하다. 마르크스와 엥겔스가 계몽주의적 진보 개념에 너무 집착했다는 것은 농업 부문과 유목민의 후진성을 폄하하고 전반적으로 기술의 환경파괴적 힘에 대해 망각한 데서 드러난다. 20세기 후반까지는 거의 상상도 할 수 없었던 퇴거가 가능해진 이유는 산업화 에너지 수요의 핵심적인 구성요소인 이산화탄소가 대량 배출되어 지구의 대기 전체가 따뜻해졌기 때문이다. '지구의' 온난화는 바다, 생물, 화산, 태양 등과 상호작용하는 하나의 체계인 대기의 **평균**온도가 상승하고 있음을 의미한다. 지역 기상 체계는 도처에서 변화하고 있다. 심각한 홍수와 산불이 훨씬 자주 발생하고 지구의 만년설이 녹아서 대양과 바다가 해안 도시를 잠식한다. 악천후는 어쨌든 항상 위기 직전에 있는 지역 경제와 기관이 더 취약하다는 것을 의미한다. 이렇게 취약성이 점점 증가하면 더 많은 사람들이 다른 곳으로 이동해서 직장이나 안식처를 찾아야 한다. 중요한 것은 지역 위기 상황이 대개 멀리 떨어진 정치적 · 재정적 결정으로 관리(또는 잘못 관리)된다는 점이다.

기후난민 개념은 일반적 난민보다 정의하기 더 어렵고 법적으로도 모호하다. 그리고 정확히 그 모호함 때문에, 글로벌 사우스를 탈출하는 필사적이고 위험한 무리들에 대해 미묘한 인종차별적 공포심이 서반구에서 빈번하게 조성된다. 산업화, 지구온난화, 퇴거 사이에 일련의 인과관계가 있다는 것은 의심의 여지가 없지만 그 인과관계가 직접적이지는 않다. 예를 들어, 2005년 멕시코만에서 발생한 허리케인 카트리나와 같은 재난이 점점 잦아지고 있는데 기후변화가 그 '발생 원인'이라고 말하는 것은 무의미하다. 뉴올리언스의 홍수와 그 여파로 발생한 방치와 불공정의 원인은 정치적 · 경제적 상황이었다. 비평가들이 실제로 '자연재해 같은 것은 없다'고 단언한 때가 있었다면, 바로 그때였다. 이 폭풍은 그동안의 관리 소홀을 적나라하게 드러낼 뿐이다. 전 세계적으로 하부구조가 재난에 취약하기 때문에 기후 불안정성 증가, 해수면 상승, 모든 종류의 오염 및 부족으로 인해 허리케인 카트리나 및 태풍 하이엔과 같은 재난이 발생할 가능성은 점점 더 높아지고 있다.

인류세는 끊임없이 재난을 만들어 내는 행성 전체에 걸친 거대 기계에 지나지 않는 것처럼 보인다. 고대 메소포타미아와 중국에는 재앙이 있었고, 고대 이집트에는 극심한 불평등이 있었다. 마야문명의 붕괴는 빈사 상태에 빠진 불평등과 지속 불가능한 자원 관리가 어떻게 제국의 종말을 불러오는지를 보여 주는 교과서적인 예이다. 오로지 자본주의만이 스스로 자초한 위기에서 **번창하며** 너무 번성하여 나오미 클라인Naomi Klein(2007)이 신자유주의 단계를 '재난 자본주의'라고 부를 정도이다. 한편 크리스찬 파렌티Christian Parenti(2011)는 우리에게 기후변화 상황에서 전쟁, 범죄, 부패, 폭동, 외국인혐오증, 증권화의 증가에 대해 경고하고 있다. 체계적인 분석에 따르면, 서구 정부와 자본은 종종 재해로 인해 발생하는 난민 및 이주민 흐름에 연루되어 있다. 재해가 후쿠시마 붕괴나 시리아 난민 위기 정도일 필요는 없다. 상점은 파산하고, 공장은 문을 닫고, 숲은 개간되고, 농부들은 자살한다. 주류 경제학자들이 창조적 파괴라고 열광적으로 부르는 것을 포함하여 모든 수준에서 항상 재난에 관여하는 것은 자본주의뿐이다.[1]

---

[1] 슘페터의 창조적 파괴 개념에 대한 깔끔한 이데올로기적 설명은 자유주의적 싱크탱크인

이 대목에서 어떤 사람들은 '자본주의'와 같은 획일적인 것을 모든 것의 탓으로 돌릴 수 없다고 말한다. 가부장제와 다양한 종류의 차별 또한 한몫을 하고 있을 것이다. 그러한 심리문화적 영역을 고려하기 위해서는 마르크스의 분석을 심화하는 것이 참으로 중요하지만, 마르크스의 장점은 다양한 현상을 자기강화 체계로 연결하는 요소를 이해하는 데에 있다. 이러한 연결은 체계에서 가장 불안정하고 거의 기체와 같은 요소인 자본, 즉 부채를 통해 작동한다. 또 다른 반응으로 나올 수 있는 것은, 마르크스주의자인 매시 자신도 자본주의의 열매에 의존하지 않느냐는 것이다. 어느 누구도 청바지와 냉장고에서 MP3에 이르기까지 이러한 자본주의 생산 방식이 만들어 낸 물질적 편안함을 부정할 수 없다. 요점은 그것이 폭력, 기근, 이주를 동시에 생산한다는 것이다.

인류세의 주류 개념조차도 (신)자유주의적 낙관주의에 반대하여 21세기에는 재난이 다른 종들뿐만 아니라 인간에게도 안락함이나 심지어 생존 능력보다 우선할 것이라고 말한다. 더욱이 한 인간의 사치는 다른 누군가의 기본적인 삶의 조건을 부정하는 것을 전제로 한다. 인류세는 그 자체로 구조적 불의不義이다. 결론적으로, 극한의 기상 조건으로 자본주의 아래에서 안전이 더욱 취약해지면서 인구의 퇴거는 전 지구적 상호연결성의 재난적 성격을 명백히 드러내고 있다.

Competitive Enterprise Institute에서 배포한 짧은 YouTube 클립에서 찾을 수 있다. www.youtube.com/watch?v=8N08Kkjq9gA

면역 영역

이제 지구화에 대한 페터 슬로터다이크의 철학적 인류학으로 넘어가 보자. 인간 주거와 사회에 대한 슬로터다이크의 견해는 자본주의사회가 어떻게 지구가 직면한 곤경의 권력기하학을 모호하게 하고 그에 도전할 가능성조차 능동적으로 차단하는지를 보여 주는 가장 적합한 예가 될 수 있다. 슬로터다이크가 지구화를 이해할 명확한 틀을 **막는다는** 점을 짚어 볼 필요가 있다.

첫째, 이미 독일과 네덜란드에서 인기 있는 지식인인 슬로터다이크의 작업은 유럽의 공적영역에서 점점 중요해지고 있다. 둘째, 철학적 인류학 전통과 오늘날의 문화 이론에서 슬로터다이크는 그 누구보다 지구화에 대한 탁월한 공간적 이해를 제공한다. 문제는 그의 이해가 나와 매시가 함께 비판했던 공간적 접근 방식과 정확히 일치한다는 것이다. 따라서 셋째, 슬로터다이크는 비평지리학이 논의한 장소의 현상학 이론화의 예가 될 수 있다. 넷째, 슬로터다이크의 직접적인 영향력이 지리학을 포함한 영어권 이론계에서 점차 커지고 있다(Elden 2012 참조). 다섯째, 슬로터다이크는 결코 자본의 옹호자가 아니며 표면적으로는 자유민주주의의 유동성 찬양에 의문을 제기한다. 결론적으로 슬로터다이크의 작업을 조심스럽게 풀어내는 것이 비판적 지리학자의 의무이다. 왜냐하면 그의 작업이 지구화의 모빌리티 위기에 대한 보수적 반응의 가장 매혹적이고 복잡한 표현일 수 있기 때문이다.

구형학을 소개하며

이 장에서 나는 슬로터다이크의 3부작인《구체들Spheres》에 초점을 맞출 것이다. 이 책은 영어로 2,600페이지에 달하는 인간 생활 세계에 대한 풍부한 삽화가 포함된 개요이다. 독보적인 학식으로 슬로터다이크는 (유럽의) 역사적 관점에서 소위 인간 삶을 영토화한다고 할 수 있는 모든 것을 신체, 건축, 대륙 및 행성 전체의 규모로 세부화한다. 문명의 역사는 슬로터다이크가 '구체spheres'라고 부르는 깨지기 쉬운 구조의 조직과 상상력을 중심으로 진행되었다.

이 구체는 명확한 중심, 내부 및 경계를 가진 물질적 기호학적 장치로 외부의 적대적 세력을 저지한다. 구체는 인간이 안전함을 느끼기 위해 필요하다. 사실 개별 주체를 선행하고 형성한 다양한 종류가 함께 존재한 장구한 역사가 없다면 개별적 주체라는 것은 존재하지 않는다. 누구도 혼자서 거품 속에서 살 수 없다. 미국식 용어인 '안전지대comfort zones'는 슬로터다이크가 파악하는 개념과 비슷한 개념이지만, 지대zones는 신체 기관에서 제국까지 확장될 수 있고 안전comfort은 공간 안에 갇힐 수 있는 것이다. 따라서 슬로터다이크는 로마가톨릭교회와 같은 제도 권력이 세계와 공동체의식을 창조하는 것과 동일한 방식으로 인구를 위계적 구조에 종속시키는 방식을 이론화한다. 그는 자신의 구형학적 접근을 일종의 **면역학**immulology이라고 부른다. 왜냐하면 그것은 인간이 서로 공간적·정서적으로 가까운 거리에 살면서 외부의 오염과 공격 위험에서 스스로를 보호하는 방법을 묻기 때문이다. 궁극적으로 구형론적 접근법은 슬로터다이크가 도시, 문명, 세계의 '거시구체macroshperes'라고 부르는 것을 전개인적preindividaul 삶, 즉 임신과 유아기의 매우 연약한 '미시구체microshpere'에 고정시키는 것이다.

매우 불안정하고 심지어 재앙에 가까운 현대의 곤경을 역사적 관점에서 다시 짚어 보기 위해, 슬로터다이크는 니체 이후의 보수적 사상가 오스발트 슈펭글러Oswald Spengler의 발자취를 명백히 따른다. 제1차 세계대전 말에 출판된 슈펭글러의 유명한 저서 《서구의 몰락 Der Untergang des Abendlandes》(1991)은 비관적 세계사의 고전이다. 슈펭글러는 유럽 국가들이 이집트, 인도, 페르시아, 로마가 겪었던 것처럼 문명의 막다른 골목을 경험하고 있다고 주장했다. 슈펭글러의 권위주의적 민족주의는 비록 인종주의와 거리를 두었을지라도 나치 이데올로기에도 어느 정도 영향을 미쳤다. 슈펭글러와 마찬가지로 슬로터다이크는 철저한 반마르크스주의자, 반개인주의자이지만, 자유주의자처럼 국가 쇠퇴의 불가피성을 전적으로 수용했다. 슬로터다이크의 방법론은 절충적이고 기존의 전통을 타파하지만 유쾌하다. 그는 푸코와 데리다에게 많은 빚을 졌다. 역사철학의 가혹함 대신 포스트모더니즘의 가벼움이 있다. 이것은 역설적으로 새로운 메타 서사를 제공하는데, 슬로터다이크가 10년 넘게 독일 텔레비전 토크쇼를 통해 전파한 것이다. 정치를 직접적으로 언급하지는 않지만, 슬로터다이크의 입장은 낙관적이다. 유럽 문명 최후의 위기를 집필하는 기획이 요구하는 것은 예술과 지식 실천의 구속적 기능에 대한 긍정일 뿐이다.

슬로터다이크는 독일에서 논란을 일으키는 것으로 유명하다. 가장 첨예한 논쟁이 일어난 시점은 슬로터다이크가 디지털 기술과 일반화된 모빌리티 시대에 문화적 우생학인 새로운 종류의 '번식 Selektion'이 필요하다는 제안을 했을 때인데, 이때 그는 니체가 가장 많이 오해를 받은 주장을 인용했다[Sloterdijk 2009: 21ff]. 처음으로 악명을 얻은 것은 그의 데뷔 논문[Sloterdijk 1987]이 당시 독일 최고의 대중 철학자 위르겐 하버마스Jurgen Habermas 입장에 감히 의문을 제기하면서다. 하버마스는 칸트와 마르크스의 비판 전통을 계승하고 유럽 자유주의 좌파의 주요 대변인 중 한 명이었다[예를 들면, Habermas 2012 참조]. 독일의 현존하는 베스트셀러 철학자인 하버마스의 자리를 빼앗은 슬로터다이크는, 지식인들이 바로 독일적이고 일반적으로 보수적인 철학적 인류학 전통에서 광범위한 문화철학Kulturphilosophie에 대한 비판이론을 포기하도록 선동한다. 하이데거의 영향으로 그는 기술에 빈번한 관심을 불러일으킨다. 특정 귀족적 학문의 전통을 재현하고 프랑크푸르트학파의 영향력을 무효화하려는 시도에서 슬로터다이크의 입장(또는 더 낮거나 유사한 입장)은 진보적 참여라는 명목으로 신구 좌파 양쪽 모두에 **충실하지 않은** 태도를 취한다. 불행히도, 그러나 이러한 장난스러운 보수주의는 독일 이외의 지역에서 슬로터다이크의 작업을 받아들일 때 대부분 분석되지 않은 채로 남아 있다[예를 들어, Elden 2012 참조].

《구체들》 프로젝트에서 슬로터다이크는 지리적 세계의 일부가 되는 구체적인 과정이 인간과 문명의 통합을 위한 플랫폼을 둘러싸게 되는 **존재와 공간**만을 제공한다고 주장한다. 하이데거의 《존재와 시간》은 환경과 관련된 시간적 전개를 통해 인간 존재가 전개되는 방식을 철학화했다. 하이데거의 장소 이론은 인문지리학의 중심이 되어 왔으며, 매시(2005: 183)는 하이데거의 장소 이론이 기술적 근대성에 의해 소멸된 것으로 여겨지는 진정성을 되찾으려는 가식이라고 비판한다. 《구체들》에서는 하이데거의 강력한 철학에 대한 세부 사항을 거의 다루지 않지만, 그럼에도 불구하고 기본적인(그리고 문제가 되지 않는) 하이데거의 전제를 몇 가지 가지고 있다. 첫째, 존재는 항상 함께 존재하며(Mit-sein)이며, 그 자체로 존재하는 개인 같은 것은 없다(Heidegger 1996: 110ff). 둘째, 신이 죽은 이후의 시대에 유한성이 존재의 결정적 특성이며, 인간의 삶은 내세에 대한 보장 없이 죽음을 향하여 가는 존재이다. 셋째, 세계-내-존재는 언제나 거주dwelling이며, 언어의 재귀적(반복적) 사용과 특정 사물의 일상적인 특성을 통해 그 세계의 일부를 거주**하는** 공간으로 묘사한다. 인간의 삶은 집에 있다는 편안함을 느끼려는 끊임없는 시도이며, 세상으로 **내던져졌다는** 사실을 상쇄시키는 안전 거품으로 해석한다(Heidegger 1996: 176-80). 자신의 집이 결코 자신의 것이 아니고, (자기)소외가 궁극적으로 불가피하더라도 하이데거주의자는 뉴턴이 공간space이라고 부르는 무의미함에 저항하는 다소 우울하지만 진정성 있는 시학의 여지를 만들어 낸다. 슬로터다이크가 받은 하이데거의 네 번째 유산은 언어와 신화가 존재를 '드러낸다'는 것이다. 특히 구형의 삶이 구체적으로 어떻게 일어나는지 알려 주는 분야가 예술이다. 지난 2천 년 동안 유럽 문명의 모든 문화 산물(및 다른 곳에서 온 일부)은 슬로터다이크의 탐욕스러운 하이퍼 프레임워크에 적합할뿐더러 그것을 조명하고 있다. 하이데거의 소크라테스 이전 이론 대신에 기독교 신학에 크게 의존하는《구체들》3부작은 학식 자체가 지닌 창조적 특성을 통해 세상을 세속적으로 다시 매혹시킨다. 슬로터다이크는 다소 니체처럼 예술사에서 철학적 문학을 만들어 냈지만, '모든 가치의 재평가'라는 혁명적 충동은 없다.

슬로터다이크의 구형학spherology이 안전지대에 대한 현상학 저술 중 아마도 가장 백과사전적인 시도이며, 매시의 장소 이데올로기 비판의 근거가 된 담론이라 불리는 것도 놀라운 일이 아니다.[2] 비록 후기구조주의 철학에 의존할지라도, 구형론은 근본적으로 장소에 대한 오래된 인본주의적 본질화와 관련되어 있다. 이 인본주의 본질화는 내부가 지닌 이질성과 변화하는 외부의 원인으로 인해 그 자체의 구성을 파악하지 못하고 있다. 이것은 또한 슬로터다이크가 구조적으로 이주와 환경파괴를 근대성의 중심으로 이해할 수 없다는 것을 의미한다. 그렇다면 기후난민은 어떤 장소, 어떤 영역에 속하는 것인가?

---

[2] 나는 도린 매시가 슬로터다이크를 읽지 않았다고 생각하지만, 주요 공간 이론가들을 섭렵했을 테니 읽었을 수도 있다. 그랬다면 슬로터다이크의 백과사전적 활기, 출처를 산출하는 노동 분업, 남성주의적인 모성 채택, 텔레비전 친화적인 철학 악동이라는 위치를 통해 흐르는 장소본질주의를 비판했을 것이라고 확신한다.

자궁 내 사회화

구형학은 친밀감을 새롭게 가치평가하여 자유주의적 개인주의의 허위를 폭로한다. '거품Bubbles'이라는 부제가 붙은 《구체들》의 첫 번째 권에서, 슬로터다이크는 인간 사회의 근간이 되는 관계성에 대한 존재론을 발전시킨다[2011a]. 상호주관성에 대한 하이데거의 개념화보다 한층 더 발전한 이 '미시구형학'은 우리의 배꼽이 증언하는 '잊혀진'(하이데거적 의미에서)[1996: 311-12] 전pre 주관적이고 완전히 육체적인 공생의 상태, 즉 '원초적 동반자'인 태반에 대한 우리의 친밀한 의존을 회복함으로써 가능하다[Sloterdijk 2011a: 5장]. 슬로터다이크가 어머니의 몸과 태아 및 유아 몸의 '공생'이라고 부르는 것은 영양분과 정서의 교환에 달려 있다. 그 결과로 나온 '소극적 산부인과'[2011a: 4장]는 인간의 전 세계를 만드는 능력을 탯줄로 연결된 자궁 경험의 연장선상에서 바라보는데, 이는 모든 인간이 여기에서 시작하고 영원히 모방하려고 시도하는 것이다. 슬로터다이크는 심장, 얼굴, 최면술, 자궁, 쌍둥이, 사이렌, 천사, 삼위일체 등의 주제를 둘러싼 신화적·신학적 의미 층위를 소용돌이치듯 여행하면서, 인간의 개성은 결코 가능하지 않은 근원적인 둘임twoness을 파헤친다. 가장 기본적으로, 태아기 공간의 비개성non-individuality은 성인의 사회적 공간이 무엇으로 구성될지를 예시한다. 쌍둥이나 도플갱어와 같은 이중 인물이 불쾌감을 일으키는 이유는, 우리가 무의식적으로 그들이 사실 물리적 개별체가 아니라는 것을 기억하기 때문이다.

왜 거품인가(Blasen)? 이것은 은유 그 이상의 문제이다. 왜냐하면 좁은 의미의 거품(비누 같은)과 태아-태반 쌍, 그리고 성숙한 인간이 그들 주변에 형성하는 친밀감의 양이 공유하는 위상학적 조직이 있기 때문이다. 둘 다 내부와 외부가 명확하지만 둘 다 주변 환경에 막membrane처럼 열려 있고, 둘 다 역동적인 긴장감 속에 존재하며, 둘 다 움직이고, 둘 다 처음부터 사라지거나 변형되기 일보 직전이다. 하이데거(1996: 231ff)의 존재가 죽음을 향한 존재인 것처럼, 미시구체의 따뜻한 내부 또는 '작은 세계'(Sloterdijk 2011a: 438)에 출몰하며 기다리는 재앙이 있다. 이러한 근접성이 지니는 취약성은 가정, 도시 및 지구라는 거시적 영역으로 이어진다.[3] 슬로터다이크가 인간의 공생을 당연시한다고 비난받을 수는 없지만, 그는 인간 거품에 대한 실존적 위협에 대한 이론을 발전시키는 것은 자제한다. 그는 구체가 외부로부터 위협받고 있다고 말하면서도 무엇에 위협받는지는 알지 못한다. 그의 문학적인 두서없는 말들을 통해 예술과 종교가 태어날 때부터 인간의 개성에 수반되는 근본적인 취약성, 즉 외부 침입에 대한 불안을 오랜 세월에 걸쳐 사실(또는 사실성)로 기록해 왔음을 알 수 있다. 그러나 그 취약성은 외부로부터 가해지는 특정한 힘에서 비롯되는 것이 아니라 거품 자체의 구조와 얽혀 있는 것 같다. 취약성은 인정되나 문제시되지는 않는다.

---

[3] 슬로터다이크의 개념을 지젝과 연결하여 더 비판적인 가능성을 제시하는 논문은 van Tuinen(2009) 참조.

결국 슬로터다이크는 인간의 함께 존재함being-together을 자기유지적이고 대체로 항상성을 유지하며 스스로 펼쳐지는 공간으로 제시한다. 이는 어떤 외부 자극에 의해서가 아닌 인간의 내적인 힘으로만 구축된 것이다. 페미니스트의 관점에서 이는 혼란스럽다. 양막주머니amniotic sac를 사회 그 자체의 기반으로 삼음으로써 슬로터다이크는 모성을 환영하는 널리 퍼진 보수적 감성과, 번식과 국가의 생명력을 환영하는 더욱 혼란스러운 흐릿함 사이에 줄타기를 하고 있다(태어나다nascere에서 파생된). 누구를 위하여 여성은 임신하는가? 여성의 자궁이 더 고귀한 의미를 가지고 있다고 누가 말하는가? 슬로터다이크는 파시스트가 아니지만, 태반을 미화한 '진혼곡'이 어떻게 국가나 공동체의 정치체에 생명정치적으로 연루되지 않을 수 있는지는 설명하지 않은 채로 남겨 둔다. 태아-태반에 비유하여 사회적 구성체를 재개념화할 때, 그 섬세한 경계가 손상되지 않는 한, 건강하고 순수하다고 가정해야 하는 것인가?

임신은 종종 다양한 종류의 폭력과 강압으로 발생할 수 있고 종종 발생한다. 슬로터다이크는 임신을 모든 더 큰 사회 형성의 존재론적 토대가 되는 안정적인 초역사적 조건으로 간주하여 인간적인 것의 토대가 된다고 말한다. 이 때문에 미시구형학은 페미니즘뿐만 아니라 정신분석학의 기본적인 발견과도 일치하기 어렵다. 멜라니 클라인Melanie Klein(1949)은 프로이트 이론을 기반으로 아동기에 어린이와 어머니가 형성하는 사랑, 공격성 및 좌절의 복잡한 조합을 이론화했다. 어머니가 유아를 사회 구성원으로 만들기 위해 유아를 조종하듯이, 유아도 어머니를 조종하여 보살핌을 받는다. 따라서 성모자상the Madonna에서 순수하고 이상적인 패러다임으로 표현된 모자 관계는 '본래의' 관계가 아니다. 분명히 정서적 거품이 인간의 초기 삶에 필수적이지만, 슬로터다이크의 반정신분석적 입장은 젖 떼기의 트라우마, 신체 단련, 남성 인물의 침입을 의도적으로 생략한다. 그러나 정신분석학에 따르면, 이러한 요소들은 인간의 이후 삶에서 반향을 일으키는 것들이다. 게다가 매시가 클라인에게 상기시키는 것처럼, 이러한 '미시사회적' 사건과 삶의 기회는 더 넓은 권력 기하학으로 형성된다. 임신과 모유수유는 피임, 음식, 종교, 건강관리, 주택 및 인구정책의 지역 내에서 발생한다. 우리는 다국적기업이 가난한 나라의 모유 수유를 적극적으로 반대한 네슬레 스캔들을 기억한다. 엄마와 아기의 공생은 그 공생을 어렵게 만드는 흐름 내에서 하나의 **성취**이다. 유사-형이상학으로 주어진 것이 아니다.

더 일반적으로, 자궁의 조화를 가정하는 것은 인류세에서 점점 더 문제가 될 수 있는 성의 본질에 대한 사유를 불가능하게 한다. 이제 기후변화의 현실이 과소비된 지구에 대한 맬서스주의적 두려움을 최소한 어느 정도라도 정당화하는 것처럼 보이기 때문에, 부유한 세계의 일부 여성들은 환경적 이유로 임신을 하지 않기로 결정한다 (Ostrander 2016). 슬로터다이크가 국가, 종교 또는 생명 등을 위해 모성을 미화하는 것이 아니라고 가정하더라도, 낙태, 동성애, 성노동, 고아원, 10대 가출, 마약중독, 성전환 및 가부장제 재생산의 기타 합병증을 규범에서의 일탈로 바라보는 입장은 우파의 담론과 별 차이가 없어 보인다.[4] 그리고 이 모든 현상은 차별적 모빌리티와 연결되어 있다. 1840년대에 마르크스와 엥겔스(2000: section III)가 지적한 것처럼, 매춘과 가족해체는 산업화의 일부인 이주와 빈곤 때문에 발생한다. 기독교와 부르주아 담론(및 보수적 페미니즘)에서 '가족 가치'를 옹호하는 것은 알코올중독과 가정폭력과 같은 현상을 야기하는 경제적 압박을 고려하지 않으려는 데에 그 이유가 있다. 슬로터다이크가 신체 연구 분야에서 주창한 소위 '태반적 전환'은 원초적 조화라는 감상적 이데올로기를 이어 나간다. 마치 가부장제와 어머니 자신의 의지에 영향받지 않은 것처럼 자궁 내 공간에서 시작하여, 미시구형학은 확실히 보수적인 존재론적 궤적과 함께한다.

내구권Endospheres으로서의 문화

우리는 이제 거시구형학으로 방향을 돌린다. 거시구형학은《구체들》의 두 번째 권인《지구체Globes》에 설명된 도시, 문명, 국가 및 세계의 현상학이다. 슬로터다이크에게 문명은 면역학적 노력이며, 경계 설정과 쇼비니즘을 통해 악, 외세 및 자연재해를 막을 수 있는 집단의 예방접종이다(Mutsaerts 2016 참조). 그러나 소우주에서와 마찬가

---

[4] 2015년 서유럽 여론을 잠시 중동 난민 유입을 환영하는 방향으로 전환시켰던 지중해 해변에서 발견된 터키 소년의 사진을 보고 슬로터다이크가 어떻게 느꼈을지 사람들은 궁금해한다.

지로, 예방접종이 필요한 이유가 이 두 번째 권에서도 명확하지는 않다. 인간은 무엇이 두려워 무의식적으로 자궁을 동경하게 되는 것일까? 〈방주, 성벽, 세계의 경계, 면역체계: 담장이 있는 공간의 존재론〉 장은 방주 신화로 시작하는데, 이 신화가 문명의 재생산에서 분리의 필요성을 보여 주는 원초적 이야기이기 때문이다. 노아가 전 행성적 대홍수로부터 인류와 동물을 구한 방주는 지구가 멸망한 후 진정한 문명을 다시 시작하기 위해 선택된 소수를 구해 내는 인큐베이터와 같다. 슬로터다이크는 다음과 같이 말한다.

> 방주 개념—'상자'('box', 라틴어 area에서 온 말, '닫힌, 비밀스러운'을 의미하는 arcanus와 비교)—은 선진문명의 시작점에 있는 인간이 생각할 수 있는 가장 구형학이며 급진적인 공간 개념을 표출한다. 이것은 새로운 종류의 프로젝트, 즉 다루기가 매우 어려운 외부 세계에 직면한 한 집단이 보이는 자기보호와 자기포위 개념을 불러일으킨다(2014: 237).

방주의 공간성은 신의 선택, 가부장적 후손, 간단히 말해서 생명정치의 가장 극단적인 이야기일 수 있는 생존을 위한 살인을 포착한다. "모든 방주 환상에서, 소수가 선택받은 것은 신적인 필요에서다. 부름을 받은 사람은 많지만, 배에 오른 사람은 극소수다"(Sloterdijk 2014: 246). 분명히, 해수면이 상승하고 인구가 이동하는 시대에 방주 환상은 특별한 반향을 일으킨다. 슬로터다이크의 이 책에는 본문과 분명한 관련이 없는 놀라운 사진이 등장하는데, 바로 남중국해를 넘어

공산주의 베트남을 탈출하는 '보트피플' 사진이다. 《구체들》에서 난민에 대한 유일한 언급(그리고 영웅적 식민주의가 아닌 인간 모빌리티에 해당되는 얼마 안 되는 언급 중 하나)이기도 한 이 사진은 흥미로운 질문들을 제기한다. 이 보트피플은 다소 특별한 것인가? 피난민의 흐름을 발생시키는 파괴는 새로운 문명이 탄생하기 위한 필요조건인가?(베트남아메리카 문명?) 어쨌든, 보트피플과 방주 신화의 비교는 사려 깊지 않거나 심지어 외설적이까지 하다. 만약 슬로터다이크가 보트피플이 노아처럼 하나님의 인도를 받은 손으로 세계 역사를 다루고 있다고 암시한 것이라면 말이다.

우리가 보기에 지구화와 공존하는 불균등한 상호연결성은 거시구형학에서 사라지는데, 그 이유는 '문명'이 교류를 차단하고 외국인혐오를 조장하는 것으로 존재하는 것처럼 보이기 때문이다. 더 나아가, 슬로터다이크의 관점에서 노아의 방주 또는 기독교 세계 공동체는 외부 위협뿐만 아니라 내부 분쟁에도 영향을 받지 않는다. 슬로터다이크는 이단과 반유대주의에 대해 논하고(Sloterdijk 2014: 728ff), 군사기술과 테러리즘 역시 반복되는 주제이다(예를 들어, 가스 전쟁에 대해서는 Sloterdijk 2004: 89ff 참조). 니체주의와 인류학적 맥락에서, 거시적 관점은 희생과 공유된 황홀경, 두려움에 근거한 사회적 결속력을 가정한다. 한 여록에서 그는 정주 사회가 직면하는(또는 냄새를 풍기는) '면역 역설'을 분석한다. 더 많은 사람들이 함께 살수록, 어쨌든 더 많은 똥이 배출된다(Sloterdijk 2014: excursus 2). 그러나 슬로터다이크는 불화와 권력관계를 주제로 설정해서 자세히 설명하지는 않는다. 그의 문명과 도시는 자아충족적이며 자급자족하면서 궁극적으로 조화를 이룬다. 치명적인 외부 세력에 대항하여 안전**하다면** 태반-태아처럼 성장하기를 열망한다.

인간은 거의 모든 상황에서 중요한 타자들과 함께 내구권endospheres 을 생성하는 동물이다. 왜냐하면 그것은 내부에 있었던 또 다른 존재에 대한 기억과 최종적으로 둘러싸인 존재에 대한 기대로 형성되기 때문이다. 그것은 내부를 변화시키기 때문에 내부가 있는 것은 태어나서 죽는 피조물이다. 이주의 긴장감은 인간이 존재하는 모든 곳에 영향을 미친다. 그것이 바로 인류의 전 역사가 담장과 담장의 변형의 역사인 이유이다(Sloterdijk 2014: 198).

사회 형성이 '내구권'이라면 실천과 이론 모두에서 그것들을 본질화하려는 경향이 생긴다. 슬로터다이크는 선사시대 마을에서 독일 예술가 요제프 보이스Joseph Beuys, 고문 도구, 풍부한 기독교 이미지로 이동할 때, 단지 문화의 **스냅샷**만을 제공한다. 배열은 매우 좋아하지만 상호연관시킬 만한 개념적 근거는 없다. 일부 사회구성체들과 생태계가 왜 제국주의화되었는지 정확히 그 이유를 논할 수 있는 장치는 말할 것도 없다.

원시 세계에서 역사시대까지 수없이 많은 작은 문화들이 생겨나고, 언어, 의식 및 계획들로 가득 찬 이 반짝이는 거품 떼가 뿜어져 나오고

터지는 것과 몇몇 선별적 경우에 더 멀리 떠다녀서 성장하고 통치하는 상황을 관찰할 수 있다면, 누군가는 이 모든 것이 바람에 의해 어떻게 휩쓸려 가지 않았는지 의아할 것이다. 대다수의 오래된 씨족, 부족 및 민족은 거의 흔적도 없이 일종의 무無로 사라지거나, 어떤 경우에는 최소한 이름을, 일부는 모호한 숭배 대상만 남겼으며, 지구 위를 떠돌던 수백만 개의 작은 민족권 중에서 극히 소수만이 확장, 자기확보, 권력 상징 설정을 기반한 변형을 통해 살아남았다(Sloterdijk, 2014: 19).

두 가지 고전적인 이데올로기의 움직임이 이 지점에서 분명하다. 첫째, 모든 사회 또는 '민족권'은 미약하고 연약하게 시작한다. 아마도 모두가 전 지구적이 되기를 원할 것이다. 일부는 '문명'으로 성장하고, 유일한 하나, 기독교-유럽-미국권만이 외부 세계로 뻗어 나가려는 욕망으로 세계를 지배하게 된다(슬로터다이크는 특히 사도와 선교사의 소통 작업에 대한 사례를 언급한다)(2014: 7장). 둘째, 인류는 별개의 동물종이라기보다는 지구 위를 정처 없이 떠다니는 상호 이해 불가한 문명의 집합체이다. 그들은 파열을 경험하지 않으며 상호작용하지 않는다. 변화는 점진적이며 역사와 상징이 있는 사회에서만 발생하며, 그 결과 더 크고 지배적으로 성장한다. '문화의 모자이크'라는 이러한 본질주의와 대조적으로, 현대 인류학자들은 이동과 교환을 문화 정체성보다 존재론적으로 우선시한다(예: Clifford 1997). 역사가들도 이제 인류를 거품의 집합이 아니라 거미줄로 생각한다(예: McNeill & McNeill 2003). 큰 사회가 멸종하는 것은 대부분 다른 사회와의 충돌 때문이다. 권력은 주로 상징에서 내생적으로 발산되는 것이 아니라 권력을 통과하는 흐름을 통제하는 체계이다.

슬로터다이크의 공간 존재론이 지닌 근본적인 문제는 거시적 공간 내에 미시적 '반복'이 일어난다는 것이다. "우리는 미시구형 세계의 기본 현상, 즉 강력한 관계로 통합된 둘의 상호 환기가 어떻게 구모양의 우주인 거시구면에서 반복되는지를 분명히 할 것이다"(2014: 91). 도시와 세계 문화(교황이 로마에 대해 말한 것처럼 urbi et orbi)는 자궁으로 거슬러 올라가는 공생 공동체이다. 우리는 미시구체의 개념이 이미 모호하다는 것을 알고 있지만, 이 규모의 개념은 현실과는 관련이 없다. 슬로터다이크의 척도scale는 정치적 신화에서처럼 집중적으로 작동하지 않는다.[5] 가족으로서 기독교 문명, 통치자로서 아버지, 로마를 중심으로 한 세계, 왕관의 상징성 등. 그러한 척도 그림에는 움직임이 없고 계층을 뛰어넘는 것도 없다. 도린 매시와 같은 지리학자에게 지구적인(거시macro)은 단순히 현지(미시micro)를 반복하는 것으로 확대할 수 없다. 왜냐하면 장소를 구성하는 것이 바로 글로벌 고유의 차별성이기 때문이다. 순례, 무역, 식민주의, 이주, 대중 관광, 기후변화는 이러한 러시아 인형 마트료시카 이미지 안에 위치할 수 없다. 전 지구적 과정에서 위치에 따라 한 정치체제에서 추방된 뒤 다른 정치체로 진입이 거부된 난민은 구형-면역

---

[5] [역주] 척도scale는 슬로터다이크가 다양한 단계의 인간 존재와 경험을 묘사하기 위해 발전시킨 개념틀을 설명하고자 사용한 개념어이다.

학적 모델에 소속되지 않은 것으로 간주된다. 슬로터다이크는 국가 (또는 인종)와 영토가 같은 경계에 있는 '피와 흙Blut und Boden' 이데올로기를 지지할 만큼 반동적이지 않다.[6] 그러나 거시구체의 불가피한 문화적 · 정치적 이질성을 이론화하지 않음으로써(태반 공생을 모델로 삼았기 때문에) 궁금증을 남긴다.

지구체에서 거품으로

《지구체》에서 슬로터다이크는 유럽 문화와 철학의 보편화 경향, 특히 신플라톤주의 기독교와 초기 현대 우주론에 대해 자세히 논한다. 그러나 그가 묘사하는 지구는 움직임이 없다. 포스트모더니스트로서 그는 물론 우주여행과 자동차에 대해서는 논의한 적이 있다. 그러나 구체가 흐름으로 구성되었다고 생각하지 않는다. 그가 선교사, 콜럼버스, 십자군 또는 인터넷과 같은 벡터vector를 언급할 때 그것은 항상 중간에서 가장자리로 방사되어 이동한다. 따라서 《지구체》의 핵심 장의 제목은 "어떻게 구형 중심부가 순수한 매체를 통해 장거리 효과를 갖는가"(2014: 7장)이다. 지구화는 처음에는 로

---

[6] [역주] 피와 흙blood and soil은 나치 독일의 이상을 표현하는 민족주의 슬로건으로, 인종적으로 정의된 국가기구와 정착지가 결합되어 있다. 농촌 및 농장 생활 형태는 도시 생활 형태에 대한 균형추로 이상화된다.

마, 다음에는 예루살렘, 그다음에는 달러를 중심으로 집중화한다.[7]

슬로터다이크에게 전 지구성은 사회구성체, 계급 및 회사 간의 투쟁이 아니라 인간과 우주cosmos 사이의 투쟁이다. 신이 점점 더 세속적인 부의 제국에 거주하게 되면서, 인간이 그 자리를 차지한다. "세계 항해사, 지도 제작자, 정복자, 세계 무역업자, 심지어 기독교 선교사와 그들을 추종하는 구호 활동가와 외딴 곳에서 보내는 경험에 돈을 쓰는 관광객까지 그들 모두는 하늘이 무너진 이후에도, 최후의 대규모 곡률로서의 기능을 대신해야 하는 것이 다름 아닌 지구라는 사실을 이해한 것처럼 행동했다"(Sloterdijk 2014: 773-74).

오늘날 지구화는 대부분 세속적이지만 그 전환은 이미, 세계지도가 유럽 식민화를 목표로 실용화되기 시작한 르네상스 시대에 발생했다. 지구라는 행성을 새로운 시대로 밀어 넣은 통합된 **인류**anthropos로 자기정체성을 정립한 종은 바로 신의 죽음 이후에 온 것이다. 슬로터다이크(2014: 935ff)에게 신의 도시the City of God의 초월적이며 영원한 생명에 대한 전근대적 생성 환타지는 즉각적인 통신이 가능한 **에큐메니컬** 세계로 대체된다. 이 세계는 찌그러들고, 과포화되고, 동기화되고, 다언어적인 세계이다. 슬로터다이크의 다른 저서 《자본의 내부 세계에서Im Weltinnenraum des Kapitals》(2005, 2013a)는 행성 단계, 즉 지구 차원에서 자본이라는 매개체를 통해 서구 문명의 이미지와 이해

---

[7] 슬로터다이크는 이슬람에 대해 완전히 무지한 것은 아니지만, 메카를 세계 공동체의 구체 정동적 기하학적 중앙집중화의 장소로 이론화할 기회를 놓친다.

관계에 따라 지구를 재창조하는 지구의 내부성을 파헤친다.

실제로 서유럽 또한 외부의 영향으로부터 자유롭지 않다. 오히려 르네상스 시대는 무슬림 상인, 과학자, 철학자들에게 상당한 빚을 지고 있지 않은가? 자본주의는 대서양 노예제도에서 발생한 투자 덕분에 시작된 것이 아닌가? 슬로터다이크의 반추는 전 지구성의 **이데올로기**를 공식화한다. 우리가 주목하는 것처럼 이 전 지구성에서 형태학적 의미의 지구체는 실질적인 사회적 관계가 아니라 이동 및 불균형과 주로 관련되어 있다. 그러나 아이러니하게도, 슬로터다이크의 예상과 달리, 그의 원, 지구본, 거품, 돔, 캡슐 등에 대한 강박적인 글들로 인해 많은 독자들은 면역화를 비판하는 것이 아니라 오히려 면역화되는 계기를 맞게 된다. 외부 장벽이 무너져서 터져 들어온다는 생각은 면역학적 논증에서 추정할 수는 있어도 현실로 이론화하기에는 너무나 무시무시하다. 2015년 시리아 난민을 둘러싼 인도주의적 · 정치적 위기가 이루어 낸 것은 정확히 그러한 국가면역의 붕괴와 필사적인 회복이다. 구형성Sphericality은 진정한 생명정치적 프로젝트이지만, 슬로터다이크가 분석하지 않은 채로 남겨 둔 더 근본적인 모빌리티에 대한 반응이다.

《거품Foams》은 《구체들》 3부작의 마지막 권으로, 미시와 거시가 융합된 '다원적 구형학'을 제시한다. 개인주의에 대한 비판을 이어 가면서, 원자화에 대한 좌파의 분석에 가깝지만 정반대의 정서를 지닌 슬로터다이크(2004)는 글로벌 기술자본주의 사회를 일반화된 격리, 고립과 고립성(섬나라, 다른 문화에 관심 없음)으로 상상한다. 개인은 자신을 보호하기 위해 남겨진 포괄적인 초월성이나 보편성도 없이 스스로 살아 움직이는 구체에 갇혀 있다. 온실과 에어컨은 슬로터다이크가 가장 좋아하는 사례로 그 '분위기'가 포스트모더니티의 요소임을 보여 준다. 텔레비전 앞에 붙어 있는 가족들로 가득 찬 아파트, 교통체증에 빠진 자동차, 스마트폰에 몰두하는 사람들, 곧 포스트모더니티의 구획화와 균질화는 새로운 기기가 등장할 때마다 더 확산된다. 말하자면, 이 모든 '세포'는 그들만의 세계로 둘러싸여 있다. 그러나 그들의 세포막membranes은 지속적으로 다른 것들과 접촉하며, 공간을 놓고 경쟁할 때 '공동취약co-fragile' 및 '공동고립co-isolated' 상태로 만든다(Sloterdijk 2004: 250-57). 복지국가(즉, 국가 면역)가 무너지면서 신자유주의적 개인은 자신의 작은 세포에 대한 책임을 지게 된다. 우울하게 들릴지 모르겠지만, 슬로터다이크는 현대인들이 사실 모든 실내 바다indoor ocean와 허머Hummers(GM사의 민수용 차량)에 상당히 만족하고 있다고 주장한다(2004: 815-19). 요점은, 세포가 일시적인 소속감을 제공하는 네트워크 내에 함께 격리된다는 것이다.

포스트모더니티의 거품 공간은 중심이 없고, 무정형이며, 방향이 없는 인공 볼륨이 다양하게 중첩된 것이다. 이 책의 많은 부분이 재미있다. 베를린 거리에서 펼쳐진 러브 퍼레이드에서 최대 150만 명의 사람들이 테크노음악에 맞춰 춤을 춘다. 즉, 거품 파티에서도 황홀한 공생의 거품을 만들려는 공동의 노력이 있다(Sloterdijk 2004: 604 및 810). 그러한 사건들이 근대성의 거대한 서사가 사라진 후에 나타나는 근본적인 고립을 극복하지는 못하더라도, 소위 슬로터다이크가 소중히 여겨야 할 '사치품'이라고 부르는 것을 제공한다(787ff). 그런데 거품 공간에서, 에어컨에 대해 가장 주목해야 할 점이 고급스러움인 가?《지구체》에서 보트피플에 대한 모호한 언급과 마찬가지로,《거품들》에서는 상자에서 자고 있는 남자 노숙자와 몽골 유목민 텐트 (544 및 547)의 사진이 포함되지만 그에 대한 언급이 없다. 또한, 캡슐화 encapsulation(관련 있는 데이터와 코드를 한 울타리 안으로 모으는 것)가 강요된 것인지 선택된 것인지에 대한 질문과 환경 및 장기적 영향에 대한 질문은 완전히 배제되었다.《구체들》3부작에서 가장 두드러지는 반–비판적 보수주의 징후는 아마 군사화된 생명정치에서 점차 중요한 의미를 차지하는 세포 혹은 영역, 즉 감금incarceration에 대해 결코 논의하지 않는다는 점이다.

결론적으로, 우리는 슬로터다이크가 파편화, 모빌리티 및 편안함이라는 불균등한 지리학을 설명하고 분석할 프레임워크를 제공하려는 의지가 없음을 알게 된다. 그가 말하는 모든 모빌리티는 자발적인 것처럼 보인다. 무한한 다수의 세계가 있고, 그 밑바닥에는 자본주의 논리가 없다. 채소밭이 딸려 있는 우주정거장에 대한 논의 (2004: 317-21)는 매력적이지만, 그것들이 연결하는 지정학적(또는 외지정학적) 별자리가 없다면 캡슐화를 생각할 수 있을까?《거품들》에서는 형이상학적 통합(민족국가, 종교, 보편성)의 소멸을 과장하면서, 파편화에 저항하고 연대의 이름으로 싸우는 세포의 가능성을 부정한다. 동시에 슬로터다이크는 어떠한 것도 허무주의 및 염세주의와 관련 없기를 바란다(2004: 3장). 예를 들자면, 그는 전 지구적 불평등에 대해 계속 신음하는 좌파의 근본적인 우울함을 날카롭게 비판한다(지구화에 대한 이 책의 결론은 실제로 '비대칭에 대한 찬사In Praise of Asymmetry'라고 불린다)(2013a: 258-64). 여기에 어떠한 정치가 있다면 그것은 확실히 유쾌한 것이다. 슬로터다이크에게 자본주의는 노동, 자원 고갈 및 민족주의의 부활이 아니라, 여가와 혁신 및 다원주의로 정의된다. 〈당신의 삶을 변화시켜야 한다You Must Change Your Life〉라는 제목으로 윤리적 선언문을 썼을 때(2013b), 슬로터다이크는 인류가 구성적인 '기이함'을 새로운 종류의 금욕, 즉 니체적인 자립적 작업을 통해 파악해야 한다고 제안한다. 이 책에서는 균질화를 배제하려고 시도하는 면역구형적immuno-spherical 또는 생명정치적 분할에 대해 어떠한 언급도 하지 않는다. 대신에 마르크스주의 정치는 때마침 지젝(2016)이 난민 위기에 대해 제안한 것, 즉 불평등과 이주를 위한 구조적 조건의 제거를 목표로 하는 국제적 반자본주의 전선에 더 가깝다. 그러나 지젝이 하이퍼모빌리티라는 신자유주의적 도그마와 새로운 물리적·정신적 경계의 구축 사이의 명백한 모순을 지적하고자 슬로터다이크를 종종 인용하는 것은 실망스럽다.

최근의 논란에서 슬로터다이크는 앙겔라 메르켈의 (간단한) 난민 개방정책에 대해 "이것은 잘될 수 없다"고 했다(Kissler and Schenicke 2016). 그는 일관되게 이슬람 공포증을 피하고 있으며, 2015년 새해 전야에 쾰른에서 북아프리카 망명 신청자들이 현지 백인 여성들을 집단 성희롱한 것과 같은 사건은 테러리즘에 대한 공포문화만큼이나 문화 간 오해에 해당한다고 말한다. 서구 민주주의를 뒤흔들고 있는 권위주의적 보수주의자들과 우파 포퓰리스트들과 달리, 슬로터다이크는 (내가 아는 한) 난민과 테러리즘에 직면한 독일인들에게 군사화를 요구하지 않는다. 그 대신에 그는 '고요함'을 유지하고, 예술과 문학을 계속 배우고, 대중매체를 피하고, 종교·전쟁·분노와 같은 어려운 주제에 대해 침착하게 생각해야 한다고 말한다. 그러나 슬러터다이크는 국가주권이 이민자와 난민 입국을 차단할 수 있는 능력으로 정의되며, 메르켈의 '환영문화Willkommenskultur'가 순진했다는 점을 대중에게 상기시킨다. 그는 문화 간 격차가 단순히 메워질 수 없다고 생각하기 때문에 긴장된 독일의 '통합' 정책을 조롱한다. '우리는 국경에 대한 찬사를 배운 적이 없다.'

슬로터다이크의 선택은, 앞으로 수백만 명이 더 이주하게 할 수 있는 상황을 종식시킬 장기적인 해결책을 제시하지 않고, 이방인과 급진적인 변화에 대한 개방성을 요구하는 니체 이후의 관대함 개념을 확장하지 않는 것이다. 그러나 흥미롭게도 그는 "21세기는 하나의 거대한 주제를 갖고 있는데, 그게 바로 이주"라는 점은 인정한다. 그러나 구형학의 경우, 실제 모빌리티는 덧붙혀진 생각일 뿐이다. 금세기 난민의 현실은 인간의 삶이 결코 지구체에서 출발하지 못했다는 것을 보여 줄 것이다.

맺는 말

도린 매시와 같은 지리학자들이 신자유주의 도그마가 상식으로 전환된 개념에 반대하여 공간과 장소를 재개념화하고자 애쓰는 반면, 슬로터다이크의 보수적 공간성은 지구화를 이해하는 데에 정확히 잘못된 시발점을 취한다. 구형학이 이동에 대해 적절한 개념을 가질 수 없는 이유를 이해한다면, 이는 모빌리티 정치에 대한 흥미롭고 중요한 발자취가 될 것이다. 면역학적 틀이 오염물질의 가능성을 암시하기는 해도, 이 불순물의 정체가 무엇인지 침묵하는 것은 모든 유입이 위협임을 인정하는 것과 같다.

장소의 내생성을 출발점으로 삼는 사고가 보수적이고, 장소 개념이 구조적 불평등과 마찰 속에서 출현한다는 것을 아는 사람들의 사고가 진보적이라면, 슬로터다이크의 입장은 보수적이다. 비록《거품들》에서 기술 매개의 파편화를 받아들이고 부분적으로 환영하는 것처럼 보일지라도 말이다. 그가 말하는 지구화의 역사[2013a]는 유럽의 부가 나머지 세계의 약탈을 통해 생겨났다는 마르크스의 도식과 꽤나 의도적으로 정반대이다. 포스트모더니즘이 갖는 좀 더 유쾌한 경향의 전형적인 방식으로, 사실상 슬로터다이크는 궁극적으로 지리학의 가능성을 차단한다. 전 지구성이 전 기독교적인 세계의 내부라면, 장소와 인구의 차이와 갈등에 대한 분석은 있을 수 없다. 펠릭스 가타리나 폴 비릴리오Paul Virilio와 같은 저명한 지구화 이론가들도 과장법을 사용하지만, 슬로터다이크의 과장법이 하는 역할은 주로 비판이 아닌 심미화이다.

흐름이 없다면 장소도 없고, 불균등함이 없다면 지구화도 없다. 슬로터다이크는 분리된 것으로 추정되는 수평적 영역의 물질적-기호학적 구성에 주목함으로써 마르크스주의 전통을 간접적으로 해체하려고 시도한다. 난민, 기상이변, 금융 붕괴라는 현실이 자본주의를 시스템 자체로 이론화하도록 강요하지만, 이 우회 전략은 탁월한 보수적 학문의 급락으로 보아야 한다. 내가 매시보다 더 강조하고 싶은 것은, 모든 흐름 중에서 가장 변동성이 크고 일시적이며 결정론적인 흐름이 자본이라는 점이다. 대부분의 현상학처럼, 구형학이 생각할 수 없는 무언가(어떤 '것')가 있다면, 그것은 자본이다. 자본이 부분적으로 그리고 지역적으로 창조하는 '거품'에도 불구하고, 그리고 그것이 당연한 것처럼 만들어 내는 거품 같은 안락함의 시뮬라크라(새로운 도시주의, 페이스북, 다마고치)에도 불구하고, 자본 그 자체는 구체의 이미지가 연상시키는 통일성, 면역성, 동질성이 전혀 없다. 슬로터다이크(Sloterdijk, 2013a)가 자본을 언급할 때, 그 자본은 훨씬 더 많은 사람들을 안락한 내부로 끌어들이는 데에 헌신하는 대체로 자비로운 힘인 듯하다.

이 글에서 나는 기후난민이 출현하는 매트릭스를 이해하기 위해 매시와 슬로터다이크를 비교했다. 모든 보수주의자와 마찬가지로, 슬로터다이크는 지구화에 대한 자유주의적 열광에 대한 균형추로 읽을 가치가 있다. 그는 '요새화된 유럽'을 뒷받침하는 더 깊은 정동과 내레이션을 통해 사고에 대한 많은 영감을 제공한다. 전 지구적으로 새로운 버전의 비자유주의적 아파르트헤이트가 등장하고 있으며, 이에 대한 공포 면역체계가 새로운 파시즘을 키우고 있다. 구시대적인 인종, 종교, 민족 모티브의 부활은 미국, EU, 남아프리카공화국, 러시아, 인도 등 개방적이고 민주적인 국경의 미래에 심각한 위협이 되고 있다. 지구화와 그로 인한 고질적인 위기에 맞서 우파 선동가들은 이주에 영향을 받지 않는 것으로 추정되는 세계로 돌아가야 한다고 주장한다. 슬로터다이크는 환경 스트레스와 고갈되는 자원을 둘러싼 무력 충돌이 증가하여 더 많은 사람들이 이동하는 이유를 설명할 수 없고, 설명할 생각도 없다. 난민은 다층적인 인류세의 체계적인 결과물이며, 상호연결된 더 큰 이동성의 별자리에서 생성된다. 새로운 파시스트 면역학의 도전에 맞서기 위해 필요한 것은 전쟁, 재난, 난민, 국경통제를 정상적인 기능의 일부로 생산하는 이 거대 기계를 면밀히 조사하는 것이다.

제3부

다름
기후, 이주 그리고 과거와 미래 차이의 (재)생산

제10장

탈식민 시대의
생태적 이주민

| 라나비르 사마다르 |

I

이 장에서는 소위 생태적 한계의 결과로 소위 잉여 인구라고 할 수 있는 것의 탈식민지 생산과정을 탐구한다. 첫 번째 장에서는 인도의 자원 착취, 농업 위기 및 이주의 식민 역사를 간략하게 논한다. 이러한 배경을 근거로, 두 번째 장으로 넘어가서 오늘날 환경 이주의 정치경제적 역학관계를 분석한다. 세 번째 장에서는 특정 개발 모델이 어떻게 환경 이주와 연결되는지를 제시한다. 마지막 장에서는 자본축적과 이주노동 생산 측면에서 환경 및 개발 이주의 의미에 대한 몇 가지 성찰로 마무리한다.

이 연구에서 19세기 후반 시장과 국가 및 기후의 관계를 다룬 마이크 데이비스Mike Davis의 중요한 저서《후기 빅토리아시대 홀로코스트: 엘니뇨 기근과 제3세계의 형성Late Victorian Holocausts: El Nino Famines and the Making of the Third World》을 참고하지 않을 수 없다. 데이비스는 19세기 말에 기후변화, 사회적 요인, 급격한 경제 전환 및 특정 정치적 지휘 구조가 파괴적인 영향과 결합하여 전 세계 곳곳에서 대규모 인구이동과 수백만 명의 사망을 초래했다고 주장했다(Davis, 2002). 데이비스는 데이비드 아널드David Arnold를 비롯한 여러 역사가들의 연구를 근거로, 인도의 식민 권력 조직이 소작농에게 미친 환경적 영향과 피해자를 구호하는 관습적 방식에 미친 파괴적인 영향을 강조하는 데에 결정적인 역할을 했다는 것을 보여 주었다(Arnold, 1993). 또 다른 예를 들자면, 19세기 후반 인도에서 기근법의 기원에 대한 장 드레제Jean Drèze의 저술은 식민주의가 구조화한 생태, 정치, 생존의 관계를 역사적으로 이해하는 데에 큰 도움이 된다(Drèze, 1990, ch.1).[1] 유사하게, 영국의 기아 문제를 다룬 제임스 버논James Vernon의 연구는 기아, 이주, 환경 변화와 재앙적인 정치경제의 복합적인 영향 간의 밀접한 연관성을 보여 준다(Vernon, 2007). 버논의 연구에서 흥미로운 점은, 기아와 기아 행진을 포함한 강제 행진에 대해 영국 정부가 취한 태도가 지난 100년 동안 식민지를 관리하면서 형성된 태도와 예산 집행의 딜레마를 보여 준다는 점이다. 영국 정부의 예산 집행 딜레마는 식민지 재난에 대한 대처가 가용자원을 활용하는 예외적인 사건으로 간주해야 하는지 아니면 정상적인 예산 책정의 일부로 보아야 하는지를 결정하는 것이며, 이 모든 결정은 식민지 시대에 기원을 두고 있다. 이러한 연구 덕분에 우리는 우리 시대가 처한 생태학적 딜레마와 일부 정책 딜레마의 기원을 역사적으로 더 잘 이해하게 되었다.

가뭄, 홍수, 기근과 같은 위기 상황에서 영국 식민 통치는 여러 법률로 개입했는데, 그중 가장 좋은 선례는 기근법Famine Code(1883)이다.[2] 기근법은 인도의 농민 공동체가 시장에서 무너지고 기아의 희

---

[1] 또한 WIDER Working Paper, 45, 1988년 5월, http://www.wider. unu.edu/publications/ working-papers/previous/en_GB/wp-45/(2015년 6월 1일에 액세스); Drèze와 Sen(1989)도 참조.

[2] 기근, 홍수, 지진의 맥락에서 불안정성과 회복력이라는 상호보완적 담론의 계보는 길다. 1876~1878년 인도의 대기근이 발생한 시기는 리턴Lytton 경의 제국 행정부(1876~1880) 시기였다. 그의 통치는 1883년 인도 기근법이 통과된 이유가 되었다. 1876년 리턴 행정부가 시

생자가 되던 시기에 제정되었다. 자녀와 아내가 수없이 팔려 나가고 혈연적 유대 관계가 파괴되었다. 기근 외에도 재산, 특히 토지 및 공동 재산 자원에 관한 식민지 법률은 관습에서 계약으로의 전환이 미치는 영향을 악화시켰다. 1770년부터 1873년까지의 기근과 1943년 벵골 대기근의 역사를 보면 식민지 관리가 피지배 인구 집단과 생명 안전을 찾아 움직이는 대규모 이주에 미친 파괴적인 영향을 설명할 수 있다.

요점은 오늘날은 상황이 달라졌는가이다. 다음과 같은 질문을 던져야 한다. 오늘날 다양한 요인들이 어떻게 결합하여 우리 시대의 기아 행진과 새로운 자원 위기, 새로운 이주민과 난민을 생산하는가? 굶주림, 기근, 홍수가 식민경제를 만드는 데에 결정적인 역할을 했다면, 특히 세계화가 연료로 필요로 하는 원시적 축적 측면에서 정치경제의 탈식민주의적 현실은 무엇인가? 이러한 환경재앙을 통해 불평등 구조는 어떻게 재생산되는가? 그 주변부 경제는 어떻게 생산되는가?

이러한 질문에 대한 탐구는 심지어 오늘날에도 환경 변화, 자원

작되었을 때 남인도에서 기근이 발생하여 610만에서 1,030만 명이 사망했다. 토지 재산 및 물관리 시스템에 대한 식민정책과는 별개로, 부의 추출(부 유출로 알려짐)과 영국의 무역정책 시행이라는 두 가지 요인도 기근의 심각성에 대한 책임이 있다. 기근법은 강도의 척도에 따라 식량 부족 상황을 분류하고 기근 발생 시 그에 상응하는 조치를 제안했다. 아이러니하게도, 사람들의 식량 접근을 보장하기 위해 두 가지 범주로 빈곤층(일반적으로 BPL이라고 하는 빈곤선 미만 그룹과 APL이라고 하는 빈곤선 초과 그룹)을 분류하는 현대 인도 정부의 정책은 1883년 기근법의 접근 방식과 유사하다.

위기 및 이주가 어떻게 축적과 발전의 원동력으로 작용하는지 이해하는 데에 도움이 될 것이다. 식민지 역사는 매우 중요한데, 그 이유는 식민지 시대를 이해하면 어떻게 탈식민지의 운명이 전 세계를 기다리고 있는지 알 수 있기 때문이다. 식민지 역사는 ⓐ 변화와 함께 계속되는 식민 역학 문제를 되살리는 데에 도움이 될 것이다. ⓑ 이러한 맥락에서 새로운 거버넌스 과학이 그 현상을 이해하려고 시도하는 방법을 지적할 것이다. ⓒ 국경과 경계(굶주림, 기아, 죽음과 생명의 경계, 장소와 국가의 경계, 사회적 지위와 직업의 경계, 마지막으로 분업의 개별 지도에서 위치의 경계)를 넘는 행위를 통해 이주민이 어떻게 자연 재난과 협력하여 수백만 명의 사람들을 죽음으로 내몰아가는 시스템에 대처하는지 이해하게 될 것이다.

최근 발표된 두 개의 중요한 논문은 오랜 식민지 이주 역사를 탐구하고 이주 과정을 뒷받침하는 환경 요인들을 조명했다. 수바스 란잔 차크라보르티Subhas Ranjan Chakraborty(2011)는 다양한 출처에서 찾아낸 이민 수치 연구에서 다음과 같이 결론 내린다.

여러 지역의 수집가들의 관찰에 따르면, 수많은 '해체된 세포이', 직조공, 농업노동자 및 낮은 카스트 계급의 서비스 직종 종사자들은 … '농작물 실패로 마을 공동체가 기아에 빠질 수 있는' 과밀한 농촌지역 출신이다. 실제로, 이주와 수확 조건 사이에는 강한 상관관계가 있다. 1873~1875년 동안 비하르, 아와드 및 북서 지방에 닥친 심각한 흉년은 캘커타 항구를 통한 대규모 이주를 유발했다. 1874~1878년 인도 남부에 기근이 발생하자 대규모 이민이 발생했다. 반대로, 풍년에는 사람을 구하는 것이 쉽지 않았다. 봄베이와 푸네로 몰려드는 '말라비틀어진 시골 사람들'을 막고자 긴급 도로 봉쇄대가 설치되었고, 마드라스에서는 경찰이 약 2만 5천 명의 기근 탈출자를 강제로 추방한 것으로 알려졌다. 식량 부족과 강제이주 사이의 상관관계는 의심할 여지가 없다. 대부분 이주민들은 아마도 생전 처음으로 마을을 떠났을 것이고, 긴 항해와 해외 생활에 수반되는 어려움을 충분히 인식하지 못했다. 콜레라, 장티푸스, 이질과 같은 질병이 종종 정거장마다 만연했다. 결과적으로 이주민 사망률이 높았다. 바다에서의 사망률은 놀라울 정도였다. 1870년 이전에 캘커타 항구에서 추방된 노동자들 중 약 17~20퍼센트가 목적지에 도달하기 전 사망했다. … 키플링Rudyard Kipling과 커즌Curzon과 같은 사람들이 상상 속에서 '영광스러운 제국의 반세기'를 구성하는 동안 (1872~1921), 평범한 인도인의 기대수명은 무려 20퍼센트나 줄어들었다. 팍스 브리태니카Pax Britannica는 오랜 세월에 걸친 전쟁보다 더 많은 희생자를 낸 것으로 보인다.[3]

또 다른 연구는, 건조하고 반복적으로 가뭄이 발생하는 푸룰리아 (웨스트벵골 지역의 행정구역)라는 단일 지역에서 100년에 걸쳐 이어진 이주 역사에 초점을 맞추었다. 니르말 쿠마르 마하토Nirmal Kumar

---

[3] Chakraborty, (2011, p. 13); 차크라보르티가 가져온 출처는 다음과 같다. Hunter(2004, 497); Visaria 및 Visaria (1984, 515); 데이비스(2002, 26–27 & 311ff); 팅커(1974, 161–66); 및 Davis 및 Huttenback(1988, 110).

Mahato는 결핍, 기아 및 이주의 상호작용을 제시한다.

생태계 파괴로 아디바시adivasi(원주민) 사회는 거듭해서 위기에 빠졌다. 생태경제가 붕괴되면서 생존이 어려워졌다. 영양의 위기도 있었다. 탈식민시대에도 같은 추세가 지속되었다. 정부가 가끔 개발의 주도권을 쥐기도 했지만, 사람들이 자생할 수 있도록 잃어버린 생태계를 회복하려는 노력은 하지 않았다. 전통적인 물관리 또한 사라졌다. 지역에서는 결핍과 영양 위기는 현상이 아니라 거쳐야 할 과정으로 다가왔다. 따라서 사람들은 생존을 위해 이주할 수밖에 없었다. 이주에는 중요한 성별 영역이 존재했다. 수많은 여성들이 식민지 시대에 경제적 이유뿐만 아니라 가정에서 무너진 지위 때문에 이주했다. … 이로 인해 현재까지도 지속적으로 성적 착취가 발생하고 있다(Mahato, 2010).

마찬가지로, 식민지 인도의 노동이주 연구는 토지 관계, 토지 이용 패턴 및 자원 추출의 성격과 같은 구조적 요인을 다양하게 강조하면서 밝혀졌다(Chottopadhaya, 1979; Chakraborty, 1978; Mohapatra, 1985). 이러한 연구의 관점에서 니르말 마하토의 특정 사례 연구는 기후, 가계경제 쇠퇴, 토지 문제, 상업 위기, 제도적 교착상태 및 노동이주 사이의 상호 관계를 밝힌다는 점에서 중요하다. 인도 토착민 거주 지역의 환경 위기는 밀고 당기는 틀 대신에 관계형 틀이 왜 식민지 이주를 이해하는 데에 더 유익한지 보여 준다.

II

대체로 식민지 역사는 탈식민 정책 체제가 증가하는 환경 불안에 대처하면서도 '개발'로 인식되는 것을 향해 미친 듯이 돌진하면서 노동 공급을 보장하고 촉진하려는 의도를 이해하는 데에 매우 중요하다. 인도에서는 기아를 통제하고 환경재해의 영향을 완화하는 정책 및 행정 조치의 여파로 이주 통제 정책 및 메커니즘이 등장했다. 그러나 둘 다 식량 불안이라는 개념을 악화시켰고, 식량 불안과 재난이라는 두 담론은 서로 영향을 미치고 있다. 재난이 닥칠 때마다 치솟는 곡물 가격과 식량 보조금 철회, 식량 곡물시장에서 정부와 시장 세력의 역할, 세계 식량 정치 등에 대한 논쟁이 이어진다.

예를 들어, 거의 10년 전 인도 정부(UPA I－최초의 통합진보연맹 정부를 주도한 인도 국민회의)는 이전의 근로를 위한 식량제도를 개선한 조치로 100일 고용보장제도를 제안했다. UPA II 정권은 식량안보를 보장하는 임무를 맡는 것으로 이전 조치를 따랐다. 인도와 같은 광활한 국가에서 이러한 대규모 식량 계획의 개념화 및 실행은 논쟁을 불러일으켰다. 이러한 계획이 제대로 실행될 수 있을까? 더 큰 부패를 일으키지 않을까? 이것이 지속 가능할까? 그리고 이것이 식량 안보를 보장하는 최선의 방법인가? 주요 임무는 가난한 가정에 더 많이 더 쉽게 식량을 공급하는 것이기 때문이다. 이러한 우려가 일반적이었지만, 자유시장 옹호자들은 더 나아가 다음과 같이 주장했다. 이런 조치가 식량 가격을 하락시켜 농민과 곡물 무역, 그리고 마을의 자산 형성에 해를 끼치지 않을까?

환경재해는 이 논쟁을 더 악화시켰다. 재해의 여파로 농업 및 농촌 임금이 계속 하락세를 유지했기 때문이다. 정부는 식량안보법에서 약속한 대로 수혜자가 공급을 받지 못한다면 공개시장에서 주식을 구매할 수 있도록 재정 지원을 보장하는 조항이 있다고 답했다. 규정된 재정 지원 금액이 공개시장 가격으로 쌀과 밀을 사기에 충분한지 여부는 여전히 논란의 여지가 있다. 시장은 자체 규칙, 우선순위 및 압력에 따라 운영된다. 농업경제학자들은 인도가 쌀, 밀 및 기타 일상 소비 식품 품목이 과잉이라고 추정되는데도 지난 20년간 거의 20만 명의 농민이 자살하는 등 식량 불안이 국가의 넓은 지역을 뒤덮고 있는데 과연 식량 안보 개념이 무슨 의미냐는 질문을 자주 받았다.[4] 재난이 발생할 때마다 그 여파로 가격이 상승하고 장기적으로 생산량이 여러 배로 증가하는 동안, 생산 비용을 포함한 가격도 그에 따라 치솟았다. 이러한 대규모 식품 상업화 외에도 매년 엄청난 규모의 농지가 비농업용으로 전환되고 있다. WTO 협정 이행 기간(1990~1991년에서 1995~1996년)과 이후 5년(1996~1997년에서 2001~2002년)을 비교한 연구는 쌀과 양파를 제외한 다른 농산물의 생산량이 감소했음을 보여 준다(Chand, 2003). 요컨대, 녹색혁명, 토지와 농산물의 무분별한 상업화, 위협을 무릅쓴 농산물 거래, 농업 생산에서 비농업 용도로의 토지 전환이 결합되어 식량 안보라는 목표를

---

[4] 농부들의 자살에 관해서는, Nagraj(2008); Mishra(2008) 참조.

무너뜨렸다. 자연재해는 이 모든 과정의 촉매 역할을 했다.

우리는 자유를 중시하고 삶의 질 향상을 약속하는 민주주의 체제 아래 살고 있지만, 자연재해는 우리에게 다음과 같은 질문을 던진다. 민주주의는 삶의 기본적인 문제들을 해결해 줄 수 있는가? 재난 연구에서 분명히 밝혀진 것은 정치적 평등을 특징으로 하는 민주주의에서 재난은 식량과 식량시장에 대한 집단과 계급의 차별적 접근 구조를 강조함으로써 불평등을 지속시킨다는 것이다. 또한, 생명, 생태, 경제 문제가 서로 과도하게 제약하면서 민주주의가 매우 생명 정치화되고 있다는 것이다.

민주주의 사상이 유럽 대륙을 압도하던 18세기 후반과 19세기에 식민지에서 기근이 발생했다는 보고가 영국 '국내' 정치체제를 뒤흔들기 시작한 것은 단순한 우연이 아니다. 아일랜드 기근(1845~1852)으로 약 100만 명이 사망하고 100만 명이 해외로 이주했다. 아일랜드 인구 20~25퍼센트가 감소했다. 그 무렵부터 민주주의의 식량 확보 능력 또는 무능력, 더 넓게는 서민들의 생존과 관련된 민주주의 개념에 대한 의문이 제기되기 시작했다. 때가 되니 세계에서 가장 부유한 나라인 미국에서도 브레드라인Breadlines〔무료로 나눠 주는 빵을 받으려고 늘어선 줄〕이 등장했다. 이 줄은 결코 사라진 적이 없고 오늘날까지 지속되고 있다. 언론인 사샤 에이브럼스키Sasha Abramsky의 표현을 빌리자면, 브레드라인은 "미국 기아의 숨겨진 스캔들"이다 (Abramsky, 2009).

찰스 틸리Charles Tilly가 설명한 17세기와 18세기 영국의 집단행동은 식량 폭동이 어떻게 행진, 야간 철야, 횃불 행렬, 집단 청원, 농성, 바리케이드, 위원회 및 자경단 결성, 각서 작성 및 제출, 곡식 저장고 방화 및 약탈 같은 전통적인 방식 외에도 대중평의회 설립 등 다양한 집단 저항 수단을 계발하는 계기가 되었는지 보여 준다. 요컨대, 민주주의는 자원에 대한 차별적 접근을 결코 제거하지 않는다. 불평등은 지속된 것으로 입증되었다. 굶주림은 민주주의의 전진과 함께 집단적 시위와 폭력을 불러일으켰다. 이러한 모든 특징은 재난와 구호, 재활 및 재정착 프로그램 덕분에 민주주의에 대한 우리의 비판적 이해를 표시하게 되었다.

정확히 식민지 시대와 마찬가지로, 현재 인도에서도 정부 정책으로 생성된 빈곤선 이하BPL: below poverty line와 빈곤선 이상APL: above poverty line과 같이 다양한 범주의 배고픈 사람들을 발견할 수 있다. 따라서 식량 공급 및 지원을 받을 수 있는 자격의 위계질서를 만드는 것이 지배적인 원칙으로, 1834년 영국 신빈곤법New Poor Law 이후 상황과 비슷하다. 그때처럼, 지금 인도주의적 기아 발견을 계기로 기아 문제를 해결할 새로운 사회 정책이 논의되고 시행되고 있다. 굶주림의 발견은 '사회'의 발견으로 이어졌고, 이를 바탕으로 국가농촌고용보장법NREGA과 같은 새로운 사회법이 제정되었다. 기아에 대한 사회적 발견으로 인해 기아 문제는 정부 정책에 반대하는 공공 영역의 주요 쟁점 중 하나로 등장하게 되었다. 기아 문제는 또한 인도에서 단식투쟁 전통을 구축하는 데에 중요한 역할을 했다. 그 메시지는 다음과 같다. **잘못된 정부를 받아들이느니 굶어 죽는 것이 낫다.**

그리고 영국에서처럼, 인도에서도 식량 부족에 대한 항의가 이어지면서 기근과 홍수 동안 굶주리는 사람들의 복지를 목표로 하는 새로운 형태의 사회 정부가 등장했다.

이를 위해서는 정부가 기아 완화 정책과 조치를 고안할 수 있는 과학적인 형태의 전문 지식과 기아 계산이 필요했다. 제임스 버논 (2007)은 이러한 형태의 사회 거버넌스에서 영양학자가 어떻게 중요해졌는지 알려 준다. 1980년대와 1990년대 인도에서 영양학자들은 배고픔을 달래는 데에 필요한 칼로리 양에 대해 논쟁을 벌였고, 전문가들은 완전히 배고픈 상태와 부분적으로 배고픈 상태에 대해 논쟁했다. 여기에는 지원의 양, 지원의 종류와 형태, 공급 방식, 예산 요구, 가장 도움이 필요한 지역의 식별이 달려 있으며, 이 모든 것과 함께 등급이 매겨진 취약성 전체가 나타났다. 과학은 식품 공급의 관리를 촉진했다. 비타민의 발견과 영양에 대한 생화학적 설명은 기아에 대한 사회적 거버넌스가 시간이 지나면서 현실화되었음을 의미했다. 그러나 바로 이러한 사회적 거버넌스 때문에, 기아는 이제 정치적으로 연루되어 인도의 모든 정치 계급이 '굶주린 인도' 논쟁에 휘말리게 했다. 식량에 대한 보편적 접근에 관한 공익 소송, 기아 완화를 위한 **판차야트**panchayats(마을 자치 기관)의 역할 논쟁, 국가 농촌고용보장법NREGA 입법 및 그 효과, 국가의 행정적 비효율성, 이에 대한 사법적 행동주의, 아사의 정확한 원인이 굶주림, 질병 또는 자살이든 이 모든 것이 사회적 거버넌스의 차원이다. 기근, 홍수, 가뭄으로 인한 굶주림에 대한 설명은 다른 교훈도 드러낸다.

예를 들어, 식량 접근에 대한 거버넌스는 규율도 있어야 하고 복지적인 측면도 있어야 한다. 시장 메커니즘은 제도적 효율성의 성격을 결정하고 복지는 시장 고려 사항에 따라 결정된다. 사법부, 노동조합, 농민 단체, 시민단체 등 권리를 가진 기관과 식량권을 보장해야 할 국가인권위원회와 같은 국가기관은 이 규율적 복지제도의 부속기관이 되어 어떠한 불법적인 청구 절차도 허용할 수 없다. 보호 및 복지 전략의 일환으로 연방정부는 이제 지역사회와 지역에 보험 계획의 채택을 요청했고, 그 결과 다양한 종류의 보험사업이 생겨났다. 몇 개만 언급하면, 가뭄보험, 홍수보험, 지진보험, 주택보험, 농작물보험, 차량보험, 교육보험 등이 있다. 생태적 재난은 이제 위험과 보험의 문제이다. 이러한 재난의 시대에 정치는 돌이킬 수 없이 생물학적 문제가 되고, 이주는 이러한 식량 불안정, 환경 재난과 개발 재난의 맥락에서 선점 정책으로 등장했다. 자연재해와 재난이 **삶의 정치** 개념을 고조시킨다면, 반대편에는 재난 상황에서도 똑같이 부각되는 **회복력**이라는 개념이 있다. 이러한 회복력의 환경에서 이주는 경제적 상식의 핵심을 형성한다.

환경, 불안정한 삶, 회복력, 이주라는 상호연결된 주제의 식민지 역사는 여전히 강한 반향을 불러일으킨다. 이러한 맥락에서 신자유주의 자본주의는 사회, 경제, 기후, 안보, 시장, 재생산의 경계에 서 있는 이주민들의 삶을 다루는 특정 정부 메커니즘 강화를 목표로 하고 있다.

인도 북동부의 브라마푸트라와 바락 분지, 인도의 삼각주 서벵골과 비하르에서 불안정한 이주민이 핵심 인물로 등장한 사실과 관련해 몇 가지 연구 결과를 간략하게 소개하고자 한다. 이 선별적 방식으로 제시된 연구 결과는 생태학, 개발 정치 및 생존이주가 소위 '움직이는 지역'이라고 불리는 것을 생성하는 데에 어떻게 서로 연결되어 있는지를 알려 준다.

III

인도 북부 비하르 4개 지역에서 반복되는 코시강 범람에 관한 연구는 지난 10년 동안 생태, 정치 및 생존이주 사이의 본질적인 관계를 입증했다. 이러한 연구를 통해 홍수가 덮친 마을 주민들에게 출구 옵션을 장려하는 새로운 정부 방식, 즉 북비하르에서 델리를 포함한 인도 북부로 향하는 (주로 남성) 이주노동자들의 정기적인 기차 여행, 홍수의 정치경제학, 홍수 통제에 대한 공공사업, 정부의 성공을 위한 구호 및 재건의 발전된 방식이 규명되었다(Kumar, 2015, 206-26; Jha, 2012, 109-53). 오늘날 인도에서 이주노동을 창출하는 데에 대중정치, 저항, 카스트가 하는 역할의 특징도 드러났다.[5]

서벵골 삼각주 지역에 대한 연구는 각각 말다 및 무르시다바드 구역의 강가Ganga 및 잘랑이 강둑과 쿠치 베하르의 솔티아 강둑 침식

---

[5] 이주, 노동 및 자본의 원시적 축적 관계에 대해서는 Samaddar(2009) 참조.

의 사회적 영향을 밝혀냈다. 말다에서는 땅의 일부가 물에 잠긴 후 종종 반대편에 토사 제방이나 곤들매기(강 섬 또는 강바닥에서 솟아오르는 땅)가 솟아오른다. 때로 이주민들은 아주 어렵게 허가를 얻어 수확량이 적더라도 이 땅에 정착하여 경작한다. 그러나 쿠치 베하르 지구에서는 재포장된 땅이 모래톱인 경우가 빈번하다. 그곳에서는 겨자를 제외한 어떤 작물도 자랄 수 없다(Bandopadhyay, 2006).

이러한 퇴거와 이주의 젠더적 측면은 이 연구에서 더 명확하게 두드러진다. 농업이 위축되고 토지가 손실됨에 따라, 이 보고서는 남성들이 자녀를 부양할 책임을 여성들에게 남겨 둔 채 이주하고 있다고 말한다. 여성들은 비디bidis(생담배를 안에 넣은 잎말이)를 말거나 부푼 쌀muri을 튀기거나 녹두나 달dal 페이스트로 바디bodis(작은 둥근 케이크)를 만들거나 도자기를 만드는 일 등을 한다. 경제적 압박에 직면한 점점 더 많은 여성들이 다른 기술을 습득하려고 노력하고 있다. 그러나 여성들은 비디 노동조합과 소유주/계약자 간에 협상된 금액보다 더 적게 받고, 조직화도 되어 있지 않다. 그들은 파종기에는 들판에서 땅을 파고 흙을 나르는 일도 한다. 이 작업에도 임금차별이 존재한다. 게다가 무르시다바드 같은 낮은 카스트 계급의 바그디Bagdi 공동체 여성들은 낚시를 하러 나갔다가 국경 경비대원들에게 끊임없이 괴롭힘을 당한다. 여성들은 어업이나 농사 외에 밀수도 한다고 솔직하게 말한다. 잘랑이에서는 설탕, 전자제품, 옷 등을 가지고 방글라데시 국경을 넘는 수많은 여성을 볼 수 있다. 이 경우에도 보안 경비대를 기쁘게 해야 한다. 이 와중에도 여성들은 어린 딸을 학교에 보내야 한다. 어느 정도 교육을 받지 못하면 결혼시장에서 가치가 떨어지기 때문이다. 소년들은 돌을 나르는 등의 일을 하러 제방 공사로 보내질 수 있다. 학교는 강과 강둑 침식 과정의 변화에 따라 일시적으로 폐쇄되거나 문을 닫거나 위치를 옮기기도 한다. 그러나 세상은 무자비하다. 약간의 교육을 받았다고 소녀들이 '안전'한 것은 아니다. 결혼시장에는 이주민 출신 소녀들을 먼 곳으로 '결혼'시켜 보내는 불법행위가 존재한다.

그러나 실향민과 강제이주 피해자들은 하천 침식과 국경지대의 폭력, 농업 붕괴에 직면하여 수동적인 태도로 일관하지 않았다. 다양한 정치 성향과 다양한 공동체 및 연령대의 사람들이 참여하여 자체 조직을 구성했다. 여성들은 비록 수는 적지만 이러한 조직에 적극 참여하여 자신들의 상황을 설명하고 필요와 요구를 표명하는 데에 놀랄 만큼 적극적이다(Bandopadhyay, Ghosh 및 Dutta, 2006, pp. 16-20).

홍수와 강둑 침식은 전 세계가 반복적으로 경험하는 두 가지 주요한 지구적 환경재해로, 홍수 취약 지역의 삶과 생계를 위태롭게 만든다. 특히 인도, 방글라데시, 파키스탄, 네팔 등 남아시아 국가들은 항상 이러한 재난에 노출되어 있다. 국립우주연구기구National Space Research Organisation의 보고서에 따르면, 인도는 세계에서 홍수 피해가 가장 심각한 국가 중 하나이다. 홍수로 인한 전 세계 사망자의 약 5분의 1이 인도에서 발생한다. 이 보고서에 따르면, 인도에서 가장 홍수에 취약한 지역은 인도 전체 강 흐름의 60퍼센트를 차지하는 인도 북부와 북동부의 인도 갠지스 브라마푸트라 평원에 있는 브라마

푸트라강, 강가강, 메그나강 유역이다.[6]

이와 관련하여 서벵골에 초점을 맞춘 캘커타 연구 그룹이 선다르반, 나디아, 무루시다바드 및 말다 지역의 삼각주 맹그로브 숲에 대해 실시한 중요한 연구를 참조할 수 있다.[7] 이 연구는 선다르반이 취약성, 자원 위기, 이주, 자원 공유의 새로운 패턴의 수렁에 빠진 경쟁 공간임을 발견했다. 이 연구는 이곳에서 사이클론 아일라(2008년 이곳에서 발생)를 겪은 사람들의 다양한 대처 메커니즘을 전면에 내세웠다. 이 지역의 건장한 남성들은 다른 주나 다른 국가로 이주하고, 토양의 염분 증가로 농업 활동이 감소한 것으로 나타났다. 무루시다바드 지역에서 수행된 연구에서도 비슷한 추세가 관찰되었다. 파드마강, 바기라티강, 잘랑이강의 침범으로 인한 침범으로 농지가 소실되어 많은 남성들이 대도시로 이주해야 했다. 취약한 환경으로 인해 무르시다바드 지역의 어린 소녀들이 인신매매되는 비율도 높아졌다. 나디아 지역에서는 추르니강의 극심한 오염과 지속적인 침적으로 지역 어부들이 대체 생계 수단을 찾아야 했다. 같은 프로그램의 일환으로 이 지역에 대한 연구에 따르면, 강 옆에 거주하는 20만 명

---

[6] http://www.nrsc.gov.in/Earth Observation_Applications_Disaster_Management_Floods. html(2015년 5월 15일 접속).

[7] "생태계-방글라데시-인도 개혁안: 인도 북동부 및 삼각주 벵골의 생태, 정치 및 생존" CRG-IUCN 보고서, 1915 -, http://www.mcrg.ac.in/IUCN/IUCN_Executive_Summary .pdf(2016년 10월 5일에 액세스); 전체 보고서는 생명을 위한 생태계- 방글라데시-인도 이니셔티브-인도 북동부 및 삼각주 벵골의 생태, 정치 및 생존, CRG 아카이브, 파일 번호 CD/IUCN/MCRG/005 참조.

이상의 사람들이 대체 생활 및 생계 수단을 찾고 있는 것으로 나타났다. 벵골 삼각주는 강가, 바기라티, 파드마 등 강둑을 따라 벽돌 가마가 밀집한 토양이 특징이다. 벽돌산업은 비하르와 우타르 프라데시에서 계절노동자들을 끌어들인다. 따라서 상당한 숫자가 벵골 밖으로 이주하는 반면, 상당수가 주州 안으로도 이주한다. 또 다른 연구는 말다 지역에서 다른 문제들과 함께 차르 땅에 거주하는 사람들의 정체성 상실 문제가 있음을 밝혔다. 이들은 자르칸드주에서 제공하는 식수나 전기와 같은 특정 편의시설을 이용할 수 있지만, 서벵골주의 주민으로는 받아들여지지 않았다. 〈말다의 차르 땅에 존재하지 않는 인구Non-existing Population in the Char lands of Malda〉 보고서에 따르면, 2000년 서벵골 토지개혁법(1955)이 개정되면서 차르 땅 주민들이 권리를 박탈당하고 '불법거주자'가 되었다. 다시 한 번, 카스트제도와 젠더가 취약성 지도에서 두 가지 주요 단층선으로 밝혀졌다.

같은 연구에서는 북동부에 건설된 여러 댐이 미치는 영향도 조사했다. 보호림 지역과 그 인근의 건설 활동은 필요한 허가 없이 시작되었다. 비영리단체인 국제하천네트워크The International Rivers Network에 따르면, 건설 단계에서 이러한 활동은 '멸종 위기에 처한 종의 서식지 분열 및 파괴'로 귀결된다.[8] 이 프로젝트는 코끼리의 이동 경로에 영향을 미쳤을 뿐만 아니라, 수반시리강의 광물자원만으로도 2

---

[8] 인도의 댐 자금 조달: 위험과 도전, International Rivers Network 보고서, 2005년 2월 – https://www.internationalrivers.org/sites/default/files/attached-files/financingdams2005_text. pdf(2005년 9월 1일에 액세스 2015), 6.

만여 명의 삶을 지탱해 왔기 때문에 수많은 사람들의 생계에도 악영향을 미칠 위험이 있다. 지역 주민들은 마홀더maholder[채석장을 임대한 사람] 밑에서 일하면서 월급이나 일당으로 생계를 꾸린다. 두 명의 전문가가 주목한 것은, 모래와 자갈 채석 사업이 그 과정에서 어떠한 물리적 장벽도 없이 자유롭게 흐르는 수반시리강에 의해 전적으로 규제된다는 사실이다.[9] 강에 떠내려오는 목재는 목재 사업을 용이하게 한다. 주택 자재에 대한 수요는 강을 따라 운반되는 목재로 충족되었고, 이와 병행하여 비즈니스 네트워크가 생겨났다. 그러나 댐 건설은 사람들이 일자리를 찾아 다른 지역으로 가야 하는 생계 패턴의 변화 가능성을 시사한다.

아루나찰 프라데시 주는 인가를 받은 173개의 댐을 갖춘 잠재적인 수력발전지로 확인되었다. 몽파 공동체가 거주하는 지역도 이러한 지역에 해당한다. 댐이 이 사람들에게 영향을 미치는 주요 원인이지만, 도로교통부가 추진하는 국도 프로젝트 같은 프로젝트도 사람들의 이주에 책임이 있다. 특히 소수 부족이나 소수민족에 속하는 사람들은 토지 및 기타 자원의 몰수, 보상의 부재 또는 불충분한 보상, 인권침해의 피해자이다.[10] 직업 패턴이 농업과 임업에서 일용

---

[9] Debojit Baruah 및 Lakhi Prasad Hazarika, "인도 북동부 Subansiri 강의 수력발전 프로젝트 및 생계 위험 평가" Green Heritage—https://sites.google.com/site/greenheritageassam/hydroelectric—projectand—livelyhoods—risk—subansiri—river—in—north—east—india 평가(2016년 10월 12일 액세스).

[10] http://www.culturalsurvival.org/publications/cultural—survival—quarterly/brazil/.

직으로 점진적으로 변화하고 있다.

인도 북동부 연구는 개발로 인한 퇴거와 환경적 퇴거 사이의 밀접한 연관성을 밝혀냈다는 점에서 의미가 있다. 이 때문에 환경 악화로 인한 국내 퇴거민들IDP: internally displaced persons의 수를 추정하는 작업이 더 어려워졌다. 그러나 한 보고서에 따르면, 개발로 악화된 평원의 홍수 및 강둑 침식, 언덕의 산사태로 인해 인구 퇴거가 만연해졌다. 홍수, 강둑 침식 및 산사태의 강도는 지난 몇 년간 피해 면적과 피해자 수 측면에서 크게 증가했으며, 수많은 사망자와 정착지 파괴를 초래했다(Hossain, 2006). 오랫동안 북동부의 퇴거를 관찰한 모니룰 호세인Monirul Hossain은 다음과 같이 말한다.

강둑 침식으로 인한 국내 퇴거민의 곤경은 홍수 피해자의 곤경보다 훨씬 더 심각하다는 점을 지적하는 것이 적절할 것이다. 홍수 피해자들은 … 홍수가 물러가면 원래의 땅으로 돌아갈 수 있다. 그러나 강둑 침식으로 인한 퇴거민들은 그들의 땅으로 돌아갈 수 없다. … 아삼 평원을 혼란에 빠뜨리는 것은 브라마푸트라강뿐만 아니라 … 크고 작은 강들이다. … 공식 보고서에 따르면, 브라마푸트라는 42만 9,657헥타르의 주요 농경지를 침식했다. 1951년에서 2000년 사이에 평원 토지의 대략 7퍼센트가 침식되었다. 이로 인해 … 최소 3백만 명의 농민이 이주당했다. … 아삼 평원에서 가장 빈곤한 공동체 사람들이다. 적절한 재정착 및 재활 정책이 없는 상황에서 그들 대부분은 여러 차례의 이주를 경험했다(Hossain, 2007).

차르로 알려진 아삼의 강 섬에 살고 있는 인구 집단을 다룬 (이미 언급한) 연구[11]에서 드러난 것은 다음과 같다. 20세기 초 동벵골의 북동부 지역에서 아삼의 차르 지역으로 이주했던 소위 소작농 이주가 홍수와 강의 침식으로 인해 이제 두 번째 이주 물결로 변모했다는 것이다. 이번에는 인력거 끌기, 건설 노동, 청소부 및 서비스 직원과 같은 사소한 도시 일용직으로 일자리가 바뀌었다. 이 보고서는 또한 비하르 북쪽에서 다음과 같은 내용을 확인했다. 홍수, 구호, 재활 및 삶의 다른 측면, 특히 특정 이주 체제가 출현할 때 교육과 보건 규제에서 정부의 정치가 중요한 역할을 한다는 것이다. 보고서는 국민국가(그리고 함축적으로 시민권)가 영토와 토지와 불가분의 관계에 있지만, 토지 문제는 토지 소유권 개념과 토지를 보유할 수 있는 능력에 기반한다고 지적했다. 토지의 상실은 시민권에 영향을 미쳤다.

인도에서 토지, 정체성, 청구권 및 시민권은 여전히 중요한 요소이다. 콜카타에서 피난처를 찾는 도시 난민과 다른 농촌 퇴거민의 투쟁을 연구하면서 또 다른 연구자는 시민권 형성에서 토지 문제가 있음을 확인했다. 이 연구의 교훈에 대해 연구자는 다음과 같이 썼다. "토지 자체가 국가에 대한 사람들의 주장을 전달하는 매체가 되었으며 … 그리고 회복력의 온상이 되었다"(Prins, 2014).

강, 땅, 숲은 탈식민 세계의 많은 지역에서 여전히 모빌리티를 설

---

[11] 각주 11 참조, "Watery Zones of Refuge: State Practices and Popular Politics in the River Islands of Assam".

명하는 핵심 요소로 남아 있다.

IV

자본주의가 소화할 수도 없앨 수도 없는 이주노동의 끊임없는 생산을 더 잘 이해할 방법은, 21세기 초 자본주의 이해의 중심에 생태학과 이주 및 정치경제학 사이의 상호관계를 배치하는 것이다. 이에 관해서는 지면이 부족하기 때문에 거의 20년에 걸친 나의 연구와 이 논문에서 언급된 다른 연구에서 얻은 관찰 몇 가지를 결론으로 언급하고자 한다.

첫째, 우리는 생태재난 이후 신자유주의적 구호, 재활, 재정착 의제에 주목해야 한다. 이미 10년 전 새로운 세기가 시작되었을 때, 쓰나미 이후 구호, 재활 및 재정착 패턴의 역학 연구에서 연구자들은 이전의 불평등 패턴이 정부 역학을 통해 재생산되고 있을 뿐만 아니라 인도와 스리랑카에서 국가가 촉진한 R&R에 대한 민관 파트너십 PPP: public-private partnership 정책이 이 확장된 규모의 재생산에 결정적이라는 것을 알아냈다.[12] 시장은 재해 관리라는 신자유주의 의제에서

---

[12] 2005년 Paula Banerjee와 Sabyasachi Basu Ray Chaudhury가 준비한 쓰나미와 구호, 재활 및 재정착 문제에 관한 심포지엄 보고서, Calcutta Research Group, www.mcrg.ac.in(2015년 6월 20일에 액세스), Forced Migration Review, 2005년 6월 – http://www.fmreview.org/tsunami(2015년 6월 21일에 액세스)에서도 찾을 수 있는 조사 결과 요약; 또한 De Silva, "쓰나

점점 중요해지고 있다. 인도주의는 이러한 방식으로 신자유주의적 발전 의제와 결합되었다. 정부 정책은 시장이 환경재해에 취약한 인구 집단을 회복력 있게 만들 수 있다고 가정했다. 따라서 지난 20년간 인도에서는 농업보험, 재난보험, 홍수보험, 공동체 폭력보험, 지진 손실 보험과 같은 상당한 규모의 정책이 등장하면서 민관 파트너십의 틀 안에서 다양한 형태의 보험정책과 프로그램이 폭발적으로 증가했다.

둘째, 중요한 질문은 다음과 같다. 재해가 어떻게 재해로 돈을 벌고 자본을 창출하는 것과 결합할 수 있는가? 이는 오늘날 자본주의가 작동하는 착취 방법을 언급하지 않고서는 설명할 수 없다. 환경과 생태학이 양날의 검과 같은 이유는, 그것들이 우리를 현명한 환경보존주의자로 만드는 동시에, 자원이라고 부르는 것의 경제적 가치, 즉 잉여가치의 생산 가능성을 깨닫게 해 주기 때문이다. 따라서 토지 문제는 전례 없는 관심을 끌었다. 이제 임대료는 모든 이익의 핵심이다. 땅, 공기, 물, 폐기물, 숲 등. 이제 이 모든 것에서 이익을 뽑아낼 수 있게 되었다. 따라서 인도 북동부의 아루나찰 프라데시에서는 강물을 발전용으로 활용하려고 하지만, 같은 물을 하류에서 관리하는 과정에서 수천 명의 삶이 파괴되고 불안정한 노동에 내

미 피해자의 권리 보호: 스리랑카 경험", 28쪽; Luke, "HIV 및 이재민: 타밀 나두의 쓰나미 캠프에서 정책 구현 해체," 38–63; Pathiraja, "스리랑카의 분쟁 관련 IDP와 쓰나미 관련 IDP의 상황 비교 및 대조," 2005년 10월 – http://www.mcrg. ac.in/DP.pdf(2015년 6월 20일에 액세스); 또한 2005년 10월 24–26일자 난민 감시(Refugee Watch) 특별호의 다양한 항목을 참조.

몰리고 있다. 마찬가지로 이동통신의 확장과 엄청난 규모의 송전탑 건설은 공기 착취에 대한 이야기를 들려준다. 철광석 등의 수요 증가에 따른 광산 확장도 마찬가지다. 개발에는 착취가 필요하다고 말한다. 그러나 동시에 제어되지 않는 착취는 재난을 의미하고 더 많은 사람들의 이주를 가져온다. 결국 자원과 생태재난으로 인한 자원 파괴와 그에 따른 인구 이주를 우리 시대의 주요 문제로 만드는 것은 다름 아닌 근대 자본주의의 착취적 성격이다.

셋째, 이러한 상황은 21세기 자본주의에서 이주노동을 생산하는 복잡한 방식에 주목하게 한다. 이 두 이론가는 현대의 세계화가 어떻게 국경을 확산시켰는지, 그리고 이러한 확산이 이주운동과 자본주의적 변혁에 어떤 영향을 미쳤는지를 탐구했다.[13] "우리가 노동의 증가와 이와 관련된 국경의 확산 신호라고 부르는 것이 … 오늘날 노동 위치의 스펙트럼을 특징짓는 이질화"(Mezzadra and Neilson, 2013, p. 125). 이 저술들은 이주, 노동 관리 및 자본주의의 관계에 대한 새로운 관점을 제시한다. 재난은 노동(권력)이 상품으로 생산하는 순간부터 유통되는 순간까지를 매개하는 메커니즘으로 작용한다. 자연재해뿐만 아니라 재난 중 가장 큰 재난인 전쟁은 전통적으로 노동력 확장과 그에 따른 자본주의 호황의 기반을 닦아 왔다. 마찬가지로, 홍수와 기근은 노동시장의 수축과 팽창을 촉진하는 촉매제 역할을 했다.

---

[13] Mezzzadra and Neilson(2013); 국경과 국경지대를 다룬 다른 이론가들도 이러한 국경과 국경지대를 둘러싼 폭력과 탈식민 세계의 국경 투쟁에 주목했다. 예를 들어, van Schendel(2004); Banerjee(2010); Samaddar(1999).

마지막으로 재해는 이주, 모빌리티, 불평등, 이윤 창출의 복잡한 그물망에서 중요한 부분을 차지한다. 재해는 파울로 타바레스Paulo Tavares가 "자연 통치에 대한 경쟁"이라고 부르는 것을 응결된 형태로 표현하기 때문이다.[14] 재해와 이주 사이의 관계는 인프라 상태, 구호 역학, 재정착 및 재활, 그리고 중심-주변 상호작용에 좌우된다. 이 것은 식민지와 탈식민지 역사에서 파괴적인 사이클론과 지진에서 항상 분명하게 드러났다. 이 관계는 재난으로 알려진 사건의 정치 적 결과에도 영향을 미친다.

결론적으로, 불안정한 이주노동의 탈식민주의적 생산은 생태적 주변성, 경제적 주변성, 정치적 주변성이라는 세 가지 주변적 조건 의 상호관계에 기반을 두고 있다. 사실, 바로 이것이 탈식민주의적 노동이 재생산되는 방식이다.

---

[14] 이 주제에 대한 최고의 연구 중 하나는 Tavares(2013, 8장, pp. 123-64)의 연구이다.

제11장

떠다니는 기표,
초국적 정동*의 흐름

: 오스트레일리아 뉴스 담론에서
기후이주민

| 캐서린 E. 루소 |

* [역주] affect는 정동, 감정으로 번역될 수 있는데, 이 장에서는 '정동'으로 번역한다.

9 · 11테러 공격 5주기를 맞아 앨 고어 전 미국 부통령은 기후변화에 대한 대중의 인식을 높일 캠페인의 일환으로 오스트레일리아를 방문했다. 당시 다니엘 지퍼Daniel Ziffer는 오스트레일리아 일간지 《디 에이지The Age》에 다음과 같은 기사를 썼다.

앨 고어는 어제 시드니에서 "테러리즘과 기후위기가 양자택일의 문제라고 생각하지 않는다"라며 다음과 같이 말했다. "우리는 테러와의 전쟁에서 승리하겠다는 결의를 다지는 동시에 (지구온난화가) 테러 공격이나 폭력 행위가 일으키는 것과 같은 즉각적인 공포를 유발하지는 않더라도 인류 문명이 직면한 가장 심각한 위협임을 인식하고 대응해야 한다." 그렇게 하지 않으면 우리 오스트레일리아는 '재앙적인' 해수면 상승, 바싹 마른 땅, 수억 명의 기후난민 동원 등의 잠재적 결과를 안게 될 것이다. 고어 전 부통령은 호주가 다른 어떤 곳보다 심각한 영향을 받을 것이며 부분적으로 이미 그 영향을 받고 있다고 말했다. _2006년 12월 9일

이 기사는 지난 20년 동안 오스트레일리아 기자들이 기후로 인한 이주에 관한 뉴스를 선정적인 요소, 혼돈, 재앙을 전면에 배치하고 계획을 뒷받침하는 방식으로 '프레임'을 짜는 방식을 보여 주는 적절한 예이다(Goffman 1974). 기자는 고어의 말을 인용하여 테러리즘과의 비교에서 거리를 두는 한편, '해수면 상승, 메마른 땅, 수억 명의 기후난민 동원'을 기후변화의 두려운 결과로 보는 고어에 동조하고 성급하게 일반화하는 데에 편승한다. 게다가 지퍼의 기사에서도 드러

나듯이 영향을 받는 당사자들의 목소리는 들리지 않는 반면, 뉴스 보도는 두려움과 불안과 같은 정동을 증폭시키며 오스트레일리아의 관심과 우려에 다시 초점 맞춘다.

뉴스 보도는 '객관적', '중립적', '공정'을 주장하고 기사 구성에서 기자의 주관적인 역할을 모호하게 하는 잘 확립된 전통을 따르지만, 이 기사는 기후로 인한 이주민에 대한 부정적인 평가와 '수억 명'의 난민을 임박한 위협으로 과장되게 제시하여 기후 이주민에 대한 부정적 인식을 조장한다(Thomson and White 2008, 3). 기자는 고어의 의견에 대한 배경 및 설명 정보를 제공하는 것 외에도 국민적 공감 형성에도 개입한다(Anderson 2010; Baker 2006; Massumi 2009; Thomson and White 2008; Wodak 2008). 뉴스 담론은 외국인혐오증과 인종차별, 만남, 연결성 및 유쾌함을 유발할 수 있는 잠재적인 요인이기에 '코스모폴리틱스cosmopolitics'의 핵심 측면으로 간주될 수 있다. 아마도 이 기사에서 발견된 경계 alarm문화는 이웃 남아시아 국가인 몰디브, 투발루와 키리바시 같은 태평양 섬들에서 온 (기후) 이주민에 대한 오스트레일리아 언론보도의 결정적인 측면을 구성했다.

경보주의alarmism에 의지하는 이유는 여러 가지다. 국가경제에서 기후변화와 화석연료의 역할은 지난 20년간 오스트레일리아 선거 캠페인에서 가장 중요한 쟁점이었다. 언론보도에서도 열띤 논쟁이 벌어졌다. 기후변화 회의론에 맞서 환경운동가와 언론인들은 "기후과학의 통계적 추상화"를 구체화할 선정적인 '증거'로서 기후변화에 심각하게 영향을 받은 나라들을 극적으로 재현했다. 이러한 맥락에서 기후이주 차원은 종종 증폭되었다(Farbotko 2010, 58). 기후이주민들은 기후변화의 무기력하고 무력한 희생자 또는 구원이 필요한 기후'난민'으로 표현되었다. 후자의 표현에 대해 특히 기후이주민들로 식별된 바로 그 그룹이 이의를 제기했다. 그들은 종종 맹그로브 식재 및 태양열발전과 같은 완화 및 적응 전략을 개발하는 등 능동적인 변화의 행위자로서 역할을 되찾았고, 강제이주 및 난민 지위와 관련된 주권과 주체성 및 자결권 상실에 대한 우려를 강조했다(Dreher and Voyer 2014).

브리짓 루이스Bridget Lewis가 지적한 바와 같이, 이러한 이의 제기는 중요하다. "자발적으로 수행되는 이주는 효과적인 전략이 될 수 있고 남겨진 사람들을 도울 수 있지만, 비자발적으로 진행될 경우는 상당한 피해를 줄 수 있다. … 이주 전략을 계획하는 것이 필수적이다"(2015, 86-87). 그러나 이러한 대조적 관점은 언론보도에서 대부분 걸러지고 있다. 상대적으로 경고적인 '기후난민' 서사는 대안 프레임에 침투하지 못했다. 불행히도 뉴스 기자는 종종 같은 분야의 이전 보도(즉, 해당 이슈에 대해 어떤 입장을 취했던 사람들의 보도)에 의존하며 친숙한 이미지와 언어 패턴을 활용하여 독자들이 '영향 받을 수 있는' 지지와 라포[상호신뢰관계] 형성의 담론 틀을 구축한다(Martin and White 2005). 미디어 보도의 이러한 반복적인 특성을 '순진한' 특성으로 이해해서는 안 된다. 여기에는 중요한 권력효과가 있다. 노먼 페어클로Norman Fairclough(1995)는 미디어 언어와 권력에 관한 중요한 작업에서 다음과 같이 말한다.

미디어 담론의 숨겨진 힘과 이 힘을 행사할 수 있는 권력자의 능력은 뉴스 보도 및 기타 미디어 활동의 체계적 경향에 달려 있다. 단일 텍스트 자체는 그다지 중요하지 않다. 미디어 권력의 효과는 인과관계와 행위자를 처리하는 특정한 방식, 독자를 위치시키는 특정 방식 등이 반복적으로 누적해서 작동한다[54].

턴 반 디크Teun van Dijk가 뉴스와 사회적 인지 연구에서 주장한 것처럼, 사람들은 지식과 신념 및 견해에 대한 미디어의 설명에 크게 의존하며, 이는 다시 사회적으로 공유되는 지식과 제한된 해석 레퍼토리를 형성한다[1988; 1996]. 이 제한된 '레퍼토리'는 기후이주에 대한 사회적 우려와 대응을 조종하여 초국가적 연대의 가능성을 방해할 수 있다[Blommaert 2012, 12]. 미디어 담론의 힘은 이미지와 언어 패턴의 반복과 점진적 효과에 있다는 전제를 바탕으로, 담론에서 전제와 문화적 고정관념 및 이데올로기적 추론을 면밀히 조사할 수 있다고 가정된다[Stubbs 2001], 이러한 가정 하에 이 장에서는 초국적 경계를 넘어 친숙하고 새로운 담론의 순환을 면밀히 탐구할 것이다. 이 장에서는 코퍼스[1](말뭉치corpus) 및 비판적 담화 분석에 대한 연구 결과를 바

---

[1] [역주] 코퍼스 또는 말뭉치(영어: corpus, 복수형: corpora)는 자연언어 연구를 위해 특정한 목적을 가지고 언어의 표본을 추출한 집합이다. 컴퓨터의 발달로 말뭉치(코퍼스) 분석이 용이해졌으며 분석의 정확성을 위해 해당 자연언어를 형태소로 분석하는 경우가 많다. 확률/통계적 기법과 시계열적인 접근으로 전체를 파악한다. 현대 언어학 연구에 필수적인, 언어의 빈도와 분포를 확인할 수 있는 자료이다. 인문학에 자연과학적 방법론이 가장 성공적으로 적용된 경우로 볼 수 있다. 이 책에서는 '코퍼스'라 지칭한다.

탕으로 오스트레일리아 뉴스 보도 코퍼스에서 기후이주 표현에 대해 몇 가지 결론을 도출한다.

데이터, 방법 및 컨텍스트

미디어 담론은 최근의 비판적 담화 분석과 코퍼스 언어학의 결합을 살펴볼 비옥한 토대를 제공한다. 전문 코퍼스 소프트웨어를 사용한 키워드 검색, 일치 및 연어collocations 분석과 같은 정량적 기법의 사용은 대규모 코퍼스에서 '난민' 및 '망명 신청자'라는 용어의 일치 및 낱말 배치를 조사하는 정성적 접근과 효과적으로 결합되었다(Baker 2006; Baker and McEnery 2005; Baker et al. 2008). 이러한 영향력 있는 연구를 바탕으로 이 장에서는 언어 패턴의 빈도, 텍스트의 수준, 다양한 텍스트와 담론의 관계, 텍스트가 생산되는 맥락, 더 넓은 역사적 · 정치적 맥락 등 다양한 분석 수준을 고려한다(Reisigl and Wodak 2001). 따라서 언어 패턴의 양적 분석과 광범위한 언어 담화 전략의 질적 분석은 언어 외적인 사회/사회학적 변수 및 상황적 프레임을 포함하는 더 광범위한 분석 틀 안에 위치한다(Reisigl and Wodak 2001). 이 분석은 로렌스 앤서니Lawrence Anthony(2005)가 개발한 컨코던서concordancer(자동으로 일치를 구성하는 컴퓨터 프로그램)인 '앤트콩크AntConc'를 사용하여 어휘 항목의 일관된 언어 패턴, 연어 및 의미론적 운율, 즉 '형태가 연어에 의해 스며드는 일관된 의미의 아우라'를 식별하기 위해 수행되었다(Louw 1997, 157). 이후 이 분석은 대량 데이터 검색에서 참조 또는 지명 전략, 술어 전략, 논증 전략 및 담화 패턴의 완화 또는 강화 전략과 같은 담론 전략을 식별하기 위해 검색 범위를 좁혔다.

이 장에서는 분석을 수행하기 위해 2004년부터 2014년까지 포괄하는 전문 코퍼스를 만들었다. 코퍼스는 패어팩스Fairfax 디지털 아카이브(Illawarra Mercury, Sydney Morning Herald, The Age, The Sunday Age, The Sun Herald 및 Newcastle Herald)의 브로드시트 뉴스 및 특집을 다룬 일련의 오스트레일리아 신문 기사로 구성된다. 코퍼스는 기후로 인한 이주*climate induced migra*, 기후로 인한 피난*climate-induced refug*, 기후이주*climate migra*, 기후 피난*climate refug*, 기후변화 피난*climate change refug*, 기후변화 이주*climate change migra*, 환경 피난*environmental refug*, 환경 이주*environmental migra*와 같은 쿼리(명령어 query)²가 포함된 텍스트를 선별하여 설계되었다. 이 쿼리는 매년 다양하게 분포되는 51만 개 단어에 달하는 201개의 문서와 일치했다.

기후변화는 2004년부터 2014년까지 10년 동안 오스트레일리아 정치에서 가장 논쟁적이고 의견이 분분한 문제 중 하나였다. 오스트레일리아 정부는 수년간에 걸쳐 적극적인 기후변화 지지자부터 적극적인 저지론자까지 다양한 논리와 우선순위를 기후변화에 적용했다(Beeson and McDonald 2013). 오스트레일리아는 더위와 가뭄에 심각한 영향을 받는 주요 농업 생산국이지만, 세계 최대의 석탄 수출국

---

2 [역주] 데이터베이스에 특정한 데이터를 보여 달라는 사용자의 요청.

으로서 세계 화석연료 경제의 유지와도 즉각적인 이해관계가 있다는 역설이 정부 정책에 깊은 영향을 미쳤고, **지금도 여전히 영향을 미치고 있다.** 더욱이 오스트레일리아 녹색당은 세계에서 가장 오래된 정당 중 하나이지만, 오스트레일리아 국민은 1인당 온실가스 배출량이 가장 많은 국가 중 하나이다.

당연히 일치도 그래프를 보면 2007~2009년에 '기후난민'이라는 용어가 더 많이 사용되었음을 알 수 있다. 2007년 존 하워드 정부에서 수년간 기후변화를 부정한 케빈 러드 총리는, 취임 후 첫 공식 행보로 교토의정서에 서명하고 2050년까지 온실가스 배출량 60퍼센트 감축을 촉구했다. 하워드 정권 당시 정부와 러드 야당은 2007년 선거를 앞두고 탄소 가격 책정 계획을 약속했으나, 전자는 교토의정서 동의 비준에는 반대하는 입장이었다. 2008년 12월 15일, 러드 총리는 오스트레일리아의 온실가스 배출량 감축에 관한 백서를 발표했다. '탄소 오염 감소 계획'으로 알려진 이 계획은 2010년 배출권 거래제도 도입을 포함, 2020년에 2000년 수준보다 5~15퍼센트 감소한 오스트레일리아의 온실가스 배출 목표 범위를 제시했다. 러드 정부는 2009년 코펜하겐에서 합의를 이끌어 내고자 노력했으며, 러드는 대규모 대표단을 이끌고 회의에서 '의장의 친구friend of Chair' 역할을 맡았다(Beeson and McDonald 2013, 334). 그러나 2009년 말 코펜하겐에서 포스트 교토협정을 수립하려는 노력은 중국과 미국의 침묵으로 무산되었고, 이는 오스트레일리아에서 강력한 기후행동으로 나아가려는 러드 총리의 조치를 약화시켰다.

이후 기후변화는 한동안 정치 선거 캠페인과 토론의 중심이 되었고, 2009년 차기 총리 토니 애벗은 러드 정부의 배출권 거래제 제안에 반대한다는 입장을 밝히고 이 문제에 대한 자유당의 지도력을 확보했다. 자유당 지도부의 변화(기후행동 지지자였던 말콤 턴불에서 기후회의론자인 토니 애벗으로)는 이후 정책 우선순위 채택과 기후변화 과학과 행동의 필요성에 대한 대중 합의 약화에 결정적인 역할을 했다.

오스트레일리아 뉴스 보도 담론에서 기후이주민

기자들은 어느 개인이나 민족국가 집단을 대표하고자 선택할 수 있는 어휘 항목, 용어 및 기호학적 자원 풀pool을 가지고 있다. 코퍼스의 사회적 행위자 분류의 정량적 분석에 따르면, 오스트레일리아 뉴스 보도에서 기후로 인한 이주는 추상적인 과정으로 언급되지 않고 일반적으로 기후이주민과 관련하여 의인화되는 것으로 나타났다. 반면에 기후이주민은 집합적으로 언급되므로 발생하는 단어 또는 기호의 수로 알 수 있듯이 익명의 일반적인 범주이다(Machin and Mayr 2012, 81). 기후난민(8개), 기후난민들(86개), 기후이주자(0개), 기후이주자들(4개), 환경난민(8개), 환경난민들(33개) 등이다. 또한, 기후이주민들은 주로 정량화 및 통계로 특징지어진다. 55번의 발화에서, 과잉 어휘화, 즉 "반복적이며 유사동의어 참조의 과잉"(Machin and Mayr 2012, 37)과 기후로 인한 잠재적인 이주민 수를 언급하기 위해 '수백 만' 또는 '수억 또는 심지어 수십 억' 또는 '급증하는 숫자'와 같은 부정확한 언급의 경우처럼 과장된 양화사quantifiers 사용이 있다. 미디어 담론 (Baker 2006)에서 이주민과 난민을 대표하는 집계에 관한 이전 연구 결과에서와 같이, 숫자는 객관적인 연구 및 과학적 신뢰도를 부여하기 위해 활용되지만 실제로는 수치에 대한 구체적인 출처는 언급되지 않는다. 예를 들어, 다음 헤드라인과 오프닝은 기후이주민의 수가 코퍼스의 수많은 보고서에서 고려되는 뉴스 가치가 있는 문제임을 시사하는 반면, 기후로 인한 이주가 불가피한 시나리오라는 가정에는 논증 오류가 있다.

예 ① "기후난민들: 20미터 이상 그리고 숫자 세기". _《선 헤럴드》, 2009년 6월 12일

예 ② 해수면 1미터 상승으로 인해 1억 명의 사람들이 이주할 것이며, 이는 세계가 급격한 배출량 감축에 동의하더라도 금세기에 예상되는 상승이다. _《시드니 모닝 헤럴드》, 2010년 4월 19일

예 ③ 아시아 태평양 지역에서 더 많은 강수량과 더 높아진 해수면 상승의 결합으로 수백만 명의 기후난민이 생성될 것이다. _《시드니 모닝 헤럴드》, 2007년 6월 8일

어휘 및 용어 선택에 관한 첫 번째 예비 고려 사항은, 코퍼스에서 '기후난민' 및 '환경난민'이라는 용어 빈도가 높다는 점이다. 이러한 용어의 대중화는 학자들 사이에서 많은 비판을 받았다(McAdam 2012). 법적 근거가 없고, 유엔 난민지위에 관한 협약(1951)과 같은 주요 법률

문서에도 등장하지 않고 양립할 수 없기 때문이다. 또한, 용어 코퍼스 변이와 다양한 용어(기후난민, 기후이주민, 환경난민)들의 동시 출현에는 높은 불안정성이 보이는데, 이는 최근의 신조어와 정보 밀도가 높은 텍스트에서 압축 명사 수식 장치를 선호하기 때문일 수 있다. 따라서 명사1+명사2로 이루어진 복합명사에서 '기후변화' 또는 '기후 유발'의 앞에 오는 명사 '기후'를 광범위하게 사용하는 것은 공간을 절약하고 명사 간의 복잡한 의미와 관계를 압축된 형태로 전달하기 위해 채택된다(이 경우, 명사2는 명사1에 의해 유발된다)(Biber 2003).

뉴스 보도에서 명칭은 사람들을 엄격한 사회적 범주로 분류하는 역할을 한다. 더욱이 이주민, 난민, 망명 신청자 등 동작어/유발어의 경우처럼 의미를 몇 단어로 압축해야 한다. 레이시글과 워닥 Reisigl and Wodak(2001)이 주목한 바와 같이, 명명 전략은 구성원 분류 장치에 초점을 맞추고 비유, 생물학적, 자연화 및 비인격화 은유 및 환유, 전체를 나타내는 부분 형태의 제유법 및 그 반대의 참조를 포함한다. 특성, 특징 또는 특질(예를 들면, 기후변화의 결과로 새로운 국가로 이주하는 행동)이 대표적인 묘사자로 선택되며 관련된 사람들은 지명 과정에서 아무런 행위성이 없다. 제유화synecdochization를 통한 이러한 언어적 식별에는 평가가 포함되며, '기후난민'이라는 신조어는 난민협약 범주에 포함되지 않기 때문에 용어학적 대격변에 기반을 둔다.[3] 국제법 전문가인 제인 맥애덤Jane McAdam이 코퍼스 기사에

---

[3] 용어는 '전문 지식 영역에서 사용되며 해당 영역 전문가 언어 사용자가 널리 인정하는 특정

서 지적했듯이, 이는 이해당사자를 대표하는 법적 청구에 기반을 둔 것이 아니다.

법적으로 그 용어는 완전히 잘못된 용어이다. 그리고 정말 놀라운 점은 섬 주민들이 다음과 같이 말한다는 사실이다. '우리는 난민으로 불리고 싶지 않다. 우리는 난민을 피해자, 수용소에 갇혀 국제사회의 지원에 의존하는 사람들, 진정으로 인간의 존엄성을 잃은 사람들이라고 생각한다. 우리는 우리가 이동 지역사회의 적극적인 구성원으로 인식되기를 원한다. 우리는 수동적인 피해자로 비쳐지고 싶지 않다.'_《시드니 모닝 헤럴드》, 2011년 10월 12일

반 디크의 말에 따르면, "뉴스 사건과 뉴스 가치의 형성은 사실 고정관념이 협상의 통화가 되는 상호적이고 변증법적인 과정이다"(1988, 17). 의인화 및 참여 전략을 통해 뉴스 기자는 내적 상태, 태도 및 감정 또는 정동적 관심 및 참여 정도를 표현하여 독자를 감정적 그리고 인지적으로 참여시키는 것을 목표로 한다. 이는 거리두기를 위해 실현되는 분리 전략과 반대되는 개념이다. 다음 예시에서 보고서는 기후이주에 대한 하워드 정부와 러드 정부의 각기 다른 입장을 설명한다.

개념을 지칭하는 어휘-의미적 단위'로 정의할 수 있다(Pecman 2014, 5).

예 ④ 브라우닝 주교는 또한 성장에 대한 '완전한 집착'에 대해 연방정부를 비판하고 필사적인 투쟁의 세기에 기후변화 난민이 테러리스트보다 더 큰 문제가 될 것이라고 경고했다. _《디 에이지》, 2007년 10월 25일_

예 ⑤ 러드 정부는 또한 해수면 상승으로 피해를 입은 국가 출신의 기후난민들이 오스트레일리아에 재정착할 수 있도록 허용하고 태평양 섬에서 온 비숙련 이주노동자를 받아들이는 계획을 검토하고 있다. _《디 에이지》, 2008년 3월 20일_

두 사례 모두에서 '비인격화'(즉, 개인이 아닌 전체 기관, 정치조직 등을 지칭하는 것)는 정부 입장에 추가적 의미를 부여하는 동시에 두 총리의 신념과 책임을 은폐한다(Machin 및 Mayr 2012, 79). 반면, 예시 ④에서 직접인용의 사용과 '주교님'이라는 경칭의 사용은 한 사람의 의견에 대한 기자의 거리를 표현하고 '완전한', '더 큰'과 같은 형용사와 불변화사들을 풍성히 사용하였다. 형용사 '필사적인', 명사 '집착', '테러리스트'는 의견의 권위를 떨어뜨린다. 예시 ⑤에서 '검토하다'라는 동사구를 통해 정부의 제안이 완화된다. 그러나 가장 중요한 것은 두 사례 모두 기후난민이 문제를 일으킨다는 것을 비숙련노동자나 테러리스트와 같은 다른 범주와의 비교를 통해 유형화(사람이나 집단의 유형을 만드는 것)하는 담론 전략이 이루어졌다는 점이다. 이러한 방식으로 기후난민, 테러리스트, 비숙련노동자를 의미적으로 병합하면 모든 집단에 대한 규제를 요청할 수 있다.

레이시글과 워닥이 언급한 것처럼, 사회적 행위자는 술어적 전략을 사용하여 특정한 특성을 언어적으로 각인한다. 이것들은 암시적 또는 명시적 서술어의 언어적 형태에서 부정적 및 긍정적 특징의 전형적이며 평가적인 속성으로 실현될 수 있다(Reisigl and Wodak 2001, 47). 코퍼스에서, 기후이주민은 종종 은유와 주제topoi 로 묘사되거나 연상되며, 이는 미디어 담론에서 이주민과 난민을 자연재해, 위험 및 위협으로 표현한 이전 연구 결과와 일치한다. 이전 연구들(Baldwin 2013; Baker 2006; van Dijk 1988, 1991, 1996; Wodak 2001, 2008)에 따르면, 이민자와 망명 신청자 및 난민의 조건부 자격에 사용되는 가장 빈번하고 진부한 은유는 다음 표와 같다.

자연재해	끌기당기기	물	불	식물과 옥토	유전물질
성장/ 성장하기	오염 불순물	녹는	신체	피	질병/감염
동물	전쟁/싸움/ 군대	상품/일용품	음식	차량, 보트, 배	집, 건물, 문/볼트

출처: Reisigl and Wodak 2001, 59-60.

코퍼스 분석 결과, '늪에 빠져, 수렁에 빠진swamped by', '대규모 물결 mass wave', '물결들waves of', '차오르는 수없이 많은swelling numbers of', '휩쓸려 가는washing up'과 같이 자연재해 및 물과 관련된 비유적 표현이나 은유에 대한 문맥의존적 선호도가 높은 것으로 나타났다. 이는 오스트레일리아 이주민과 난민이 갖는 맥락상 특정한 이미지와 관련이 있을 수 있다.

예 ⑥ 바다에 밀려드는 '기후난민'의 첫 번째 물결first wave _《디 에이지》, 2009년 4월 9일

예 ⑦ 오스트레일리아가 전 세계의 지원 없이 일방적인 정책을 개발하면 기후난민이라는 수렁에 빠질swamped by 수 있다. _《디 에이지》, 2007년 3월 14일

예 ⑧ 기후변화로 인해 세계 최초로 실패한 국가가 될 수 있는 이 나라의 대통령은 오스트레일리아가 새로운 살 곳을 찾는 기후난민의 대규모 물결a mass wave에 대비할 것을 촉구했다. _《시드니 모닝 헤럴드》, 2012년 7월 1일)

다른 경우, 기후이주민은 엄청난 규모의 자연재해와 누적적으로 연관되어 국가의 긴급한 통제 및 위험관리가 필요하다.

예 ⑨ 이 시나리오에는 해당 정부가 국민을 먹일 수 없는 실패한 국가로 확산되는 상황을 예측했다. 더 운이 좋은 국가의 국경에 밀려드는 기후난민의 물결, 강을 공유하는 국가 간의 전쟁까지도 예측한다. _《일라와라 머큐리》, 2008년 6월 12일

이 제한된 주제의 일관된 발생과 두드러짐은 이주민과 난민, 망명 신청자에 대한 이전 분석에서 기후이주민에 대한 암묵적/명시적 묘사를 확인시켜 준다. 곧, "그들은 문제가 있거나 문제를 일으킨다"(van Dijk 1993, 179). 뉴스 담론에서 이주민과 난민에 대한 이전 연구 결과는 수용하다, 허용하다, 처리하다, 구조하다, 돕다, 도망치다 같은 동사구의 빈번한 사용과 굶주림, 도망, 잊혀짐 같은 속성에서도 알

수 있듯이 코퍼스에서 기후로 인한 이주민은 항상 대상(영향을 받는 자/환자)의 위치에 있다는 사실에서도 확인할 수 있다. 반면에 총리나 정치인 등 유력한 대변인이나 법률 전문가는 항상 주체(대리인/참가자) 위치에 있다. 인도주의, 부담 및 가중치 부여는 코퍼스의 차별적 및 반차별적 담론 모두에서 공통적인 주제$_{topoi}$이다. 다음 예처럼, 기후이주민은 자연재해의 수동적 수용자이며 동시에 도움의 수혜자라는 배경이 설정되어 있다.

> **예 ⑩** 영향력 있는 전직 세계은행 수석경제학자 니콜라스 스턴이 작년에 아시아 태평양 지역에서 수백만 명이 지구온난화로 집을 잃을 수 있다고 경고했음에도 불구하고, 하워드 정부는 기후난민의 가능성을 부인했다. _《디 에이지》, 2007년 3월 14일

수많은 사례에서, 뉴스 보도의 "이데올로기적 스퀘어링$_{ideological squaring}$"(van Djik 1993)[4]을 통해 독자들은 기후이주민과 함께하든지 반대 입장에 서게 된다. '이데올로기적 스퀘어링'은 반대를 만들어 내는 참조 선택으로 달성되는데, 의미를 통제하기 위해 문제를 단순화하

---

[4] [역주] 반 디크는 '이데올로기 스퀘어링'을 담론 이해와 생산이 분석되고 맥락과 연결될 수 있는 틀로 개념화한다. 그는 엘리트들이 사용하는 언어와 담론을 조사함으로써 인종주의와 불평등의 지속에 기여하는 근본적인 이데올로기와 권력 관계를 밝히는 데에 목표를 둔다. 여기서 square은 level, equal의 의미로 '이데올로기 스퀘어링'은 이데올로기적 균일화를 의미한다고 할 수 있다.

는 것이다. 예 ⑩에서 사회적 행위자인 니콜라스 스턴을 정의하기 위해 '영향력 있는'이라는 단어를 사용한 것은 불필요한 어휘로 간주될 수 있으며, '전직 세계은행 수석경제학자'라는 존칭어와 메타 명제 동사 '경고하다'로 확인되는 이념적 논쟁 또는 불확실성의 영역을 나타내는 과잉 어휘화로 정의될 수 있다. 반면에 '하워드 정부'라는 비인격화 담론 전략의 사용은 진술에 추가 가중치를 부여하고, 단정적 동사 '거부했다'가 반영하는 것처럼 높은 단계의 권위를 나타낸다.

마찬가지로, 예 ⑪에서 '세계시민권'에 대한 요구는 먼저 텍스트 내부의 권위적인 목소리, 즉 '개발도상국의 지도자'와는 거리를 둔다. 그리고 '정치가라면'이라는 외부 목소리에 가치를 부여한다. 그러나 '분노하다'라는 동사의 사용은 반대를 만들어 내는데, '우리'라는 직설적인 대명사를 통해 집단적인 국가의 목소리와 국경을 재확립하는 것이다. 더욱이 이 제안에서 사회적 행위자는 지도자, 정치가, 존 하워드로 기후난민들은 적극적인 행위자가 아니었던 이전 사례들을 확인한다.

> 예 ⑪ 개발도상국의 지도자들은 온실가스 배출이 자국민에게 미치는 영향에 대한 우리의 무관심에 분노하고 있다. 정치가라면 지구의 운명이 공동의 책임이라는 것을 인정하겠지만, 우리는 물에 잠긴 투발루에서 온 기후난민들에게 등을 돌렸다. 이제 존 하워드 총리가 세계시민 서약에 서명할 때가 되지 않았는가? _《디 에이지》, 2006년 9월 23일

이전 사례와 같이 마틴Martin과 화이트White에 따르면, 평가의 기본이 되는 언어적 실현의 세 가지 기본 유형, 즉 포화(이 유형의 실현은 기회주의적이다. 예를 들면, 조동사가 부사로 사용될 수 있다), 강화(이 유형의 실현에는 증폭, 반복, 감탄사 구조, 최상급이 포함된다) 및 지배(관련 의미는 해당 영역의 의미를 지배함으로써 담론의 더 긴 확장을 포함할 수 있다)(2005, 19-26)가 이 코퍼스에서 활용되고 있다. 코퍼스에서 어휘–문법적 자원은 걱정과 두려움 같은 정동을 새기기 위해 분명히 사용되거나 환기시키기 위해 암시적으로 사용된다. 그러한 정동을 방지하고 억제하기 위해서가 아니라 오히려 강화하고 확산시키려는 목적이다(Martin and White 2005). 마찬가지로 예 ⑫에서는 두려움, 불안, 불확실성과 같은 부정적인 정동이 발생한다. 기후이주민 수에 대한 평가는 감정적 반응을 표시하는 어휘 '겁에 질린feared'과 어휘소 '떼horde'의 부정적인 의미로 결정된다.

예 ⑫ 방글라데시와의 기존 국경을 따라, 인도는 겁에 질린 수백만 명의 방글라데시 경제 및 기후난민 무리를 막기 위해 울타리를 짓고 있다.

_《시드니 모닝 헤럴드》, 2012년 4월 23일

앤드류 볼드윈(2016)이 지적했듯이, 이 담론의 또 다른 중요한 측면은 "시간성에 관한 것이다. 거의 예외 없이 기후변화의 이주 효과는 미래시제로 설명된다"(80). 다음 예처럼 집단화와 '기후난민' 범주를 일반적으로 사용하는 것은 기후이주민이 '미래의', '잠재적인' 또는

'피할 수 없는' 문제, 재앙 또는 위협이라는 뉴스 프레임 안에 그들의 이야기를 배치하는 것이다. 후자의 담론은 '기후난민'을 묵시적인 어조라는 틀로 형성하는 데에 기여한다.

> **예 ⑬** 최악의 피해를 입은 개발도상국들이 수억 명의 기후난민이 처한 피할 수 없는 대량 이주를 계획하기까지 얼마나 걸릴지 궁금하지 않을 수 없다. _《디 에이지》, 2009년 11월 25일

따라서 기후이주민에 대한 종말론적 재현은 단지 부수적인 문제가 아닌 주체화의 핵심과 관련된다(Bettini 2013). 정량적 및 정성적 분석은 위험의 규모와 파국적 영향을 지속적으로 반복하는 언론인, 정치인 및 전문가의 수사적 후렴구를 기반으로 기후난민과 혼돈 및 위기 담론의 상관관계를 확인한다(Friedman 2011). 이 장에서 확인한 바와 같이, 모든 이름의 잠재적인 의미가 다양한 방식으로 활용되기 때문에 맥락 정보는 미디어 담론의 명명 및 표현 전략 분석에서 중추적인 역할을 한다.

코퍼스에서 기후이주민을 서로 다른 이름으로 사용한 사실은 뉴스 기자가 기존 어휘 항목의 역량을 활용하여 새로운 의미를 포함하는 방법의 예로 볼 수 있는데, 개념의 다른 특성이 활성화되거나 언어 사용자들이 서로 소통할 때 사용하는 공통 기반과 공유 표현 때문에 다른 개념과 다른 관계가 설정되는 경우, 동일한 지시 대상이 다양한 관점에서 텍스트에서 자주 언급되기 때문이다(Rogers 2004, 221;

Calsamiglia and van Dijk 2004; vanDijk 2009). 뉴스 담론에 관한 주요 연구(Baker 2006; Baker and McEnery 2005; Baker et al. 2008; van Dijk 2009)에서 알 수 있듯이, 이주민 또는 기후이주민과 같은 어휘 항목은 그 자체로 '맥락독립적인' 단위가 아니다. 오히려 이 어휘들은 상당히 '맥락의존적이고, 상호맥락의존적'이어서 담론에서 기능, 이전 대본에 대한 의존도, 공유된 의미 및 신념에 따라 설명되어야 한다(van Dijk 2009, 153).

또한, '기후난민'이라는 용어의 선택은 뉴스 기자가 공유된 유형화와 도식에 따라 새로운 이야기를 구성하는 데에 대문자를 사용하는 것과 관련이 있을 수 있다. 뉴스 기자는 오락적 목적으로 사람들을 사회 세계에 배치하고 암묵적인 정신 범주, 프레임, 도식 및 일반 명제를 통해 정체성의 특정 측면을 강조한다(van Djik 1993). 따라서 코퍼스에서 용어 선택이 보이는 높은 불안정성은 그러한 정의와 구성원 범주의 유동성을 나타내며, '환영받지 못하는 모든 외국인들'로 분류되는 영어 뉴스 보도에서 '이주민'과 '난민'의 의미론적 개념의 융합을 보여 주는 추가적인 확인을 제공한다(Wodak 2008, 57).

'신자유주의적 인종주의neoliberal racism'라는 가장 최근 형식에서와 같이, 명칭은 참조가 붙지 않는다. 특정 주체와의 직접적인 관계에서 벗어나 '떠다니는 담론'이나 '빈 기표'로 작동한다. 여기에 은밀한 외국인혐오적 태도와 인종차별적 고정관념이 결합된다(Delanty et al. 2008, 4). 즉, 명칭이 본질적으로 인종차별적이지는 않지만, 상황에 따른 언어적 실현으로서의 분석은 기후이주민에 대한 인종차별 담론 구성이 "사회적 행위자에 대한 라벨링으로 시작하여 부정적인 속성의 일반화를 거쳐 다수의 배제와 일부의 포용을 정당화하는 논증을 정교화한다는 점을 드러낸다"(Delanty et al. 2008, 4).

언론의 대중화 담론에서 새로운 지식의 창조는 맥락에 의해 특징 지어지는데, 이는 의사소통 사건에 참여하는 사람들의 정신적 모델과 인식론적 공동체가 공유하고 역사적·문화적으로 가변적인 기준에 의해 인증되는 신념으로 정의될 수 있다(Van Dijk 1999). 이러한 생각을 따라 '기후난민'이라는 명칭은 대중화 담론에서 재현적 전략의 이데올로기적·창조적 힘의 한 예라고 할 수 있다. "비전문적인 독자가 일반 버전의 전문 지식을 구성하고 이를 기존 지식과 통합할 수 있는 방식으로 공식화할 필요가 있다"(van Dijk and Calsamiglia 2004, 370). 용어가 사용되기 위해서는 과학적 담론 커뮤니티에 속한 구성원이 인정해야 하지만, 뉴스 보도의 용어는 전문 독자와 비전문가 독자 사이의 구조화된 '매개' 및 '의사소통'을 촉진하기 위해 언어 변형 및 변경 과정을 거친다(Pecman 2014, 5). 지식 생산의 역할은 미디어의 오락적 기능과 대비하여 읽어야 한다. 이 경우 '기후난민'이라는 용어에 대한 전문가들 간의 논쟁은 기후변화에 대한 과학적 논의에서 '뉴스 가치가 있는' 측면으로 간주될 수 있다.

사실, 코퍼스를 분석한 결과, 기후로 인한 이주가 하나의 과정으로 언급된 적은 없으며, 항상 사람들의 의인화와 연관되어 있다. 이러한 의인화는 무생물이나 추상적인 생각 또는 현상에 인간 형태와 '집합적 주체'라는 상상을 부여하는 데에 중요한 수사적 역할을 한다. 이러한 방식으로 의인화는 정동이나 수사적으로 사소한 오류를 통해 독자들이 이성적 논증 대신에 편향된 감정이나 의견 및 신념에 반응하도록 호소하여, 결과적으로 그들을 참여시킬 수 있었다(Wodak 2008, 65). 따라서 2004년부터 2014년까지 10년 동안 기자들이 기후이주에 초점을 맞춘 이유는, 과학 정보보다는 갈등과 문제 및 개발과 같은 과학의 사회적 맥락과 참여자 역할, 시민과 정치의 일상생활에서 과학 지식의 관련성에 초점을 맞추는 것을 선호한 것과 관련이 있다.

이주 및 초국가적 정동 흐름

이 분석에 따르면, 기후이주에 대한 뉴스 보도는 오락적 목적의 정동 언어에 대한 투자로 조절될 수 있다(Anderson 2010; Baldwin 2016). 뉴스 보도는 다양한 담론 전략을 통해 걱정, 불안, 두려움의 순환과 분재를 조절하여 커뮤니케이션을 강화하고 증식하며 포화시키는 것으로 나타났다. 또한 자연재해, 혼돈, 재난, 강화 전략과 관련된 주제의 사용은 안보와 안전의 생각을 강조하는 것으로 나타났다.

코퍼스 분석은 영국 신문의 이주 문제 취급에 관한 이전 연구 결과를 확인시켰는데, 이 연구 결과에 따르면 볼거리를 제공하는 예상치 못한 사건들이 소수집단에 대한 구조적인 억압 및 이주 과정에 대한 보도보다 여전히 뉴스거리가 될 가능성이 높다는 사실이 드러났다. 실제로 반 디크가 말했듯이, "평범한 사람들은 일반적으로 언론에서 사건의 행위자로 등장하지 않는다. 평범한 사람들이 등장하는 경우는 집단적으로는 정치적 행동의 피해자 또는 재앙의 희생자로, 개별적으로는 범죄 뉴스에 부정적인 용어로 등장한다"(1993, 140).

지난 30년 동안 오스트레일리아 신문의 보도 담론은 수요를 수용하려는 온라인서비스의 성장, 글로벌 언어로서 영어의 지속적인 확장, 페어팩스 미디어와 루퍼트 머독의 뉴스 코퍼레이션 같은 미디어기업의 영향력 확대 등 광범위한 변화에 영향을 받았다(Thomson and White 2008). 전 세계 뉴스 보도의 장르, 스타일 및 수사법에는 여전히 다양성이 존재하지만, 앞서 언급한 권력은 겉으로 보이는 스타일과 수사법의 동질화 또는 세계화를 추진하는 원인이 될 수 있다. 얀 브롬매트Jan Blommaert가 지적했듯이, 글로벌 언어로서 영어의 동질화 힘은 방언이나 '세계화할 준비가 된' 지역에서 기호학적 형태로 발견될 수 있으며, 기술 중심의 세계화 과정의 맥락으로 등장한다(2012, 9). 이러한 기호학적 코드는 초국어로 정의될 수 있으며, 여기서 '초super-'는 '트랜스trans-'와 동일하며 그 구성과 순환이 국지적 기호학적 복합체의 구성과 순환을 초월하는 기호학적 복합체를 나타낸다. 이러한 사고방식에 따라 뉴스 담론은 세계화와 탈세계화 사이의 상호작용으로 존재하며, 여기서 복잡한 지역 레퍼토리의 언어 자원이 의미 형성에 동원되고 배치된다.

기후이주에 대한 온라인 뉴스 담론과 영국 난민 및 이주민에 대한 이전 연구 결과 사이에 현저한 유사성 분석은 미디어 담론이 어떻게 지역을 초월한 사회적 지식, 대본 및 레퍼토리를 형성하고 지역을 초월한 청중을 창출하는지에 관한 중요한 통찰력을 제공한다. 더욱이 기후이주민에 대한 뉴스 보도에서 불안과 걱정 같은 부정적인 영향을 증폭시키는 담론 전략의 사용은 초국가적 정동 흐름의 조정에서 뉴스 보도의 역할을 보여 주는 사례로 간주될 수 있다. 뉴스 보도의 정동적 강도와 울림은 일상 대화의 가장 미묘하고 눈에 띄지 않는 접촉의 표면에서 이동하기 때문에 특별히 강력하지 않다. 그러나 앤드류 볼드윈(2016)이 지적했듯이, "정동을 통해 우리는 인종이라는 용어를 언급하지 않고도, 인종적 감성이 정치적 목적을 위해 어떻게 동원되는지 더 잘 이해할 수 있다"(79). 이민자와 난민의 이미지는 파괴적이면서도 위안이 되는 정동적 강도의 통로를 전달하며, 미래에 대한 '평범한' 시민들의 걱정을 증가시키면서도 한계를 설정한다(Baldwin 2016). 앤더슨이 지적한 바와 같이, "20세기 평범한 사람과의 정치적 계약은 정동에 대한 투자를 통해 확보되었다. 백인 권력은 걱정과 공포를 예방하고 처방하기 위해서가 아니라 신체가 형성되고 분해되는 물질적–정동적 과정을 강화하고, 증식하고, 포화시키는 방법으로 걱정과 공포의 순환과 분배를 조절하는 것을 목표로 했다"(Anderson 162). 이러한 방식으로 기후 및 환경난민의 상징적 이미지는 국경통제에 대한 환상이 편집증이라는 정동적 상태, 즉 걱정이 국가에 대한 애착을 표현하는 지배적인 정동적 방식이 되는 백인 손상에 대한 인식과 어떻게 연결되어 있는지를 보여 주는 예로 읽을 수 있다. 가산 하게Ghassan Hage는 이렇게 말한다.

그들은 끊임없이 걱정의 근원을 찾고 있다. 이주민이 얼마나 많은지, 범죄가 얼마나 많은지, 빈민가가 얼마나 많은지, 관광객이 얼마나 많은지를 살펴본다. 그러한 병적인 걱정이 이 땅에서 가장 합당한 오스트레일리아인으로 자신을 만들려고 노력하는 사람들의 걱정거리다. 그러나 그러한 염려는 약자들의 최후 보루라는 점을 기억해야 한다. 걱정을 더 이상 통제할 수 없는 사회적 과정을 통제하는 마지막 전략으로 사용하는 사람들이 많다(1998, 10).

제12장

욕망의 재정렬

: 백인성과 이질성에 관하여

| 앤드류 볼드윈 |

도입

욕망은 '기후변화와 이주'의 분석 범주로 그럴듯해 보이지 않는다. 이 책의 많은 장들과 마찬가지로, '기후변화와 이주'는 일반적으로 익숙한 정치 개념으로 구성된 법률-정치적 틀 안에서 나타나는 관계이다. 주권, 봉쇄, 국경, 군국주의, 신자유주의, 인도주의 및 법은 기후변화와 이주의 관계가 소환되고 면밀히 검토되는 개념 중 일부에 불과하다. 그러나 '기후변화와 이주'를 우리가 세계를 살아가는 방식을 구성하는 욕망의 관계로 생각하는 경우는 거의 없다. 여기서 '우리'란 대도시 '서구'의 거주민을 가리킨다. 그럼에도 불구하고 대중적인 장르인 '기후물cli-fi'에서 기후변화를 다룬 영화와 문학적 묘사로 눈을 돌리면, 이주 서사가 욕망의 서사와 촘촘하게 얽혀 있음을 알 수 있다.

이 장에서는 두 편의 '기후물' 영화, 코맥 매카시Cormac McCarthy의 소설을 각색한 존 힐코트John Hillcoat의 〈더 로드The Road〉(2009)와 롤랜드 에머리히Roland Emmerich의 〈투모로우The Day After Tomorrow〉(2004)를 살펴볼 것이다. 욕망을 '기후변화와 이주'의 관계를 활성화시키는 정동적인 힘으로 위치시키는 데에 그 목적이 있다. 두 영화 모두 기후변화와 이주의 문화정치를 암시하며, 이질적인 가족 형태가 기후변화에서 살아남으려는 욕망의 특권 경제가 된다. 이와 대조적으로, 벤 자이틀린Behn Zeitlin의 공상과학 판타지 〈비스트Beasts of the Southern Wild〉는 기후변화에서 살아남기 위해서는 이성애규범적

heteronormative 가족으로 길들여지는 욕망을 의식적으로 거부해야 한다는 설득력 있는 반론 서사를 제시한다. 모빌리티, 창의성, 심지어 과잉을 찬양함으로써 〈비스트〉는 '유목민' 생존 모델, 삶과 인생 모델을 제시하며, 새로운 형태의 친족관계와 소속감, 궁극적으로 기후변화에 대한 새로운 형태의 정치적 연대를 상상하는 데에 유용한 은유로 작용한다.

욕망은 〈투모로우〉와 〈더 로드〉의 중심을 이루는 주제이다. 두 영화 속의 주인공 모두 사회가 붕괴되는 장면에서 잃어버린 욕망의 대상, 즉 회복된 국가, 가족의 공간인 집, 부모의 포옹, 연인의 손길을 갈망한다. 이것은 정신분석 이론에서 발견되는 주관적 결핍과 관련된 욕망의 친숙한 표현이다. 물론 욕망은 유럽 식민주의의 특권으로서 특정한 욕망의 경제가 이성애적 가족 형태로 공고화되는 인종과 섹슈얼리티의 역사성에서처럼 권력의 효과로 이해될 수도 있다(Stoler 1995, Carter 2008). 그러나 이러한 디스토피아적 서사를 통해 우리는 욕망이 '기후변화와 이주'라는 더 넓은 정동적 도식을 어떻게 형성하는지 이해할 수 있다. 이를 위해서는 욕망을 잃어버린 물건을 찾는 것처럼 '결핍으로'만 생각할 것이 아니라, 들뢰즈와 가타리 (1983)의 철학에서처럼 '생산과정' 또는 욕망–생산으로도 생각해야 한다(p. 26). 이 두 번째 의미에서 욕망은 세계를 형성하는 정동적 힘으로, 예를 들어 '기후변화와 이주' 같은 집합체에서 물질적으로 나타난다.

이 장에서는 〈투모로우〉와 〈더 로드〉를 검토하여 이 영화들이 발휘하는 정동적 힘이 백인 이성애규범 가족을 기후변화에 맞서는 인간 생존의 기본단위로서 승격시키는 데에 어떻게 의존하는지 살펴보고자 한다. 나는 이러한 고양이 소위 기후변화의 '백인' 욕망 생산, 이성애규범 가족을 이상화하는 욕망의 배열, 로렌 벌랜트Lauren Berlant(2011)가 말한 소위 "훌륭한 삶이라는 환상"을 초래한다고 주장한다. 우리가 '훌륭한 삶의 환상', 즉 교외 지역에 사는 부르주아, 소비, 석유 근대성 등이 이성애 가부장제와 인종주의의 정신적 트라우마는 말할 것도 없이 현재 기후변화 위기의 뿌리임을 알고 있음에도 말이다(hooks 2004). '잔혹한 낙관주의cruel optimism'는 벌랜트(2011)가 이러한 유형의 상태, 즉 "심각하게 문제가 있는 대상에 대해 애착을 유지하는 상태"(p. 24)를 설명하는 용어이다. 이와 같이 잔혹한 낙관주의는 바로 '대상' 또는 '욕망의 장면들'에 우리 자신이 묶여 있음을 발견하는 조건으로, 그 '형태의 연속성'이 주체가 계속해서 살아간다는 것이 무엇을 의미하는지를 느끼는 감각의 연속성을 허용한다(Berlant 2011 p. 24).

〈투모로우〉와〈더 로드〉가 전달하는 것은, 잔혹한 낙관주의가 산업화된 서구 사회 대부분에서 기후변화의 감각적 조건으로 만연한다는 의미뿐만 아니라(왜냐하면 주인공은 우리가 거짓 약속으로 알고 있는 교외의 훌륭한 환상에 여전히 집착한다), 그러한 감각적 조건이 인종과 인종주의 역사와 밀접하게 결속되어 있다는 점이다. 궁극적으로 이 두 영화가 말하는 것은, 기후위기를 해결해야 한다는 도덕적 명령이다. 기후위기를 해결해라, 그렇지 않으면 정신적으로 '백인' 이성애규범이라는 훌륭한 삶에 투자한 사람들이 '기후난민'이라는 굴욕적인 운명, 즉 삶을 빼앗긴 환경에서 생존하기 위해 고군분투하는 인종적으로 타락한 사람들로 살아가게 될 것이다. 이 영화들이 우리에게 전하는 메시지는 백인 이성애규범적 가족 형태가 기후변화로 인해 산산조각 날 수 있다는 것과 훨씬 더 단호하게 기후변화가 서구 가부장제의 생명줄인 재산 관계를 무너뜨릴 수도 있다는 것이다.

그러나 '기후변화와 이주'를 이성애규범적 가족 형태에 대한 잔혹한 낙관주의가 발생하는 현장으로 읽는 것이 '가족' 자체를 부정하거나 찬양한다는 의미는 아니다. 식민적이고 성차별적인 착취가 여러 가지 미묘하고 미묘하지 않은 방식으로 이성애규범적 가족을 계속 표시하는 동안에도, 가족은 성차별적 억압으로 환원되지 않고도 많은 이들에게 창의성과 양육, 정치적 · 개인적 변형의 장소가 될 수 있기 때문이다(hooks 2000). 따라서 이브 코소프스키 세즈윅Eve Kosofsky Sedgwick(2003)의 정신에 따라, 이 장의 목표는 무분별한 성차별과 인종차별적 착취의 장소로 '기후변화와 이주'가 사용되지 못하도록 회복적 대화reparative diologue를 육성하는 것이다. 그래서 인간의 생명, 진정으로 인간의 생존이 기후, 경제, 지정학적 격변의 위태로운 시기에 백인 부르주아가 욕망하는 생산물을 넘어 재평가될 수 있도록 하기 위해서이다. 마지막 부분에서는 안젤라 윌리Angela Willey(2016)의 **생명가능성**biopossibility 개념이 어떻게 그러한 재평가를 가능하게 하는 상상을 제공할 수 있는지 고찰한다.

'기후변화와 이주'의 인류학적 특성과
포스트인종적 집합체

기후변화 하나만으로도 문제가 되기에 충분하다. 그 자체로 욕망-생산과정으로 이해될 수 있다. 항공 여행, 자동차, 중앙난방, 육류 소비 및 기타 화석연료집약적 생활 형태는 어떤 식으로든 모두 욕망, '살고자 하는 욕망'의 표출이다(Butler 2015). 총체적으로 이러한 화석연료집약적 관행은 다양한 지구물리학 및 사회-자연적 변형을 함께 발생시키는 사회-기술 및 정치경제 세력의 집합체에 해당한다 (Hulme 2015, Randalls 2015). 일부는 실현되기도 하고 일부는 실현되지 않기도 한다. 우리는 이러한 변화를 '기후변화'라고 부르게 되었다. 그런데 '기후변화'가 '이주'라는 두 번째 다양성으로 확대될 때 인종화 집합체racializing assmblage로 변환된다. 여기서 이주는 정주하는 것으로 상상되는 인구에게는 예외적인 것으로 간주된다. 단일 관계로 상상할 때 '기후변화와 이주'는 다가오는 이질성을 의미하는데, 이러한 이질성에서 지구물리학적 조건의 다양성(기후 격변)이 통제할 수 없는 신체의 움직임을 초래한다.

이 장의 목적을 위해서, 나는 '기후변화와 이주'를 정동적 관계로 간주한다. 다른 곳에서 나는 '기후변화와 이주'가 그 자체의 과잉을 특징으로 하는 가상 현상이라고 주장했다(2013, 2016). 내가 의미하는 바는 '기후변화와 이주'가 객관적으로 불확정적이며, 결코 무엇과 같다고 알려질 수 없는 것이라는 것이다. 이 현상들이 실제 현상이 아니라고 하는 것이 아니라, 그 실제성realiness이 실제 현실이 아니라 가상의 현실이라는 것이다. 해수면 상승, 기상이변 등 기후변화가 만들어 내는 지구물리학적인 현상들이 인간 이주에 영향을 미칠 것이라고 말하는 것은 어불성설이 아니다. 문제는 우리가 기후변화를 인간 이주를 형성하는 다른 욕망 생산물로부터 분리하려고 시도할 때 발생한다. 우리가 이것을 할 수 없다는 사실은 특정 개인을 **실제** 기후이주민 또는 기후난민으로 식별하는 것이 불가능한 이유이다(McAdam 2012).

이 장에서 내가 관심을 두는 것은 '기후변화와 이주'의 가상의 실재성 또는 가상의 감각기관이며, 더 나아가 가상의 실재성이 표현하는 신체들의 다가오는 이질성이다. 실제로 '기후변화와 이주'를 가상의 감각으로 만드는 것은 바로 이러한 다가오는 이질성의 **감각**이며, 현재에 걸려 있지만 그 미래가 알려지지 않은 채로 몸들이 뒤섞여 있는 미래를 **느낄 수** 있다. 단지 느낄 수만 있는 것이다. 이것은 내가 '기후변화와 이주'가 인종화 집합체라고 말하는 부분이기도 하다. 그것은 잠재성(도래하는 이질성, 신체의 뒤섞임)을 야기하며, 이러한 (아직 실현되지 않은) 잠재성은 우리가 '기후변화의 정치'로 알고 있는 다양성을 형성하는 수행력이 된다.

그러나 내가 의미하는 인종화 집합체는 알렉산더 웰레히예Alexander Welehiye(2015)의 견해를 따라, "인류를 '꽤 인간적이지 않은 인간not-quite-humans'이거나 '비인간적인 인간nonhumans'이 아닌 '온전한 인간full humans'으로 규율하는 일련의 사회정치적 과정"이다(p. 4). 이런 의미에서 '기후변화와 이주'의 인종화 집합체가 이질적이고 유동하는 신체들의 잠재적 비통치성을 표현할 때, 그것은 반反생산anti-production의 정동을 유발하고 기후변화의 맥락에서 이주의 해방적 또는 창조적 행동유도성을 상상하는 우리의 능력을 약화시킨다(Baldwin 2016). 대신, 인종화 집합체는 우리가 그 안에서 부정적인 변형(손실)만 보도록 강요한다. 그리고 기후변화를 가상의 것으로 제한하는데, 그 안에서 인간 생존은 인구 조절에 달려 있고 일부 형태의 인간성만이 바람직하다고 여겨진다. 그러한 조건에서 인류는 온전한 인간(정주하는 신체들), 꽤 인간적이지 않은(적응 중인 이주민들) 및 비인간(부적응 이주민들)으로 분류된다. 그리고 우리의 약화된 능력은 욕망과 인간의 생존의 관계를 다시 생각하거나 권력 자체를 삶과 생활의 특권으로 재구성하는 긍정적이고 창의적인 상상력을 희생시키고 나타난다.

이 축소된 역량에 본격적인 휴머니즘이 존재한다. 기후변화를 인간의 모빌리티를 통제해야 하는 명령으로 접근하는 것은 '인간'이 결코 고정되지 않고 항상 창조적인 재상상을 할 수 있다는 비전과는 상반되는, 인간이 봉쇄 또는 폐쇄의 주체로만 인식되는 제한된 비전에 특권을 부여하는 것이다. 일부에서는 이러한 역량 약화를 '탈정치화'라고 설명했다(Bettini 2013, Methmann 및 Oels 2015). 다른 글에서 이를 '백인 정동white affect'라고 불리는 기후변화에 대한 특정 종류의 정동적 지향이라고 했다(Baldwin 2016). '백인 정동'이라는 용어는 현대 이주와 이주민에 수반되는 인종적 불안과 이주민을 격리하려는 충동 때문에 사용된다. 자스비르 푸아Jasbir Puar(2007)는 "정체성은 정동의 한 가지 효과로, 회고적 질서와 존재론적 차원, 즉 환영적 미래성illusory futurity의 안내를 통해 자신이 어떤 존재였는지를 가림으로써 자신의 정체성을 제안하는 포착"이라고 주장한다(p. 215). 백인 정동에서 추출된 특정 정체성은 '인류학적인종주의anthroporacial 인간'의 정체성이며, 데이비드 테오 골드버그(David Theo Goldberg, 2015, p. 139)가 포스트인종적 postracial이라고 묘사한 특정한 주체성이다.

포스트인종은 논쟁의 여지가 있는 개념이다. 이 장에서는 노예제와 식민 착취의 결과로 지속되고 있는 구조적 인종주의가 현대의 정치적 · 사회적 · 환경적 삶과 무관하다고 간주되어 왔지만, 그 영향이 인종성을 투명한 것으로 가장한 '백인' 주체성에 비해 '인종적' 주체성의 삶의 기회를 계속해서 구조화하고 있는 역사적 조건과 논리를 모두 가리키기 위해 이 단어를 사용한다(Sharma and Sharma 2012, Goldberg 2015). 버락 오바마는 포스트인종주의를 제대로 상징한다. 그가 미국의 흑인 대통령이라는 사실 자체가 종종 미국이 더 이상 인종적 지배구조를 갖고 있지 않다는 증거로 자주 동원되지만, 현재 미국의 흑인 투옥 통계는 이야기가 다르기 때문이다(Goldberg 2015, Shabazz 2015). 포스트인종은 남아프리카와 이스라엘 같은 인종적으로 구조화된 정착민 사회뿐만 아니라 미국, 영국, 유럽에서 발견되는 현재의 인종적 상황과 동시대적으로 일어나며 지리적으로도 크게 영향받는다(Goldberg 2015). 그 논리는 다양하지만 주로 끊임없는 인종 부정('나는 인종차별주의자가 아니다'), 역인종주의의 환상(예를 들면, 백인이 백인

이라는 이유로 특권을 박탈당한다는 주장), 인종주의가 구시대의 문제라는 만연한 주장을 통해 작동한다. 인종적 권력의 독특한 형태인 포스트인종성postraciality은 인종이나 인종주의에 대한 명시적인 언급 없이도 사람들을 비인간화함으로써 기능한다. 이렇듯 인종과 인종의 흔적이 인지하기 힘든 정도의 상태가 되었을 때 나타나는 것이 인종 권력의 한 형태이다.

골드버그(2015)는 포스트인종 철학에서 소위 **인류학적인종주의**를 설명한다. 인류학적인종주의는 기후변화와 이주의 인종화 집합체를 적절하게 설명하는 용어라고 이후에 주장할 것이다. 인류학적인종주의는 역사적 근대성의 자율적 주체로 이해되는 인간 형상이 해체될 때 등장하는 특정한 포스트인종적 표현이다. 자연, 기술 및 문화가 **자연기술문화**로 경계가 불분명해지면서 인간과 그 물질적 내재성을 분리하여 식별하는 것은 불가능하다는 주장이 일반화되었다. 이것은 인간 '존재'의 종간種間 본성에 대한 (다시)새로운(왔던) 존재론적 인식을 불러일으켰다. 예를 들어, 신유물론 또는 생명유물론vital materialism(Bennett 2010, Coole and Frost 2010)과 포스트휴머니즘에 대한 논의에서처럼 말이다(이 책의 Brown 논문 참조).

그러나 골드버그가 주목한 대로, "반대 방향으로 … 인간적인, 자연적인, 기술적인 범주 사이에 구분이 지워짐에 따라, 소속되지 못한 것, 거부된 것, 소외된 것, 즉 적, 위험한 것, 위협적인 것을 인식할 수 없을 정도로 인간적인 것으로 특징화하려는 욕구가 강해지고 있다"(p. 110). 그가 의도하는 바는 '인간'이 근본적으로 의문시되는 현

재 상황에서, 예를 들어 기후변화가 인간의 생존을 위협한다고 할
때 또는 욕망의 현장(즉, 가족)에 대한 우리의 낙관적 애착이 바로 그
현장을 위협한다는 자각 속에서, 우리는 지구공학과 인류세와 같은
개념을 통해 보편적인 인간의 부수적인 하이퍼-**재**-인플레이션hyper-
re-inflation을 찾고 (내가 주장하려는) '기후변화와 이주'를 발견한다는
것이다. 따라서 인류학은 자연 기술문화가 열어 놓은 공간, 소위 자
율적인 인간 행위자가 더 이상 완전히 식별할 수 없는 공간에서 포
스트인종의 형태로 등장한다. 그러므로 인류학적인종주의 인간은
그 자체로 도래하는 자기해체와 인간('백인'으로 읽음)의 불안정성의
위협에 대한 해독제로 투영된다. 골드버그의 말을 자세히 인용하면
인류학적인종주의의 위력을 이해할 수 있다.

인류학적인종주의는 내재된 열등감이나 우월성에 대한 케케묵은
〔인종적〕 주장이나 역사적 미성숙에 관련된 주장이 아니다. 오히려 인
종적으로 적대적이라고 추정되는 위협에 직면해서 자연적인 자기보존
을 주장하는 '새로운 인간the new man'(인류세의 문자 그대로의 의미)의
주장이다. 포스트인종주의의 '새로운 인간'은 자신의 운명을 스스로 정
의하고 개선하며, 자신의 세계를 (재)구성하면서 스스로를 만들어 가야
한다고 고집한다. 그러나 그것은 필연적으로 자신이 만든 세계와 정반
대에 있는 사람들의 세계를 부정함으로써 가능해진다. 결과적으로 새
로운 인간은 편집증적이고 자기주장이 강하며, 위협받고 위협하며, 불
안해하면서 권위주의적이며, 포위되었으나 폭력적이고 공격적이다. 이

동 및 순환 경영이 세계적으로 심도 있게 네트워크화되고 상호연결된 상황에서, 인류학적인종주의 인간은 전 지구적인 디자인과 영향력을 가지고 있다. 인류학적인종주의는 확장된 인종차별적 비하와 배제를 불가피하게 추구하며, 이를 합리화하면서 동시에 발생시킨다. 포스트인종주의의 세련된 개념으로서 인류학적인종주의는 인종주의 종식과는 거리가 멀고, 인종주의의 확장된 사후 세계, 새로운 표현, 폭력적 표현의 강화이다(pp. 138-39).

골드버그의 인류학적인종주의 개념은 인류학적인종주의 인간이 자신의 생존 또는 욕망 생산의 특권으로서 새로운 형태의 포스트인종적 표현에 투자하는 방식을 상기시킨다는 점에서 의미가 있다. 우리는 이 특권을 '백인 우월성white ascendency'이라고 부를 수 있다. 이런 의미에서 인류학적인종주의 인간은 인류세라는 보편적 조건에 고유한 생체권력 형태를 제정한다. 일단 인류세가 인류의 새로운 보편적 조건으로 선언되면, 이 인간은 "생물학적 연속체 내의 휴지기"(Foucault 2003 p. 255), 즉 뒤이은 존재의 연속체를 생성한다. 이 장에서 발전시킨 생각은 '기후변화와 이주'가 그러한 포스트인종적 표현 중 하나이며, 포스트인종적 인간이 자기 재구성의 조건으로서 '보편적 인류'의 구조에 가하는 상처라는 것이다. 이런 의미에서 '기후변화와 이주'는 "인류를 온전한 인간(정주하는 포스트인종인류학인), 꽤 인간적이지 않은 인간(적응 중이거나 노동하는 이주민) 및 비인간(부적응 이주민, 즉 과잉인구)"으로 훈육함으로써 기후변화에 직면하여 인간다움을 감소시키는 백인 정동의 가상 감각기관으로 기능한다 (Weheliye 2015 p. 4, 필자 추가).

'기후변화와 이주'는 예를 들어 기후변화가 이주의 원인 또는 촉매제라고 가정할 때 포스트인종의 인종화 집합체로 기능한다. 이를 보여 주는 예는 대중매체와 정치적 수사에 가득하다. 예를 들어, 찰스 왕세자가 파리 유엔기후변화협약UNFCCC 당사국총회Cop21의 개회 총회에서 지구 기후 거버넌스를 정당화하며 기후로 인한 대량 이주라는 망령을 불러일으켰을 때, 바로 이러한 형태의 포스트인종적 표현을 사용했다. 더 미묘한 설명이 이주의 다층적 원인들을 설명하는 데에 동원될 것이며, 모빌리티를 설명하는 수많은 변수 중 하나로 기후변화를 나열할 것이다(Cf. McLeman 2014).

그러나 두 경우 모두, 이주를 기후변화의 원인으로 돌리는 것은 이주의 의사결정 미적분을 구성하는 종종 인종적·식민지적 조건에서 이주를 분리함으로써 어느 정도 역사적 기억상실과 인종적 비인간화를 초래한다(이 책의 Samaddar 참조). 그리고 둘 다 '기후변화와 이주'를 미래 조건 문법, 즉 '가상의 미래'에 투사한다는 점도 중요하다. 따라서 '기후난민'이나 '기후이주민' 같은 개념은 기후변화가 사람들이 이주하는 주된 이유라고 할 때 '기후난민'으로 간주되는 사람들의 역사적 맥락이 폭력적으로 거부된다는 점에서 포스트인종적 주체성으로 가장 잘 파악된다(Baldwin 2013).

영화 분석

이 장의 나머지 부분은 기후변화와 이주라는 인류학적 인종주의의 집합체에서, 다소 모호하고 일어날 것 같지 않은 순간, 즉 '백인'의 욕망-생산, 즉 백인 이성애규범적 가족을 사회의 기본단위로 승격시키려는 욕망에 초점을 맞춘다. 내가 이성애규범적 핵가족에 주목하는 이유는 이것이다. '기후변화와 이주'가 자생적 해체 속에서 인류학적인종주의 인간(백인우월주의)을 소생시키는 포스트인종적 인종화 집합체라면, 우리는 그 인류가 살아남는 것이 인류학적인종주의 인간의 생존을 추구하는 가치 기준으로서 최소한 부분적으로나마 '백인성'을 소생시키는 것을 수반할 것이라고 예상할 수 있다.

롤랜드 에머리히의 〈투모로우〉와 코멕 매카시의 〈더 로드〉가 대표적인 예이다. 두 작품에서, 우리는 기후변화 생존의 기본적이고 특권적 단위로서 백인 이성애규범 가족의 등장을 보게 된다. 혈육 이야기, 이 디스토피아 이야기는 많은 공통점을 공유한다. 두 작품 모두 기후변화 또는 〈더 로드〉의 경우는 환경재앙에 해당하는 작품인데, 환경으로 인해 근본적으로 변화된 풍경을 배경으로 한다. 두 작품 모두 이성애규범적 젠더 관계의 붕괴를 어느 정도 전제하며, 주인공 모두 잃어버린 욕망의 대상인 '백인' 이성애규범적 가족을 되찾기 위해 생존 투쟁, 부분적으로 이주 투쟁을 벌인다.

또 하나 중요한 점은, 이러한 묘사 중 어느 것에도 이주와 기후변화에 대한 대중적인 수사학을 살아 움직이게 하는 일반적인 인종차별 표현은 찾을 수 없다는 것이다. 예를 들면, 유럽이나 미국으로 가려고 아우성치는 흑인 이주민들을 표현한 '대량 이주', '떼', '밀물' 대신에 정확히 그 정반대 표현을 발견할 수 있다. '백인', 이성애자, 중산층 남성, 아버지와 아들, 어머니의 부재, 이 생존과 가족 회복의 추구는 즉각적인 생존 전략이든 예상되는 죽음이든 인종화된 이주와 어느 정도 관계가 있다. 따라서 두 서사에서 우리는 미래화된 불안정성으로 정의된 '기후변화와 이주'의 문제 공간을 발견한다. 그 공간은 부재하거나 무력화된 국가 권위, 이주하는 신체의 이질적인 혼합, 그리고/또는 잃어버린 이성애규범 가족에 대한 낙관적 애착으로 표현되는 백인 불안정성으로 정의될 수 있다.

〈투모로우〉

〈투모로우〉는 이 영화가 누린 인기와 장르적 위치를 고려할 때 중요한 시작점이 된다. 우리는 이 작품에서 백인 욕망 생산에 대한 가장 직접적인 진술을 찾을 수 있다. 〈투모로우〉는 기후변화 생존 모델로서 백인 이성애규범적 가족을 회복시킬 뿐만 아니라 인류학적인종주의 인간을 고양시키려는 백인 욕망을 제시한다. 인류학적 인종주의 인간은 정확히 인류세를 발족시킨 형상으로, 인류세를 창조하고 인류세를 새로운 보편적인 인간 조건이라고 선언한다. 인류세를 인류로 인해 빚어진 새로운 지질시대라고 정의한다면, 비록 모든 인간이 인류를 형성하는 데에 동등한 책임이 있는 것은 아닐지라도 인류세는 인류 전체를 포함한다고 말할 수 있다. 인류세를 대표하는 전형적인 인물은 유럽 또는 서구의 백인 남성 과학자이다(Yusoff 2015). 그는 전 지구적 상상력을 바탕으로 모든 인류를 대표하여 보편적인 선언을 하고, 지구 시스템에 대한 세련된 지식으로 인류가 직면한 공통 운명을 경고할 수 있는 인물이다. 앨 고어는 기후변화 담론에서 인류학적인종주의 인간을 대표한다. 〈투모로우〉의 기후과학자 잭 홀도 그러한 인물이다. 그는 남극기지 사이를 매끄럽게 오가며 남극의 라르센 빙붕이 무너지는 것을 직접 경험하고, UN에서 과학에 무관심한 세계 외교관들과 워싱턴 고위 권력자들에게 간절히 호소한다.

그러나 무엇보다 잭이 갖는 중요한 역할은, 그가 홀로, 더 정확히는 그의 과학이 영화 내내 발생한 극심한 기후위기 동안 백인 이성애규범 가족을 회복시킨다는 데에 있다. 〈투모로우〉 초반부에 우리는 잭이 가족보다 경력을 우선시한 끝에 결혼 생활이 파탄났다는 사실을 알아차린다. 따라서 〈투모로우〉의 주요 스토리는 이성애규범적 젠더 관계의 붕괴를 배경으로 한다. 이 가족은 공간적으로도 파편화되어 있다. 의사인 엄마 루시 홀은 병원에 있고, 루시와 잭의 아들 샘은 맨해튼으로 수학여행을 떠났고, 여행에서 돌아온 잭은 워싱턴에서 혼자 살고 있다. 이들은 명백한 중상류층 가족으로, 그들의 분리는 일련의 이상한 기후 사건, 즉 일본의 대규모 우박, 인도의 눈, 로스앤젤레스를 폐허로 만든 여러 차례의 토네이도, 맨해튼 전역을 휩쓴 대규모 해일로 극화된다. 그리고 잭의 과학이 모든 일에 개입하여 결국에 아들을 죽음에서 구하고 가족은 재결합한다.

맨해튼 해일이 일어난 후, 아들 샘은 다른 수백 명의 사람들과 함께 뉴욕 공립 도서관에 갇히면서 딜레마에 직면한다. 샘은 도서관에 남거나, 아니면 도서관 난민들이 다른 곳에서 피난처를 찾으라고 권하는 유일한 국가기관인 뉴욕시 흑인 경찰에 복종해야 한다. 그러나 샘은 아버지와 전화 통화를 하고 난 후 북반구에 급속한 동결기가 닥칠 것이라는 사실을 알게 된다. 잭은 도서관에 남으라고 아들을 설득하고 구하러 가겠다고 약속한다. 샘은 다른 사람들도 설득하지만 사람들은 그의 '기후과학'을 거부하고 맹목적으로 국가기관(흑인 경찰)을 따르다가 결국 죽음을 맞이한다. 잭은 아들에게 가는 길에 뉴욕 어퍼만에서 얼어붙은 '기후난민들'을 발견하지만, 결국 도서관 벽난로 앞서 앉아 책을 태워 가며 심각한 추위에서 살아남은 아들과 만나게 된다.

〈투모로우〉는 정확히 기후변화와 이주에 관한 이야기는 아니지만, 이주 또는 최소한 변형된 이주가 중심을 이룬다. 영화 곳곳에서 수천 명의 '미국인'('백인' 미국인으로 추정)이 미국 대통령의 명령에 따라 리오그란데강을 건너 멕시코로 들어가는 장면이 나온다. 미국 정부도 이질성과 혼돈을 멀리서 통제하기 위해 멕시코에서 피난처를 찾는다. 두 경우 모두에서 반전의 수사를 통해 기후 비상사태가 고조된다. 추방된 미국의 주권이 (멕시코에서) '기후난민'의 지위를 받을 수밖에 없는 상황과 그런 일이 없었다면 정착하고 있었을 국민들이 (곧 죽을) 대통령의 대피 명령으로 스스로 인종화된 난민이 되는 순간이다. 바로 이 반전 때문에 샘에게 보내는 잭의 호소가 더 강력한 힘을 발휘한다. 남아 있으라는 탄원은 부분적으로 권가권력을 거부하는 것이다. 그러나 혼란을 피해 피난처를 찾는 것은 인종적 불안정을 초래하고, 도서관에서 흑인 경찰관을 따라간 사람들의 경우에는 인종화된 죽음(부적응)을 초래할 수 있기 때문에, 백인 아들에게 난민이 되는 것을 거부하라는 탄원이라는 점에서도 의미가 있다. 따라서 생존은 다른 곳에서 피난처를 찾는 것이 아니라 그대로 남아 있는 것에 달려 있다. 그러나 이것은 또한 이성애적 가족 단위를 재결합하려는 욕망에 의존하는 생존 방식이며, 그렇게 함으로써 인류학적인종주의 인간(잭 홀) 자신을 소생시키는 생존 방식이기도 하다. 그래서 사회 붕괴의 현장, 국가가 통치할 수 없는 사람들을 유배지에서 통치하도록 내버려두고 지구 시스템이 통제 불능의 소용돌이에 빠진 상황에서도 백인 이성애규범적 가족 형태는 기후변화에서 살아남을 수 있는 유일한 안정적 준거점이자 신뢰할 수 있는 사회성 형태로 남아 있다.

〈더 로드〉

〈더 로드〉는 욕망과 가족 회복에 대해 근본적으로 다른 이야기를 들려준다. 미국 남부를 배경으로 하는 〈더 로드〉는 더 이상 농업 생활을 영위할 수 없는 황량하고 메마른 풍경에서 디스토피아적 미래를 펼쳐 간다. 영화 후반부에 이르러서야 이러한 풍경이 어렴풋이 환경재앙, 아마도 기후변화와 관련하여 인간의 무책임한 행동의 결과임을 알게 된다. 유일하게 남은 인간, 즉 '기후난민'은 생존에 대한 진정한 희망 없이 척박한 땅을 배회하고, 식인 풍습의 위협, 인종의 전락이 상존하는 피난처 없는 풍경에 직면한다. 영화의 주인공들은 아버지와 어린 아들로, 바다가 있는 남쪽으로 이주하면 상황이 나아질 것이라는 상호 애정, 신뢰와 헛된 희망에 지탱해서 이 생명 없는 땅을 항해하는 유목민이다. 아버지의 헛된 희망은 대재앙 이전의 가족생활에 대한 낙관적인 기억으로 지탱된다.

부재한 어머니에 대한 기억은 영화 전체에서 주로 아버지의 꿈에서 반복된다. 아버지는 대부분 꿈에서 아내의 순수함을 떠올린다. 농가, 난로, 결혼 반지, 가족 침대 등. 의미가 전혀 없어 보이는 세상에서 아내에 대한 기억은 그들이 '좋은 사람'이라는 사실을 아들에게 지속적으로 확신시킬 수 있는 준거점이 된다. 또한, 아내에 대한 기억은 언젠가는 아버지, 어머니, 아들로 이루어진 삼위일체 가족이 재결합할 수 있다는 그릇된 희망, 즉 신기루를 제공한다. 이 같은 거짓된 희망은 영화 전체에 걸쳐 등장하는 가족생활의 다양한 의식에서도 등장한다. 아버지와 아들이 불타 버린 교외의 마을에 들어갈 때, 그곳은 아버지의 어린 시절 집과 오버랩된다. 이제 불타 버린 거실에서 주인공은 쿠션을 소파에 다시 놓고 앉아서 가정의 안락함을 이야기한다. 그리고 완벽하게 보존된 방공호를 우연히 발견했을 때, 아버지와 아들은 식사 시간, 취침 시간, 엄마와의 추억 등 가족생활의 의식을 재현한다. 영화 후반부에서, 다시 아버지의 꿈을 통해 엄마가 남편과 아이를 떠난 이유가 모성의 희생적 발로였음이 드러난다. 남편은 생존이 가장 중요하다고 주장하지만 아내는 '단순히 생존'하고 싶지 않다고 대답하고 떠나고, 아버지와 아들은 스스로를 지키게 된다. 이 이야기는 정말로 죽음으로 끝날 수밖에 없는 생존 이야기다. 이야기의 마지막 단계에서 아들은 아버지가 아들의 생존을 준비한 후 죽음을 맞이하는 것을 지켜보게 된다. 소년은 한 남자의 방문을 받게 되는데, 그는 식인종이 아니고 두 아이의 아버지인 좋은 사람이다. 영화의 마지막 장면에서 아이들의 어머니가 소년에게 손을 내밀고 그를 가족으로 맞이한다.

〈더 로드〉를 다양한 방식으로 해석할 수 있지만 이 장에서는 생존, 백인성 및 이성애규범 가족 단위라는 교차하는 주제에 주목해 보자. 앞서 논의한 바와 같이 '기후변화와 인간 이주'는 인류학적인 종주의 표현의 한 형태로, 인류의 생존이 도전받는 바로 그 순간(인류세, 기후변화)에 생존, 즉 욕망 생산에 대한 인류의 욕구를 분명히 말한다. 구체적으로 '기후변화와 이주'는 다가올 이질성과 통제 불능한 상태를 가리키며, 〈더 로드〉는 바로 이런 상황을 상징적으로 보여 준다. 영화는 미래의 재난으로 인해 백인 생존이 극적으로 의문시되는 생존주의 영화이며, 국가주권이 전혀 없는 무국적 세계, 통제되지 않는 세계를 묘사한다. 이 영화가 그리는 세계는 자연과 문화가 단번에 완전히 흐려지고, 이주하는 아버지와 아들이 결핍을 극복하는 방법으로 가족 주권이라는 헛된 약속에 집착하는 무력하고 생명 없는 세계이다. 〈투모로우〉와 마찬가지로 영화 전반에 걸쳐 서사를 하나로 묶는 것은 백인 이성애규범적 가족의 상실과 회복에 대한 갈망이다. 황량하고 무의미한 풍경 속에서 이성애규범적 가족 형태는 세상의 모든 '좋은 것'을 대표할 뿐만 아니라, 피난처가 없는 세상의 유일한 피난처로 등장한다. 그리고 여기에 영화의 도덕적 명령이 있다. 관객이 우리 주변 세계에서 서서히 전개되는 기후변화를 목격하면서, 〈더 로드〉는 우리 모두가 피난처가 없는 세상에서 유목 생활을 할 수 있다는 위협을 받고 있음을 상기시킨다. 이 영화가 우리 모두가 잠재적인 기후난민이며, 식인 풍습이나 다른 인종화된 생존 방식(예를 들면, 절도, 토착성)에 의지하기 쉬운 존재로, 유일한 구원은 백인 이성애규범적 가족 형태의 잃어버린 주권의 회복이라고 경고한다.

백인 이성애규범성의 욕망-생산을 넘어서

이 장에서는 '기후변화와 이주'가 아직 도래하지 않은 이질성, 즉 기후변화의 결과로 전 세계 신체의 혼란스러운 재분배를 지정하는 방식을 강조하려고 했다. 이런 의미에서 이 주장은 '기후변화와 이주'가 실제로 존재하는 현상이 아니라 가상의 현상이라는 것이다. 그리고 단지 가상만이 아닌, 소중히 여기는 모든 것이 산산이 부서질 미래에 대한 불안감 또는 충성심을 불러일으키는 가상이다. 나는 또한 '기후변화와 이주'가 가상의 감각기관 또는 정동적 도식이라고 제안하고 싶다. 이 도식으로 백인 이성애규범적 가족 형태가 최소한 이 인기 있는 두 편의 '기후물' 서사에서 기후변화 생존의 주요 단위로서 특권을 갖는다. 우리는 〈투모로우〉와 〈더 로드〉두 편에서 이 정동적 도식의 변형을 발견한다. 기후난민 또는 기후이주민 백인 이성애규범적 가족의 반대편에 위치한, 인종적으로 구성된 신체이다. 이것은 백인 이성애규범적 가족을 통합하려는 욕망의 배열이다. 그리고 마지막으로 '기후변화와 이주'라는 가상의 감각이 일종의 백인 욕망-생산, 즉 세계를 생산하고 그 여파로 세계가 독특한 질감의 폐쇄성을 띠는 일종의 기계로 기능한다고 제안했다.

그러나 우리는 이성애규범적 가족이 필연적이지 않다는 것을 알고 있다. 사회적 (재)생산과 세대 간 생존 규범으로서 그것은 오직 권력의 효과이며, 다른 형태의 친족관계와 재산 관계를 사회적 생존의 배열로 대체하는 배타적 논리로 상상된 주권을 가능하게 하는 것일 뿐이다. 이 점을 이해하는 것이 중요한 이유는 생존을 잃어버린 대상의 회복, 주권의 회복, 이 경우에는 백인 이성애규범적 가족의 회복이 가장 중요한 일종의 보편적인 도덕적 명령이 아니라 정치, 경쟁, 가능성의 장소로 재구상할 수 있게 해 주기 때문이다. 그 대신, 우리는 주권을 거부하고 세계에 대한 관계성과 개방성을 포용하고 심지어 욕망하는 것에 따라 우리가 세상에 존재하고 번성하는 조건이 좌우되는 **비**주권의 상상을 통해 기후 미래를 다시 상상할 수 있다. 그러한 조건은 심지어 욕망 자체의 재배치에 달려 있다고 말할 수 있다. 이 장의 나머지 부분에서는 안젤라 윌리Angela Willey(2016)의 가상의 생명가능성 개념의 계보를 추적한다. 그런 다음, 벤 자이틀린의 공상과학, 기후변화 생존주의 영화인 〈비스트〉에서 생명가능성을 비주권성 개념으로 읽어 낸다.

월리는 퀴어 페미니즘 과학 연구에 참여하면서 생명가능성 개념을 구축한다. 그녀의 관심은 광범위하게 성sex과 이성애 재생산을 탈자연화하고 탈중심화하며, 그 자리에 인간의 사회적 결속을 위한 기반으로서 '정동성과 헌신'에 특권을 부여하는 것이다. 월리에게 생명가능성은 퀴어 윤리, 더 구체적으로는 오드리 로드Audre Lorde(1984)에게서 차용한 '비-성적 에로틱스non-sexual erotics'이지만 자연문화 공간에서 사회생활을 재구상하는 데에 적합한 에로틱스로 등장한다. 그녀의 말처럼 "자연문화적 사고를 위한 도구"이다(p. 125). 월리 윤리의 핵심은 그녀가 가능성의 기쁨이라고 부르는 것, 모든 가능성에 열려 있을 때 생기는 본능적인 기쁨이다. 월리는 이 기쁨을 '퀴어 자유의 핵심'이라고 부르는데, 바로 이것이 "우리가 익숙한 것에서 편안함을 찾는 남근화된 백인성 논리에 반대하고, 상상력을 발휘하여 우리가 무엇이고 무엇이 될 수 있는지에 대한 가정을 자유롭게 해제하고자 하는" 사고 관행이다. 이런 의미에서 생명가능성은 거부의 에로티시즘이다. 그것은 잔혹한 낙관주의와 (자연화된) 이성애규범적 훌륭한 삶의 전제된 주권을 받아들이기를 거부하는 동시에 "다른 미래의 존재에 참여할 수 있는 우리의 자유"를 확장하는 것이다(p. 123).

따라서 생명가능성은 개방성의 정동이며, 그 비주권성은 언제나 외부와의 관계성에서 발생한다. 내가 제안하고 싶은 것은 월리의 생명가능성 개념이 기후변화와 그 이동하는 미래라는 공간에서 사회

생활을 재구상할 에로티시즘을 제공한다는 것이다. 우리는 생명가능성을 인류학적인종주의의 반대로 생각할 수 있다. 인류학적인종주의가 "인종적으로 적대적인 것으로 추정되는 위협에 직면한 자기보존"(Goldberg 2015 p. 138)이라면, 예를 들어 인종으로 전락하는 것을 피하거나 위협받는 백인 이성애규범성을 회복하려는 정주식 욕구라면, 생명가능성은 세상과의 창조적 관계를 극대화함으로써 삶과 생존을 추구하는 것이다. 그것은 "인간이 아닌 동물과의 우정, 공동체 및/또는 우리의 공진화뿐만 아니라 '사물'(추상 및 물질 모두)과 인간관계에 대해 자연문화적으로 생각할 수 있는 공간을 열어 준다"(p. 138).

벤 자이틀린의 공상과학 픽션, 기후변화 생존 영화인 〈비스트〉에서 우리는 생명가능성의 윤곽을 일부 그려 볼 수 있다. 이 영화는 허쉬파피라는 5살 흑인 소녀의 이야기를 담고 있다. 허쉬파피는 아버지 윙크, 가난하고 반항적이며 술에 찌들어 있는 흑인과 백인이 섞인 무리와 함께 욕조섬Bathtub이라는 땅에 불법 거주하고 있다. 이 지역은 루이지애나 교외의 안정된 세계와 바이유bayou를 분리하는 제방의 반대쪽에 있다.[1] 허시퍼피와 윙크, 이들이 속한 잡다한 무리는 살균된 백인 미국을 상징하는 보건 당국의 포획에 적극적으로 저항하는 일종의 불손하고 반권위주의적인 야생성의 삶을 산다. 이들은 메기, 게, 훔친 술을 먹고, 폭풍이 몰아치고 욕조섬이 범람하면 홍수

---

[1] 바이유는 넓고 평탄한 저지대에 물이 찬 늪 또는 유속이 극단적으로 느린 큰 강이다. 바이유는 주로 멕시코만 연안, 특히 미시시피강 삼각주에 많으며, 행정구역상으로는 루이지애나주와 텍사스주가 바이유 지형으로 유명하다.

가 물러날 때까지 창조적 생존의 표현인 임시변통으로 만든 뗏목에서 피난처를 찾는다. 자이틀린은 역경에 맞선 회복력의 승리에 찬사를 보낸다. 이에 이의를 제기하는 사람도 있겠지만, 제멋대로인 욕조섬 주민들이 무한한 창의성, 통제불가능성 및 과잉 세계를 위해 안정을 지향하는 백인 미국을 거부하는 모습은 탁월하다. 이 세계는 세상으로 열린 새로운 삶의 방식을 구축하기 위해 스스로 결합된 가능성의 세계이자 탈출로 정의된 도망자의 세계이다. 그들의 세계는 정치적 반역 행위로 의도적으로 구축한 자립적 세계이다.

벨 훅스bell hooks(2012)와 아그네스 울리Agnes Woolley(2012)는 각각의 비평에서 〈비스트〉가 재생산되는 흑인 고정관념을 모호하게 하기 위해 신화를 사용한 방식에 주목해야 한다고 말했다. 이 영화는 (아마도) 허리케인 카트리나 이후의 상황에서 흑인 행위성과 생존 서사를 위해 관객이 간과할 수 있는 다양한 인종적 비유를 무비판적으로 수용했다는 비난을 쉽게 받을 수 있다. 허쉬파피는 흑인 여성의 생존을 상징하는 반복되는 인물이고, 아버지 윙크는 막무가내로 행동하고 집중하지 못한다. 동물이자 생태적 야만인으로서의 흑인 신체이다. 그러나 〈비스트〉를 기후영화라는 장르로 읽는다면 단순하고 과도한 인종적 논리 이상의 의미로 읽을 수 있다. 〈더 로드〉가 유랑하는 부자의 모습을 통해 백인 주권 이성애규범적 가족을 기후변화의 생존 단위로 회복하는 수단으로 삼는다면, 〈비스트〉는 기후난민이자 유목민 부녀와 그들의 잡다한 무리를 통해 비주권, 집단적 복지, 반항성을 생존 조건으로 삼는 생물학적 가능성에 대한 설명을 제시한다. 그렇다고 해서 기후변화를 완화하려는 투쟁을 포기하고 생명 가능한 삶을 선호하는 기후변화에 대한 운명론적 대응으로서 생명 가능성을 제안하는 것이 아니다. 생명가능성은 기후변화의 지구물리학적 특성 **그리고** 기후변화의 문화정치가 특권화하는 것처럼 보이는 제도화된 이질 규범성 같은 사회의 형성 모두에 직면하여 사회적 삶과 정치적 연대에 정보를 제공할 수 있는 에로틱스(권력의 한 형태)이다. 〈비스트〉에서, 생명가능성은 백인과 흑인이 함께 연대한 인종 교차의 상상이다. 그들은 제방 반대편에 위치한 안정화된 백인 미국이라는 세계를 거부하는 데에 공모한다. 이것은 헌신과 신뢰가 가족에 국한되지 않고 스스로를 생존자 공동체로 정의하는 사람들이 적극적으로 함양한 사회적 재생산 모델이다. 그리고 생존 투쟁과 함께 허쉬파피와 윙크가 해질녘에 표류하는 모습, 허쉬파피의 상상 속 동물 등 존재의 소박한 기쁨을 불러일으키는 시적인 순간들도 펼쳐진다.

제방이 기후변화로 표류하는 위험한 삶으로부터 자신과 자신의 공동체를 격리하려는 인류학적인종주의 인간의 환상적인 시도를 상징한다면, 〈비스트〉는 기후변화의 맥락에서 사회적·정치적 삶에 대해 창의적으로 사고하는 은유를 제공한다. 이런 의미에서 생명가능성은 기후변화와 이주를 상실의 관계가 아니라 '우리가 무엇이고 무엇이 될 수 있는지에 대한 가정을 열어 두고', 욕망을 재고하고, 이성애규범적인 백인성이라는 폐쇄된 삶을 넘어 삶을 재평가하는 기회로 재구성하는 방법을 제공한다.

제13장

후기後記

탈식민 세계에서
표류하는 삶

| 가이아 줄리아니 |

'영구적 재난'의 조건이 "도덕적·문화적·정치적 재활성화의 기회"를 제공한다는 생각 뒤에 숨어 있는 환상을 떠올리며 이 후기를 시작하려 한다(Kevin Rosario 2007: 25). 재난 이후 재활성화a post-catastrophe revitalization에 대한 생각은 9·11 사태 이후 시각적 대중문화에서 반복적으로 등장했고, 현재 사회와 권력관계 및 불평등에 대한 특정 이해에 근거한 새로운 토대의 유토피아적 비전을 불러일으킨다(Giuliani 2016). 재난의 시각문화에 수반되는 환상은 종종 '영구적 비상사태'로 정당화되는 군사화된 국가 및 초국적 '정치체body politic' 안팎에서 백인 헤게모니, 이성애 가부장제, 계급 분열 및 식민적 하위성을 재생산한다.[1] 나는 이러한 환상이 최근 서구, 특히 탈식민 시대 유럽에만 국한된 것이 아니라 환경 및 지정학적 변화에 대한 전 지구적 지도학에서 비롯되었다고 주장한다. 이러한 환상은 또한 새로운 글로벌 사회질서, 즉 문명인과 적자생존 법칙에 기반한 질서, 즉 어떠한 재난에도 가장 잘 살아남을 수 있는 주체가 미개한 사람들을 희생시키고 그들에 **대항해서** 새로운 글로벌 사회를 건설하고 지배한다는 점에서 신식민주의적neo-colonial이라고 할 수 있다.

이어서 나는 '괴물성monstrocity'의 구조를 고찰함으로써 '수용소에

---

[1] [역주] 식민적 하위성, 서발턴Subaltern이라는 용어는 제국 식민지의 권력층과 제국의 대도시 고향에서 사회적·정치적·지리적으로 배제된 식민지 인구를 지정하고 식별한다. 안토니오 그람시는 식민지 정치에서 그들의 기관과 목소리를 부정하기 위해 사회의 사회경제적 제도에서 특정인과 사회집단을 배제하고 대체하는 문화적 헤게모니를 식별하고자 서발턴이라는 용어를 만들었다.

갇혀_{encampted}' 고립된 유럽의 생존 환상에 도전하고자 한다. 괴물성은 유럽이 지리적으로나 역사적으로 고립된 단위체라는 생각을 전복시키는 데에 유용하다. 나의 주장은 이주민과 난민 '무리'가 유럽으로 몰려 들어오고 있다고 말할 때, 괴물성이 '식민지 아카이브'가 재활성화되는 탈식민주의적 수사라는 것이다. 특히 괴물성은 (국가, 유럽의) 포위된 안정된 공간과 재난, 이동과 퇴거, 문명과 야만, 살릴 만한 것과 죽여도 될 것, 주체성과 피해자성, 시장 적합성과 부적합성 등 구조적으로 특징지어지는 혼돈의 공간 사이의 역사적·현대적 경계가 전복되는 것을 나타내는 것으로 연상된다[이 책의 Samaddar 및 Brown 참조].

여기에서 이민자와 난민은 볼드윈과 베티니가 이 책의 서문에서 강조한 것처럼, 그 존재 자체가 (식민지) 과거, (탈식민/포스트인종/신자유주의) 현재와 미래 사이의 규범적 역사적 분리를 전복시키는 "돌아온 식민지"[Sousa Santos 2011, Giuliani 2016b]로 간주된다. 이에 대한 좋은 예를 식인 좀비[Giuliani 2016a]와 종말론적 재난을 다룬 대중영화에서 찾을 수 있다. 이 후기에서는 세 편의 영화에 초점을 맞출 것이다. 디스토피아 장르의 대표작인 〈더 해프닝The Happening〉(2008)과 〈눈먼 자들의 도시Blindness〉(2008), 그리고 2004년 인도네시아와 태국의 쓰나미를 다룬 재난영화 〈더 임파서블The Impossible〉(2012)이다. 콜브룩과 볼드윈 및 골드버그의 시각적 텍스트(이 책)를 활용해 이 영화들을 분석하면 문명과 야만 사이의 규범적 공간 분리를 전복하는 방식으로 자연재해에 대한 서구와 유럽의 공포를 탐색할 수 있다.

그리고 시장 행위자로서 개인의 신자유주의적 구성에 대한 웬디 브라운의 성찰로 이 글을 마칠 것이다. 내 주장은 이 구조가 이주민과 난민을 재난에 대처할 수 없고 적응할 수 없으며(Bettini), 따라서 부적합한 시장 행위자라는 점에서 탈식민주의적 괴물(Giuliani 2016a)의 '인종의 형상'으로 환원시킨다는 것이다.[2] 이러한 특징들은 이주민과 난민들을 일회용 주체으로 만든다. 이는 '신기술이 초래한 예상치 못한 결과'를 주제로 한 영국/미국 드라마 〈블랙 미러Black Mirror〉의 한 에피소드를 통해 살펴보고, 이를 통해 의도치 않게 주체가 될 수 있는 순간을 살펴본다.

영구적인 재난, 탈식민주의적 세계관과 유럽의 회귀

미국 인류학자 케빈 로자리오Kevin Rozario(2007)는 사회가 재난을 정화의 도구로 사용해서 도덕적·문화적·정치적 쇄신을 이룬다고 주장했다. 사회가 재난을 이용해 죄, 근대성의 잘못, 자본주의적 개

---

[2] 여기서 '인종의 형상figures of race'은 시간이 지남에 따라 초국적으로 침전되고 식민지 및 탈식민지 맥락에서 젠더화되고 인종화된 신체에 부여된 의미의 일부를 결정화하는 이미지로 정의한다. 여기에는 신체적으로 강하고 정신 능력이 낮으며 성적으로 위험한 것으로 묘사된 흑인 남성, 야만적이고 폭력적인 동유럽 남성, 타고난 사기꾼이자 불법적이고 부도덕한 사업에 연루된 아시아 남성, 복종적인 아랍 여성, 광신적이고 배신을 일삼는 무슬림 남성, 무해하고 탈성적인 마미mammay(백인 아이를 돌보는 흑인 여성), 위협적이고 과도하게 성적인 이미지의 이세벨Jezebel(구약성경의 타락한 왕비)(Giuliani 2016b: 94) 등의 이미지가 있다. 이주민과 난민의 경우, 이 상징적 소재는 이주민이 누구인지, 어떻게 의미화되는지, 어떤 맥락인지에 따라 재조합된다. 테러와의 전쟁과 기후로 인한 대규모 이주에 대한 편집증이라는 프레임 속에서 이주민과 난민은 야만인의 '무리'라는 의미를 갖게 된다.

인주의의 사회적 야만성과 인종적 혼합으로부터 정화된다는 것이다. 로자리오에 따르면, 이러한 쇄신의 수사에서 '선택받은 자'로 지정되는 자들의 생존은 인류의 '구속'과 '인내'에 대한 희망을 나타낸다. 나는 이 '정화'가 탈식민지 시대에 보존에 적합한 자와 부적합한 자, 살아남아 성공할 자격이 있는 자와 그렇지 못한 자를 대립시키는 이분법을 통해 세계를 다시 읽는 식민지 세계관과 밀접한 관련이 있다고 생각한다.

　9·11 테러 이후 서구 세계에서 재난에 대한 두려움과 관련된 문제에 대한 나의 최근 연구와 맥락을 같이하여, 이 분석은 재난과 재앙 담론에 대한 문화 연구와 사회인류학적 해석을 바탕으로 한다. 서론에서는 베티니와 볼드윈이 제기한 인식론적 비판을 기반으로, 기후변화를 이주의 주요 '요인', '결정 요인' 또는 '촉발 요인'으로 특권화하는 것이 사실상 이주의 역사적 상황을 어떻게 모호하게 만드는지를 강조한다. 또한 이 글은 '인도주의적 개입'을 정당화하거나 (Giuliani 2016a) 이주를 최후의 수단으로 묘사하는 담론 내에서 기후변화 이주자/난민이라는 '인종의 형상'의 탈식민 계보와 문화적 효과에 대한 탐구를 제공함으로써 이러한 비판을 역사적-이론적으로 심화시킨다(Brad Evans, 이 책 참조).

　(기후변화) 이주와 난민 생산 담론을 이해하는 데에 9·11 사태의 중요성은 아무리 강조해도 지나치지 않다. 여기에서 나는 주디스 버틀러Judith Butler(2009)의 의견을 따르는데, 버틀러는 테러와의 전쟁과 그 정치적·경제적·군사적·안보적 문화유산이 테러리즘과

글로벌 권력관계에 대한 담론이 형성되는 틀을 대표한다고 주장한다. 이러한 담론은 안보, 세속주의, 전쟁, 사회적 경계 및 문명에 대한 사고를 결합하여 '선'과 '악'의 이분법과 '(서양) 문명의 상실'에 대한 두려움으로 구조화된다(Amoore and De Goede 2009 및 Furedi 2007). 데이비드 골드버그(이 책의 p. 113)의 말을 따르면, "인종적으로 특징적인 이주민에 대한 두려움은 곧 기후학적으로 통제 불가능하다고 인식되는 행성에 대한 두려움이며, 기후학적으로 날뛰는 행성에 대한 두려움은 인종적 침략에 대한 두려움이다".

명확히 말해서, 나의 분석이 마치 다른 곳에는 국경이 없는데 유럽의 외부 경계는 영원히 고정된 것처럼 '국경이 수행되고' 효력을 발휘하는 그 무대라고 제시하는 것이 아니다(Giuliani 2016c 및 2017 참조). 오히려 나는 유럽을 '장소'(Bhambra 2016)가 아닌 '담론'으로 간주해야 한다고 주장한다. 즉, 내부적으로 균일하고, 일관성 있고, 평화롭고, 문명화된 것으로 구성되고 상상되는 곳, 또는 베티니와 볼드윈(이 책)이 말하는 "[유럽] 국경 너머에 있는 것으로 상상되는, 정착되고, 정주하며, 노동·자본·기술의 초국적 흐름에서 어느 정도 떨어져 있는 곳"을 의미하기 때문이다(p. 3). 이런 의미에서 유럽은 9·11 테러 이후 테러와의 전쟁과 기후변화의 틀 안에서 위협을 생산하는 장소에 **반대되는** '방어할 장소place-to-defend'로 구성된다. 실제로 식민지 유럽 자아the colonial European Self만큼이나 유럽의 '외부'는 이 '외부'가 어디에 위치하든 간에 획일적으로 '재난을 위한 장소place for disaster'(Giuliani 2016a)로 상상된다(예를들면, 기후변화에 관여하는 행위자들에 의해). 나는 '재난의 장소place of disaster'로서 자아/내부와 '재난을 위한 장소'로서 타자/외부의 구분을 문명과 야만, 또는 '자연을 지배할 수 있는 자'와 자연적인 요소에 압도되는 자 사이의 식민지적 구분의 재구성으로 본다. 이 구분을 더 정확히 파악하기 위해, 나는 이 두 가지 구성을 각각 재앙과 재난 개념에 연결한다. 재앙catastrophe이 서구에서 발생하는 위기 또는 전환의 순간이라면, 재난disaster은 서구 이외의 세계 어딘가에서 발생하는 통제할 수 없는 사건이다.

인과관계, 행위성 그리고 주체성

이러한 탈식민주의적 이분법적 세계 이해의 틀 안에서, 이제 나는 '재난의 장소'인 유럽이 '방어해야 할 장소'이기도 하다는 생각의 구축 또는 강화에 대해 논의하고자 한다. 브래드 에반스(이 책)는 한나 아렌트(1968)의 말을 인용하고, '불안'(2006)에 관한 주디스 버틀러의 견해에 따라 "난민은 21세기의 결정적인 정치적 문제 중 하나가 될 것"이라고 주장한다(p. 70). 내가 말하고 싶은 것은, 재난에 영향을 받지 않은 자아/내부의 구성을 이해하는 것이 21세기 난민의 문화정치에서 무엇이 쟁점인지를 이해하는 데에 핵심이라는 것이다. 또는 거꾸로 헤게모니적 주체가 어떻게 구성되고 어떤 신체적 특징, 행동, 영토, 계급, 성별, 인종, 섹슈얼리티가 이상적으로나 물질적으로 그/그녀에게 할당되는지 이해할 수 있는 것은 (종종 이주민의 형상과 반대되는) 난민 형상의 상징적·물질적 구축을 통해서이다. 이를 위해 우리는 젠더 연구의 해체적 접근과 결합된 탈식민주의 이론, 비판적 인종 이론 및 비판적 백인성 연구로 전환해야 한다.

이 책의 첫 장에서 웬디 브라운이 언급했듯이, "문명의 유년기와 성숙기, 차이와 발전의 틀을 짜는 데에 필수불가결하지만 지독히도 식민적인 수사(발생반복설)는 수천 년 동안 인간과 그 가능성에 대한 우리의 이해를 조직화해 왔다". 따라서 재난 및 인도주의적 관리와 관련하여 인류 개념 자체를 재고한다는 것은 이러한 식민지 수사에 반대하는 것이다. 사실, 재난에 대한 인도주의적 관리와 이와 연계된 '재건' 안은 오늘날 인도주의적 우선순위 개념을 통해 원조를 받을 '자격이 있는' 사람과 '자격이 없는' 사람을 선별하는 행위, 즉 **자격에 대한** 새로운 서구 및 신식민주의 담론이 생산되는 주요 현장이 된다.

적격성 담론(Ahmed 2008)과 그 (신)자유주의적 논리에 따르면, 전 세계 인구는 재난을 겪은 인구가 처한 상황과 무관한 여러 기준에 따라 인도주의 기관의 관심 대상이 된다. 예를 들어, 민간자본의 이익과 기회에 대한 영향, 국가 건설 과정, 내부 현대화 및 지리적 연결성과 정치 및 군사동맹(과거의 공산주의 반대, 9·11 이후 테러 반대)(Essex 2013: 38-39) 등이 이러한 기준에 포함된다. 제이미 에식스Jamie Essex는 이러한 기준이 항상 "이데올로기적이고 지정학적"이라고 주장한다(Essex 2013: 120). 여기서 자격 개념은 예를 들어 탈랄 아사드Talal Asad(2007)와 아킬레 음벰베Achille Mbembe(2003)의 작업에서 발견되는 '살해 가능성' 개념과 다르지 않다.

사실 나는 테러와의 전쟁과 그 신식민지적 지배 형태에서 아킬레 음벰베와 탈랄 아사드가 추적한 서구의 타자를 '소모품'으로 분류하는 근본적으로 식민주의적 태도와 재난의 타자지향적 의미의 영향 간에 엄격한 수렴 관계를 본다. 두 경우 모두 재난을 당한 비서구인 또는 내부 서발턴 인구의 주체성 박탈을 수반한다. 일란 켈만Ilan Kelman(2016)이 '섬 취약성Island Vulnerability' 프로젝트와 관련된 보고서에서 지적했듯이, 이들 주체의 '취약성과 회복력'은 전적으로 '국제사회'의 수입 논리를 내면화한 외부 인도주의 기관, 서구 정부 및 지역 당국에 의해 판단된다(Giuliani 2016a). 이러한 해석은 많은 경우에 재난의 다인자적 특성을 지구온난화와 같은 단일 결정 요인으로 축소하여 이중적인 결과를 초래한다. 한편으로 재난과 그 '인도주의적' 영향의 근간이 되는 다면적인 원인과 형태의 국가 및 국제적 공모의 그물망을 제거하고, 다른 한편으로는 재난으로 피해를 입은 비서구권 사람들이 재난 경험을 구조화하는 권력관계에 항의하거나 저항하려는 모든 노력을 지워 버린다.

특히, 재난을 당한 사람들의 주체성을 부정함으로써, 비서구는 '재해가 발생하는 장소'로 '당연히' 정의되는 동질적 공간으로 설정된다. 따라서 재난의 정의 자체가 서구가 비서구를 '나머지 지역'으로 구분하고, 비서구를 야만의 공간, 주체성이 부재한 공간, 자연화된 파괴의 공간으로 간주하는 데에 중요한 역할을 한다. 이런 식으로 서구 너머의 공간, 즉 '저 밖'은 재난이 실제 사건일 뿐만 아니라 의미의 틀로 작용하는 '식민지 대상'으로 다시금 자리매김한다.

따라서 '인도주의적 개입' 또는, 탈랄 아사드(2007)가 "소규모 식민 전쟁"(p. 35)이라고 묘사한 '안보 우려'를 나타내는 경우에 '저 밖' 공간은 엄격한 군사적·정치적·정부적 통제를 받아야 한다.

그러나 대도시적 공포는 항상 존재한다. '문명'와 '야만' 사이에 '공간적으로 구체적이고 안심할 수 있는 이분법'이 전복될 수 있고, '재난'이 미개한 이주민과 난민이라는 괴물 같은 '무리'의 형태로 유럽 국경을 넘을 수 있으며, 글로벌 자본주의가 초래한 사회적 불평등과 기후변화, 정치적 '혼돈'이 유럽 자체를 지배하게 될지도 모른다는 두려움이다. 또는 좀 더 인종적인 측면에서 보자면, 길들여진 '재난을 위한 장소' 한가운데 있는 '저 밖'에 있는 백인의 섬과 문명의 섬 사이의 경계가 그 장소에 '내재된' 것으로 간주되는 인종적 혼돈으로 전복될 수 있다는 두려움이다.

대중문화, 자연재해 및 수용소

포스트 아포칼립스 영화는 재난의 공간정치를 설명하는 데에 유용한 소재이다. 내가 이 장르에 대한 분석을 후안 안토니오 바요나 감독의 〈더 임파서블〉(2012)로 시작한 이유는, 쓰나미로 '문명'이 전복되는 모습을 연상시키는 방식의 묘사 때문이다. 2004년 태국에서 크리스마스 휴가를 보내던 중 쓰나미를 당한 영국인 가족의 이야기를 담은 이 영화는 죽음을 부르는 자연을 이야기한다. 이 영화의 제목은 내가 말하고자 하는 바를 정확히 전달한다. 백인, 서구, 중산층, '존경할 만한' 사람들은 재난의 희생양이 될 수 없다는 것이다. 재난의 희생양이 되는 운명은 일반적으로 식민지인들, 이 경우에는 '동질화된' 태국인들의 운명이다. 이런 의미에서 영화의 사건들은 본질적으로 불가능하며, 심지어 부자들까지 포함하는 영구적인 예외 상태의 디스토피아적 표현을 재현한다.

영화 속 외부와 차단된 리조트(수용소) 이미지를 통해 알 수 있듯이, 이 디스토피아가 현실화되는 것을 막으려면 죽일 수 없는 대상들을 강화하도록 고안된 예방적 돌연변이(거주 공간뿐만 아니라 신체의 돌연변이)를 통해 자연재해에 맞서거나 그들에게 유리한 선택 과정을 수행해야 한다. 이러한 시나리오는 희생될 수 있는 '죽일 수 있는' 희생자와 '구할 가치가 있는 시민'을 대립시키는 이분법적 시각으로 작용한다. 많은 학자들이 지적한 바와 같이(Gilroy 1993; Chamayou 2014), 격리, 경계 형성, 생물유전학적 돌연변이를 통해 종을 '개량'하려는 적극적 개입을 통해서 개인 또는 사회의 퇴행성 변이 위험을 통제할 수 있다는 생각은 계몽주의 이후 근대성을 특징짓는 요소이다.

민족국가의 근간이기도 한 '수용소'라는 격리/경계/돌연변이 프로젝트를 생각해 보자. 식민지 대도시(즉, 유럽 민족국가들)와 식민지 및 정착민 식민지(즉, '착취를 위한' 식민지와 '정착을 위한' 식민지)의 다양한 수용 전략을 필연적으로 포함하고 같은 선상에 두는 광범위한 관점에서 고려해야 한다. 우리는 '수용소'가 '저 밖'에 거주하는 야만인 '무리'로부터 적격자(문명화되고 인종적으로 우월한)와 그 문명(자본주의)을 '방어하기' 위해 식민지 근대 공간을 구조화했음을 알 수 있다. 이 글에서 내가 분석하는 영화는 정확히 이 점을 분명히 보여준다. 자연재해라는 디스토피아적 장치는 '열등한 것'으로부터 '지켜져야 하는' 것을 보호하는 새로운 공간화를 제공한다. 이 선택은 계급, 젠더, 인종에 따라 분리되는 엄격한 '자연화된' 경계를 긋고, 권력의 장소를 백인, 중상류층, 가부장적, (이성애)성차별적 통제의 깊숙이 성문화된 보루로 '보존'한다. 지구 공간을 적격자$_{fittest}$에 포함될 자격이 있는 '열등자'와 그렇지 않은 '열등자'로 구분하는 이분법적이고 인종차별적 해석은 캐서린 루소가 오스트레일리아 언론의 '기후난민' 표현 사용을 분석한 글(이 책)에서도 잘 드러난다.

탈식민지 수용소와 자연재해

〈해프닝〉(2008), 〈눈먼자들의 도시〉 및 〈더 임파서블〉은 난민수용소의 다양한 기능에 대한 전망을 제공한다. M. 나이트 샤말란$_{M.}$ $_{Night\ Shyamalan}$의 〈해프닝〉에서 목가적이고 편안한 오프닝은 곧 일어날 끔찍한 일을 암시하는 전형적인 전주곡이다. 센트럴파크를 배경으로 돌풍이 나뭇잎을 살랑살랑 흔들 때, 공원을 이용하는 사람들과 함께 시간이 순간적으로 얼어붙는 것 같다. 잠시 후 모두가 천천히 그리고 미친 듯이 자살하기 시작한다.

줄거리는 독성 폭풍에 가장 먼저 강타당한 도시에서 탈출하는 군중을 묘사하는 일련의 장면으로 설정된다. 사람들은 안전할 것으로 기대되는 지역으로 도망치지만, 결과는 그렇지 않다. 여기에 안심할 수 있는 장소를 그 내부에서 찾을 수 있는 '수용소'에 대한 일종의 향수가 있다. 건강한 사람과 감염된 사람을 분리하는 안심할 수 있는 구조, 즉 국가가 전혀 제공할 수 없는 것처럼 보이는 안심할 수 있는 구조이다. 자연은 인간에 대항하여 일어섰고, 인간은 자연을 병을 퍼뜨리는 파괴적인 요소로 보게 된다. 자연은 사람들의 신경계에 영향을 미치는 포자를 퍼뜨리고, 미국 사회에서 가장 자비로운 사람들을 포함하여 모든 사람을 '처벌'한다. 영화의 주인공은 뉴욕 출신의 젊은 백인 이성애 중산층 부부인데, 폭풍 후 사라진 라틴아메리카 이민자 부부의 고아를 입양한다.

포르투갈 소설가 주제 사라마구José Saramago의 1995년 소설 《눈먼자들의 도시Ensaio sobre a cegueira》를 원작으로 한, 페르난도 메이렐레스Fernando Meirelles 감독의 〈눈먼자들의 도시〉(2008)는 신체 접촉으로 퍼져 모든 희생자의 눈을 멀게 하는 바이러스 형태로 발생하는 자연의 반란을 이야기한다. 이 경우 종말(실명은 사고와 죽음을 초래한다)은 세상의 종말이 아니라 우리가 알고 있는 세상의 종말을 경험하는 것이며(예를 들어, 작업 시간과 공간에 따라 주도되고 조직되는), 글로벌 자본주의의 산업화된 공간에서 건강한 사람이든 실명한 사람이든 개인의 삶을 다시 생각하는 차원이다. 여기서 수용소는 감염자를 격리하고, 마치 그들이 질병의 원인인 것처럼 그들의 치명적인 혐의를 줄이는 역할을 하며, 마치 외부 세계가 약해진 인간을 '제거'하고도 스스로 생존하고 번식할 수 있는 것처럼 기능한다. 영화는 질병이 만들어 낸 '생존자들'의 세계에서 위기로서의 재앙catastrophe-as-crisis 차원에 머무르며, 이 위기 상태가 가장 눈부신 이기주의의 사례를 악화시키는 동시에 가장 강력한 형태의 연대를 강화하는 방식을 강조한다.

〈해프닝〉과 〈눈먼 자들의 도시〉 모두에서 불안은 특권, 수용소, 괴물성, 퇴거 관계가 전복되면서 발생한다. 마치 위험한 괴물인 것처럼 수용소에 수용되어 질병에 감염된 이들은 중산층 부르주아이고(〈눈먼 자들의 도시〉), 국가가 세운 수용소가 무너지자(〈해프닝〉) 국가권력은 존경할 만한 시민들을 위험한 이주민/난민처럼 보호와 생존을 찾도록 강제로 쫓아낸다.

다시 바요나의 〈더 임파서블〉로 돌아가 보자. 이번에는 자연재해를 자연의 선택과 속죄 현상으로 묘사한다. 이 놀라운 예술 작품은 실제 비극, 즉 '저 밖'에서 일어난 재난이 서구인의 개입으로 제1세계의 우월성을 재확립하는 힘을 가진 '전환점으로서의 재앙catastrophe-as-turning point'으로 변모하는 과정을 다룬다.[3] 여기서 수용소는 주인공들이 지역사회와 얽히지 않고 이국적인 관광을 즐길 수 있는 5성급 리조트라는 호화로운 공간이다. 이 환상적인 고립의 공간이 쓰나미로 파괴된다. 이 비극은 재난에서 살아남은 주인공들이 식민 지배자로서의 특권을 누리지 못하는 황폐한 '포스트식민지post-colony'에서 끔찍

---

[3] 제1세계는 제2차 세계대전 이후 미국–소련 냉전 블록 상황에서 미국과 서유럽을 중심으로 한 반공주의와 자본주의를 중심 이념으로 삼은 일련의 국가를 가리킨다. 제1세계는 서유럽과 미국이 서쪽에 있어 서방국가라고 불렸으며, 거의 대부분의 국가가 선진국이었다.

한 여행을 마친 후 모두 함께 집으로 돌아가는 비행기에 몸을 싣는 것으로 극복된다. 이처럼 〈더 임파서블〉은 신식민지의 비극이지만, 서구 (백인) 주인공들은 해피 엔딩을 맞이한다(Hoad 2012).

여기서 나는 저널리스트 필립 호드Philip Hoad(2012)의 의견에 동의한다. 그는 이 영화의 범주를 '보수적'으로 표시하고, "모호한 스필버그적 초월성(온 가족이 이러한 재난에서 아무런 손상도 없이 온전한 상태로 탈출한다는 사실이 제목과도 같이 "불가능"하다)의 멋진 상업적 여운에 안주하며 이야기를 마무리한다"고 평했다. 관객은 재난이 닥쳤을 때 백인을 위한 글로벌 관광시장 논리에 따라 공간화된 세계를 상상했다. 그들은 살아남을지 몰랐지만 살아남았다. 사랑하는 사람들을 찾을 수 있을지 몰랐지만 찾았다. 그들은 좋은 비행기를 타고 집으로 돌아왔다. 그들이 속한 질서는 결코 깨지지 않고 '여기'와 '그 밖에 다른 곳', 예측가능성과 위기, 생과 사, 평화와 재난을 두 개의 뚜렷한 지리적 · 의미적 지형에 위치시킨다. '여기'와 '저 밖'이라는 이분법과 함께 안심할 수 있는 '문명'의 수용소 공간이 복원되어 서구의 주인공들과 관객들 입장에서 재해가 재난으로 진화하는 것을 막고, 저쪽 바깥의 관객들만 야만이 통치하는 곳으로 이주한다.

괴물성과 재난

괴물성 수사는 오늘날 유럽에서 기후변화와 이주, 특히 기후로 인한 이주 담론의 틀을 잡는 중요한 수단이다. 유럽은 여러 면에서 재난의 상처를 입은 것 같다. 재난은 이민자와 난민의 '무리'가 초래한 무질서(좀비에 관한 많은 영화에서 묘사된 것처럼)와 '여기'와 '저 밖'의 공간적 구분을 전복하고, 유럽 시민들을 '괴물'로 변형시킨 안정성도 확실성도 없는 실체 없는 힘으로 표현된다(《더 해프닝》). 두 경우 모두 재난의 환상은 탈식민주의적 타자를 괴물성의 언어로 재현함으로써 식민지 아카이브를 다시 활성화한다.

라나비르 사마다르Ranabir Samaddar(이 책)가 개략적으로 설명하듯이, 식민 대상의 공간 내에서 통제되고 계획된 모빌리티는 식민 자본주의의 설정과 재생산에 내재되어 있다. 식민 자본주의의 엔진인 국민국가와 그 혜택을 받는 극소수 사람들에게 국가 공간 내에서 시민권, 주권 및 영토에 대한 안정적인 개념은 이 인류세에서 **지속 불가능한** 방식으로 보장되어 왔다. 식민지 대상의 무절제한 모빌리티가 일으킨 국경의 전복은 필연적으로 식민지 질서의 파괴라는 공포를 낳는다. 그러한 두려움은 (식민지인을 침략적인 야만인으로 간주하는) 괴물성 구축으로 유지된다.

기후난민은 다른 이주민 및 망명 신청자와 마찬가지로 탈주체화되고 탈정치화된 주체로 구성되며, 위기에 적응하지 못하기 때문에 '재난'을 '구조적이지 않은 것'으로 간주하는 유럽과 서구 같은 곳에서 위기를 발생시킬 수 있는 정확한 위험 요인이 된다. 이처럼 식민지 피해자를 문명에 대한 잠재적 위협으로 묘사한 식민지 아카이브에서, 난민과 이주민은 '부도덕한' 괴물로 상징된다. 즉, 이들은 자신의 운명적 조건에 적응할 수 없고 통제할 수 없으며 억제할 수 없는 비개성화되고 비인간화된 **세력들**로 상상되며(Bettini, 이 책), 따라서 '혼돈'을 촉발하고 미개한 '저 밖'에 속하는 불평등을 가시화함으로써 서구의 도덕적/경제적 우월성을 훼손하는 존재로 간주된다.

문명과 야만, 마땅한 자격과 처분가능성, 주체성과 피해자성, 질서와 무질서, 적합과 부적합 사이의 경계를 전복시키는 '무리'로서 기후난민은 탈역사화된 사물의 질서, 즉 식민지 시대의 과거와 현대의 탈식민지 글로벌 사우스로부터 시공간적으로 고립된 것으로 여겨지는 유럽 질서를 '악용'하는 것으로 묘사된다. 보아벤투라 데 소우사 산토스Boaventura de Sousa Santos(2011)는 기후난민을 재난에 대한 두려움과 과거 식민지 폭력과 현대 탈식민지 불평등에 대한 폭력적인 보상 요구로 새겨진 형상, 즉 "돌아온 식민지"로 부른다(Giuliani 2016b). 이러한 재난에 대한 두려움은 단지 기후변화에만 국한된 것이 아니라, 나이젤 클라크(이 책)가 주장하듯이 "기후와 그 선동이 우리가 일반적으로 상상하는 것보다 훨씬 더 정치, 윤리 및 문화와 **깊이 관련되어** 있다"는 점을 강조하는 일련의 상호 연관된 요인들과도 연결되어 있다. 앞서 언급했듯이, 이 탈주체화된 주체는 종종 식인 괴물, 좀비 또는 침입 외계인의 모습으로 대중문화에서 주제화된다(Giuliani 2015). 이러한 재현은 안보 담론, 국경 관리 기관, 군부, 정치적 논쟁, 대중문화가 만들어 낸 상징적 소재가 복잡하게 얽힌 결과물이다.

괴물로서의 이주민/난민의 매개적·영화적·담론적 구성은 앤로라 스톨러Ann Laura Stoler(2002)에 이어 앞서 **식민지 아카이브**라고 했던 것을 다시금 상기시킨다. 식민지 아카이브에서 식민 지배자의 인종화된 인물이 부활하여 문명의 종말을 환기시키는 디스토피아적 은유를 채택한 기후변화 이주민과 난민 담론을 구성하는 데에 기여하고 있다. 유사한 표현이 브렉시트Brexit 운동과 최근 헝가리와 독일에서 발생한 국경 폐쇄 사태에서 반복되었다.

좀비와 외계인은 모두 인간의 '감성', '정의', 또는 정말로 '인간성'의 감각이 결여된 동물로 묘사되며, 가장 극단적 형태의 타자를 상상력으로 재현한다. 좀비가 복수를 추구한다면, 외계인은 유럽인 정체성의 본질을 적절하고 악의적으로 파괴하려 한다. 둘 다 사마다르(이 책)가 강조한 것처럼 대내외적 재난과 이주를 생성하고, 관리 및 재생산하는 자본주의 사회구조의 결과물이다. 좀비와 외계인 메타포는 위치성이 보편주의를 파괴하고 재난과 이주를 해석하는 렌즈를 탈식민화하는 인식론적 열쇠라는 해러웨이(1988)의 생각에 충실할 뿐 아니라, 위치의 정치학, 즉 과학 담론과 대중문화 담론 모두에 구축된 담론 장치를 드러내는 데에 도움이 되는 도구라고 할 수 있다. 이 형상들의 일반화된 특성을 그대로 받아들이기보다는, 신자유주의 자본주의의 글로벌 지정학적·문화적 기능을 지탱하는 이분법과 신식민주의 이데올로기를 구성하는 권력관계를 드러내는 계보학적 접근이 필요하다.

괴물의 형상은 명백하고 부인할 수 없이 신자유주의 자본주의의 글로벌 (탈)질서에 내재되어 있다. 사실, 그 형상이 자본주의의 국경과 역학에 도전하는 한, 이주민/난민을 괴물로 만드는 것은 새로운 경계와 정치적 역학 구축에 필수적인 것으로 이해해야 한다[De Genova and Peutz 2010; Mezzadra and Neilson 2013]. 괴물이라는 인종화된 탈식민지적 형상이 만들어지는 상징적 문제를 밝히는 것은 헤게모니적 주체, 즉 보호받을 자격이 있는 자들의 물질적 구성을 탐구하는 데에 필수적이다.

비생산적이고 시장성 없는 괴물들과
정서적 공동체를 구축할 권리

시장 행위자로서의 개인에 대한 신자유주의적 구성에 대한 웬디 브라운의 성찰을 다시 한 번 상기하고, 이를 현재 이주민과 난민 구성의 이면에 있는 '인종의 형상'에 대한 나의 고찰을 통해 재해석해보자[Giuliani 2016a]. 이 두 가지 관점의 결합은 인종화된 형상의 부적합성이 이주민과 난민의 무능력, 곧 이들이 재난에 대처하지 못하고 [Goldberg, 이 책), 적응하지 못해서[Bettini 이 책, 2014] 그 결과로 제대로 기능하는 시장 행위자가 되지 못한다는 점과 관련이 있다. 이를 설명하기 위해 앞서 언급한 구조를 주제화한 TV 시리즈〈블랙 미러〉의 한 에피소드를 살펴보자.

〈추락Nosedive〉은 찰리 브루커가 제작하고 넷플릭스가 의뢰한 TV 시리즈〈블랙 미러〉의 시즌 3의 오프닝 에피소드이다. 이 시리즈는 '신기술이 초래한 예상치 못한 결과'로 발생하는 문제와 씨름하기 때문에 종종 '사변적speculative'이라고 평가된다.[4] 〈추락〉의 주인공 레이시 파운드는 인기, 체력, 똑똑함, 동정심, 멋짐, 성공에 따라 누구나 별 다섯 개로 평가되는 세상에 살고 있다. 레이시는 당연히 좋은 평가를 받는 데에 집착한다. 적절하게 웃는 법을 연습하고 나쁜 평가를 받을 수 있는 표정을 피한다. 레이시에게 인생의 성공, 즉 고급 부동산을 구입하려 모기지를 이용하고, 비행기가 취소된 후 다음 비행기 좌석을 확보하고, 평점이 높은 친구의 결혼식에 제시간에 도착하려 빠른 차를 렌트하고 신부 들러리가 되는 것은 모두 그녀의 별점 평가에 달려 있다. 이 시나리오는 웬디 브라운이 묘사한 것과 매우 유사한 시스템의 극단적인 결과를 보여 준다. 여기에서 사람들이 주고받는 '좋아요'의 개수는 개인을 이익 추구자와 시장 행위자로 바꾸는 교환경제로 기능한다.

금융화는 모든 것의 판도를 바꾼다. 분기별 수익이 아닌 주식시장에 따라 생사가 결정되는 기업부터 옐프Yelp 앱 등급에 따라 생사가 결정되는 소기업, 채권, 신용 및 통화 등급에 따라 생사가 결정되는 국가, 순위를 놓고 경쟁하고 조작하고 관리하는 교육기관, 페이스북의 '좋아요'와 '즐겨찾기' 트윗에 따라 가치가 변동하는 인간에 이르기까지(Brown, 이 책).

---

[4] 사변적 디자인Speculative design은 미래를 상상하고 예측하는 방식이며, 동시에 우리 자신을 더 명확하게 볼 수 있는 시각을 제공한다.

그러나 레이시의 모든 계획은 하락하는 등급으로 인해 하향 나선형에 갇혀 결국 실패한다. 레이시가 간신히 결혼식장에 도착했을 때 높은 등급의 신부는 이미 다른 들러리를 구했다. 구식 임대 전기자동차에 문제가 생겨 등급이 낮은 여성 운전사가 태워 주는 트럭을 타고 갔다가, 이미 등급이 떨어져 공식적으로는 합법적 출입이 불가능해진 결혼식장에 오토바이를 훔쳐 강제로 침입한다. 레이시는 진흙으로 얼룩진 의상과 엉망으로 번진 화장에도 마이크를 급하게 잡고 신부가 어렸을 때 못되게 굴었고 바람도 피웠다는 민낯을 청중에게 드러낸다. 결국 체포되어 유치장에 투옥된 레이시는 핏이 잘 맞는 양복 정장 차림의 유색인종을 만나게 되고, 그 남자와 서로 욕을 주고받기 시작한다. 그리고 상대에 대한 분노는 서서히 자유롭게 말할 수 있다는 해방감의 기쁨으로 바뀐다.

이 순간, 레이시는 가치가 덜한 '축소된 인간diminshed-human'이 된다. 자기가 속한 사회에서 살 수 있는 기회가 현대의 인종화되고 젠더화된 **프롤레타리아트**의 기회로 축소된다. 프롤레타리아트의 주체성은 부정되고, 일반 시민이 될 가능성은 거의 없어진다. 레이시의 내적 혐오감(Giuliani 2016b, c)은 여성 트럭 운전사와 달리 그녀 자신을 영구적인 모빌리티로 밀어붙인다. 그녀는 이제 잠재적인 괴물이다. 그 구조는 탈식민주의 괴물과 비슷하지만 그 아카이브는 다르다. 즉, 레이시를 괴물로 만든 근거는 초기 서구 근대성의 비참한 대중의 아카이브이다. 레이시는 경계가 시장에 의해 생산되고 재생산되는 공간에서 '우생학적으로' 추방되어 민주주의의 종말을 의인화한다. 브라운은 이렇게 말한다.

> 인간이 전적으로 시장 행위자로 축소되면 스스로 통치하는 국민이
> 라는 개념 자체가 사라진다. … 인민은 문자 그대로 약간의 인적자본으
> 로 분해되고 각각 개인의 가치와 경쟁적 위치를 강화하는 데에 몰두한
> 다. 따라서 민중 주권이라는 개념은 일관성이 없게 된다—시장에는 그
> 런 것이 존재하지 않는다(Brown, p. 36, 이 책).

결론적으로 이 책의 아룬 살다나의 주장처럼 "결핍, 낭비 또는 환
경재앙처럼, 난민이 자본주의 자체의 폭력적인 영토화의 불가피한
산물"(p. 152)이라면, 그리고 내가 주장하는 것처럼 이주민과 난민이
영토화, 경계 설정 및 글로벌 착취의 이데올로기적 결과라면, 우리
는 오늘날 우리가 이주, 특히 기후변화 이주를 읽는 방식을 다시 생
각하지 않을 수 없다. 이주와 이주민들을 이주와 이주민의 갈등을
일으키고 전복적이며 급진적인 정치적 협의를 대변할 수 없는 안정
성의 매개변수로 축소시키지 않기 위해서다.

이 책의 공통점은 퇴거와 이주가 (비상사태가 아닌) 영구적이라는
생각에 있다. 왜냐하면 퇴거와 이주는 기후변화가 내재적 힘의 역할
과 함께 주체성을 발휘하는 통합 시스템의 구조적 요소이기 때문이
다. 그럼에도 불구하고, 이 책에서 골드버그, 베티니, 볼드윈이 설명
한 것처럼 자본주의가 그 자체의 착취적 본성을 통해 퇴거와 이동을
강제적으로 증가시켰다면, 자본주의나 기후변화만으로는 사람들이

왜 다른 곳으로 떠나고, 이동하고, 정착하기로 결정했는지 설명할 수 없다. 산드로 메자드라(Sandro Mezzadra, 2006)가 요약한 '탈출할 권리'는 이주민과 난민의 주체성에서 비롯된 것으로, 글로벌 자본주의에 대한 집단적 대응에 해당한다. 주체성은 이주민과 난민의 "욕망과 열망뿐 아니라 이주 프로젝트를 알리고 추진하는 속임수를 설명하며, (그리고 이처럼) 행위성 개념에 깃든 자발적이고 개인주의적인 함의를 피한다"(De Genova et al. 2014: 29). 이와 같이 주체성은 이주와 퇴거에 대한 모든 환원적·원자화·탈정치화하는 설명과 이를 통제하고 제한하는 것처럼 보이는 모든 경계와 제약 과정을 뛰어넘는 개념이다.

이동하는 사람들의 주체성이라는 환원 불가능한 과잉, 즉 갈등을 일으키는 괴물성에 직면하여, 우리는 '신체 정치'라는 개념과 그 이데올로기적 책임, 즉 초국가적 유럽 국가를 극복하고 안데르센의 '상상된 공동체'(1982)를 전 지구적으로 확장하여 다시 생각해야 한다. 바로 이것이 클레어 콜브룩과 사이먼 달비가 이 책에서 상기시킨 것처럼 국민국가(필연적으로 위계적이고 배타적인 형태)와 국제법이 기후변화의 영향을 통제할 수 있는 유일한 행위자라는 생각에 전면적인 비판을 제기할 수 있는 관점이다. 자연과 문화가 분리될 수 없는 통합 체계에 내재된 인간의 주체성에 대한 이해를 기반으로 인식론적·정치적 프로젝트를 구상한다. 이 프로젝트에서 인종, 노동, 국경의 자본주의적 재생산은 그 다중적 관계 속에서 식민지 시대인 과거, 탈식민지 시대인 현재, 반자본주의 시대인 미래와 연관된 우리 시대에 대한 이해의 핵심이다.

1장 _ 도입: 표류하는 삶

Andersson, R. 2015. Hardwiring the frontier? The politics of security technology in Europe's 'fight against illegal migration'. *Security Dialogue*, 47(1), 22-39.

Baldwin, A. 2012. Orientalising environmental citizenship: Climate change, migration and the potentiality of race. *Citizenship Studies*, 16.

_____, 2013. Racialisation and the figure of the climate change migrant. *Environment and Planning A*, 45, 1474-1490.

_____, 2016. Resilience and race, or climate change and the uninsurable migrant: Towards an anthroporacial reading of 'race'. *Resilience*, 1-15.

Baldwin, A., Methmann, C. & Rothe, D. 2014. Securitizing 'climate refugees': The futurology of climate-induced migration. *Critical Studies on Security*, 2, 121-130.

Berlant, L. 2016. The commons: Infrastructures for troubling times. *Environment and Planning D: Society and Space*, 34, 393-419.

Bettini, G. & Gioli, G. 2016. Waltz with development: Insights on the develop mentalization of climate-induced migration. *Migration and Development*, 5, 171-189.

Bettini, G., Nash, S. & Gioli, G. 2016. One step forward, two steps back? The changing contours of (in)justice in competing discourses on climate migration. *The Geographical Journal*, doi:10.1111/geoj.12192.

Black, R., Bennett, S. R. G., Thomas, S. M. & Beddington, J. R. 2011. Climate change: Migration as adaptation. *Nature*, 478, 447-449.

Boas, I. 2015. *Climate Migration and Security: Securitisation as a Strategy in Climate Change Politics*. New York: Routledge.

Burridge, A. 2014. 'No Borders' as a critical politics of mobility and migration. *ACME*, 13, 463-470.

Castree, N. 2014. *Making Sense of Nature: Representation, Politics and Democracy*. Abingdon: Routledge.

Chandler, D. & Reid, J. 2016. *The Neoliberal Subject: Resilience, Adaptation and Vulnerability*. London: Rowman & Littlefield International.

Clark, N. forthcoming. Politics of strata. *Theory, Culture & Society*. Special Issue: Geosocial formations and the Anthropocene.

Cronon, W. 1996. 'Introduction: In search of nature'. In: Cronon, W. (ed.)

Uncommon Ground: Rethinking the Human Place in Nature. New York: W.W. Norton and Company.

Dalby, S. 1996. The environment as geopolitical threat: Reading Robert Kaplan's 'coming anarchy'. *Ecumene*, 3, 471-496.

_____, 2002. *Environmental Security*. Minneapolis: University of Minnesota Press.

Deleuze, G. & Guattari, F. 1987. *A Thousand Plateaus: Capitalism and Schizophrenia*. Minneapolis: University of Minnesota Press.

Dillon, M. 2008. Underwriting security. *Security Dialogue*, 39, 309-332.

Dillon, M. & Lobo-Guerrero, L. 2008. Biopolitics of security in the 21st century: An introduction. *Review of International Studies*, 34, 265-292.

Doty, R. L. 2011. Bare life: Border-crossing deaths and spaces of moral alibi. *Environment and Planning D: Society and Space*, 29, 599-612.

Duffield, M. 2007. *Development, Security and Unending War-Governing the World of Peoples*. Cambridge: Polity Press.

Duffield, M. R. 2001. *Global Governance and the New Wars: The Merging of Development and Security*. London: Zed Books.

Evans, B. & Reid, J. 2014. *Resilient Life: The Art of Living Dangerously*. Cambridge: Wiley.

Farbotko, C. 2010a. 'The global warming clock is ticking so see these places while you can': Voyeuristic tourism and model environmental citizens on Tuvalu's disappearing islands. *Singapore Journal of Tropical Geography*, 31, 224-238.

_____, 2010b. Wishful sinking: Disappearing islands, climate refugees and cosmopolitan experimentation. *Asia Pacific Viewpoint*, 51, 47-60.

Farbotko, C. & Lazrus, H. 2012. The first climate refugees? Contesting global narratives of climate change in Tuvalu. *Global Environmental Change*, 22, 382-390.

Felli, R. 2013. Managing climate insecurity by ensuring continuous capital accumulation: 'Climate Refugees' and 'Climate Migrants'. *New Political Economy*, 18, 337-363.

Foresight. 2011. *Final Project Report-Foresight: Migration and Global Environmental Change*. London: The Government Office for Science.

Ghosh, A. 2016. *The Great Derangement: Climate Change and the Unthinkable*. Chicago: University of Chicago Press.

Goldberg, D. T. 1993. *Racist Culture: Philosophy and the Politics of Meaning*. Oxford: Blackwell Publishers.

_____, 2014. *Sites of Race: Conversations with Susan Searls Giroux.*

Cambridge: Polity Press.

_____, 2015. *Are We All Postracial Yet?* Cambridge: Polity Press.

Government of Tokelau. 2015. 'Climate refugees' connotation rejected in Kiribati dialogue. Apia, Samoa: Office of the Council for the Ongoing Government of Tokelau, Apia, Samoa.

Grosz, E. 2008. *Chaos, Territory, Art: Deleuze and the Framing of the Earth.* Durham and London: Duke University Press.

Hamilton, C., Gemenne, F. & Bonneuil, C. (eds.). 2015. *The Anthropocene and the Global Environmental Crisis: Rethinking Modernity in a New Epoch.* New York: Routledge.

Haraway, D. 2015. Anthropocene, capitalocene, plantationocene, chthulucene: Making king. *Environmental Humanities*, 6, 159-165.

Harvey, D. 1974. Population, resources and the ideology of science. *Economic Geography,* 50, 256-277.

_____, 2011. *The Enigma of Capital—and the Crises of Capitalism.* London: Profile.

Hau'ofa, E. 1994. Our sea of islands. *The Contemporary Pacific*, 6, 148-161.

Hulme, M. 2011. Reducing the future to climate: A story of climate determinism and reductionism. *Osiris*, 26, 245-266.

Ipcc 2014. Fifth Assessment Report, Working Group II: Impacts, Adaptation, and Vulnerability. Geneva: Intergovernmental Panel on Climate Change.

Jansen, Y., Celikates, R. & De Bloois, J. (eds.). 2015. *The Irregularization of Migration in Contemporary Europe: Detention, Deportation, Drowning.* London and New York: Rowman & Littlefield.

Latour, B. 2004. *Politics of Nature: How the Bring the Sciences into Democracy.* Cambridge: Harvard University Press.

Malm, A. & Hornborg, A. 2014. The geology of mankind? A critique of the Anthropocene narrative. *The Anthropocene Review*, 1, 62-69.

Marx, K. 1983. *Grundrisse.* London: Penguin Books.

Massey, D. S., Durand, J. & Pren, K. A. 2016. Why border enforcement backfired. *American Journal of Sociology*, 121, 1557-1600.

Mcleman, R. 2014. *Climate and Human Migration: Past Experiences, Future Challenges.* Cambridge: Cambridge University Press.

Mcleman, R. & Smit, B. 2006. Migration as an adaptation to climate change. *Climate Change*, 76, 31-53.

Mcnamara, K. E. & Gibson, C. 2009. 'We do not want to leave our land': Pacific ambassadors at the United Nations resist the category of 'climate refugees'. *Geoforum*, 40, 475-483.

Mcwhorter, L. 2009. *Racism and Sexual Oppression in America: A Genealogy*. Bloomington: Indiana University Press.

Methmann, C. & Oels, A. 2015. From 'fearing' to 'empowering' climate refugees: Governing climate-induced migration in the name of resilience. *Security Dialogue*, 46, 51-68.

Mezzadra, S. 2015. 'The proliferation of borders and the right to escape'. In: Jansen, Y., Celikates, R. & De Bloois, J. (eds.) *The Irregularization of Migration in Contemporary Europe: Detention, Deportation, Drowning*. 1st edition. London and New York: Rowman & Littlefield.

Mezzadra, S. & Neilson, B. 2013. *Border as Method, or, the Multiplication of Labor*. Durham: Duke University Press.

Moore, J. W. 2015. *Capitalism in the Web of Life: Ecology and the Accumulation of Capital*. London: Verso Books.

Nail, T. 2015. *The Figure of the Migrant*. Stanford: Stanford University Press.

Oels, A. 2013. Rendering climate change governable by risk: From probability to contingency. *Geoforum*, 45, 17-29.

Pallister-Wilkins, P. 2015. The humanitarian politics of European border policing: Frontex and Border Police in Evros. *International Political Sociology*, 9, 53-69.

Razack, S. 2011. 'Colonization: The good, the bad, and the ugly'. In: Baldwin, A., Cameron, L. & Kobayashi, A. (eds.) *Rethinking the Great White North: Race, Nature and the Historical Geographies of Whiteness in Canada*. Vancouver: University of British Columbia Press.

Reid, J. 2012. The disastrous and politically debased subject of resilience. *Development Dialogue*, 58, 67-80.

Reid, J. & Evans, B. 2014. *Resilience: The Art of Living Dangerously*. Cambridge: Cambridge University Press.

Rothe, D. 2015. *Securitizing Global Warming: A Climate of Complexity*. London: Taylor & Francis.

Saunders, P. 2000. 'Environmental refugees: The origins of a construct'. In: Stott, P. & Sullivan, S. (eds.) *Political Ecology: Science, Myth and Power*. London: Arnold Publishers.

Schwartz, P. & Randall, D. 2003. *An Abrupt Climate Change Scenario and its Implications for United States National Security*. Washington, DC: Environmental Media Services.

Swyngedouw, E. 2010. Apocalypse forever? Post-political populism and the spectre of climate change. Theory, *Culture & Society*, 27, 213-232.

UK Foresight. 2011. Foresight: Migration and Global Environmental Change

(2011) Final Project Report. London: The Government Office for Science.

Warner, K. & Afifi, T. 2014. Where the rain falls: Evidence from 8 countries on how vulnerable households use migration to manage the risk of rainfall variability and food insecurity. *Climate and Development*, 6, 1-17.

White, G. 2011. *Climate Change and Migration: Security and Borders in a Warming World.* Oxford: Oxford University Press.

Yusoff, K., Grosz, E., Clark, N., Saldanha, A. & Nash, C. 2012. Geopower: A panel on Elizabeth Grosz's chaos, territory, art: Deleuze and the framing of the earth. *Environment and Planning D: Society and Space*, 30, 971-988.

Žižek, S. 2010. *Living in the End Times*. London: Verso Books.

2장 _ 기후변화와 민주주의, 인본주의의 위기

Arendt, Hannah. [1951] 1968. *The Origins of Totalitarianism*. New York: Harvest.

Chakrabarty, Dipesh. 2012. "Postcolonial Studies and the Challenge of Climate Change". *New Literary History*, 43(1): 1-18.

Davis, Mike. 2006a. *Planet of the Slums*. New York: Verso Books.

_____, 2006b. "Humanity's Ground Zero A Tomdispatch Interview With Mike Davis". posted on May 9, 2006. http://www.tomdispatch.com/post/82655/tomdispatch_ interview_mike_davis_turning_a_planet_into_a_slum

Feher, Michel. Manuscript, forthcoming in 2017a. "Disposing of the Discredited: A European Project". First presented at the 2015 Neoliberalism + Biopolitics Conference at UC Berkeley.

Feher, Michel. Manuscript, forthcoming in 2017b. *Rated Agencies: Political Engagements With Our Invested Selves*. Brooklyn: Zone Books.

Foucault, Michel. 2008. *The Birth of Biopolitics: Lectures at the Collège de France, 1978–1979*, ed. Michel Senellart, trans. Graham Burchell. New York: Picador.

Haraway, Donna. 1991. "A Cyborg Manifesto: Science, Technology, and Socialist- Feminism in the Late Twentieth Century" In *Simians, Cyborgs and Women: The Reinvention of Nature*. New York: Routledge.

Hayden, Patrick. 2009. "From Exclusion to Containment: Arendt, Sovereign Power, and Statelessness". *Societies Without Borders*, 3(2): 248-269.

Klein, Naomi. 2014. *This Changes Everything: Capitalism vs. The Climate*. New York: Simon & Schuster.

Lovelock, James. 2010. "Humans are too Stupid to Prevent Climate Change". posted to *The Guardian* on March 29, 2010. http://www.

theguardian.com/science/2010/ mar/29/james-lovelock-climate-change.

Papademetriou, Demetrios G. 2005. "The Global Struggle with Illegal Migration: No End in Sight". posted on September 1, 2015. http://www.migrationpolicy.org/ article/global-struggle-illegal-migration-no-end-sight.

Parr, Adrian. 2012. *The Wrath of Capital: Neoliberalism and Climate Change Politics*. New York: Columbia University Press.

Scheffran, Jurgen, Michael Brzoska, Hans Gunter Brauch, P. Michael Link, and Janpeter Schilling. 2012. *Climate Change, Human Security and Violent Conflict: Challenges for Societal Stability*. Berlin: Springer.

Schuck, Peter. 2015. "Creating a Market for Refugees in Europe". *New York Times* (June 9, 2015).

Spiegel Online Staff. 2013. "Fortress Europe How the EU Turns Its Back on Refugee". posted on October 9, 2013. http://www.spiegel.de/international/europe/ asylum-policy-and-treatment-of-refugees-in-the-european-union-a-926939.html.

Vansintjan, Aaron. 2015. "The Anthropocene Debate: Why is Such a Useful Concept Starting to Fall Apart"? posted on June 26, 2015. http://www.resilience.org/stories/2015-06-26/the-anthropocene-debate-why-is-such-a-useful-concept-starting- to-fall-apart.

3장 _ '박해받지 않으면' 난민이 될 수 없다: 영토, 보안, 기후

Archer, K., et al. 2007. "Hegemony/Counter-Hegemony: Imagining a New, Post-Nation-State Cartography of Culture in an Age of Globalization". *Globalizations*, 4(1): 115-136.

Beck, U. 2008. "Climate Change and Globalisation are Reinforcing Global Inequalities: High Time for a New Social Democratic Era". *Globalizations*, 5(1): 78-80.

Betts, A. 2010. "Survival Migration: A New Protection Framework". *Global Governance*, 16(3): 361-382.

Boas, I. 2015. *Climate Migration and Security: Securitisation as a Strategy in Climate Change Politics*. New York: Routledge.

Bøås, M. and K. M. Jennings. 2007. "'Failed States' and 'State Failure': Threats or Opportunities"? *Globalizations*, 4(4): 475-485.

Brown, W. 2010. *Walled States, Waning Sovereignty*. New York: Zone.

Buxton, N. and B. Hayes (eds.). 2016. T*he Secure and the Dispossessed: How the Military and Corporations are Shaping a Climate Changed World*. London: Pluto Press.

Cerny, P. G. 2010. *Rethinking World Politics a Theory of Transnational Neopluralism*. Oxford: Oxford University Press.

CNA Military Advisory Board. 2014. *National Security and the Accelerating Risks of Climate Change*. Alexandria, VA: CNA Corporation.

Dalby, S. 2002. *Environmental Security*. Minneapolis: University of Minnesota Press.

_____, 2013. "The Geopolitics of Climate Change". *Political Geography*, 37: 38-47.

_____, 2014. "Environmental Geopolitics in the Twenty First Century". *Alternatives: Global, Local, Political*, 39(1): 3-16.

Dauvergne, P. 2008. *The Shadows of Consumption: Consequences for the Global Environment*. Cambridge MA: MIT Press.

Dietrich, F. and J. Wündisch. 2015. "Territory Lost—Climate Change and the Violation of Self-Determination Rights". *Moral Philosophy and Politics*, 2(1): 83-105.

Elden, S. 2009. *Terror and Territory: The Spatial Extent of Sovereignty*. Minneapolis: University of Minnesota Press.

_____, 2013. *The Birth of Territory*. Chicago: Chicago University Press.

Elshtain, J. B. 2008. *Sovereignty: God, State, and Self.* New York, NY: Basic Books.

Gerrard, M. B. and G. E. Wannier (eds.). 2013. *Threatened Island Nations: Legal Implications of Rising Seas and a Changing Climate*. Cambridge: Cambridge University Press.

Hameiri, S. and L. Jones. 2015. *Governing Borderless Threats: Non-Traditional Security and the Politics of State Transformation*. Cambridge: Cambridge University Press.

Hommel, D. and A. B. Murphy. 2013. "Rethinking Geopolitics in an era of Climate Change". *GeoJournal*, 78: 507-524.

Jackson, R. 2000. *The Global Covenant: Human Conduct in a World of States*. Oxford: Oxford University Press.

Jones, R. 2012. *Border Walls: Security and the War on Terror in the United States, India and Israel*. London: Zed Books.

Lorimer, J. 2015. *Wildlife in the Anthropocene: Conservation after Nature*. Minneapolis: University of Minnesota Press.

Mitchell, A. 2014. *International Intervention in a Secular Age: Re-enchanting Humanity?* Abingdon: Routledge.

Mountz, A. 2010. *Seeking Asylum: Human Smuggling and Bureaucracy on the Border*. Minneapolis: University of Minnesota Press.

Nine, C. 2010. "Ecological Refugees, States Borders, and the Lockean Proviso". *Journal of Applied Philosophy*, 27(4): 359-375.

Nine, C. 2012. *Global Justice and Territory*. Oxford: Oxford University Press.

Parenti, C. 2011. *Tropic of Chaos: Climate Change and the New Geography of Violence*. New York: Nation Books.

Smith, P. J. 2007. "Climate Change, Mass Migration and the Military Response". *Orbis*, 51(4): 617-633.

Stiglitz, J. E. and M. Kaldor (eds.). 2013. *The Quest for Security: Protection Without Protectionism and the Challenge of Global Governance*. New York: Columbia University Press.

Thomas, C. 2014. "What does the Emerging International Law of Migration Mean for Sovereignty?" *Melbourne Journal of International Law*, 14(2): 76-104.

Tsing, A. L. 2005. *Friction: An Ethnography of Global Connection*. Princeton, N.J.: Princeton University Press.

Vaha, M. E. 2015. "Drowning Under: Small Island States and the Right to Exist". *Journal of International Political Theory*, 11(2): 206-223.

Vidas, D., J. Zalasiewicz, and M. Williams. 2015. What Is the Anthropocene —and Why Is It Relevant for International Law? *Yearbook of International Environmental Law*, 25(1): 3-23.

Walker, R. B. J. 2010. *After the Globe, Before the World*. London: Routledge.

White, G. 2011. *Climate Change and Migration: Security and Borders in a Warming World*. Oxford: Oxford University Press.

Wong, D. 2014. "Sovereignty Sunk? The Position of Sinking States at International Law". *Melbourne Journal of International Law*, 14(2): 1-46.

Yamamoto, L. and M. Esteban. 2014. *Atoll Island States and International Law: Climate Change Displacement and Sovereignty*. Heidelberg and New York: Springer.

Zacher, M. 2001. "The International Territorial Order: Boundaries, the Use of Force and Normative Change". *International Organization*, 55: 215-250.

4장 _ 바다에서 죽다

Agamben, Giorgio. 2013. *Nymphs*. Seagull Books.

Bataile, Georges. 1999. *Tears of Eros*. San Francisco: City Lights.

_____, 1994. *The Absence of Myth: Writings on Surrealism*. London: Verso.

Bauman, Zygmunt. 2000. *Liquid Modernity*. Cambridge: Polity Press.

_____, 2002. *Society Under Siege*. Cambridge: Polity Press.

_____, 2006. *Liquid Fear*. Cambridge: Polity Press.

_____, 2007. *Liquid Times: Living in an Age of Uncertainty*. Cambridge: Polity Press.

_____, 2013. *Collateral Damages: Social Inequalities in a Global Age*. Cambridge: Polity Press.

Brintnall, Kent. 2011. *Ecce Homo: The Male Body in Pain as Redemptive Figure*. Chicago: University of Chicago Press.

Deleuze, Gilles and Felix Guattari. 2004. *A Thousand Plateaus*. London: Continuum.

Derrida, Jacques. 1993. *Aporias*. Stanford: Stanford University Press.

Duffield, Mark. 2007. *Development, Security and Unending War: Governing the World of Peoples*. Cambridge: Polity Press.

Evans, Brad. 2013. *Liberal Terror*. Cambridge: Polity Press.

Evans, Brad and Henry A. Giroux. 2015a. "Intolerable Violence". *Symploke* 23, no. 1 & 2: pp. 197-219.

_____, 2015b. *Disposable Futures: The Seduction of Violence in the Age of Spectacle*. San Francisco: City Lights.

Huysmans, Jef. 2006. *The Politics of Insecurity: Fear, Migration and Asylum in the EU*. London: Routledge.

Laurelle, Francois. 2015. *General Theory of Victims*. Cambridge: Polity Press.

Laurent, Oliver. "What the Image of Alyan Kurdi Says About the Power of Photography". *Time Magazine*, September 4, 2015. Online at: http://time. com/4022765/aylan-kurdi-photo/

Massumi, Brian. 2015. *The Politics of Affect*. Cambridge: Polity Press.

Rancière, Jacques. 2004. *The Politics of Aesthetics: The Distribution of the Sensible*. London: Continuum.

Reich, Wilhem. 1970 [1933]. *The Mass Psychology of Fascism*. trans. V. Carfagno. New York: Farrar, Straus, Giroux.

Schmitt, Carl. 2006. *The Nomos of the Earth in the International Law of the Jus Publicum Europaeum*. New York: Telos.

5장 _ 불안정한 미래: 기후변화와 이주, 보이지 않는 장면에서 회복력의 생명정치

Adams, H. 2016. Why Populations Persist: Mobility, Place attachment and Climate Change. *Population and Environment*, 37, 429-448.

ADB. 2012a. *Addressing Climate Change and Migration in Asia and the Pacific. Mandaluyong City*. Philippines: Asian Development Bank.

_____, 2012b. *Addressing Climate Change and Migration in Asia and the Pacific*. Mandaluyong City: Asian Development Bank.

Afe, W. A. Nigel, B. Richard, D. Stefan, G. Andrew & S. G. T. David. 2015. Focus on Environmental Risks and Migration: Causes and Consequences. *Environmental Research Letters*, 10, 060201.

Author. 2014. Official Prophecy of Doom: Global Warming will Cause Widespread Conflict, Displace Millions of People and Devastate the Global Economy. *The Independent* [online], 18 March.

Author. 2015. Prepare for Rising Migration Driven by Climate Change, Governments Told. *The Guardian* [online], 8 January.

Baker, A. 2015. How Climate Change is Behind the Surge of Migrants to Europe. *Time*.

Baldwin, A. 2016. Resilience and Race, or Climate Change and the Uninsurable Migrant: Towards an Anthroporacial Reading of 'race'. *Resilience*, 1-15.

Bauman, Z. 2015. The Migration Panic And Its (Mis)Uses. Retrieved from https://www.socialeurope.eu/2015/12/migration-panic-misuses/.

Bettini, G. 2013. Climates Barbarians at the Gate? A Critique of Apocalyptic Narratives on Climate Refugees. *Geoforum*, 45, 63-72.

_____, 2014. Climate Migration as an Adaption Strategy: De-securitizing Climate-Induced Migration or Making the Unruly Governable? *Critical Studies on Security*, 2, 180-195.

_____, 2017. Archaeologies of the Future—Tracing the Lineage of Contemporary Discourses on the Climate-migration Nexus. In *On the Move: Environmental history of Modern Migrations*, (eds.) M. Armiero & R. Tucker. London: Routledge.

Bettini, G. & E. Andersson. 2014. Sand Waves and Human Tides: Exploring Environmental Myths on Desertification and Climate-Induced Migration. *The Journal of Environment & Development*, 23, 160-185.

Bettini, G. & G. Gioli. 2016. Waltz with Development: Insights on the Developmentalization of Climate-induced Migration. *Migration and Development*, 5, 171-189.

Bettini, G., S. Nash & G. Gioli. 2016. One Step Forward, Two Steps Back? The Changing Contours of (in)justice in Competing Discourses on Climate Migration. *The Geographical Journal*, doi:10.1111/geoj.12192.

Black, R., N. W. Arnell, W. N. Adger, D. Thomas & A. Geddes. 2013. Migration, Immobility and Displacement Outcomes following Extreme Events. *Environmental Science & Policy*, 27, S32-S43.

Black, R., S. Bennett, S. Thomas & J. Beddington. 2011. Climate Change: Migration as Adaptation. *Nature*, 478, 447-449.

Bronen, R. & F. S. Chapin. 2013. Adaptive Governance and Institutional

Strategies for Climate-induced Community Relocations in Alaska. *Proceedings of the National Academy of Sciences*, 110, 9320-9325.

Brown, L. 1976. *World Population Trends: Signs of Hope, Signs of Stress*. Worldwatch Paper 8. Washington, DC: Worldwatch Institute.

Brown, W. 2010. *Walled States, Waning Sovereignty*. New York: Zone Books.

Chandler, D. & J. Reid. 2016. *The Neoliberal Subject: Resilience, Adaptation and Vulnerability*. London: Rowman and Littlefield International.

Chaturvedi, S. & T. Doyle. 2015. *Climate Terror: A Critical Geopolitics of Climate Change*. New York, NY: Palgrave Macmillan.

Christian Aid. 2007. *Human Tide: The Real Migration Crisis*. London: Christian Aid.

Council of the European Union. 2008. Climate Change and International Security—Report from the Commission and the Secretary-General/High Representative. Brussels.

De Genova, N. 2013. Spectacles of Migrant 'illegality': The Scene of Exclusion, the Obscene of Inclusion. *Ethnic and Racial Studies*, 36, 1180-1198.

_____, 2016. The Incorrigible Subject of the Border Spectacle. In *Public and Political Discourses of Migration: International Perspectives*, (eds.) A. Haynes, M. J. Power, E. Devereux, A. Dillane & J. Carr. London: Rowman & Littlefield.

de Sherbinin, A., M. Castro, F. Gemenne, M. M. Cernea, S. Adamo, P. M. Fearnside, G. Krieger, S. Lahmani, A. Oliver-Smith, A. Pankhurst, T. Scudder, B. Singer, Y. Tan, G. Wannier, P. Boncour, C. Ehrhart, G. Hugo, B. Pandey & G. Shi. 2011. Preparing for Resettlement Associated with Climate Change. *Science*, 334, 456-457.

Dinshaw, F. 2015. This is What a Climate Refugee Looks Like. *The National Observer* [online], 4 September.

Duffield, M. 2007. *Development, Security and Unending War—Governing the World of Peoples*. Cambridge: Polity Press.

_____, 2012. Challenging Environments: Danger, Resilience and the Aid Industry. *Security Dialogue*, 43, 475-492.

Duffield, M. R. 2001. *Global Governance and the New Wars: The Merging of Development and Security*. London: Zed Books.

El-Hinnawi, E. 1985. *Environmental Refugees*. Nairobi: UNEP.

Environmental Justice Foundation. 2009. *No Place Like Home—Where Next for Climate Refugees?* London: Environmental Justice Foundation.

Evans, B. & J. Reid. 2014. *Resilient Life: The Art of Living Dangerously*.

Cambridge: Wiley.

Felli, R. 2013. Managing Climate Insecurity by Ensuring Continuous Capital Accumulation: 'Climate Refugees' and 'Climate Migrants'. *New Political Economy*, 18, 337-363.

Felli, R. & N. Castree. 2012. Neoliberalising Adaptation to Environmental Change: Foresight or Foreclosure? *Environment and Planning A*, 44, 1-4.

Findley, S. E. 1994. Does Drought Increase Migration? A Study of Migration from Rural Mali During the 1983–1985 Drought. *International Migration Review*, 28, 539-553.

Foresight. 2011. *Final Project Report—Foresight: Migration and Global Environmental Change*. London: The Government Office for Science.

Gemenne, F. 2015. One Good Reason to Speak of 'climate refugees'. *Forced Migration Review*, 49, 70-71.

Hall, N. 2016. *Displacement, Development, and Climate Change: International Organizations Moving Beyond Their Mandates*. New York: Routledge.

IPCC. 2014. *Climate Change 2014: Impacts, Adaptation, and Vulnerability. Part A: Global and Sectoral Aspects. Contribution of Working Group II to the Fifth Assessment Report of the Intergovernmental Panel on Climate Change*. Cambridge (UK) and New York (NY, USA): Cambridge University Press.

Jacobsen, J. L. 1988. *Environmental Refugees: A Yardstick of Habitability*. Washington: World Watch Institute.

Jansen, Y., R. Celikates & J. de Bloois. 2015. *The Irregularization of Migration in Contemporary Europe : Detention, Deportation, Drowning*. London and New York: Rowman & Littlefield.

Kibreab, G. 1997. Environmental Causes and Impact of Refugee Movements: A Critique of the Current Debate. *Disasters*, 21, 20-38.

Lu, X., D. J. Wrathall, P. R. Sundsøy, M. Nadiruzzaman, E. Wetter, A. Iqbal, T. Qureshi, A. Tatem, G. Canright, K. Engø-Monsen & L. Bengtsson. 2016. Unveiling Hidden Migration and Mobility Patterns in Climate Stressed Regions: A Longitudinal Study of Six Million Anonymous Mobile Phone users in Bangladesh. *Global Environmental Change*, 38, 1-7.

McDowell, C. 2013. Climate-Change Adaptation and Mitigation: Implications for Land Acquisition and Population Relocation. *Development Policy Review*, 31, 677-695.

Methmann, C. & A. Oels. 2015. From 'fearing' to 'empowering' Climate Refugees: Governing Climate-induced Migration in the Name of Resilience. *Security Dialogue*, 46, 51-68.

Mezzadra, S. & B. Neilson. 2012. Between Inclusion and Exclusion: On the Topology of Global Space and Borders. *Theory, Culture & Society*, 29, 58-75.

_____, 2013. *Border as Method, or, the Multiplication of Labor*. Durham: Duke University Press.

Myers, N. 1997. Environmental Refugees. *Population and Environment*, 19, 167-182.

_____, 2002. Environmental Refugees: A Growing Phenomenon of the 21st Century. *Philosophical Transactions: Biological Sciences*, 357, 609-613.

Myers, N. & J. Kent. 1995. *Environmental Exodus. An Emergent Crisis in the Global Arena*. Washington: Climate Institute.

Neocleous, M. & M. Kastrinou. 2016. The EU hotspot—Police War against the Migrant. *Radical Philosophy*, 200, 3-9.

Pallister-Wilkins, P. 2015. The Humanitarian Politics of European Border Policing: Frontex and Border Police in Evros. *International Political Sociology*, 9, 53-69.

Ransan-Cooper, H., C. Farbotko, K. E. McNamara, F. Thornton & E. Chevalier. 2015. Being(s) Framed: The Means and Ends of Framing Environmental Migrants. *Global Environmental Change*, 35, 106-115.

Reid, J. 2010. The Biopoliticization of Humanitarianism: From Saving Bare Life to Securing the Biohuman in Post-Interventionary Societies. *Journal of Intervention and Statebuilding*, 4, 391-411.

_____, 2012. The Disastrous and Politically Debased Subject of Resilience. *Development Dialogue*, 58, 67-80.

Reuveny, R. 2007. Climate Change-induced Migration and Violent Conflict. *Political Geography*, 26, 656-673.

Schade, J., C. McDowell, E. Ferris, K. Schmidt, G. Bettini, C. Felgentreff, F. Gemenne, A. Patel, J. Rovins, R. Stojanov, Z. Sultana & A. Wright. 2015. Climate Change and Climate Policy Induced Relocation: A Challenge for Social Justice. Recommendations of the Bielefeld Consultation (2014). Migration, *Environment and Climate Change: Policy Brief Series*, 1.

Stern, N. 2007. *The Economics of Climate Change: The Stern Review*. Cambridge: Cambridge University Press.

Suhrke, A. 1994. Environmental Degradation and Population Flows. *Journal of International Affairs*, 47, 473-496.

Swyngedouw, E. 2009. The Antinomies of the Postpolitical City: In Search of a Democratic Politics of Environmental Production. *International Journal of Urban and Regional Research*, 33, 601-620.

_____, 2010. Apocalypse Forever? Post-political Populism and the Spectre of Climate Change. *Theory, Culture & Society*, 27, 213-232.

_____, 2013. The Non-political Politics of Climate Change. ACME, 12, 1-8. Tazzioli, M. 2015a. The Desultory Politics of Mobility and the Humanitarian-military Border in the Mediterranean. Mare Nostrum Beyond the Sea. *REMHU: Revista Interdisciplinar da Mobilidade Humana*, 23, 61-82.

_____, 2015b. The Politics of Counting and the Scene of Rescue—Border Deaths in the Mediterranean. *Radical Philosophy*, 192, 2-5.

UNFCCC. 2010. The Cancun Agreements: Outcome of the Work of the Ad-hoc Working Group on Long-term Cooperative Action under the Convention.

_____, 2016. Report of the Conference of the Parties on its twenty-first session, held in Paris from 30 November to 13 December 2015. Addendum. Part two: Action taken by the Conference of the Parties at its twenty-first session.

UNHCR. 2014. Planned Relocation, Disasters and Climate Change: Consolidating Good Practices and Preparing for the Future. In *Final report of the Expert consultation on Planned Relocation, Disasters and Climate Change: Consolidating Good Practices and Preparing for the Future*. Sanremo, Italy, 12-14 March 2014.

Warner, K. 2012. Human Migration and Displacement in the Context of Adaptation to Climate Change: The Cancun Adaptation Framework and Potential for Future Action. *Environment and Planning C: Government and Policy*, 30, 1061-1077.

Warner, K. & T. Afifi. 2014. Where the Rain Falls: Evidence from 8 countries on how Vulnerable Households use Migration to Manage the Risk of Rainfall Variability and Food Insecurity. *Climate and Development*, 6, 1-17.

Warner, K., T. Afifi, K. Henry, T. Rawe, C. Smith & A. De Sherbinin. 2012. *Where the Rain Falls: Climate Change, Food and Livelihood Security, and Migration—Global Policy Report*. Bonn: UNU-EHS (United Nations University Institute for Environment and Human Security).

Warner, K., T. Afifi, W. Kälin, S. Leckie, S. Ferris, S. Martin & D. Wrathall. 2013. *Changing Climates, Moving People: Framing Migration, Displacement and Planned Relocation*. Bonn: United Nations University.

WBGU. 2008. *Climate Change as a Security Risk*. London: Earthscan.

Westra, L. 2009. *Environmental Justice and the Rights of Ecological Refugees*. London: Earthscan.

Wilmsen, B. & M. Webber. 2015. What Can We Learn from the Practice of Development-forced Displacement and Resettlement for Organised Resettlements in Response to Climate Change? *Geoforum*, 58, 76-85.

Žižek, S. 2010. *Living In the End Times*. London: Verso Books.

6장 _ 갈라지는 바다: 움직이는 바다

Beckett, S'amuel. 1957/2009. *Endgame: A Play in One Act*. London: Faber and Faber.

Donovan, Travis. 2011. "State of the Ocean: 'Shocking' Report Warns of Mass Extinction from Current Rate of Marine Distress". *Huffington Post*, June 20. http://www.huffingtonpost.com/2011/06/20/ipso-2011-ocean-report-mass- extinction_n_880656.html.

Douglas, Mary. 1966. *Purity and Danger: An Analysis of the Concepts of Pollution and Taboo*. London: Routledge and Kegan Paul.

Fassbinder, Rainer. 1974. "Ali: Fear Eats the Soul".

Frank, Andre Gunder. 1998. *ReOrient: Global Economy in the Asian Age*. *Berkeley*, California: University of California Press.

Ghosh, Amitav The Ibis Trilogy. 2008–2015. New York: Farrar, Strauss and Giroux.

Goldberg, David Theo. 2002. *The Racial State*. *Malden*, Massachusetts: Basil Blackwell.

_____, 2015. *Are We All Postracial Yet?* Malden, Massachusetts: Polity Press.

Haraway, Donna. 2008. *When Species Meet*. Minneapolis, Minnesota: University of Minnesota Press.

Hicks, Jonathan P. 2013. "Report: Blacks are Disproportionately Connected by Natural Disasters". *BET*, May 24. http://www.bet.com/news/national/2013/05/24/african-americans-are-disproportionately-affected-by-disasters.html.

Helmreich, Stefan. 2009. *Alien Ocean: Anthropological Voyages in Microbial Seas*. Berkeley, California: University of California Press.

International Report on the State of the Ocean (IPSO). 1913. *Marine Pollution Bulletin*. http://www.stateoftheocean.org/science/state-of-the-ocean-report/.

Jones, Michael. 2013. "What Does 'excising the mainland from the migration zone' Mean?" http://migrantlaw.blogspot.com.au/2013/05/what-does-excising-mainland-from.html.

Joyce, James. 1922. *Ulysses*. Paris: Sylvia Beach.

Latour, Bruno. 1993. *We Have Never Been Modern*.Cambridge, Massachusetts: Harvard University Press.

Nakache, Olivier and Toledano, Eric. 2014. "Samba".

Nixon, Rob. 2013. *Slow Violence and the Environmentalism of the Poor.* Cambridge, Massachusetts: Harvard University Press.

Olson, Charles. 1947/1998. *Call Me Ishmael.* Baltimore: Johns Hopkins University Press.

Ondaatje, Michael. 2011. *The Cat's Table.* New York: Knopf.

Peterson, Wolfgang. 2000. "The Perfect Storm".

Robinson, Kim Stanley. 2002. *The Years of Rice and Salt.* New York: Bantam Books.

Steinberg, Philip. 2001. *The Social Construction of the Ocean.* Cambridge: Cambridge University Press.

Taussig, Michael. 2000. "The Beach (A Fantasy)". *Critical Inquiry* (Winter): 248-278.

Valayden, Chandiren. 2013. *Outbreak Racism: The Embrace of Risk after Structural Racism.* Dissertation. University of California Irvine.

Von Trier, Lars. 2011. "Melancholia".

7장 _ 초월적 이주: 기후변화 피난처 찾기

Agamben, Giorgio. 1998. *Homo Sacer: Sovereign Power and Bare Life.* Trans. Daniel Heller-Roazen. Stanford: Stanford University Press.

Agamben, Giorgio. 2000. 'Beyond Human Rights'. In *Means Without Ends.* Trans. Cesare Casarino and Vincenzo Binetti. Minneapolis: University of Minnesota Press.

Allen, Amy. 2016. *The End of Progress: Decolonizing the Normative Foundations of Critical Theory.* New York: Columbia University Press.

Deleuze, Gilles and Felix Guattari. 1987. *A Thousand Plateaus: Capitalism and Schizophrenia. Trans. Brian Massumi.* Minneapolis: University of Minnesota Press.

Foley, Gary, Andrew Schaap and Edwina Howell (eds.). 2013. *The Aboriginal Tent Embassy: Sovereignty, Black Power, Land Rights and the State.* London: Routledge.

Franke, M. 2009. 'The Political Stakes of Indigenous Diplomacies: Questions of difference'. In J. Beier (ed.), *Indigenous Diplomacies.* Basingstoke: Palgrave Macmillan, pp. 47-60.

Hamilton, Clive. 2013. *Earthmasters: The Dawn of the Age of Climate*

Engineering. New Haven: Yale University Press.

Lister, Matthew. 2014. 'Climate Change Refugees'. *Critical Review of International Social and Political Philosophy*, 17, no. 5, pp. 618-634.

Moore, Jason. 2016. *Anthropocene or Capitalocene?: Nature, History, and the Crisis of Capitalism*. Oakland: PM Press.

8장 _ 낯선 행성의 이방인들: 환대와 홀로세 기후변화에 대하여

Agamben, G. 2000. *Means Without Ends: Notes on Politics*. Minneapolis, MN and London: University of Minnesota Press.

Alley, R. B. 2000. *The Two-Mile Time Machine: Ice Cores, Abrupt Climate Change, and Our Future*. Princeton: Princeton University Press.

Alley, R. B., Marotzke, J., Nordhaus, W. D., Overpeck, J. T., Peteet, D. M., Pielke, R. A., Pierrehumbert, R. T., Rhines, P. B., Stocker, T. F., Talley, L. D., and Wallace, J. M. 2003. 'Abrupt Climate Change'. *Science*, 299 (28 March): 2005-2010.

Arendt, H. 1973. *The Origins of Totalitarianism*. San Diego: Harvest.

Beck, U. 2000. 'The Cosmopolitan Perspective: Sociology of the Second Age of Modernity'. *British Journal of Sociology*, 51(1): 79-105.

Bettini, G. 2013. 'Climates Barbarians at the Gate? A Critique of Apocalyptic Narratives on Climate Refugees'. *Geoforum*, 45: 63-72.

Broecker, W. S. 1987. 'Unpleasant Surprises in the Greenhouse'. *Nature*, 328 (9 July): 123-126.

Brooke, J. 2014. *Climate Change and the Course of Global History: A Rough Journey*. New York: Cambridge University Press.

Brooks, N. 2012. 'Beyond Collapse: Climate Change and Causality during the Middle Holocene Climatic Transition, 6400–5000 Years Before Present'. *GeografiskTidsskrift-Danish Journal of Geography*, 112(2): 93-104.

Brown, W. 2010. *Walled States, Waning Sovereignty*. New York: Zone Books.

Chakrabarty, D. 2008. 'The Climate of History: Four Theses'. *Critical Inquiry*, 35:197-222.

Cities Alliance. 2016. 'Climate Migration Drives Slum Growth in Dhaka'. Available at: http://www.citiesalliance.org/node/420 (accessed 26 June 2016).

Clark, N. 2003. 'The Drowning Fields: Environmental Disaster, Displacement and Hospitality'. Paper presented at the British Sociological Association Conference: *Social Futures: Desire, Excess and Waste*, April 11-13. New York: University of New York.

_____, 2011. *Inhuman Nature: Sociable Life on a Dynamic Planet*. London: Sage.

_____, 2013. 'Geopolitics at the Threshold'. *Political Geography*, 37: 48-50.

_____, 2014. 'Geo-politics and the Disaster of the Anthropocene'. *The Sociological Review*, 62(S1): 19-37.

_____, 2016. 'Anthropocene Incitements: Toward a Politics and Ethics of Exorbitant Planetarity'. In *The Politics of Globality Since 1945: Assembling the Planet*, (eds.). van Munster R., and Sylvest C., Abingdon, Oxon: Routledge, 126-144.

Cohen, T. 2010. 'The Geomorphic Fold: Anapocalyptics, Changing Climes and "Late" Deconstruction'. *The Oxford Literary Review*, 32(1): 71-89.

Collier, S. and Lakoff A. 2015. 'Vital Systems Security: Reflexive Biopolitics and the Government of Emergency'. *Theory, Culture & Society*, 32(2): 19-51.

Davis, M. 1996. 'Cosmic Dancers on History's Stage? The Permanent Revolution in the Earth Sciences'. *New Left Review*, 217: 48-84.

Deleuze, G. and Guattari, F. 1987. *A Thousand Plateaus: Capitalism and Schizophrenia*. Minneapolis: University of Minnesota Press.

Deleuze, G. and Guattari, F. 1994. *What is Philosophy?* London: Verso Books.

Derrida J. 1994. *Spectres of Marx: The State of the Debt, the Work of Mourning, and the New International*. New York: Routledge.

_____, 2001. *On Cosmopolitanism and Forgiveness*. London: Routledge.

_____, 2005. *Rogues: Two Essays on Reason*. Stanford, CA: Stanford University Press.

Dikeç, M., Clark, N. and Barnett, C. 2009. 'Extending Hospitality: Giving Space, Taking Time'. *Paragraph*, 32(1): 1-14.

Dillon, M. 1999. 'The Scandal of the Refugee: Some Reflections on the "Inter" of International Relations and Continental Thought'. In *Moral Spaces: Rethinking Ethics and World Politics*, (eds.). Campbell, D. and Shapiro, M. J., Minneapolis, MN: University of Minnesota Press.

Fortey, R. 2005. *The Earth: An Intimate History*. London: Harper Perennial.

Gemenne, F. 2011. 'Climate-Induced Population Displacements in a 4°C+ World'. *Philosophical Transactions of the Royal Society A*, 369: 182-195.

Gasché, R. 2014. *Geophilosophy: On Deleuze and Guattari's What is Philosophy?* Evanston, IL: Northwestern University Press.

Gleick, P. H. 2014. 'Water, Drought, Climate Change, and Conflict in Syria'. *Weather, Climate and Society*, 6: 331-40.

Goldberg, L. 2009. 'The Miraculous Story of the Jews of Zakynthos'. *The*

Jerusalem Post (13 December). Available at: http://www.jpost.com/ Jewish-World/The-miraculous-story-of-the-Jews-of-Zakynthos(accessed 26 June 2016).

Hamilton, C. 2014. Can Humans Survive the Anthropocene? Available at: http://clivehamilton.com/can-humans-survive-the-anthropocene/ (accessed 4 October, 2015).

Hardt, M. and Negri, A. 2001. *Empire*. Cambridge, MA: Harvard University Press.

Hayward A., Dowsett H., Valdes P. et al. 2009. 'Introduction: Pliocene Climate, Processes and Problems'. *Philosophical Transactions of the Royal Society A*, 367 (2009): 3-17.

Holy Bible: King James Version. Available at: http://www.kingjamesbibleonline. org (accessed 26 June 2016).

Johnson, G. 1988. 'Late Uruk in Greater Mesopotamia: Expansion or Collapse'? *Origini: Preistoria e Protostoria delle Civiltà Antiche*, 14: 595-613.

Johnstone, S. and Mazo, J. 2011. 'Global Warming and the Arab Spring'. *Survival*, 53(2): 11-17.

Kennett, D. J. and Kennett, J. P. 2006. 'Early State Formation in Southern Mesopotamia: Sea Levels, Shorelines, and Climate Change'. *The Journal of Island and Coastal Archaeology*, 1(1): 67-99.

Larking, E. 2014. *Refugees and the Myth of Human Rights: Life Outside the Pale of the Law*. Farnham and Burlington, VT: Ashgate.

Latour, B. 2014. 'Agency at the Time of the Anthropocene'. *New Literary History*, 45(1): 1-18.

Lazarus, D. S. 1990. 'Environmental Refugees: New Strangers at the Door'. *Our Planet*, 2(3): 12-14.

Lingis, A. 1994. *The Community of Those Who Have Nothing in Common*. Bloomington and Indianapolis: Indiana University Press.

Michaels, A. 1997. *Fugitive Pieces*. London: Bloomsbury.

Myers, N. 1993. *Ultimate Security: The Environment Basis of Political Security*. New York and London: WW Norton.

Myers, N. 2002. 'Environmental Refugees: A Growing Phenomenon of the 21st Century'. *Philosophical Transactions of the Royal Society of London*, 357: 609-613.

Nunn, P. 2012. 'Understanding and Adapting to Sea Level Rise'. In *Global Environmental Issues* (2nd edition), (ed.). Harris, F. Chichester: John Wiley & Sons, 87-107.

Piguet, E. 2010. 'Linking Climate Change, Environmental Degradation, and Migration: A Methodological Overview'. *Wiley Interdisciplinary Reviews: Climate Change*, 1(4): 517-524.

Piguet, E. 2013: 'From "Primitive Migration" to "Climate Refugees": The Curious Fate of the Natural Environment in Migration Studies'. *Annals of the Association of American Geographers*, 103(1): 148-162.

Rockström, J., Steffen, W., Noone, K., Chapin, F. S. III., Lambin, E., Lenton, T., Scheffer, M., Folke, C., Schellnhuber, H., Nykvist, B., De Wit, C., Hughes, T., van der Leeuw, S., Rodhe, H., Sörlin, S., Snyder, P., Costanza, R., Svedin, U., Falkenmark, M., Karlberg, L., Corell, R., Fabry, V., Hansen, J., Walker, B., Liverman, D., Richardson, K., Crutzen, P. and Foley, J., 2009, 'Planetary Boundaries: Exploring the Safe Operating Space for Humanity'. *Ecology and Society*, 14(2): 32. Available at: www.ecologyandsociety.org/vol14/iss2/art32/ (accessed 16 March 2013).

Selby, J. and Hulme, M. 2015. 'Is Climate Change really to Blame for Syria's Civil War?' *The Guardian* (November 29). Available at: http://www.theguardian. com/commentisfree/2015/nov/29/climate-change-syria-civil-war-prince-charles (accessed 26 June 2016).

Selby, J. 2014. 'Positivist Climate Conflict Research: A Critique'. *Geopolitics* 19(4): 829-856.

Shryock, A. 2009. Hospitality Lessons: Learning the Shared Language of Derrida and the Balga Bedouin, *Paragraph*, 32(1): 32-50.

Shryock, A. 2012. 'Breaking Hospitality Apart: Bad Hosts, Bad Guests, and the Problem of Sovereignty'. *Journal of the Royal Anthropological Institute* 18: S20-S33.

Sloterdijk P. 2014. *Spheres 2: Globes—Macrospherolog*. South Pasadena, CA: Semiotext(e).

Turpin, E. 2011. 'Reflections on Stainlessness'. *Fuse*, 35(1): 11-15.

Warner K., Hamza, M., Oliver-Smith, A., Renaud, F., and Julca, A. 2010. 'Climate Change, Environmental Degradation and Migration'. *Natural Hazards*, 55: 689-715.

White, G. 2011. *Climate Change and Migration: Security and Borders in a Warming World*. New York: Oxford University Press.

Yusoff, K. 2013. 'Geologic Life: Prehistory, Climate, Futures in the Anthropocene'. *Environment and Planning D: Society and Space*, 31: 779-795.

Zalasiewicz, J. 2008. *The Earth After Us*. Oxford: Oxford University Press.

Zante-paradise.com. 'Zante history Zakynthos'. Available at: http://www.zante-paradise.com/history.htm (accessed 26 June 2016).

Baldwin, Andrew. 2016. "Premediation and White Affect: Climate Change and Migration in Critical Perspective". *Transactions of the Institute of British Geographers*, 41, 78-90.

Brown, Wendy. 2014. *Walled States, Waning Sovereignty*. New York: Zone Books.

Clifford, James. 1997. *Routes: Travel and Translation in the Twentieth Century*. Cambridge, MA: Harvard University Press.

Elden, Stuart, (ed.). 2012. *Sloterdijk Now*. Cambridge, UK: Polity.

Habermas, Jürgen. 2012. *The Crisis of the European Union: A Response*. Cambridge: Polity.

Harvey, David. 2005. *A Brief History of Neoliberalism*. Oxford: Oxford University Press.

Kissler, Alexander and Christoph Schwechater. 2016. "Das kann nicht gut gehen". interview with Peter Sloterdijk, *Cicero*, January 27.

Klein, Naomi. 2007. *The Shock Doctrine: The Rise of Disaster Capitalism*. New York: Knopf.

Klein, Melanie. 1949. *The Psycho-Analysis of Children*. London: Hogarth.

Marx, Karl 1999. *Capital, Volume 1*, https://www.marxists.org/archive/marx/works/1867-c1/index.htm.

Marx, Karl and Friedrich Engels. 2000. *Manifesto of the Communist Party*, https://www.marxists.org/archive/marx/works/1848/communist-manifesto.

Massey, Doreen. 1994. *Space, Place and Gender*. Cambridge, UK: Polity.

_____, 2005. *For Space*. London: Sage.

McNeill, J.R. and William McNeill. 2003. *The Human Web: A Bird's-Eye View of World History*. New York: Norton.

Mustaerts, Inge. 2016. *Immunological Discourse in Political Philosophy: Immunisation and Its Discontents*. London: Routledge.

Ostrander, Madelin. 2016. "How Do You Decide to Have a Baby When Climate Change is Remaking Life On Earth?" *The Nation*, April 11-18.

Parenti, Christian. 2011. *Tropic of Chaos: Climate Change and the New Geography of Violence*. New York: Nation Books.

Sloterdijk, Peter. 1987. *Critique of Cynical Reason, translated by Michael Eldred*. Minneapolis: University of Minnesota Press.

_____, 2004. *Sphären, Band III. Schäume. Plurale Sphärologie*. Frankfurt am Main: Suhrkamp.

_____, 2009. "Rules for the Human Zoo: A Response to the Letter on

Humanism", no translator, *Environment and Planning D: Society and Space*, 27(1): 12-28.

_____, 2011a. *Spheres, Volume 1: Bubbles. Microspherology*, translated by Wieland Hoban. New York: Semiotext(e).

Sloterdijk, Peter. 2013. *You Must Change Your Life*, translated by Wieland Hoban. Cambridge, UK: Polity.

Sloterdijk, Peter. 2014. *Spheres, Volume 2: Globes. Macrospherology*, translated by Wieland Hoban. New York: Semiotext(e).

Sloterdijk. 2016. "Gespräch Peter Sloterdijk zur Flüchtlingsproblematik", with report and interview, "Lebens Art", on German television station 3sat, https://www.youtube.com/watch?v=rev7x9jBGLI.

Spengler, Oswald. 1991. The Decline of the West: An Abridged Edition, (ed.) Helmut Werner, Arthur Helps, translated by Charles Francis Atkinson. New York: Oxford University Press.

Tuan, Yi-Fu. 1977. *Space and Place: The Perspective from Experience*. Minneapolis: University of Minnesota Press.

van Tuinen, Sjoerd. 2009. 'Breath of Relief: Peter Sloterdijk and the Politics of the Intimate'. In *The Catastrophic Imperative: Subjectivity, Time and Memory in Contemporary Thought*, (eds.) Dominiek Hoens, Sigi Jöttkandt and Gert Buelens. Houndmills, UK: Palgrave Macmillan, 53-82.

Žižek, Slavoj. 2014. "Disposable life", talk, Histories of Violence Project, www.historiesofviolence.com.

Žižek, Slavoj. 2016. *Against the Double Blackmail: Refugees, Terror and Other Troubles with the Neighbours*. London: Allen Lane.

10장 _ 탈식민 시대의 생태적 이주민

Abramsky, Sasha. 2009. *Breadline USA: The Hidden Scandal of American Hunger and How to Fix It*. Sausalito, CA: Polipoint Press.

Arnold, David. 1993. "Social Crisis and Epidemic Disease in the Famines of Nineteenth Century India." *Social History of Medicine* 6, no. 3: 385-404.

Bandopadhyay, Krishna, Soma Ghosh, Nilanjan Dutta. 2006. *Eroded Lives*. Kolkata: Calcutta Research Group. http://www.mcrg.ac.in/eroded_lives. pdf (accessed on October 2, 2016).

Banerjee, Paula. 2010. *Borders, Histories, Existences: Gender and Beyond*. New Delhi: Sage Publications.

Baruah, Debojit and Lakhi Prasad Hazarika, "Hydroelectric Project and

Livelihood Risk Assessment of Subansiri River in North East India," Green Heritage–https://sites.google.com/site/greenheritageassam/ hydroelectric-projectand-livelyhoods- risk-assessment-of-subansiri-river-in-north-east-india (accessed on October 12, 2016).

Chakraborty, Lalita. 1978. "Emergence of an Industrial Labour Force in a Dual Economy: British India, 1880–1920." *The Economic and Social History Review* 10: 249-328.

Chakraborty, Subhas Ranjan. 2011. "Colonialism, Resource Crisis, and Forced Migration." CRG Research Paper Series, *Policies and Practices*, 42. Kolkata: Calcutta Research Group.

Chand, Ramesh. 2003. Government's Intervention in the Food Grain Market in the New Context, Policy Paper 19, National Centre for Agricultural Economics and Policy Research, New Delhi.

Chottopadhaya, H. 1979. *Indians in Sri Lanka, A Historical Study.* Calcutta: O.P.S. Publishers.

Davis, Lance and Richard Huttenback. 1988. *Mammon and the Pursuit of Empire: The Economy of British Imperialism.* Cambridge: Cambridge University Press.

Davis, Mike. 2002. *El Nino Famines: Late Victorian Holocausts and the Making of the Third World.* London: Verso Books.

De Silva, Nirekha. 2010. "Protecting the Rights of the Tsunami Victims: The SriLanka Experience." CRG Research Paper Series, *Policies and Practices*, 28.

Drèze, Jean and Amartya Sen. 1989. *Hunger and Public Action.* Oxford: Oxford University Press.

Dreze, Jean. 1990. "Famine Prevention in India." In *The Political Economy of Hunger, Volume II, Famine Prevention*, edited by Jean Drèze and Amartya Sen. Oxford: Clarendon Press.

Hossain, Monirul. 2006. "Status Report on IDPs in the Northeast." Report of the Workshop on the IDPs in India's Northeast, August 24-26. http://www.mcrg.ac.in/idp1.asp (accessed on October 2, 2016).

_____, 2007. "A Status Report on Displacement in Assam and Manipur." CRG Research Paper Series, *Policies and Practices*, p. 19. http://www.mcrg.ac.in/pp12. pdf (accessed on October 4, 2016).

Hunter, W. W. 2004. *India and the Indians*, Volume 1. Edited by Herbert Risley, 497. Reprint, New Delhi.

Jha, Manish K. 2012. "Disasters: Experiences of Development during the Embankment Years in Bihar." In *New Subjects and New Governance in India*, edited by R. Samaddar and Suhit K. Sen, Chapter 3, 109-53. London and Delhi: Routledge.

Kumar, Mithilesh. 2015. "Governing Flood, Migration, and Conflict in North Bihar." In *Government of Peace: Social Governance, Security, and the Problematic of Peace*, edited by R. Samaddar, Chapter 7, 206-226. Furnham, Surrey: Ashgate.

Luke, Ratna Mathai. 2008. "HIV and the Displaced: Deconstructing Policy Implementation in Tsunami Camps in Tamil Nadu." *Refugee Watch* 32: 38-63.

Mahato, Nirmal Kumar. 2010. "Environment and Migration: Purulia, West Bengal." CRG Research Paper Series, *Policies and Practices*, 30. Kolkata: Calcutta Research Group, p. 2.

Mezzadra, Sandro and Brett Neilson. 2013. *Border as Method, or, the Multiplication of Labour*. Durham, NC: Duke University Press.

Mishra, Srijit. 2007. "Risks, Farmers' Suicides, and Agrarian Crisis in India: Is There a Way Out"? Working Paper, Indira Gandhi Institute of Development Research. Available from: http://oii.igidr.ac.in:8080/jspui/bitstream/2275/60/1/WP-2007- 014.pdf (accessed on June18, 2015).

Mohapatra, P. P. 1985. "Coolies and Colliers: A Study of the Agrarian Context of Labour Migration from Chotanagpur 1880–1920." *Studies in History* 1, no. 20: 297-298.

Nagraj, K. 2008. *Farmers' Suicides in India: Magnitude, Trends, and Spatial Patterns*. Chennai: Bharathi.

Pathiraja, Dinusha. 2005. "Compare and Contrast the Situation of Conflict Related IDPs and Tsunami Related IDPs in Sri Lanka." http://www.mcrg.ac.in/DP.pdf (accessed on June 20, 2015).

Prins, Annemiek. 2014. "The Plight of Dwelling: East-Bengali Refugees and the Struggle for Land in Kolkata." *Refugee Watch*, 43-44: 49. http://www.mcrg.ac.in/rw%20files/RW43_44/RW43_44.pdf (accessed on September 8, 2016).

Samaddar, R. 2009. "Primitive Accumulation and Some Aspects of Work and Life in India." *Economic and Political Weekly* 44, no. 18: 33-42.

Samaddar, Ranabir. 1999. *The Marginal Nation: Transborder Migration to Bangladesh to West Bengal*. New Delhi: Sage Publications.

Tavares, Paulo. 2013. "Lines of Siege: The Contested Government of Nature." In *The Biopolitics of Development: Reading Michel Foucault in the Post-Colonial Present*, edited by Sandro Mezzadra, Julian Reid, and Ranabir Samaddar, Chapter 8, 123-164. Heidelberg: Springer.

Tilly, Charles. 1995. *Popular Contention in Great Britain, 1758–1834.* Cambridge: Harvard University Press.

Tinker, Hugh. 1974. *A New System of Slavery: The Export of Indian Labour Overseas, 1830–1920.* London, Oxford: Oxford University Press.

van Schendel, Willem. 2004. *The Bengal Borderland: Beyond State and Nation in South Asia.* London: Anthem Press.

Vernon, James. 2007. *Hunger: A Modern History.* Cambridge: Harvard University Press.

Visaria, Leela and Pravin Visaria. 1984. "Population". In *Cambridge Economic History of India*, Volume II, edited by Dharma Kumar, 515. Indian Edition.

11장 _ 떠다니는 기표, 초국적 정동의 흐름

Anderson, Ben. 2010. "Modulating the Excess of Affect. Morale in a State of 'Total War'". In *The Affect Theory Reader*, edited by Melissa Gregg and Gregory J. Seigworth, 161-184. Durham and London: Duke University Press.

_____, 2012. "Affect and Biopower: Towards a Politics of Life". *Transactions*, 37(1): 28-43.

Baker, Paul. 2006. *Using Corpora in Discourse Analysis.* London and New York: Bloomsbury.

Baker, Paul, Gabrielatos C., Khosravinik, M., Kryzanowski, M., McEnery Tony, Wodak Ruth. 2008. "A Useful Methodological Synergy? Combining Critical Discourse Analysis and Corpus Linguistics to Examine Discourses of Refugees and Asylum Seekers in the UK Press". *Discourse & Society*, 19(3): 273-306.

Baker, Paul, and Tony McEnery. 2005. "A Corpus-based Approach to Discourses of Refugees and Asylum Seekers in UN and Newspaper Texts". *Journal of Language and Politics*, 4(2): 197-226.

Baldwin, Andrew. 2013. "Racialisation and the Figure of the Climate-change Migrant". *Environment and Planning A*, 45: 1474-1490.

Baldwin, Andrew. 2016. "Premediation and White Affect: Climate Change and Migration in Critical Perspective". *Transactions of the Institute of British Geographers*, 41: 78-90.

Bates, Diane C. 2002. "Environmental Refugees? Classifying Human Migrations Caused by Environmental Change". *Population and Environment*, 23(5): 465-477.

Beeson, Mark and Matt Mc Donald. 2013. "The Politics of Climate Change in Australia". *Australian Journal of Politics and History*, 59(3): 331-348.

Bettini, Giovanni. 2013. "Climate Barbarians at the Gate? A Critique of Apocalyptic Narratives on Climate Refugees". *Geoforum*, 45: 63-72.

Biber, Douglas. 2003. "Compressed Noun-phrase Structures in Newspaper Discourse: The Competing Demands of Popularization vs Economy". In *New Media Language*, edited by J. Aitchison and D. M. Lewis, 169-180. London: Routledge.

Blommaert, Jan. 2010. *The Sociolinguistics of Globalization*. Cambridge: Cambridge University Press.

————. 2012. "Supervernaculars and their Dialects". *Dutch Journal of Applied Linguistics*, 1(1): 1-14.

Calsamiglia Helena and Teun A. van Dijk. 2004. "Popularization Discourse and Knowledge About the Genome". *Discourse & Society*, 15(4): 369-389.

Delanty, Gerard, Jones, Paul and Ruth Wodak (eds.). 2008. *Identity, Belonging and Migration*. Liverpool: Liverpool University Press.

Dreher, Tanja and Michelle Voyer. 2014. "Climate Refugees or Migrants? Contesting Media Frames on Climate Justice in the Pacific". *Environmental Communication*, 9(1): 58-76.

Farbotko, Carol. 2010. "Wishful Sinking: Disappearing Islands, Climate Refugees and Cosmopolitan Experimentation". *Asia Pacific Viewpoint*, 51(1): 47-60.

Fairclough, Norman. 1989. *Language and Power*. London: Longman.

————. 1995. *Media Discourse*. London: Hodder Education.

Goffman, Erving. 1974. *Frame Analysis: An essay on the Organization of Experience*. Cambridge, MA: Harvard University Press.

Hage, Ghassan. 1998. *White Nation: Fantasies of White Supremacy in a Multicultural Society*. Sydney: Pluto Press.

Jensen, Lars. 2011. "The Whiteness of Climate Change". *Journal of the European Association for Studies on Australia* 2(2): 84-97, edited by Katherine E. Russo, Anne Brewster and Lars Jensen.

Lewis, Bridget. 2015. "Neighbourliness and Australia's Contribution to Regional Migration Strategies for Climate Displacement in the Pacific". *QUT Law Review*, 15(2): 86-101.

Lipsitz, George. 1998. *The Possessive Investment in Whiteness: How White People Profit from Identity Politics*. Philadelphia: Temple University Press.

Louw, Bill. 1997. "The Role of Corpora in Critical Literary Appreciation". In *Teaching and Language Corpora*, edited by Anne Wichmann, Steven

Fligelstone, Tony McEnery, and Gerry Knowles, 140-251. London: Longman.

Machin, David and Andrea Mayr. 2012. *How to Do Critical Discourse Analysis*. London: Sage.

Martin, John. R. and Peter R. R. White. 2005. *The Language of Evaluation: The Appraisal Framework*. Houndmills, Basingstoke: Palgrave Macmillan.

Massumi, Brian. 2009. "National Enterprise Emergency". *Theory, Culture & Society*, 26(6): 153-185.

McAdam, Jane. 2012. *Climate Change, Forced Migration, and International Law*. Oxford: Oxford University Press.

Pecman, Mojca. 2014. "Variation as a Cognitive Device: How Scientists Construct Knowledge through Term Formation". *Terminology*, 20(1): 1-24.

Reisigl, Martin and Ruth Wodak. 2001. *Discourse and Discrimination: Rhetorics of Racism and Antisemitism*. London and New York: Routledge.

Russo Katherine E., Brewster Anne, and Lars Jensen (eds.). 2011. "On Whiteness: Current Debates in Australian Studies". *Journal of the European Association for Studies on Australia*, 2(2): 2-5.

Stubbs, M. 2001. *Words and Phrases: Corpus Studies of Lexical Semantics*. Cambridge: Blackwell.

Thomson, Elizabeth and Peter R. R. White (eds.). 2008. *Communicating Conflict: Multilingual Case Studies of the News Media*. London: Continuum.

van Dijk, Teun. 1988. *News as Discourse*. Hillsdale, NJ: Lawrence Erlbaum.

_____, 1991. *Racism and the Press*. London: Routledge.

_____, 1993. *Elite Discourse and Racism*. London: Sage.

_____, 1996. "Discourse, Power and Access". In *Texts and Practices: Readings in Critical Discourse Analysis*, edited by Cr.R. Caldas-Coulthard and M. Coulthard, 84-104. London: Routledge.

_____, 1999. "Discourse and the Denial of Racism". In *The Discourse Reader*, edited by A. Jaworski and N. Coupland. London: Routledge.

_____, 2008. *Discourse and Power*. Basingtoke: Palgrave Macmillan.

van Dijk, Teun A. 2009. *Society and Discourse: How Social Contexts Influence Text and Talk*. Cambridge: Cambridge University Press.

Wodak, Ruth, 2008. "Us and Them: Inclusion and Exclusion—Discrimination via Discourse". In *Identity, Belonging and Migration*, edited by Gerard Delanty, Ruth Wodak, Paul Jones, 54-77. Liverpool: Liverpool University Press.

Baldwin, A. 2013. "Racialisation and the figure of the climate change migrant". *Environment and Planning A*, 45(6): 1474-90.

_____, 2016. "Premediation and white affect: Climate change and migration in critical perspective". *Transactions of the Institute of British Geographers*, 41(1): 78-90.

Bennett, J. 2010. *Vibrant Matter: A Political Ecology of Things*. Durham and London: Duke University Press.

Berlant, L. 2011. *Cruel Optimism*. Durham and London: Duke University Press.

Bettini, G. 2013. (In)Convenient convergences: 'climate refugees', apocalyptic discourses and the depoliticization of climate-induced migration. *Deconstructing the greenhouse: Interpretive approaches to global climate governance*. C. Methmann, D. Rothe and B. Stephan. Abingdon: Routledge: 122-36.

Butler, J. 2015. *Senses of the Subject*. New York: Fordham University Press.

Carter, S. 2008. *The Importance of Being Monogamous: Marriage and Nation Building in Western Canada to 1915*. Edmonton: University of Alberta Press.

Coole, D. and S. Frost, (eds.). 2010. *New Materalisms: Ontology, Agency, Politics*. Durham and London: Duke University Press.

Deleuze, G. and F. Guattari. 1983. *Anti-oedipus: Capitalism and Schizophrenia*. Minneapolis: University of Minnesota Press.

Foucault, M. 2003. 'Society Must be Defended' *Lectures at the College de France*. New York: Picador.

Goldberg, D. T. 2015. *Are We All Postracial Yet?* Cambridge: Polity Press.

hooks, b. 2000. *Feminist Theory: From Margin to Centre*. London: Pluto Press.

hooks, b. 2004. *The Will to Change: Men, Masculinity, and Love*. New York: Washington Square Press.

_____, 2012. "No love in the wild". NewBlackMan (in Exile) posted 6 September 2012.

Hulme, M. 2015. *Climate Change: One or Many?* Van Mildert College SCR Anniversary Lecture, 11 May 2015. Durham University.

Lorde, A. 1988. *Uses of the Erotic: The Erotic as Power*. In The Audrey Lorde Compendium: Essays, Speeches and Journals. New York: Harper Collins, pp. 106-18.

McAdam, J. 2012. *Climate Change, Forced Migration, and International Law*. Oxford: Oxford University Press.

McLeman, R. 2014. *Climate and Human Migration: Past Experiences, Future Challenges*. Cambridge: Cambridge University Press.

Methmann, C. and A. Oels. 2015. "From 'fearing' to 'empowering' climate refugees: Climate-induced migration in the name of resilience". *Security Dialogue*, 46(1): 51-68.

Puar, J. 2007. *Terrorist Assemblages: Homonationalism in Queer Times*. Durham and London: Duke University Press.

Randalls, S. 2015. Governing the Climate: New Approaches to Rationality, Power and Politics. In *Climate Change Multiple*, (eds.) H. Bulkeley and J. Stripple. Cambridge: Cambridge University Press.

Sedgwick, E. 2003. *Touching Feeling: Affect, Pedagogy, Performativity*. Durham and London: Duke University Press.

Shabazz, R. 2015. *Spatializing Blackness: Architectures of Confinement and Black Masculinity in Chicago*. Urbana, Chicago, Springfield: University of Illinois Press.

Sharma, A. and S. Sharma. 2012. "Post-racial imaginaries: Connecting the pieces". *dark matter* 9(1): no pagination.

Stoler, L. A. 1995. *Race and the Education of Desire: Foucault's History of Sexuality and the Colonial Order of Things*. Durham and London: Duke University Press.

Weheliye, A. 2015. *Habeas Viscus: Racializing Assemblages, Biopolitics, and Black Feminist Theories of the Human*. Durham and London: Duke University Press.

Willey, A. 2016. *Undoing Monogamy: The Politics of Science and the Possibilities of Biology*. Durham and London: Duke University Press.

Wooley, A. 2012. The politics of myth making: 'Beasts of the Southern Wild'. *Open Democracy*. 29 October 2012.

Yusoff, K. 2015. Towards a Black Anthropocene. Conference Paper. Living in the Anthropocene. Royal Geographical Society. London. 27 November 2015.

13장 _ 후기: 탈식민 세계에서 표류하는 삶

Ahmed, Sara. 2008. "Multiculturalism and the Promise of Happiness". *New Formations*, 63: 121-137.

Amoore, Louise and Marieke De Goede (eds.). 2008. *Risk and the War on Terror*. New York: Routledge.

Anderson, Benedict. 1982. *Imagined Communities*. London: Verso Books.

Arendt, Hannah. [1951] 1968. *The Origins of Totalitarianism*. London: Harvest.

Asad, Talal. 2007. *On Suicide Bombing*. New York: Columbia University Press.

Baldwin, Andrew. 2013. "Racialisation and the Figure of the Climate-Change Migrant". *Environment and Planning*, 45: 1474-90.

Baldwin, Andrew. 2016. "Premediation and White Affect: Climate Change and Migration in Critical Perspective". *Transactions*, 41: 78-90.

Bettini, Giovanni. 2013. "(In)convenient Convergences: 'climate refugees', Apocalyptic Discourses and the Depoliticization of Climate-induced Migration". In *Deconstructing the Greenhouse: Interpretive Approaches to Global Climate Governance*, edited by Chris Methmann, Delf Rothe, Benjamin Stephan. Abingdon: Routledge, 122-36.

Bettini, Giovanni. 2014. "Climate Migration as an Adaption Strategy: Desecuritizing Climate-induced Migration or Making the Unruly Governable"? *Critical Studies on Security*, 2: 180-95.

Bhambra, Gurminder K. 2016. "Postcolonial Europe: Or, Understanding Europe in Times of the Post-Colonial". In *The SAGE Handbook of European Studies*, edited by Chris Rumford. London et al.: SAGE, 69-86.

Butler, Judith. 2009. *Frames of War: When Is Life Grievable?* New York: Verso Books.

Chamayou, Grégoire. 2014. *Les corps vils. Expérimenter sur les êtres humains aux XVIII et XIX siècle*. Paris: La Découverte.

De Genova, Nicholas and Nathalie Peutz, (eds.). 2010. The Deportation Regime: Sovereignty, Space and the Freedom of Movement. Durham: Duke University Press.

De Genova, Nicholas, Sandro Mezzadra and John Pickles, (eds.). 2014. "New Keywords: Migration and Border". *Cultural studies*, 29 (1): 55-87.

Essex, Jamie. 2013. *Development, Security, and Aid: Geopolitics and Geoeconomics at the U.S. Agency for International Development (Geographies of Justice and Social Transformation)* Athens, Georgia: University of Georgia Press.

Furedi, Frank. 2007. *Invitation to Terror: The Expanding Empire of the Unknown*. London: Continuum.

Gilroy, Paul. Black Atlantic. 1993. *Modernity and Double Consciousness*. London: Verso Books.

Giuliani, Gaia. 2015. "Fears of Disaster and (Post-)Human Raciologies in European Popular Culture (2001–2013)". *Culture Unbound*, 7 (3): 363-385.

_____, 2016a. *Zombie, alieni e mutanti. Le paure dall'11 settembre a oggi.* Firenze-Milano: Le Monnier/Mondadori Education.

_____, 2016b. "Monstrosity, Abjection and Europe in the War on Terror". *Capitalism Nature Socialism*, 27 (4): 96-114.

_____, 2016c. "Afterword: The Mediterranean as a Stage: Borders, Memories, Bodies". In *Decolonising the Mediterranean: European Colonial Heritages in North Africa and the Middle East*, edited by Gabriele Proglio. Newcastle upon Tyne: Cambridge Scholars Publishing, 91-104.

Haraway, Donna. 1988. "Situated Knowledges: The Science Question in Feminism and the Privilege of Partial Perspective". *Feminist Studies*, 14 (3): 575-599.

Hoad, Philip. 2013. "Attempting the Impossible: Why does Western Cinema Whitewash Asian Stories"? *The Guardian*, January 2.

Kelman, Ilan. 2016. *Catastrophe and Conflict: Disaster Diplomacy and its oreign Policy Implications.* London: Brill.

Mbembe, Achille. 2003. "Necropolitics". *Public Culture*, 15 (1): 11-40.

Mezzadra, Sandro and Brett Neilson. 2013. *Border as Methods or the Multiplication of Labor.* Durham: Duke University Press.

Mezzadra, Sandro. 2006. *Diritto di Fuga. Migrazioni, Cittadinanza, Globalizzazione.* Verona: Ombre Corte.

Rozario, Kevin. 2007. *The Culture of Calamity. Disaster and the Making of Modern America.* Chicago: University of Chicago Press.

Santos, Boaventura de Sousa. 2011. "Para além do pensamento abissal: das linhas globais a uma ecologia de saberes". In *Epistemologia do Sul*, edited by Boaventura de Sousa Santos e Maria Paula Meneses. Coimbra: Almedinha.

Saramago, José. [1995] 1999. *Blindness*. London: Harvest.

Stoler, Ann Laura. 2002. "Colonial Archives and the Arts of Governance". *Archival Science*, 2: 87-109.

Films
Juan Antonio Bayona. *The Impossible* (USA e Spagna, 2012).
M. N. Shyamalan. *The Happening* (USA, 2008).
Chris Brooker. *Black Mirror* (GB and USA, 2016, season 3, episode 1).
Fernando de Meirelles. *Blindness* (USA, 2008).

Websites
http://www.islandvulnerability.org/;

표류하는 삶

2024년 2월 29일 초판 1쇄 발행

지은이 | 앤드류 볼드윈 · 조반니 베티니
옮긴이 | 최지연
펴낸이 | 노경인 · 김주영

펴낸곳 | 도서출판 앨피
출판등록 | 2004년 11월 23일 제2011-000087호
전화 | 02-336-2776 팩스 | 0505-115-0525
블로그 | bolg.naver.com/lpbook12
전자우편 | lpbook12@naver.com

ISBN 979-11-92647-28-9   94300